JAN WERNER   HOLLAND MIT DEM BOOT

Jan Werner

Holland mit dem Boot

20 ausgewählte Touren

Führer für Sportschiffer

Delius Klasing Verlag

Der Autor wie der Verlag übernehmen für Irrtümer, Fehler oder Weglassungen keinerlei Gewährleistung oder Haftung. Die Pläne dienen zur Orientierung und nicht zur Navigation; sie ersetzen also keineswegs See- beziehungsweise Wassersportkarten und andere offizielle nautische Unterlagen.

**Von Jan Werner erschienen
im Delius Klasing Verlag darüber hinaus folgende Titel:**

Ostseeküste 2: Travemünde bis Stettiner Haff
Nordseeküste 1: Cuxhaven bis Den Helder
Nordseeküste 2: Elbe bis Horns Rev
Segeln in Dänemark 1
Segeln in Dänemark 2
Norwegen
Küste Mecklenburg-Vorpommern aus der Luft (Federau/Werner)
Ostseehäfen aus der Luft (Werner/Jahn)
Holländische Häfen aus der Luft (Werner/Jahn)

Die Deutsche Bibliothek – CIP-Einheitsaufnahme

Werner, Jan:
Holland mit dem Boot: 20 ausgewählte Touren / Jan Werner. –
5. Aufl. – Bielefeld: Delius Klasing, 1995
(Führer für Sportschiffer)
ISBN 3-7688-0546-8

5., aktualisierte Auflage
ISBN 3-7688-0546-8

© Copyright by Delius, Klasing & Co., Bielefeld
Schutzumschlaggestaltung: Ekkehard Schonart
Druck: Kunst- und Werbedruck, Bad Oeynhausen
Printed in Germany 1995

Alle Rechte vorbehalten! Ohne ausdrückliche Erlaubnis des Verlages darf das Werk, auch nicht Teile daraus, weder reproduziert, übertragen noch kopiert werden, wie z. B. manuell oder mit Hilfe elektronischer oder mechanischer Systeme einschließlich Fotokopieren, Bandaufzeichnung und Datenspeicherung.

Inhalt

I. LAND UND LEUTE 7
Die zwölf Provinzen 8
Der Kampf mit dem Meer 8
Auf der Bühne der Weltgeschichte 10
Religion und Toleranz 11
Die Frachtfahrer Europas 12
Das Goldene Jahrhundert 14
Der Abstieg 15
Holländer und Deutsche 16

II. NAUTISCHES HOLLAND-LEXIKON 19
Die Sprache unserer holländischen Nachbarn 32
Aussprache im Niederländischen 32
Bezeichnungen auf Wassersportkarten 32
Häufig benutzte Redewendungen und Wörter 34
Spezialitäten der holländischen Küche 34

III. AUF DEN GROSSEN FLÜSSEN 35
Törnvorschlag 1: Waal und Merwede
Von der Grenze nach Dordrecht und zum Biesbos 39

Törnvorschlag 2: Neder Rijn und Lek
Vom Pannerdenskanaal über Neder Rijn, Lek und Merwedekanaal nach Gorinchem . 50

Törnvorschlag 3: Die Gelderse IJssel
Vom IJsselkop zum Ketelmeer 58

Törnvorschlag 4: Die Limburgse Maas
Von Maastricht zu den Mooker Plassen 65

Törnvorschlag 5: Die Maas
Von Grave bis Drimmelen 74

IV. AUF DEN GEWÄSSERN VON ZEELAND 81
Törnvorschlag 1: Hollands Diep und Haringvliet
Von Drimmelen nach Hellevoetsluis 85

Törnvorschlag 2: Grevelingen
Von den Volkerak-Schleusen nach Herkingen 100

Törnvorschlag 3: Oosterschelde und Veerse Meer
Von Bruinisse nach Tholen 112

V. IM HERZEN HOLLANDS 134
Törnvorschlag 1: Die Vecht
Von Muiden nach Utrecht 135

Törnvorschlag 2: Hollandse IJssel und Nieuwe Maas
Von Utrecht nach Rotterdam 143

Törnvorschlag 3: Durch Zuid-Holland
Von Rotterdam nach Amsterdam 152

Törnvorschlag 4: Amsterdam 163

VI. DAS IJSSELMEER 170
Törnvorschlag 1: Die Westküste
Von Amsterdam nach Hoorn 175

Törnvorschlag 2: Das nördliche IJsselmeer
Von Hoorn nach Makkum 191

Törnvorschlag 3: Die Ostküste
Von Makkum nach Urk 205

Törnvorschlag 4: Die Randmeere
Von Urk nach Muiden 218

VII. DIE NÖRDLICHEN PROVINZEN 235
Törnvorschlag 1: Binnen mit stehendem Mast
Von Delfzijl nach Harlingen 236

Törnvorschlag 2: Friesland
Von Stavoren zum Princenhof und zurück 251

Törnvorschlag 3: Am Kopf von Overijssel
Vom Tjeukemeer nach Giethoorn 276

Törnvorschlag 4: Noord-Holland
Von Haarlem nach Den Helder 291

Register 306

I. Land und Leute

I. Land und Leute

Holzschuhe, Tulpen und Windmühlen, dieser Dreiklang kommt einem wohl als erstes in den Sinn, wenn man an Holland denkt: eigentlich unzeitgemäße Gedanken bei einem Land, das eine ebenso leistungsfähige wie hochspezialisierte Industrienation ist. Doch das ist das Merkwürdige, vielleicht auch Einmalige bei dem kleinen Königreich: Holland, auf der einen Seite das Land der sechsspurigen Autobahnen von Utrecht, der gigantischen Chemiewerke an der Westerschelde, des Welthafens Rotterdam, der Hochöfen von IJmuiden und der Elektronikindustrie von Eindhoven, ist auf der anderen Seite das Land der weiten Seen und großen Flüsse, der stillen Kanäle, dunklen Torfmoore und der weltabgeschiedenen Dörfer, aber auch der prächtigen Hafenstädte aus dem Goldenen Jahrhundert.

DIE ZWÖLF PROVINZEN

Von Holland zu sprechen, wenn man die Niederlande meint, ist eigentlich nicht richtig, obwohl es so üblich ist. Holland heißen in Wirklichkeit nur zwei Provinzen, nämlich Zuid-Holland und Noord-Holland. Die anderen sind Friesland, Groningen, Geldern, Drenthe, Overijssel, Utrecht, Limburg, Noord-Brabant, Zeeland und schließlich Flevoland, die jüngste Provinz: zwei Polder, die bei der Trockenlegung der Zuiderzee gewonnen wurden. Alle zusammen bilden sie das Königreich der Niederlande, das *Koninkrijk der Nederlanden*, mit Den Haag als Regierungssitz, aber Amsterdam als Hauptstadt.
Mit dem Auto hat man es schnell durchquert: Von Nord nach Süd mißt es 300 km, von West nach Ost gar nur 200, und mit 41 160 Quadratkilometern ist es etwa so groß wie die Schweiz. Ein knappes Fünftel der Niederlande besteht allerdings aus Wasser, wovon man das meiste mit dem Boot befahren kann, und dann wird aus dem kleinen Land plötzlich ein ziemlich großes, nämlich ein vielfältiges, faszinierend abwechslungsreiches Revier. Große Seen, Meere genannt, prägen das Bild dieser Landschaft ebenso wie die nicht minder großen, aber flachen Teiche, die Plassen, und dazu das typisch holländische Netz der Kanäle und Wasserstraßen. Ein Drittel des gesamten Staatsgebietes liegt tiefer als der Meeresspiegel: Die Niederlande waren und sind ein von der See bedrohtes Land, das seine Menschen in zähem Ringen mit den Naturgewalten erst bewohnbar gemacht haben.

DER KAMPF MIT DEM MEER

„Der Ozean dringt mit zwei Gezeiten am Tag und in der Nacht in gewaltiger Breite und mit unermeßlichen Wellen ins Land ein, so daß man bei diesem ewigen Kampf der Natur bezweifelt, ob denn der Boden zur Erde oder zum Meer gehört. Dort lebt ein unglückliches Volk auf Hügeln, besser gesagt, auf Erhebungen, die es mit eigener Kraft aufgeworfen hat." Mit diesen Worten schilderte vor 2000 Jahren der römische Geschichtsschreiber Plinius das Land zwischen den Flüssen und dem Meer.

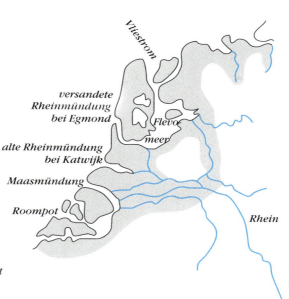

Das „Niedere Land", wie es zur Zeit der Römer ausgesehen haben mag. Im großen und ganzen hatte es damals die gleiche Form wie heute. Nur der Rhein nahm einen ganz anderen Verlauf. Von seiner nördlichsten Mündung, die damals schon versandet war, ist Het IJ, das Gewässer, an dem der Amsterdamer Hafen liegt, übriggeblieben. An seinen mittleren Verlauf erinnert der Oude Rijn, ein heute recht schmales und auch unbedeutendes Gewässer, das sich nahe Katwijk vor den Dünen totläuft.
Die dunklen Flächen zeigen die Gebiete, die immer wieder von Überschwemmungen bedroht waren.

Der erste Versuch jener „unglücklichen Menschen", die in dem sumpfigen, nebligen Wasserland lebten, sich zu schützen, waren die *Terpen*, künstlich aufgeworfene Hügel, auf denen man Haus und Stall baute. Viele holländische Städte haben sich später aus solchen Terp-Siedlungen entwickelt, Leeuwarden und Dokkum zum Beispiel. Der nächste Schritt bestand darin, diese Hügel miteinander zu verbinden. So entstanden die *Deiche* und schlossen sich die Deiche zu einem Ring; dann war im Innern ein Polder entstanden, ein *Waard*, wie es in Holland heißt.

Wie aber sollte man das nasse, vom emporquellenden Wasser bedrohte Land trockenbekommen? Mit den für Holland so typischen Windmühlen schaffte man auch das. Im 16. und 17. Jahrhundert gab es davon Tausende, mit denen das Land buchstäblich trockengemahlen wurde. So entstanden, vor allem im 17. Jahrhundert, die riesigen Polder Noord-Hollands, die in der ganzen Welt als *Hollands Glorie* bewundert wurden.

Die wirklich gigantischen Projekte aber waren erst mit den technischen Möglichkeiten unserer Zeit zu realisieren, auch wenn es schon lange davor solche Pläne gab: das Zuiderzee-Projekt (→ S. 173) und der Delta-Plan (→ S. 83).

Zieht man indes die Bilanz dieses jahrhundertelangen Ringens mit dem Meer, dann ist das Ergebnis ebenso überraschend wie ernüchternd: In den Jahrhunderten unermüdlichen Deichbaus und Trockenlegens sind zwar 520 000 Hektar

Land gewonnen, aber auch 560 000 Hektar verlorengegangen. Und doch stimmt der Spruch: Gott schuf die Erde, der Holländer aber schuf sich sein Land. Wahrscheinlich versteht man den Charakter des Holländers am besten aus diesem ewigen Kampf mit dem Meer. Er erfordert Geduld, Gelassenheit, vor allem aber Zähigkeit und Ausdauer, denn Rückschläge waren zuweilen häufiger als Erfolge. Man geht hier bedächtig ans Werk, ist unerschrocken, zuversichtlich, aber auch vorsichtig, denn die See verzeiht einem keinen Fehler. Diese Wesensart hat früh schon das Leben und die Politik des Landes geprägt. Sie kommt treffend zum Ausdruck im Wahlspruch Willems von Oranien, des „Vaters des Vaterlandes": „Weitermachen, selbst wenn die Lage aussichtslos erscheint! Durchhalten, auch wenn kein Erfolg in Aussicht!"

AUF DER BÜHNE DER WELTGESCHICHTE

Obwohl von außen gesehen „der" Holländer als ein recht ausgeprägter, unverwechselbarer Menschenschlag erscheinen mag, handelt es sich bei der niederländischen Bevölkerung in Wahrheit um ein ziemliches Gemisch. In das ursprünglich von Kelten bewohnte Land drangen lange vor der christlichen Zeitrechnung germanische Stämme ein, die sich vor allem in Zeeland niederließen. Dann (55 v. Chr.) kamen die Römer und nahmen einen Teil des Landes in Besitz: die Provinz Batavia, die von Süden her etwa bis zum Neder Rijn reichte. Im Osten des Landes siedelten in den ersten nachchristlichen Jahrhunderten Sachsen, im Süden Franken und im Norden und Westen Friesen. Im 8. Jahrhundert unterwarfen die Karolinger dann die Sachsen und Friesen: Teile der heutigen Niederlande gehörten deshalb vom 6. bis 9. Jahrhundert zum Fränkischen Reich. Einige Jahrhunderte lang waren die Niederlande dann Teil des „Heiligen Römischen Reiches Deutscher Nation". Viel mehr verband die einzelnen Provinzen, sei es nun das Herzogtum Geldern, das Bistum Utrecht oder andere, denn auch nicht miteinander. Man ging seinen Geschäften nach und kümmerte sich ansonsten wenig um den Kaiserlichen Statthalter, der im fernen Brüssel residierte.

Lange Zeit lebte es sich also wahrlich nicht schlecht unter dem deutschen Reichsdach. Das sollte sich aber ändern, als immer mehr Niederländer sich dem neuen Glauben Luthers zuwandten und damit den Zorn ihres Landesherrn herausforderten. Nach der Abdankung Karls V. waren 1556 die Provinzen an seinen Sohn Philipp II. von Spanien gefallen. Seine Allerkatholischste Majestät unterdrückte den neuen Glauben mit unbarmherziger Härte und provozierte damit einen Kampf, in dem die vermeintlich so schwachen niederländischen Provinzen, das Land der Heringsfischer und Torfstecher, eines Tages siegen und das spanische Weltreich zum Einsturz bringen sollten.

Doch noch war es nicht soweit. Zwar begann es in den Niederlanden zu brodeln, so daß sich eine Abordnung von 400 niederländischen Adeligen mit dem Ersuchen um mehr Glaubensfreiheit zum Statthalter nach Brüssel begab. Hochmütig wurden sie abgewiesen. Ein spanischer Grande prägte das Wort von niederländischem „Gueux" – Lumpengesindel – und gab damit ahnungslos den Glaubenskämpfern ihren Namen. Sie verballhornten das Schimpfwort zu Geusen, und bald machten die Wassergeusen den stolzen Spaniern das Leben recht sauer, in einem Krieg, in dem es nicht mehr allein um den rechten Glauben, sondern bald auch um handfeste Geschäftsinteressen ging. Die Holländer pflegten nämlich gute Handelsbeziehungen mit Portugal, das mit Spanien überquer und verfeindet war, und deshalb sollte nicht nur die neue Religion verboten werden, sondern auch noch der Handel.

Der Kampf begann. Die Wassergeusen tauchten mit ihren kleinen, flachgehenden Schiffen aus dem Nebel auf, schlugen blitzschnell zu und verschwanden wieder, ehe der Gegner sich besann. Folgten ihnen aber spanische Truppen, dann durchstach man notfalls auch die Deiche, so daß die wärmegewohnten Spanier plötzlich bis zum Bauch – oder noch tiefer – im eiskalten Wasser standen und vergeblich nach einem Feind Ausschau hielten, der längst verschwunden war.

Langsam neigte sich die Waage zugunsten der Aufständischen; statt allein Angriffe aus dem Hinterhalt zu führen, wagte man jetzt die offene Konfrontation: 1572 belagerten und stürmten die Wassergeusen die starke Festung Brielle in der Maasmündung, ein unglaublicher Erfolg, der den Aufständischen viel Zulauf brachte. Philipp schickte nun den harten Herzog Alba mit einem starken Heer in den protestantischen Norden. Nach langer Belagerung und erbittertem Kampf fiel Haarlem, aber Leiden hielt stand. Albas Feldzug war kein rechter Erfolg beschieden, und letztlich erreichte er mit seiner Härte das Gegenteil von dem, was er bezweckte – statt das Land zu befrieden, loderte jetzt überall offen der Aufstand. Der Herzog resignierte und kehrte als geschlagener Mann nach Spanien zurück.

Philipp sah sich gezwungen, den Holländern ein Stück entgegenzukommen: 1579 wurde den Niederlanden im *Friedenspakt von Gent* die Religionsfreiheit zugestanden, doch darum allein ging es längst nicht mehr, jetzt wollte das Land die volle Unabhängigkeit und Freiheit. Im gleichen Jahr schlossen sich deshalb die sieben nördlichen Provinzen zur *Utrechter Union* zusammen und wählten Willem, den Prinzen von Nassau-Oranien, zum Statthalter: Nun war der Aufstand organisiert, vor allem: Die Holländer hatten endlich eine einheitliche, starke Führung. Der Freiheitskampf des kleinen Landes sollte siegreich enden, aber es sollte lange dauern. Erst 80 Jahre später, im Westfälischen Frieden von 1648, als die Unabhängigkeit der *Republik der Generaalstaaten* besiegelt wurde, war das Land hinter den Deichen frei.

RELIGION UND TOLERANZ

In der Zeit des großen Freiheitskampfes, in den Jahren religiösen und geistigen Umbruchs, wurde das Land zu einem Hort des Humanismus und der Aufklärung. Protestanten aus Salzburg, Hugenotten aus Frankreich und Juden aus Portugal, alle vertrieben wegen ihres Glaubens oder ihrer Weltanschauung, fanden hier eine neue Heimat. Die Niederländer, weltoffen und vor allem tolerant,

nahmen sie alle auf, nicht zum eigenen Schaden, denn die Flüchtlinge brachten Kenntnisse und Fertigkeiten mit, die dem Lande bald zum Vorteil gerieten. Es seien hier nur drei der Männer erwähnt, die den Ruhm Hollands erstrahlen ließen: der jüdische Philosoph Spinoza, der französische Naturwissenschaftler Descartes und der englische Philosoph, Politiker und Pädagoge John Locke.
Die heute noch ausgeprägte Toleranz des Holländers, die allerdings keineswegs die Aufgabe der eigenen Weltanschauung bedeutet, hat ihren Ursprung in jener Zeit. Sie gehört zu seinen hervorstechenden Eigenschaften, genauso wie sein unbändiger Freiheitswille und seine Aufmüpfigkeit gegen jede Art von Obrigkeit.
Heute hängt knapp die Hälfte der Bevölkerung dem reformierten lutherischen Glauben an, zirka 40 Prozent sind katholisch und der Rest überwiegend freisinnig. Die frühere Unterscheidung: hier protestantischer Norden, dort katholischer Süden, hat sich verwischt. Geblieben aber ist die strenge Trennung der Konfession, die bis ins kleinste Dorf hineinreicht, wo die Konfessionen eigene Schulen, eigene Kindergärten usw. haben und wo selbst Jugendgruppen und Gesangvereine nach Religionen getrennt sind. Die Holländer gebrauchen für diesen Zustand das Wort „Versäulung"; damit ist die Einbindung des einzelnen in eine weltanschauliche oder religiöse Gruppe gemeint. Diese „Säulen" tragen den Staat mindestens genausosehr wie die politischen Parteien; sie geben dem Ganzen Stabilität und dem einzelnen Geborgenheit. Da der Mensch jedoch schon immer den eigenen Glauben mit einer gewissen Selbstgerechtigkeit vertreten hat, könnte ein Staatswesen von dieser räumlichen Beengtheit, dessen Bevölkerung auch noch besonders aufeinander angewiesen ist, nie und nimmer funktionieren, wenn man nicht gegenüber den Andersdenkenden eine weitgehende Toleranz an den Tag legen würde. So mancher scheinbare Widerspruch in der Mentalität und im Handeln unserer holländischen Nachbarn wird verständlich, wenn man sich die Mühe macht, etwas mehr über ihre Geschichte und religiöse Vergangenheit zu erfahren.

DIE FRACHTFAHRER EUROPAS

Am Ende des 16. Jahrhunderts, während das Land im Kampf um seine Freiheit große Opfer brachte, wurde nahezu unbemerkt auch der Grundstein für den Aufstieg Hollands zur ersten Seenation der Welt gelegt.
In Hoorn, einer Hafenstadt an der Zuidersee, war 1595 ein Schiff vom Stapel gelaufen, das schon bald den Welthandel revolutionieren sollte: die *Vleute*, auch *Fluit* oder *Fluytship* genannt. Es war ein etwas merkwürdig aussehendes Schiff, ziemlich schmal, mit geringem Tiefgang und einem extrem hochgezogenen Achterschiff; wichtiger als diese Äußerlichkeiten aber war die völlig neue Takelage, die es dem Schiff erlaubte, höher an den Wind zu gehen, als es die traditionellen Koggen vermochten, wobei man außerdem noch weniger Mannschaften benötigte. Mit diesen Vleuten, die die Holländer ihr *werkzeepaard*, ihr „Arbeitspferd zur See", nannten, wurden die Niederlande binnen kurzem zur beherrschenden Seenation der

Erde, denn mit der schnellen und einfachen Vleute konnten sie so niedrige Frachttarife anbieten, daß kein anderer in der Lage war, dagegenzuhalten.
Zur Blütezeit der niederländischen Schiffahrt liefen unter der rot-weiß-blauen Flagge der Generaalstaaten 16 000 Schiffe; das waren viermal soviel wie Eng-

Vleute aus dem 17. Jahrhundert.

land, Schottland und Frankreich zusammen hatten. Und hinter dieser gewaltigen Seemacht stand ein kleines Volk von kaum vier Millionen Menschen.
Im gleichen Jahr, in dem die erste Vleute vom Stapel lief, 1595, brach in Amsterdam ein kleines, aus nur vier Schiffen bestehendes Geschwader auf, um einen Handelsweg nach den Gewürzinseln, dem heutigen Indonesien, zu suchen. Drei Jahre später waren drei wieder daheim, so voll mit Spezereien beladen, daß die Expedition einen Gewinn von 400 Prozent einbrachte. Dieser Erfolg löste einen wahren Wettlauf zu den fernen Inseln aus. Schon im Jahr darauf machten sich 80 Schiffe auf den Weg, und von Jahr zu Jahr nahm ihre Zahl zu. Doch dies alles verlief so ungeregelt, so typisch holländisch-individualistisch, daß der Staat sich gezwungen sah, einzugreifen und den Orienthandel zu organisieren.
1602 wurde deshalb die *Verenigde Oostindische Compagnie* (VOC) gegründet, eine Art Aktiengesellschaft, mit Kammern in den wichtigsten Handelsstädten. Die VOC wurde bald zur mächtigsten und reichsten Handelsgesellschaft der Erde. Sie kontrollierte völlig den Handel mit Hinterindien: Die bisher dort dominierenden Portugiesen wurden mit brutaler Gewalt vertrieben. 1614 folgte die *Noordse of Groenlandse Compagnie*, die sich dem Walfang verschrieb, und 1621 entstand die *Westindische Compagnie*, die Stützpunkte in Afrika und Brasilien unterhielt und vor den Westindischen Inseln auf Kaperfahrt gegen die spa-

nischen Silberflotten ging. Langsam war so, verglichen mit dem Mutterland, ein riesiges Kolonialreich entstanden, waren doch auch in Nordamerika mit Nieuw Amsterdam (New York) und im südlichen Afrika mit der Kap-Provinz noch weitere Besitzungen hinzugekommen.
Um diese Kolonien, vor allem aber um den Handel zu sichern, mußte nun eine starke Kriegsflotte aufgebaut werden, die in den fünf Admiralitäten von Zeeland, der Maas, Amsterdam, dem Noorderkvartier und Friesland organisiert war. Doch diese überaus machtvolle Flotte war nicht geschaffen worden, Eroberungen zu machen; ihre Aufgabe bestand allein darin, den Handel zu schützen und die Kauffahrteischiffe sicher nach Hause zu geleiten; denn trotz ihrer aggressiven Handelspolitik betrieb die *Republik der Generaalstaaten* immer eine pazifistische, defensive Außenpolitik.
So wichtig das Überseegeschäft der großen Compagnien auch war, der Wohlstand kam auf zwei anderen, weniger riskanten Handelswegen: auf der *Oostvaart* und auf der *Straatvaart*.
Im Ostseehandel, der Oostvaart, hatten sich die Holländer überall dort etabliert, wo zuvor die Hanse das Feld beherrscht hatte. Jedes Jahr fuhren 600 Schiffe dreimal in die Ostsee, und weitere 400 nahmen Kurs auf Rußland. Man holte Pelze aus dem Zarenreich, Heringe aus Schonen, Getreide aus Ostdeutschland und, was das Wichtigste war: Holz aus Norwegen, das man vor allem für den Schiffbau brauchte, das aber auch in den aufblühenden Städten unentbehrlich war; in Amsterdam beispielsweise stehen die stolzen Patrizierhäuser bis zum heutigen Tag auf eichenen Pfählen aus Norwegen. Diese Oostvaart war für den Außenhandel des Landes so wichtig, daß sie von den Amsterdamer Kaufleuten als die *Mutter der Commerciën* bezeichnet wurde.
Die Straatvaart ging durch die Straße von Gibraltar ins Mittelmeer, wo die geschäftstüchtigen Holländer fast den ganzen Seehandel an sich gerissen hatten, wohin sie allerdings auch immer wieder ihre Flotten schicken mußten, um ihre Interessen zu wahren: Ihr wohl größter Admiral, Michel de Ruyter, fiel 1676 in einer dieser Seeschlachten vor Sizilien.

DAS GOLDENE JAHRHUNDERT

Obwohl der Krieg mit Spanien weiterschwelte und sowohl mit den Engländern als auch den Franzosen sich am Horizont schon zwei neue, schier übermächtige Gegner erhoben, entwickelte sich Holland zu Anfang des 17. Jahrhunderts zur ersten See- und Handelsnation der Erde. Dieses Jahrhundert des Barock war das Goldene Zeitalter der Niederlande, es war ihr *Gouden Eeuw*. Damals entstand die Fülle wunderbarer Bauwerke, die bis auf den heutigen Tag die Städte des Landes prägen. Das Land schwelgte im Wohlstand, Künste und Wissenschaften konnten gedeihen. Die noch relativ jungen Universitäten des Landes, vor allem die von Leiden, genossen Weltruhm; Gelehrte wie Hugo de Groot (Grotius), auf den das moderne Völker- und Seerecht zurückzuführen ist, oder Christian

```
C A R G O
Van twee Oost-Indische Schepen, namentlijck:
De Fluyt Petten en 't Schip Nassauw
Vertrocken van BATAVA ontrent ultimo Ianuary
1640. Ende ghearriveert in 't PATRIA den
12 Augusti, Anno 1640.

        Ladinghe vande Fluyt PETTEN.

3373 Picol 30 catti witte Chineese Poeyer Suycker.
71787 stucx alderhande Porceleynen.
2800 Sacken Peper.
222 Picol 15 catti Sapponhout.

        Ladinghe van 't Schip NASSOVW.

9164 Sacken Peper.
200 Sockels Foelie.
136860 ℔ Noten Muschaten.
15000 ℔ Giroffel Naghelen.
763 Picol 76 catti witte Chinees ende Bantams Poeyer Suycker.
217 Picol 35 catti Candi Suycker.
50 Picol 16 catti Caffia lingna.
2 Picol 98 catti Attal of geele Chineese Veruw.
116391 Stucx alderhande Porceleyn.
207 Stucx ghebleeckte Hamans.
200 Stucx ghebleeckte Betillis.
336 Stucx Ambertins.
200 Stucx ghebleeckte Adathais.
121 Stucx ghebleeckte Gingans.
5 Picol wit Balis cattoene garen.
975 Stucx Buffels-huyden.
```

Ladeliste zweier VOC-Schiffe: Solche Fahrten zwischen Batavia und Amsterdam dauerten gut ein halbes Jahr. Anfangs brachten sie bis zu 400 Prozent Gewinn. Solche exorbitanten Gewinne waren bei zunehmender Konkurrenz nicht mehr möglich. Doch auch später warf die VOC (Verenigde Oostindische Compagnie) immer noch Jahr für Jahr 19 Prozent Profit ab. Ihr Zeichen (siehe unten) findet man auch heute noch an alten holländischen Häusern.

Huygens, ein naturwissenschaftliches Allroundgenie, trugen den Ruhm des Landes in alle Welt. Einen absoluten und wohl nie und nirgendwo mehr erreichten Höhepunkt stellte die niederländische Malerei dar; um nur die größten Namen zu nennen: Frans Hals, Vermeer van Delft, Jan van Goyen, J. van Ruisdael, P. P. Rubens, A. van Dyck und über allen Rembrandt.
Es war das genialische Jahrhundert der Niederlande.

DER ABSTIEG

Die Niederländer hatten aber auch großes Glück: Ihr Erzfeind Spanien lag nicht nur mit den Niederlanden, sondern auch mit England im Krieg, konnte also nicht seine ganze Kraft gegen die rebellischen Provinzen richten.
Aber lange konnte das nicht gutgehen. Als die Engländer endlich die Spanier niedergerungen hatten, mußten sie feststellen, daß davon in erster Linie ein anderer profitiert hatte, die Niederlande nämlich, die in der Zwischenzeit fast den ganzen Seehandel an sich gezogen hatten; selbst der englische Handel wurde zu

90 Prozent mit holländischen Schiffen abgewickelt. Um das zu ändern, erließ Oliver Cromwell 1651 die Navigationsakte; ein Gesetz, nach dem britische Waren nur noch auf britischen Schiffen und andere nur noch auf Schiffen ihres Ursprungslandes transportiert werden durften. Diese Politik mußte die Niederlande bis ins Mark treffen; es ging um ihre Existenz, und so blieb ihnen gar nichts anderes übrig, als sich ihrer Haut zu wehren. So kam es zwischen 1652 und 1676 zu drei Kriegen mit England, die alle Seekriege waren und die zu den grausamsten und erbittertsten gehörten, die die Geschichte kennt.

Der britische Admiral Monck sagte ungeniert, um was es ging: „Bedarf es vieler Gründe zum Krieg? Die Holländer haben einen zu großen Anteil am Handel, und wir sind entschlossen, ihnen den wegzunehmen."

Die holländischen Geschwader waren überall gefürchtet wegen der Wucht, mit der sie angriffen, aber leider ging dieser Vorteil durch die Disziplinlosigkeit, mit der dies geschah, wieder verloren, so daß sich die Engländer, die kühl und beherrscht in der Linie blieben, gut halten konnten. Das Schlachtenglück wechselte ständig: Keine Seite konnte einen entscheidenden Sieg erringen. Da half es wenig, daß die Niederlande eine Reihe hervorragender Admirale hervorgebracht hatten, voran Maarten Tromp und Michel de Ruyter, über den der französische König bewundernd nach der Vier-Tage-Schlacht (1666) sagte: „Der Sieur de Ruyter hat mit Herz und Kopf Taten vollbracht, die Menschenkraft übersteigen." Doch was half's? Die Niederlande waren im Vergleich mit England einfach zu klein, zumal sich auch noch Frankreich in den Kampf gegen sie eingereiht hatte. Am Ende hatten sich die Kräfte des Landes erschöpft. 1674 mußte es im Frieden von Westminster klein beigeben. Alle Tapferkeit auf See hatte nichts genutzt: Jetzt waren es die Engländer, die auf Platz eins der Seemächte vorrückten.

In den folgenden Jahrhunderten lebten die Holländer dennoch nicht schlecht, nicht zuletzt dank ihrer Kolonien. Doch große Bedeutung hatte das Land nicht mehr, es war eher ein Glück im stillen Winkel. Napoleon verleibte später die Niederlande Frankreich ein; doch dies blieb eine Episode. 1830 spalteten sich die südlichen Provinzen ab und bildeten fünf Jahre später das unabhängige Königreich Belgien. 1890 machte es ihnen das Großherzogtum Luxemburg nach. Im gleichen, politisch eher bedeutungslosen Jahrhundert allerdings vollbrachte das kleine Holland auch große Leistungen, und zwar auf seinem ureigensten Gebiet, dem Wasserbau: Der Noordhollands Kanaal wurde angelegt, später der Noordzeekanaal, und mit dem Haarlemmer-Meer-Polder wurde ein riesiges Gebiet trockengelegt.

HOLLÄNDER UND DEUTSCHE

Im 1. Weltkrieg blieben die Holländer strikt neutral, und bedenkt man, daß sie dem abgedankten deutschen Kaiser Exil gewährten, so waren sie dem Deutschen Reich wohl eher freundlich verbunden, wie überhaupt die Beziehungen zwi-

Über Jahrhunderte blieb der Grundriß der holländischen Häuser gleich, nur die Gestaltung der Fassaden, vor allem der Giebel, änderte sich. Die Häuser waren immer schmal und in die Tiefe gezogen. Denn Bauland war knapp und deshalb teuer. Auf dem Land waren die Häuser eingeschossig; in den kleineren Städten hatten sie meistens zwei Stockwerke, in den großen Städten auch mehr. Immer waren es schmale, eng aneinanderstehende Häuser. So gleichförmig der Grundriß blieb, so sehr hat sich in der Gestaltung der Giebel die holländische Lust am Ornament und am Zierat ausgetobt. So schuf fast jede Generation ihre eigene, unverwechselbare Fassadenarchitektur.

schen Holländern und Deutschen über lange Zeit die naher Verwandter waren; kein Wunder, wo es doch in der holländischen Nationalhymne heißt: „Wilhelmus von Nassauen bin ich von *deutschem* Blut...".

Schlimm traf es das längst friedlich gewordene kleine Land im 2. Weltkrieg, als am 10. Mai 1940 deutsche Truppen ohne Kriegserklärung in den Niederlanden einfielen. Luftangriffe und Bodenkämpfe richteten in den Kriegsjahren schwere Schäden an.

Die Zeit von 1940 bis 1945 ist in den Niederlanden nicht vergessen, besonders bei der älteren Generation nicht. Doch langsam ändert sich das. Gemeinsame

Handelsinteressen sind da ein guter Wegbereiter. Dennoch: Zurückhaltung und Höflichkeit sind, mehr noch als anderswo, angebracht bei einem Besuch in Holland. Sonderlich beliebt sind die „Moffen", wie die Holländer uns Deutsche nennen, nicht gerade. Man wird freundlich und höflich behandelt, spürt aber gelegentlich doch eine gewisse Reserviertheit.
Zwar verstehen einen fast alle Holländer, und viele sprechen auch ein etwas putzig klingendes Deutsch. Dennoch sollte man erst höflich fragen: „Sprechen Sie Deutsch? Können Sie mich verstehen?", anstatt wie selbstverständlich vorauszusetzen, daß der andere das kann und – vor allem – auch will.
Natürlich sollte man sich nicht ständig dafür entschuldigen, daß man Deutscher ist, das sicher nicht, zumal der Holländer ein ruhiges Selbstbewußtsein durchaus zu schätzen weiß, nur: Ein bißchen mehr Zurückhaltung als zu Hause darf's schon sein, wenn man durch das Land der Holzschuhe, Tulpen und Windmühlen schippert.
Dann wird man mit dem Holländer, dem wir ja auf seinem ureigensten Element, dem Wasser, begegnen, recht gut zurechtkommen. Zwar fahren heute nur noch die wenigsten zur See, aber eine Nation der Seefahrer sind die Niederlande geblieben, wenn es auch heutzutage nicht mehr auf stolzen Kauffahrteischiffen zu den Gewürzinseln geht, sondern mit dem *bootje* über die heimatlichen Kanäle und Seen.

II. Nautisches Holland-Lexikon

Gewässer, die von Segelbooten mit stehendem Mast zu befahren sind:
... bis 9 m Masthöhe   – – – bis 12,50 m   ▬ bis 30 m

Almanak

Genauer: „Almanak voor watertoerisme". Ein zweibändiges, absolut unentbehrliches Nachschlagewerk in zwei Teilen.

Deel 1 enthält Schiffahrtsvorschriften *(Vaarreglementen)* wie das *Binnenvaartpolitiereglement* (siehe dort) oder das *Rijnvaartpolitiereglement* (RPR), außerdem Hinweise für das Fahren auf Kanälen und Meeren, dazu Gewässerbeschreibungen, Signale, Betonnung und Befeuerung, Flaggenführung usw. Kurz: *Deel 1* ist der allgemeine Teil, der nach Bedarf erscheint.

Deel 2 enthält detaillierte Angaben zu den einzelnen Orten, die in Verbindung mit dem Wasser stehen, wie Häfen, Liegeplätze, Versorgungsmöglichkeiten, dazu Werften und Reparaturbetriebe samt Kränen und Slipanlagen, und vor allem: die Öffnungs- und Bedienungszeiten der Brücken und Schleusen.

Was der *Almanak* nicht bringt: Wertungen. Ob nun ein Hafen besonders idyllisch ist oder nicht, ob es laut oder ruhig dort zugeht, das verschweigt er. Er will nicht mehr sein, als er ist: ein kompetentes, nüchternes und sehr genaues Nachschlagewerk. Und was das betrifft, ist er exzellent.

Der Teil 2 erscheint jedes Jahr im Frühjahr neu; man braucht die jeweils neueste Ausgabe.

Beachte: „IJ" ist im Holländischen ein eigener Buchstabe des Alphabets; man findet ihn zwischen „Y" und „Z".

Den Teil 2 kann man im allgemeinen mühelos verstehen, auch wenn man des Holländischen nicht mächtig ist. Für Teil 1 empfiehlt sich die Zuhilfenahme eines kleinen Wörterbuchs.

Bei Charterbooten ist der Almanak immer an Bord.

ANWB

Der *Koninklijke Nederlandse Toeristenbond ANWB* (ehemals *Allgemeen Nederlandse Wielrijder Bond*/Radfahrerverband), der Königlich-Niederländische Touristenverband, gibt unter anderem den *Almanak* heraus und die *ANWB-Waterkaarten* (siehe „Karten"); auch sonst vielfach hilfreich. Die Abteilung Wassertourismus ist wie folgt zu erreichen: Postbus 93200, NL-2509 BA Den Haag, Telefon 0 70-26 44 26.

Auskünfte

allgemeiner Art, aber auch speziell für den Wassersport, erteilt in der Bundesrepublik das Niederländische Büro für Tourismus, Postfach 2 70 58 05, 50511 Köln, Telefon 02 21-2 57 03 83.

Ausrüstung

Die richtige und notwendige Ausrüstung hängt in erster Linie vom Revier ab, das man befahren will. Wer auf der Westerschelde segelt, braucht ein anderes Boot und eine andere Ausrüstung als derjenige, der mit einem Kajütkreuzer die geschützten friesischen Kanäle befährt.

Es hat deshalb keinen Sinn, hier alle möglichen Ausrüstungsgegenstände aufzuzählen, die man mitführen sollte – mit einer Ausnahme, da bei uns nicht üblich: Wer an Kanal- oder Seeufern festmachen will, braucht häufig Heringe, also Haken, wie man sie beim Zelten benutzt. Man schlägt sie in den Boden und belegt daran die Leinen.

Betonnung

Im Prinzip ist die Betonnung in den Niederlanden so wie bei uns. Die auf Seite 21 abgebildeten Tonnen sind die wichtigsten. Sie sollten einem völlig vertraut sein.

Wichtige Tonnen sind beschriftet: beispielsweise die Tonnen der Ansteuerung des Amsterdamer Hafens vom IJsselmeer her mit „P" (wobei dieses „P" für „Pampus", wie dieser Gewässerteil hier heißt, steht) und einer fortlaufenden Numerierung: die grünen Tonnen mit ungeraden Nummern, also P1, P3, P5 usw., die roten mit geraden, also P2, P4...

Bei den Flüssen gibt es eine Besonderheit: Man spricht nicht von Steuerbord- und Backbordseite, sondern von „links" und „rechts", und zwar stromabwärts gesehen. Grüne Tonnen stehen vor dem linken, rote vor dem rechten Ufer (vergleiche „Kribben").

In der Form den Fahrwasserbegrenzungstonnen gleich sind Nebenfahrwassertonnen, etwa *Recreatietonnen* (siehe „Recreatie"). Allerdings sind sie statt einheitlich rot oder grün jeweils rot-weiß bzw. grün-weiß gestreift. Sie markieren ein Fahrwasser außerhalb des Hauptfahrwassers, das meist von geringer Tiefe ist.

Häufig trifft man auf gelbe Tonnen, die als Toppzeichen zumeist ein gelbes liegendes Kreuz tragen. Sie kennzeichnen hauptsächlich verbotene Gebiete, Bagger-, Müllablade- und Ankerplätze, Fischereigebiete, aber auch spezielle Gebiete für schnelle Motorboote, Wasserski, Surfen, Regatten usw. Den jeweiligen Sinn dieser Tonnen kann man aus den Seekarten entnehmen.

Sollte man auf eine Tonne stoßen, die hier nicht aufgeführt ist, so kann man im *Almanak* in Teil 1 ihre Bedeutung nachschlagen (Beilage 8: „Markering van het vaarwater").

Einzelgefahrzeichen:
Schwarz mit einem breiten waagerechten roten Band.

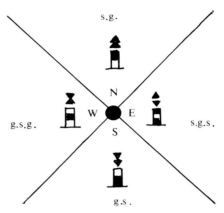

Allgemeine Gefahrenstelle.
Tonne zeigt an, wo sich das Hindernis befindet.

Stb-Seite: grün und spitz, mit oder ohne Toppzeichen, im Wattfahrwasser Pricken.

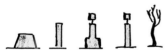

Bb-Seite: rot und stumpf, mit oder ohne Toppzeichen, im Wattfahrwasser Pricken.

Kreuzungen gleichberechtigter Fahrwasser: rot-grün waagerecht gestreift.
Bei Kreuzung nicht gleichberechtigter Fahrwasser: Hauptfahrwasser links Rot über Grün, Toppzeichen rot (Zylinder/Ball). Hauptfahrwasser rechts Grün über Rot, Toppzeichen grün (Dreieck/Ball).
Jeweils Kugeltonne oder Spiere.
Bei Ansteuerung bzw. Mitte Fahrwasser rot-weiß senkrecht gestreift.

Beispiel:
Schwarz-gelbe Tonne des Nordquadranten bedeutet: Hindernis liegt südlich der Tonne, die deshalb nördlich passiert werden muß. Auf größere Entfernungen sind die Farben oft schwer zu unterscheiden, dann orientiere man sich an den auffälligeren Toppzeichen.

Binnenvaartpolitiereglement (BPR)

Diese Verordnung gilt mit Ausnahme der Westerschelde *(Scheepvaartreglement Westerschelde)* und dem Waal, dem Neder Rijn und Lek *(Rijnvaartpolitiereglement)* und dem *Pannerdenskanaal* auf allen übrigen niederländischen Gewässern.

Wichtigste Ausweichregel: Kleine Schiffe weichen den großen. Als „kleine Schiffe" gelten solche, die bis zu 20 m lang sind. Konsequenz: Die Berufsschiffahrt hat immer Vorfahrt!

Man muß das BPR, abgedruckt im *Almanak* in Teil 1, an Bord mitführen (vergleiche „Schiffahrtsvorschriften").

Blaue Flagge

Der Ausdruck hat sich gehalten, obgleich nach den neuen Bestimmungen nicht mehr eine blaue Flagge gezeigt wird, sondern ein hellblaues Schild mit einem weißen Flackerlicht (*Blauwe borden* genannt). Auch an der Bedeutung hat sich nichts geändert.

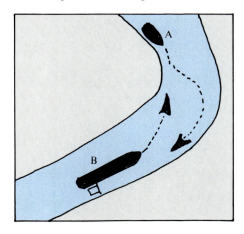

Grundsätzlich muß jedes Schiff auf seiner Steuerbordseite des Fahrwassers bleiben (auf der rechten Seite rechts). Auf den manchmal recht schnell fließenden Flüssen nutzt die Berufsschiffahrt den Strom bei Talfahrt, bei Bergfahrt versucht sie ihn zu meiden. Dies ist möglich, da der Strom in der Außenbiegung einer Schleife stets schneller fließt als an der Innenseite. Verläßt ein Schiff (B) nun seine Steuerbordseite, um das günstigere Wasser an der Backbordseite zu erreichen, so zeigt es das Signal „Hellblaues Schild mit Flackerlicht", und zwar stets an der rechten Seite des Steuerhauses. Dieses Signal bedeutet: „Vorsicht, ich komme auf deine Seite – weiche mir nach Backbord aus!" Der andere (A) weicht dann entsprechend aus. Für die kleinen Boote, wie wir sie fahren, ist aber meist so viel Platz, daß man auf der Steuerbordseite bleiben kann. Notfalls besteht die Möglichkeit, zwischen „Kribben" (siehe dort) auszuweichen.

Bootsführerschein

Inzwischen gibt es auch in Holland „Führerscheine" *(Vaarbewijs)*, und zwar für Boote, die länger als 15 m beziehungsweise schneller als 20 km/h sind. Für Boote, die diese Maße übersteigen, braucht man den *Sportbootführerschein Binnen* (reicht nicht für Westerschelde, Oosterschelde, IJsselmeer, Waddenzee, Ems und Dollard) oder den *Sportbootführerschein See* beziehungsweise das *Sportschifferpatent für den Rhein*, die für *alle* Gewässer gelten.

Brücken

Man unterscheidet feste und bewegliche Brücken (FB und BB).

Steht in der Karte neben einer Brücke „BB", so bedeutet das, daß sie beweglich ist. Die Öffnungszeiten kann man unter dem betreffenden Ortsnamen dem *Almanak*, Teil 2, entnehmen. **Signale:**

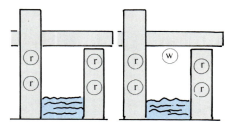

Viermal Rot: Brücke außer Betrieb, Durchfahrt verboten.

Zusätzlich weißes Licht: Brücke außer Betrieb, doch Durchfahrt gestattet.

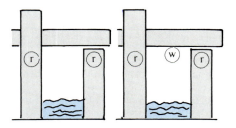

Rot/Rot: Brücke in Betrieb, Durchfahrt verboten.

Zusätzlich weißes Licht: Brücke in Betrieb, Durchfahrt bei geschlossenem Zustand erlaubt.

II. Nautisches Holland-Lexikon

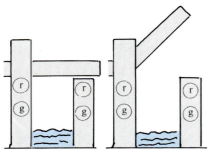

Rot über Grün: Durchfahrt verboten, Brücke wird bald geöffnet.

Wie vorher, doch grünes Licht an und aus: Durchfahrt verboten, es sei denn, man ist so nahe an der Brücke, daß Stoppen nicht mehr möglich ist.

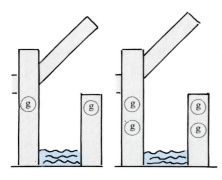

Grün/Grün: Durchfahrt frei.

Viermal Grün: Durchfahrt frei, Brücke unbewacht.

Ist in der Karte neben einer Brücke der Buchstabe „H" zusammen mit einer Zahl abgedruckt, so handelt es sich um eine feste Brücke, wobei die Zahl die Durchfahrtshöhe in Dezimetern angibt: „H 125" beispielsweise bedeutet: feste Brücke mit einer Durchfahrtshöhe von 12,50 m.

Brücken an Gezeitengewässern

In der Karte ist die Durchfahrtshöhe in NAP (siehe dort) angegeben. Doch damit kann man zunächst nichts anfangen, man muß erst umrechnen. Ein Beispiel:

Bei der festen Brücke über den Lek bei Vianen steht „H 135–140". Die wahre Durchfahrtshöhe errechnet sich, indem man diese NAP-Angabe in bezug zu Hochwasser bzw. Niedrigwasser setzt. In der Karte ist neben dieser Brücke bei Vianen in einem rot umrandeten Kasten vermerkt „GHW = NAP + 14, GLW = NAP + 3,5" (GHW = mittleres Hochwasser, GLW = mittleres Niedrigwasser, Zahlen in Dezimetern).

Nun rechnet man folgendermaßen: Die NAP-Durchfahrtshöhe beträgt laut Karte 135 bis 140. Bei GHW aber steht das Wasser 1,40 m über NAP. Folglich zieht man von der NAP-Höhe diese 1,40 m ab, so daß bei Hochwasser eine wahre Durchfahrtshöhe zwischen 12,10 und 12,60 m gegeben ist. Entsprechend verfährt man bei Niedrigwasser.

Um zu wissen, wann an dem betreffenden Ort Hoch- bzw. Niedrigwasser ist, braucht man die „Getijtafels" (siehe dort).

Wenn an den Brücken jedoch sogenannte umgekehrte Peilskalen angebracht sind, dann entfällt diese Rechnerei. Die von weitem sichtbaren Skalen beginnen an der Brückenunterkante mit Null und messen dann Meter um Meter bis hinunter zur Wasseroberfläche. Man sieht also auf einen Blick, bei welcher Meterzahl das Wasser gerade steht. Diese Meterzahl gibt uns die wahre Brückendurchfahrtshöhe an.

Chartern

Es gibt wohl kein anderes europäisches Land, das ein derart großes und vielfältiges Angebot an Charterbooten hat. Ein Verzeichnis der Vercharterer ist erhältlich beim Niederländischen Büro für Tourismus, Postfach 27 05 80 05, 50511 Köln.

Da im Sommer häufig alles ausgebucht ist, empfiehlt es sich, frühzeitig im Jahr zu chartern.

Man sollte unbedingt auf eine ausreichende Versicherung des Bootes achten (Haftung und Kasko). Zuweilen wird für Schäden eine Selbstbeteiligung vereinbart, die man zunächst als Kaution hinterlegen muß. Wichtig ist auch, nur solche Reviere zu befahren, für die das Boot verchartert wird.

Besondere Papiere für das Führen eines Charterbootes sind nicht erforderlich.

Wer das erstemal Boot fährt – auf einem kleinen Kajütkreuzer lernt man es schnell –, lasse sich in die Handhabung ausführlich einweisen. Der Vercharterer wird schon im eigenen Interesse mit dem Neuling zum Einüben eine kleine Probefahrt machen. Im übrigen sollte darauf geachtet werden, daß sich Boot und Ausrüstung in einwandfreiem Zustand befinden.

Delta-Plan

Gigantisches Projekt zur Sicherung des niederländischen Südwestens vor Sturmfluten (siehe Seite 83).

Dieselkraftstoff

Den roten Diesel gibt es für Sportboote nicht mehr. Man muß jetzt – wie Autos – den weißen („blanken") Diesel bunkern. Damit entfällt auch das Abpumpen bzw. Verzollen, wenn man Holland wieder verläßt.

Essen und Trinken

Man beleidigt den Holländer wohl nicht, wenn man behauptet, er sei ein lebensfroher, den irdischen Genüssen sehr zugetaner Mensch. Man ißt gut, gern und vor allem viel in den Niederlanden und, soweit es sich um die „typisch" holländische Küche handelt, auch deftig. Ein kleines Spezialitäten „lexikon" befindet sich am Ende dieses Kapitels.

Die original holländischen Gerichte bekommt man – wenn auch nicht alle, denn die Speisekarte ändert sich natürlich von Provinz zu Provinz – in den Restaurants, die folgendes Zeichen führen:

In über 600 Restaurants wird zu einem landeseinheitlichen Preis ein sogenanntes *Touristmenu* angeboten. Diese Restaurants sind ebenfalls besonders gekennzeichnet.

Mittags ißt man im allgemeinen eher spärlich, zumal das sehr kräftige *Ontbijt* (Frühstück) lange anhält; dafür wird dann abends alles nachgeholt.

Was immer man auch bestellt, man wird sehr große Portionen bekommen. Die alte holländische Küche ist nämlich ursprünglich für Leute gemacht, die hart arbeiten und auch mal eine Mahlzeit ausfallen lassen müssen, für Bauern und seefahrendes Volk eben.

Zwischenmahlzeiten bekommt man in den *Broodjeswinkels* oder auch aus den Automaten, wo man kleine Gerichte ziehen kann, die meist von der indonesischen Küche beeinflußt sind.

Die vielen chinesisch-indonesischen Restaurants sind typisch für die Niederlande. Man kann wohl sagen, daß es heutzutage in fast jedem Dorf ein solches Restaurant gibt. Man ißt dort stets recht preiswert und gut. „Zum Chinesen gehen" ist ein willkommener Vorschlag, wenn die Crew erschöpft von einem langen Törn endlich im Hafen festgemacht und keiner mehr Lust hat, den Smutje zu spielen.

In den großen Städten, voran Amsterdam, gibt es wohl kein Land der Welt, das nicht mit einem Spezialitätenrestaurant vertreten wäre.

Typisch für Holland sind auch seine Cafés – weniger Cafés in unserem Sinne, eher gemütliche kleine „Kneipen", in denen man Kaffee trinkt, manchmal auch Billard spielt oder Schach.

Schilder an Gaststätten mit der Aufschrift *Volledige Vergunning* bedeuten, daß Getränke glas- oder flaschenweise ausgegeben werden, *Tap-Vergunning* heißt: alle Getränke nur glasweise.

Zu den deftigen Speisen trinkt der Holländer gern Bier, das für seine Qualität bekannt ist. Es gibt es *licht* (hell) und *donker* (dunkel). Typisch auch der Genever, unverzichtbar bei schwerem Essen, entweder als *oude* (alter) oder *jonge* (junger) Genever.

Ein manchmal unwahrscheinlich reichhaltiges Angebot an Getränken findet man in *Slijterij* genannten Spirituosenhandlungen.

Flaggenführung

Die Nationale führt man am Heck, und zwar von 08.00 bis Sonnenuntergang, spätestens bis 21.00. Dann holt man sie ein. Die Gastlandflagge, also die rot-weiß-blaue Nationale der Niederlande, wird unter der Steuerbordsaling gefahren, bei Motorbooten am Flaggenmast, ebenfalls an Steuerbordseite.

Flüsse

Ein besonderes, nicht immer leichtes Revier. Als „Grote Rivieren" bezeichnet man die Mündungsflüsse des Rheins, dazu die Maas und die Gelderse IJssel (vergleiche auch „Blaue Flagge", „Brücken", „Kribben", „Strom" und das Kapitel „Auf den großen Flüssen" auf Seite 35 ff.).

Funk

Die Benutzung von Funkgeräten ist verboten, wenn man nicht die entsprechende Genehmigung hat. Für Handgeräte wird keine Genehmigung erteilt, für andere CB-Geräte kann man sie beantragen bei Hoofddirectie Telecommunicatie en Post, Postbus 450, 9700 AL-Groningen, Telefon 0031-50-22 22 00.

Über die umzirkelten Kanäle in der Karte „UKW-Netz Niederlande" auf Seite 26 werden nach 00.05, 07.05, 13.05 und 19.05 Wetterberichte gesendet.

Der Ausbau der Funk-Kommunikation ist in den letzten Jahren geradezu explosionsartig erfolgt. Nahezu alle wichtigen Brücken und Schleusen, häufig auch die Hafenämter selbst kleinerer Häfen, können über UKW angerufen werden. Die Holländer nennen diesen Funk *Marifoon*, in den Karten abgekürzt **M**, zusammen mit einer Zahl, die den Kanal der Station angibt. Beispiel Seeschleuse Delfzijl **M 11**: gleich UKW-Kanal 11.

Im übrigen wird der *Funkverkehr* in den Niederlanden nach den gleichen Verfahren abgewickelt wie bei uns. Zentrale ist *Scheveningen Radio*, das man – je nachdem, wo man gerade ist – über die nächstgelegene Station (siehe Karte Seite 26) anruft. Adressat aber ist immer Scheveningen Radio.

UKW-Sammelanrufe: Fünf Minuten nach jeder vollen Stunde sendet Scheveningen Radio Sammelanrufe; dabei werden die Rufzeichen der Schiffe durchgesagt, für die etwas vorliegt. Ist man dabei, setzt man sich über die nächstgelegene Station mit Scheveningen Radio in Verbindung.

Sammelanrufe Grenzwelle: Fünf Minuten nach jeder vollen *ungeraden* Stunde sendet Scheveningen Radio Sammelanrufe auf den Frequenzen 1862 und 1890 kHz.

Schiff – Schiff ausschließlich Kanal 77.

Notrufe ausschließlich Kanal 16.

Wetterberichte über UKW und Grenzwelle, siehe bei „Wetterberichte".

Geld

Die niederländische Münzeinheit ist der Gulden (Florin, fl., Hfl); er teilt sich in 100 Cent und ist in den Niederlanden das, was bei uns das Markstück ist. Im Umlauf sind darüber hinaus folgende Münzen: 5 Cent (*Stuiver*), 10 Cent (*Dubbeltje*), 25 Cent (*Kwartje*), 2,50 Gulden (*Rijksdaalder*). – *Banknoten*: 5 Gulden, 10 Gulden, 25 Gulden, 50 Gulden, 100 und 1000 Gulden.

Im allgemeinen werden auch deutsche Banknoten entgegengenommen, und zwar zum Kurs von 1:1. Damit steht man sich freilich schlechter, da der Gulden im Wert etwas unter der D-Mark liegt.

Geschwindigkeitsbegrenzungen

sind im *Almanak*, Teil 2, angegeben, stellenweise auch in den Karten. Man kann generell davon ausgehen, daß man um so langsamer fahren muß, je kleiner das Gewässer ist.

II. Nautisches Holland-Lexikon

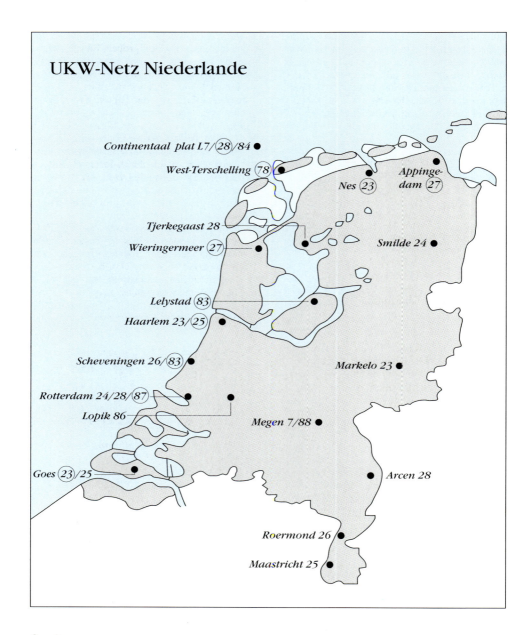

Gezeiten

Durch den Mond verursachtes periodisches Steigen (Flut) und Fallen (Ebbe) des Wassers. Gezeitengewässer sind in den Niederlanden die Waddenzee, die Westerschelde und die Oosterschelde und – wenn auch in der Wirkung abgeschwächt – die „Beneden Rivieren", die seenahen Teile der großen Flüsse.

Getijtafels

Tidenkalender, der für verschiedene Orte in den Niederlanden die Zeiten für Hoch- und Niedrigwasser angibt. Im *Almanak* sind in Teil 2 die Zeiten für drei holländische Seehäfen und die Anschlußorte angegeben. Die *Getijtafels* erscheinen jedes Jahr neu; man kann nur mit den aktuellen Tafeln arbeiten.

Internationaler Bootsschein für Wassersportfahrzeuge

Dieses einheitlich in allen europäischen Staaten eingeführte Zertifikat mit den Identitätsmaßen des Schiffes sowie Namen und Anschrift des Eigentümers wird von den niederländischen Behörden als Registriernachweis anerkannt. Der Bootsschein wird vom Deutschen Segler-Verband (DSV) und vom Deutschen Motoryachtverband (DMYV), beide Hamburg, sowie vom ADAC ausgestellt und ist zwei Jahre gültig.

Kanäle

Das ganze Land ist durchzogen von Kanälen, von denen sehr viele schiffbar sind, denn früher waren sie die wichtigsten Transportwege. Insgesamt sollen sie eine Länge von rund 5000 km haben.

Die Wassertiefe der Kanäle kann man den Karten entnehmen; sie ist in Dezimeter angegeben: „D 28" bedeutet *Diepte* (Wassertiefe) 2,80 m.

Karten

Bei jedem Törnvorschlag ist das jeweils benötigte Kartenmaterial angegeben. Die *Hydrografischen kaarten voor kust- en binnenwateren*, herausgegeben vom „Dienst der Hydrografie", umfassen die Gebiete IJsselmeer, Waddenzee, das Mündungsdelta des Rheins mit Westerschelde und die Küstengewässer.

Die *ANWB-Waterkaarten* decken teilweise die gleichen Gebiete ab, stellen aber vor allem die Binnengewässer mit den Kanälen dar.

Zu beziehen sind die Karten entweder in den Niederlanden oder durch die Vertriebsstellen des Bundesamtes für Seeschiffahrt und Hydrographie (BSH).

Kilometertafeln

An den Ufern der großen Flüsse stehen weiße Tafeln mit schwarzem Rand und großen schwarzen Zahlen, die den jeweiligen Kilometerstand angeben. Auf der Karte sind sie durch Kästchen mit der entsprechenden Zahl symbolisiert.

Die Kilometrierung reicht von Konstanz aus flußabwärts und wird ohne Unterbrechung an der deutsch-niederländischen Grenze fortgesetzt. Dank der Kilometertafeln ist mit Hilfe der Karte jederzeit der Standort feststellbar.

Kribben

Mit Basaltsteinen bedeckte Dämme (Buhnen) an den großen Flüssen, die verhindern sollen, daß das Fahrwasser versandet. Damit man sich nicht unversehens überfährt, wenn sie bei Hochwasser überflutet sind, tragen sie an ihren Enden *Kribbakens*.

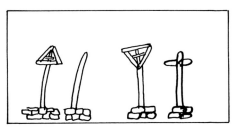

Kribbakens: linkes Ufer (links), und rechtes Ufer (rechts) flußabwärts gesehen.

„Kribbetje varen"

setzt einige Erfahrung voraus, hält einen aber von den großen Schiffen fern und läßt einen stromaufwärts schneller vorankommen, da zwischen den Kribben kein Strom läuft oder sogar Neerstrom setzt, der das Boot flußaufwärts schiebt.

Etwas schwierig ist das immer wieder notwendige Umfahren der Kribben. Wegen der Steine vor den Köpfen darf man sich ihnen auf höchstens fünf bis zehn Meter nähern. Sobald man über die Kribben hinauskommt, packt einen der Hauptstrom. Man muß dann viel Fahrt im Schiff haben, um nicht mit dem Bug wegzutreiben.

NAP

Fiktiver Wasserstand, das „Kartennull" der Niederlande, auf das alle Wasserstände bezogen sind.

NAP ist die Abkürzung für *Normaal Amsterdam Peil*. Dabei handelt es sich um einen im 17. und 18. Jahrhundert bei Amsterdam ermittelten Wasserstand. Er ist, wie gesagt, fiktiv.

Beispiel: Ist eine Wassertiefe mit NAP – 28 angegeben, so bedeutet das effektiv eine Wassertiefe von 2,80 m.

Öffnungszeiten

Geschäfte: Montag bis Freitag von 08.30 bis 17.30 oder von 09.00 bis 18.00; samstags von 08.30 bis 16.00 oder von 09.00 bis 17.00. Donnerstag- oder Freitagabend sind die Geschäfte meistens bis 21.00 geöffnet. Diese verkaufsoffenen Abende werden *Kopavond* (Kaufabend) genannt. Manche Geschäfte haben wochentags bis 19.00 geöffnet.

Einige schließen während der Mittagszeit, fast alle haben einen halben oder ganzen Tag in der Woche geschlossen (ist angegeben).

Banken: Montag bis Freitag von 09.00 bis 16.00, oft auch an den verkaufsoffenen Abenden (*Kopavond*).

Postämter: Montag bis Freitag von 08.30 bis 17.00, samstags von 08.30 bis 12.00.

Papiere

Personenkontrollen finden bei Ein- und Ausreise nicht mehr statt, außer bei Seehäfen.

Plassen

Besonders flache, nicht immer befahrbare Seen.

Recreatie

Wird in den Niederlanden ganz groß geschrieben: umfassender Begriff für Erholung, Ausspannen, die Natur genießen in einer intakten Umwelt. Für *Recreatie* gibt es sogar eine eigene Betonnung (vergleiche „Betonnung").

Rheinschiffahrtspolizeiverordnung (RheinSchPVO)

Regelt die Schiffahrt auf dem Rhein. Ziemlich kompliziertes Gesetzeswerk, das man aber kennen muß, wenn man auf dem Rhein fährt.

Die inhaltlich identische Verordnung in den Niederlanden heißt *Rijnvaartpolitiereglement* (RPR); sie gilt auf dem Waal bis Gorinchem und auf Neder Rijn und Lek bis Krimpen.

Schallsignale

Die in den Niederlanden gebräuchlichen Schallsignale sind im *Almanak* in der Beilage 6 von Teil 1 abgedruckt. Hier die wichtigsten, die man kennen *muß*:

–   (ca. 4 s) Achtung!
·   (ca. 1s) Ich gehe nach Steuerbord!
· ·   Ich gehe nach Backbord!
· · · ·   Ich kann nicht manövrieren!
– · –   Öffne die Brücke (Schleuse)!
    Ich will passieren (einlaufen).

Schallsignale werden mit dem Horn gegeben. In den Niederlanden ist wohl jedes Boot mit einem Horn, zumeist einem elektrischen, ausgestattet, schon weil man es immer wieder braucht, um den Brücken- oder Schleusenwärter auf sich aufmerksam zu machen.

Empfehlung: Schallsignale nicht häufiger geben als unbedingt erforderlich. Stellt man fest, daß eine Brücke besetzt ist und der Brückenwärter einen bereits gesehen hat, so kann man auf das Hornsignal verzichten.

Schiffahrtsvorschriften

Die beiden wichtigsten Schiffahrtsvorschriften in den Niederlanden sind das *Binnenvaartpolitiereglement* (BPR) und das *Rijnvaartpolitiereglement* (RPR). Daneben gibt es Sonderreglements, wie etwa für die Westerschelde. Alle diese Verordnungen sind im *Almanak* im Teil 1 abgedruckt. Man muß sie für das jeweils befahrene Gewässer an Bord haben.

Theoretisch müßte man die Texte der einzelnen Schiffahrtsvorschriften kennen; in der Praxis aber ist das unmöglich, da sie zu kompliziert und auch zu umfangreich sind. Deshalb gilt im Zweifel immer: Bleib weg von den großen Schiffen! Fahre die Manöver rechtzeitig, entschlossen und deutlich, denn nichts ist schlimmer (und gefährlicher) als ein hektisch reagierender, nervöser, nicht berechenbarer Steuermann.

Wichtig: Segelboote müssen den Motor jederzeit startklar haben.

Schleusen

Der Alptraum nahezu aller Urlauber, die das erstemal auf den holländischen Wasserstraßen fahren, sind die Schleusen. Zu Unrecht. Wie bei den Brücken gibt es bestimmte Signale (siehe Abbildung).

 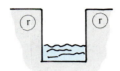

Viermal Rot: Schleuse außer Betrieb. Einfahrt verboten.

Rot/Rot: Schleuse in Betrieb. Einfahrt verboten.

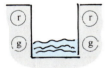 

Rot über Grün: Einfahrt wird bald gestattet.

Grün/Grün: Einfahrt frei.

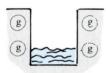

Viermal Grün: Schleuse an beiden Seiten offen. Durchfahrt gestattet.

Sobald die Einfahrt freigegeben ist, läuft man in die Schleusenkammer ein, drängelt sich aber nicht vor. In der Schleusenkammer fährt man so weit wie möglich vor zum geschlossenen Tor. Häufig herrscht so ein Andrang, daß der Schleusenmeister jeden Quadratmeter nutzen will. Wird man hochgeschleust, sollte man zuerst die Vorleine ausbringen, beim Schleusen zu Tal entsprechend die Achterleine.

Man muß darauf achten, daß man genügend lange Leinen nimmt, denn man muß sie ja über Slip fahren, es sei denn, man macht an einem anderen Schiff fest.

Fender bringt man schon vor dem Einlaufen aus, und zwar auf beiden Seiten, da man nicht vorher wissen kann, welche Schleusenseite einem zugewiesen wird.

Meist ist der Schleusenmeister behilflich, wenn er etwa sieht, daß das Boot unterbemannt ist oder man mit den Leinen nicht gleich klarkommt.

Bootshaken sind sehr nützlich, man sollte sie griffbereit halten.

Vorsicht ist bei den großen Schiffen geboten: Bremsen sie ab, kann man an ihr Heck herangezogen werden, wenn man die Leinen noch nicht ausgebracht hat. Beim Auslaufen droht die umgekehrte Situation: Das Schraubenwasser kann uns wegdrücken. Die Berufsschiffahrt nimmt zumeist Rücksicht; andererseits ist Zeit für sie Geld, ihre Manöver werden ruckzuck und meist auch mit viel Kraft ausgeführt.

Schnelle Motorboote

Darunter sind solche Motorboote zu verstehen, die schneller als 16 km/h fahren können. Sie müssen, bevor sie auf niederländischen Gewässern eingesetzt werden, beim *Rijksdienst voor het Wegverkeer* (Verkehrsministerium) registriert werden. Antragsformulare gibt es bei den größeren (Haupt- und Distrikts-)Postämtern (vergleiche „Öffnungszeiten"). Man muß lediglich die Personalpapiere vorlegen. Die Gebühr betrug zuletzt 50 Hfl.

Es wird sofort ein Kennzeichen erteilt.

Schnelle Motorboote sind haftpflichtversicherungspflichtig: Mindestdeckungssumme 250 000 Hfl (vergleiche „Versicherung").

Signalpistolen/-stifte

Grundsätzlich genehmigungspflichtig. Wenn sie aber zur Ausrüstung des Bootes gehören, dürfen sie eingeführt werden, müssen jedoch während des Aufenthaltes in den Niederlanden an Bord verbleiben und dürfen nicht ausgepackt werden (es sei denn im Notfall).

Werden sie nicht mit dem Boot eingeführt (sondern zum Beispiel mit dem Auto), so benötigt man einen *Consent,* eine Bescheinigung, die man unter Vorlage des Waffenscheins beantragen kann bei: Kabinet Commissaris der Koningin in de Provincie Utrecht, Achter Sint Pieter 20, NL-3512 HT Utrecht, Telefon 030-582448.

„Sleepje geven"
Kleinere Segelboote ohne Hilfsmotor bitten zuweilen darum, in Schlepp genommen zu werden, etwa um eine Brücke zu passieren, in eine Schleuse einzulaufen oder auch, um von einem Meer zum anderen zu gelangen. Es ist guter Brauch, daß man dann hilft. Man denke aber daran, nicht zu schnell zu fahren und eine möglichst lange Leine auszubringen, damit die Stöße und Rucks gedämpft werden.

Spuien
Schnelles Durchströmen von Wasser bei völlig offenen Schleusen (beide Tore also offen). Wird gemacht, um rasch einen zu hohen Wasserstand zu senken oder um in den Städten das Schmutzwasser aus den Grachten zu spülen.
Wenn gespuit wird, darf man die betreffende Schleuse nicht passieren. Das Spuien wird mittels einer blauen Flagge mit der Aufschrift „Spuien" angezeigt.

Strom
In den Gezeitengewässern erreicht der Strom zum Teil beträchtliche Geschwindigkeiten. Um ihn richtig nutzen zu können, braucht man den „Stroomatlas".
Bei den Flüssen hängt die Stromgeschwindigkeit vom Wasserstand ab. Führt der Rhein viel Wasser, etwa nach lang andauernden Regenperioden, dann werden auch seine Mündungsflüsse viel Wasser haben und eine entsprechend hohe Stromgeschwindigkeit erreichen.
Die höchsten Geschwindigkeiten verzeichnet im allgemeinen der Waal mit 3 bis 7 km/h. Neder Rijn und Lek sind gestaut; stehen dort aber die Visierschleusen (→ S. 52) offen, so kann der Strom mit 4 bis 5 km/h laufen. Die Maas strömt im Sommer mit nur etwa 0,5 bis 2 km/h.

Auf den „Beneden Rivieren", also den unteren Mündungsarmen, wird die Stromgeschwindigkeit auch noch von den Gezeiten beeinflußt. Auflaufendes Wasser wird die Stromgeschwindigkeit verringern, ablaufendes sie verstärken. Um sich da zurechtzufinden, ist der „Stroomatlas Beneden Rivieren" hilfreich.

Sturmwarnungen
Siehe unter „Wetterberichte".

Telefon
Die Vorwahlnummer der Bundesrepublik Deutschland von den Niederlanden aus ist 0949, nach Österreich 0943, in die Schweiz 0941.
Ein Münzfernsprecher wird wie folgt bedient:
– 25-Cent-Stück einwerfen, Freizeichen abwarten.
– 09 wählen, Freizeichen abwarten.
– Landeskennzahl 49 wählen, ebenso die gewünschte Ortskennzahl (ohne die vordere Null) und die Nummer des Teilnehmers.
– Weitere Münzen einwerfen.
Im Gebrauch sind zunehmend – wie auch bei uns – Telefonkarten. Die in Deutschland gebräuchlichen sind auch in den Niederlanden zu verwenden.

Toeristbelasting
In fast allen Häfen wird inzwischen (der Staat ist unersättlich) zusammen mit dem Hafengeld eine besondere Gebühr, eben die Toeristbelasting, erhoben.

Versicherung
Wer mit dem eigenen Boot nach Holland kommt, wird entsprechend versichert sein. Es empfiehlt sich jedoch, vorher festzustellen, ob die Versicherung auch die niederländischen Gewässer mit einschließt. Im allgemeinen wird das der Fall sein. Andernfalls setzt man sich zwecks Ausdehnung der Fahrgrenzen mit der Versicherungsgesellschaft in Verbindung.
Neben der Haftpflicht- ist eine Kaskoversicherung *(all risks)* mit oder ohne Selbstbeteiligung empfehlenswert, da nicht alle holländischen Boote ausreichend haftpflichtversichert sind.

„Schnelle Motorboote" (siehe dort) sind haftpflichtversicherungspflichtig. Die Mindestdeckungssumme beträgt für sie 250 000 Hfl, für Segelboote 1 Million Hfl. Ausländische Versicherungspolicen werden anerkannt. Der ADAC bietet Kurzhaftpflichtversicherungen an.

VVV

Fast jeder Ort in den Niederlanden hat ein VVV, ein Fremdenverkehrsbüro. Häufig ist neben dem VVV-Schild noch ein Schild mit dem Symbol „i" angebracht. In dieser Informationsstelle erhält man außer Prospekten, Stadtplänen usw. auch überregionale Auskünfte, zum Beispiel über Zugverbindungen usw.

Wetterberichte

Die Sendezeiten sind auch im *Almanak* im Teil 2 abgedruckt. 06.45 Radio 5, 07.33 Radio 1, 08.33 Radio 1, 12.33 Radio 1, 17.33 Radio 1, 18.33 Radio 1. Alle Zeiten Ortszeit. Ortszeit in den Niederlanden: UTC plus 2 h.

Scheveningen Radio sendet Wetterberichte auf *Grenzwelle* in englischer und niederländischer Sprache für das niederländische Küstengebiet und für die Nordsee bis Vikingbank täglich um 05.40, 11.40, 17.40 und 23.40 UTC auf den Frequenzen 1713 und 1890 kHz (nachts auch auf 2824 kHz). Außerdem auf *UKW* für die niederländischen Küstengewässer und das IJsselmeer, und zwar nach den Sammelanrufen (vergleiche „Funk") um 00.05, 07.05, 13.05 und 19.05 (alles Ortszeit) über folgende UKW-Kanäle: Goes 23, Rotterdam 87, Scheveningen 83, Haarlem 25, Wieringermeer 27, West-Terschelling 78, Nes 23, Appingedam 27, Lelystad 83 und für Yachten, die von See kommen, Continentaal plat L 7 84 (siehe auch Karte Seite 26).

Radiosender können mit einem üblichen Rundfunkgerät (Kofferradio) empfangen werden (Ortszeitangabe).

Bei zu erwartender Windstärke von Bft 6 und mehr werden Warnungen für die Schiffahrt ausgestrahlt *(Waarschuwing voor de scheepvaart),* und zwar für die in der Abbildung rechts dargestellten Gebiete:

Radio 1 und 2:   zu jeder Stunde von 00.00–24.00
Radio 3:   zu jeder Stunde von 07.00–23.00 (So. ab 08.00)
Radio 4:   07.00/08.00/13.00/ 18.00/20.00
Radio 5:   09.00/12.00/13.00/18.00

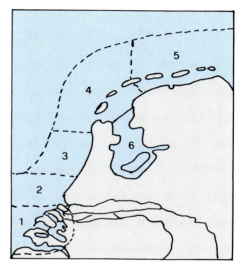

Sturmwarngebiete:
1 *Vlissingen*
2 *Hoek van Holland*
3 *IJmuiden*
4 *Texel*
5 *Rottum*
6 *IJsselmeer*

Telefonischer Ansagedienst. In der Zeit vom 1. April bis 1. November kann man telefonisch den Wetterbericht abrufen: IJsselmeer, Randmeere, Waddenzee, Friese Meren und Deltagebiet 06/97 75; Rijnmon (Rheinmündung) 06/97 71.

Zoll

Dank EU ist für Boote aus den EU-Ländern Ein- und Ausklarieren nicht mehr erforderlich. Allerdings muß man jederzeit nachweisen können, daß für das Boot die Mehrwertsteuer entrichtet wurde.

Die Sprache unserer holländischen Nachbarn

Das Niederländische gehört zu den germanischen Sprachen; es ist eng mit den niederdeutschen Dialekten verwandt. Nach einer gewissen Zeit wird man sich eingehört haben und zumindest den Sinn des Gesprochenen verstehen können; ähnliches gilt für das Lesen, das im allgemeinen sogar leichter verständlich wird. In Friesland wird neben dem Niederländischen noch viel Friesisch gesprochen, eine Sprache, die man im Gegensatz zum Niederländischen allerdings überhaupt nicht verstehen kann.

AUSSPRACHE IM NIEDERLÄNDISCHEN

IJsselmeer	**Ei**sselmeer
W**ou**dsend	W**au**dsend
N**oo**rd**z**ee	N**o**rd**s**ee
d**eu**r (Tür)	d**öö**r
b**oe**r (Bauer)	b**uu**r
min**uu**t	min**ütt**
eeuw (Jahrhundert)	**eui**
ma**ch**ine	Ma**sch**ine
schip	**s-k**ip
gaan (geben)	**ch**aan

BEZEICHNUNGEN AUF WASSERSPORTKARTEN

ankerplaats	Ankerplatz
belboei	Glockentonne
betonning	Betonnung
blauw	blau
bomen	Bäume
bos	Wald
bovenwaterkabel	Überwasserkabel/Hochspannungsleitung
brug	Brücke
brulboei	Heultonne
bij	bei
diepte	Tiefe
dijk	Deich
doodlopend	totlaufendes Gewässer
doorvaarthoogte	Durchfahrtshöhe
doorvaartwijdte	Durchfahrtsbreite
droogvallend	trockenfallend
gebouw	Gebäude
geel	gelb
gemaal	Pumpwerk
gesloten	geschlossen
GHW (gemiddeld hoog water)	mittleres Hochwasser
GLW (gemiddeld laag water)	mittleres Niedrigwasser

gierpont	Kabelfähre
groen	grün
havenkantoor	Hafenkontor
hefbrug	Hebebrücke
jachtverhuur	Bootsverleih, Charter
kade	Kai
kampeerterrein	Campingplatz
lengte	Länge
lichtboei	Leuchttonne
loswal	Kai, Ladeplatz
lijn	Linie
meren	anlegen
met	mit
mistsein	Nebelsignal
moeras	Sumpf
niet	nicht
oever	Ufer
onder	unter
onderlopende dam	Damm unter der Wasseroberfläche
over	über
peilschaal	Pegel/Skala
passanten	Gastlieger
pontveer	Fähre
riet en biezen	Schilf
rood	rot
scheidingston	Fahrwassertrennungstonne
schoorsteen	Schornstein
sein	Signal
slecht	schlecht
sluis	Schleuse
spoorweg	Eisenbahnlinie
staat open	offenstehend
steiger	Anlegesteg
stenen	Steine
sterk verval	starkes Wassergefälle
stuw	Stauwehr
toren	Turm
tussen	zwischen
vaak	oft
vaarlijn	Kurs, empfohlene Fahrlinie
vaartuig	Fahrzeug
vaarwater	Fahrwasser
vaste brug	feste Brücke
vluchthaven	Fluchthafen
vrij	frei
vuurtoren	Leuchtturm

waarschuwing	Vorsicht, Warnung
wit	weiß
wijde	Breite, großer See
zwart	schwarz

HÄUFIG BENUTZTE REDEWENDUNGEN UND WÖRTER

bitte	alstublieft
danke	dank u
wie bitte?	wat zegt u?
Frau	Mevrouw
Herr	Mijnheer/Meneer
ja	ja
nein	neen
Guten Tag	Goedendag
Guten Abend	Goedenavond
Auf Wiedersehen	tot ziens
wohin	waarheen
warum	waarom
viel	veel
wieviel	hoeveel
wenig	weinig
Rechnung	nota
Frühstück	ontbijt
Mittagessen	lunch
Abendessen	diner
Speisekarte	kaart

SPEZIALITÄTEN DER HOLLÄNDISCHEN KÜCHE
(vergleiche „Essen und Trinken", → S. 24)

blinde vinken Kalbfleischrouladen, *boerenkool met worst* Grünkohl mit Wurst, *bruine bonen met spek* braune Bohnen mit Speck, *flensjes* dünne Eierkuchen, *groentesoep* Gemüsesuppe, *hangop* Buttermilchspeise, *hutspot* Eintopf aus Kartoffeln, Möhren, Rüben und Fleisch (der angeblich den Spaniern abgeguckt worden ist, als die nach der vergeblichen Belagerung von Leiden überstürzt aus ihrem Lager abzogen), *mosselen* Miesmuscheln, *nieuwe haring* frischer Hering, ab Mai überall an den Fischbuden (manche Holländer schlucken ihn mit Vorliebe in einem Stück herunter), *oesters* Austern (vor allem in Zeeland), *paling* Aal (vor allem am IJsselmeer), *pannekoeken* Pfannkuchen (mit allerlei Füllungen wie Spinat, Schinken, Muscheln, Eier), *rolpens* gebratene Wurstscheiben, *schotse reep* Schwarzbrot mit Käse, *snert* dicke Erbsensuppe, *stokvis* Stockfisch, *stroopwafel* Sirupwaffel, *tong* Seezunge. Was *aardappele, biefstuk, boter, kaas, kotelet, slagroom* und *worstjes* sind, ist ohne weitere Erklärung verständlich.

III. Auf den großen Flüssen

Törn 1: Waal und Merwede – *Törn 2:* Neder Rijn und Lek–
Törn 3: Die Gelderse IJssel – *Törn 4:* Die Limburgse Maas – *Törn 5:* Die Maas

Grote Rivieren, Große Flüsse, so nennen die Holländer die Mündungsarme von Rhein und Maas, die sich in Zeeland zu einem großen Delta ausfächern und dort in die Nordsee münden; nur die Gelderse IJssel nimmt einen anderen Weg: Sie fließt nordwärts und mündet im IJsselmeer.
Die „Großen Flüsse" sind ein abwechslungsreiches, manchmal auch spannendes Revier, aber doch in erster Linie für Motorboote. Gewiß, man kann auch segeln, aber um typische Segelreviere handelt es sich hier nicht, zumal diese Flüsse wegen der festen Brücken auch nur von solchen Segelbooten befahren werden, die den Mast legen können. Das allerdings ist für viele holländische Boote immer noch eine Selbstverständlichkeit. Doch bleibt auch bei einem Segelboot die starke Maschine entscheidend, schon damit man wegen der Berufsschiffahrt allzeit manövrierfähig ist.
Man wird einige Zeit brauchen, um sich in dem Durcheinander der Flußnamen zurechtzufinden. Die Flüsse wechseln immer wieder ihre Namen, manche Namen verschwinden zunächst, um später und anderswo wieder aufzutauchen. Vielleicht auch dies ein Ausdruck der ausgeprägten niederländischen Individualität.
Welchen Fluß soll man nun für seinen Törn wählen? Der *Waal* ist der breiteste und tiefste Fluß, allerdings auch der am meisten befahrene. Will man rasch vorankommen, so bietet er sich ohne Frage an. Landschaftlich schöner sind unbestritten *Maas* und *Neder Rijn,* wobei viele letzterem den Vorzug geben, doch dies ist Geschmackssache; mir zum Beispiel gefällt die Maas besser. *Limburgse Maas* und *Gelderse IJssel* fallen in jeder Beziehung aus dem Rahmen; wer sich für sie interessiert, findet alles Wissenswerte in den entsprechenden Unterkapiteln.
Der *Strom* ist natürlich auf Flüssen besonders wichtig. Man wird sich zwar praktisch nicht danach richten, sondern ihn so nehmen, wie er kommt. Man muß nur im Hinterkopf haben, daß die Fahrt durchs Wasser, wie es unser Sumlog anzeigt, nie identisch ist mit der Fahrt über Grund: Stromabwärts kommt man schneller voran, als es das Sumlog anzeigt, denn der Strom schiebt mit, und stromaufwärts geht es langsamer voran, weil hier der Strom hemmt. Um es an einem Beispiel zu verklaren: Zwei Boote fahren auf einem Fluß, der eine Stromgeschwindigkeit von 3 km/h aufweist. Weiter angenommen: Beide Boote fahren gleich schnell, sagen wir 6 km/h. Das stromabwärts fahrende Boot macht in der Stunde echte 9 km (6 km eigene Fahrt plus 3 km Strom), das stromauffahrende aber nur 3 km (6 km eigene Fahrt minus 3 km Strom).
Welche Fahrt über Grund man wirklich macht, kann man leicht mit Hilfe der Kilometertafeln am Ufer ermitteln: Man braucht nur die Zeit zwischen zwei Tafeln zu stoppen. Angenommen, mein Boot braucht für 1 km 10 Minuten; dann mache ich 6 km/h. Daraus kann man auch die Stromgeschwindigkeit ableiten: Man muß nur die vom Sumlog angezeigte Fahrt in bezug zur Fahrt über Grund bringen. Beispiel stromaufwärts: Sumlog 9 km/h, Fahrt über Grund (gestoppt und errechnet) 6 km/h, ergo: Stromgeschwindigkeit gleich 3 km/h.

Der *Wasserstand* reicht im allgemeinen für ein Sportboot aus. Dafür sorgen auch die Stauwerke, die unter normalen Verhältnissen einen gleichmäßigen Wasserstand garantieren. Sollte der Wasserstand einmal extrem abfallen, dann brennen an den *Peilschaals* (siehe unten) rote Lichter; das bedeutet: Weiterfahrt verboten! Beim Waal tritt dieses Fahrverbot ein, wenn der Wasserstand unter 2 m sinkt, bei Neder Rijn und Gelderse IJssel bei unter 1,70 m. Die Maas ist ein Sonderfall (→ S. 65 und 74).

Gemessen wird der *Normaal Rivierstand* (NR), der aus dem Jahresdurchschnitt ermittelt ist; auf ihn sind die ANWB-Karten bezogen. Der *Middelbaare Rivierstand* (MR) ist ein Durchschnittswert aus den Monaten Mai bis Oktober. An den *Peilschaals,* deren Standorte in den ANWB-Karten eingedruckt sind, kann man im Vorbeifahren den Pegelstand ablesen.

Von der Wassertiefe einmal abgesehen, ist ein veränderlicher Wasserstand natürlich auch wichtig für das Passieren *fester Brücken:* Bei niedrigem Wasserstand ist die Durchfahrt höher, bei hohem entsprechend geringer. An den *Beneden Rivieren,* den unteren Mündungsflüssen, wird der Wasserstand nicht nur vom Wasser, das der Strom führt, sondern auch noch von den Gezeiten beeinflußt.

Nehmen wir als Beispiel die Eisenbahnbrücke auf der Beneden Merwede (bei km 974) zwischen Dordrecht und Papendrecht: Die Durchfahrtshöhe laut ANWB-Karte „J" beträgt am festen Teil 126 (= 12,6 m). Um die wirkliche Durchfahrtshöhe zu kennen, muß man dazu noch die Gezeiten berücksichtigen. Auf der Karte ist neben der Brücke ein rotes Kästchen gedruckt, darin steht:

$$GHW = NAP + 9,8$$
$$GLW = NAP + 1,4$$

Gerechnet wird nun so: Bei Hochwasser (GHW = mittleres Hochwasser) zieht man von der Kartenangabe 9,8 ab, also 126 minus 9,8 gleich 11,62: Dies ist die echte Durchfahrtshöhe bei HW. Bei NW verfährt man entsprechend und käme auf 12,46 m.

Um solche Berechnungen anstellen zu können, muß man die Zeiten für Hochwasser kennen, braucht also einen Gezeitenkalender *(Getijtafels).* Für unsere Zwecke dürften die Tabellen reichen, die im hinteren Teil des *Almanak* Teil 2 abgedruckt sind. Man kann natürlich immer nur mit der jüngsten Ausgabe des *Almanak* etwas anfangen.

Allerdings: Im Grunde ist dies alles Theorie. Denn die meisten werden auf den Flüssen mit dem Motorboot unterwegs sein, und dafür reichen die Brückendurchfahrtshöhen allemal. Außerdem: An vielen Brücken sind sogenannte umgekehrte Peilskalen angebracht, Skalen, die schon von weitem gut zu sehen sind und die mit Null an der Brückenunterkante beginnen, so daß man sofort sieht, auf welcher Höhe das Wasser gerade steht. Die unterste Zahl gibt jeweils die effektive Brückendurchfahrtshöhe an.

Fast überall auf den großen Flüssen gibt es *Kribben;* das sind nichts anderes als aus Steinen gebaute Buhnen, die verhindern sollen, daß die Fahrrinnen versanden. Auf ihren Köpfen tragen sie Baken, sprich Stangen mit Toppzeichen (→ S. 27), die auch bei Hochwasser noch zu sehen sind, damit man nicht unversehens die überfluteten Kribben überläuft. Zwischen den Kribben setzt kein Strom, und das erlaubt einem, in ruhigem Wasser zu fahren; bei den breiten Beneden Rivieren ist das, wenn Wind gegen Strom steht, sehr hilfreich. Man kann aber auch zwischen den Kribben den großen Flußschiffen ausweichen. Wer etwas Erfahrung hat, kann auch *Kribbetje varen:* Wenn er stromaufwärts will, fährt er in den stromlosen Buchten zwischen den Kribben und vermeidet so den Gegenstrom. Etwas schwierig ist allerdings das Umfahren der Kribben, weil einen hier urplötzlich der Hauptstrom packt; wegen der Steine, die vor den Buhnenköpfen im Wasser liegen, muß man sie mit einem Abstand von mindestens fünf Metern runden.

Das Wechseln von einer Fahrseite zur anderen, wie es die Flußschiffer praktizieren, um schneller voranzukommen, behindert einen eigentlich nur auf dem oberen, schmalen Teil der Geldersee IJssel; deshalb wird auf Seite 22 genau beschrieben, wie man sich dabei zu verhalten hat und was die *Blauwen Borden* bedeuten.

Die *Navigation* auf den großen Flüssen ist dank der *Kilometrierung* denkbar einfach. Die Zählung der Kilometer beginnt auf dem Rhein bei Konstanz und setzt sich dann fort über die holländischen Flüsse bis zu deren Mündung. An den Ufern stehen im Abstand von einem Kilometer große weiße Tafeln, auf denen die jeweilige Kilometerzahl angegeben ist. In den Karten sind die Tafeln mit dem Kilometerstand ebenfalls abgedruckt. Man weiß also jederzeit, wo man sich gerade befindet: Kilometertafel am Ufer, Blick auf die Karte, dann weiß man Bescheid.

Wer auf dem Rhein fahrend nach Holland kommt, kennt die *Rheinschiffahrtspolizeiverordnung* (RheinSchPVO); auf holländisch heißt sie *Rijnvaartpolitiereglement* (RPR). Die beiden sind inhaltlich identisch. Sie gelten auf dem Rijn, dem Waal bis Gorinchem, dem Pannerdenskanaal, dem Neder Rijn und dem Lek bis Krimpen. Ab da und auf allen anderen Flüssen gilt das „BPR", das *Binnenvaartpolitiereglement* (→ S. 21). Eine Ausnahme macht die Nieuwe Maas bei Rotterdam, wo besondere Vorschriften zu beachten sind.

Man sollte sich aber von allen diesen, zum Teil üppigen Gesetzeswerken nicht verrückt machen lassen: Wichtig sind ein gesunder Menschenverstand und rücksichtsvolles, defensives Fahren. Nicht vergessen: Fähren haben immer Vorfahrt! Und die großen Flußschiffe sowieso.

Törnvorschlag 1: Waal und Merwede
Von der Grenze nach Dordrecht und zum Biesbos

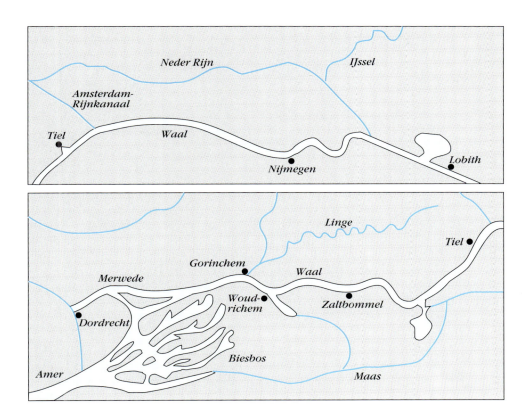

Der Waal ist der größte, breiteste und als Verkehrsader wichtigste aller holländischen Flüsse. Will man relativ problemlos und möglichst schnell vorankommen, so sollte man auf dem Waal fahren: Mit 3,5 bis 5,5 km/h hat er eine vergleichsweise große Stromgeschwindigkeit, und da einen auch Schleusen keine Zeit kosten, weil er nämlich keine hat, wird man hier flotte Fahrt machen können.
Es dürfte nicht schwer sein, die 113 km von *Lobith/Tolkamer* an der Grenze bis nach *Dordrecht* in einem Stück durchzuziehen. Angenommen, unser Boot läuft

III. Auf den großen Flüssen

9 km/h zuzüglich etwa 4 km/h Stromgeschwindigkeit, so daß man effektiv über Grund 13 km/h Fahrt macht. Das heißt: Man kann in einem Tag, nach strammer Fahrt von neun Stunden, in Dordrecht sein.
Der Schiffsverkehr ist hier so stark wie nirgendwo sonst; alles, was über den Rhein nach oder von Rotterdam dampft, nimmt diesen Weg. Die Grenze bei Lobith passieren im Schnitt täglich 600 (!) Binnenschiffe. Aber da der Strom auch sehr breit ist, kommt man sich nicht in die Quere, wenn man sich nur immer an der rechten Seite des Fahrwassers hält; und sollte es einmal ganz dick kommen, dann weicht man eben zwischen die Kribben aus.
Bis Dordrecht sind acht Brücken zu passieren. Fünf davon sind fest, mit einer geringsten Durchfahrtshöhe von 14,9 m.
Die Wassertiefe des Waal beträgt ca. 4 m; unter extrem ungünstigen Verhältnissen sind es zwar nur noch 2,20 m, doch selbst dies dürfte für ein Boot allemal reichen. Bei sehr geringem Wasserstand gilt allerdings ein Nachtfahrverbot; an den bereits erwähnten Peilskalen brennen dann rote Lichter.
Über die Nieuwe Maas ist der Waal mit der offenen See verbunden; man muß also mit dem Einfluß der Gezeiten rechnen, die nach Osten zu allerdings immer mehr an Bedeutung verlieren. Auf der *Boven* und *Beneden Merwede,* den westlichen Teilen des Waal, sind sie indes durchaus spürbar. Dort, bei *Dordrecht* etwa, beträgt der Tidenhub immerhin 90 cm, bei *Zaltbommel* aber nur noch 35 cm.
Der Wind kann das Fahren auf dem breiten Strom sehr ruppig werden lassen, vor allem, wenn er gegen den Strom steht. Und wann bläst es denn hier nicht aus Westen? Erfahrene Skipper halten sich dann so nahe wie möglich am Ufer, weichen auch in die ruhigen Buchten zwischen den Kribben aus.
Heimwärts wird man wahrscheinlich nicht den Waal nehmen, eben wegen des starken Gegenstroms. Dann tut man besser daran, sich ruhigere (und schönere) Flüsse auszusuchen, den Neder Rijn etwa oder die Maas.

Distanzen: **Lobith/Tolkamer** – **Nijmegen** (21 km) – **Tiel** (31 km) – **St. Andries** (11 km) – **Zaltbommel** (9 km) – **Woudrichem** (18 km) – **Gorinchem** (1 km) – **Sleuwijk** (1,5 km) – **Dordrecht** (20,5 km) – **Biesbos** (14 km).

Nautische Unterlagen: ANWB-Karten L: Grote rivieren – oostblad; K: Grote rivieren – middenblad; N: Biesbosch. Almanak voor watertoerisme, 1 und 2.

In den allermeisten Fällen wird man vom Rhein her den Waal ansteuern. Die Grenze im Fluß erkennt man zwar nicht, aber mit dem Zoll wird man unter Umständen seinen ersten Kontakt mit den Niederlanden haben.
Zwar ist seit 1993 Ein- und Ausklarieren nicht mehr vorgeschrieben, man muß aber nachweisen können, daß für das Boot die Mehrwertsteuer bezahlt wurde. Der Zoll macht deshalb ab und zu Stichproben.
Da Einklarieren wegfällt, kann man am ersten holländischen Hafen

Törnvorschlag 1: Waal und Merwede

Auf dem Waal. Der Fluß führt wenig Wasser, wie man an den breiten Schlickflächen sehen kann.

Lobith/Tolkamer (km 863) vorbeifahren. Man sollte sich aber über den Wasserstand informieren. Bei NAP + 10,50 m hat der Waal seine „Normal"-Wassertiefe von 4 m.
Eben etwas flußabwärts öffnet sich am rechten Ufer eine schmale Einfahrt (feste Brücke, H 9,50 m), die zum ehemaligen Baggersee „De Bijland" führt. Langsam wird dieser sehr große See zu einem „Watersportcentrum", es muß nur noch etwas einwachsen. Man halte sich hart an die Steuerbordseite. Vor dem anderen Ufer ist es untief. Bei den Schwimmstegen eine Tankstelle.

Nijmegen (km 884), die wie Rom auf sieben Hügeln erbaute Stadt, sieht vom Fluß her sehr viel imposanter aus, als sie sich bei näherer Betrachtung zeigt. Wie Arnheim und andere in dieser Gegend ist sie in den Endkämpfen des 2. Weltkrieges schwer mitgenommen worden. Die Ursprünge dieser so günstig im Vielstromland gelegenen Stadt lassen sich bis in die Römerzeit zurückverfolgen. Karl der Große machte sie später zu einer blühenden Handelsstadt; durch Jahrhunderte genoß sie die Privilegien einer Freien Reichsstadt, war nur dem Kaiser untertan. Trotz der Verwüstungen im 2. Weltkrieg gibt es hier noch viele sehenswerte Bauten; die St. Stevenskerk aus dem 13. und das Rathaus aus dem 16. Jahrhundert hat man wiederaufgebaut und ebenso die alte Lateinschule, die aus dem gleichen Jahrhundert stammt. Am interessantesten aber der „Valkhof", Reste des Kastells von Karl dem Großen.

Liegeplatz und Versorgung: Der ziemlich große „Waalhaven" liegt unmittelbar jenseits der Eisenbahnbrücke am Südufer, ist indes für Yachten wenig geeignet, denn er ist der Hafen der großen Flußschiffe. Man liegt hier zwar geschützt, aber unkomfortabel, mit viel Lärm und Staub. Von der Atmosphäre her um vieles besser ist der „Vluchthaven", der direkt am Fuß der (ersten) Straßenbrücke und ebenfalls am Südufer liegt, mit zwei Schwimmstegen extra für „Passanten". Man darf hier allerdings längstens zwei Tage bleiben. Vorsicht bei der

III. Auf den großen Flüssen

Anfahrt wegen der Flußschiffe! Für einen kurzen Stadtbummel ist dieser kleine Hafen gerade das richtige. Der Vluchthaven liegt übrigens direkt unterhalb des „Valkhofs". Wasser bekommt man in beiden Häfen. Treibstoff kann man von Tankschiffen bunkern, die unterhalb der Eisenbahnbrücke liegen. Ansonsten ist die Versorgung (fürs Boot) mäßig.
Vom Café „Belvedere", das in einem Wachtturm eingerichtet ist, hat man einen prachtvollen Blick über den Fluß.

Der nächste brauchbare Hafen wäre der von

Tiel (km 915), ein am Nordufer gelegenes, ziemlich großes und recht geschütztes Becken, das allerdings dicht mit Wohnbooten und Flußschiffen belegt ist. Am Ende des Hafens links und rechts einer kleinen Halbinsel Stege des W. V. de Waal: einfach, aber ruhig. Im Clubhaus Duschen und WC. Helling, 3,5-t-Kran, Treibstoff am Hafen. Reparaturen und Zubehör bei Fa. Aqua-centrum (ebenfalls am Hafen).
Bei der Einfahrt in den Hafen achte man auf eine gut 100 m ausgreifende Buhne, rechter Hand, an der man sich ziemlich dicht halten muß, um von einer Untiefe freizubleiben.

Vorsicht ist bei *km 913,5* geboten, wo der vielbefahrene *Amsterdam-Rijnkanaal* in den Waal mündet.

St. Andries (km 926) wird man nur anlaufen, wenn man durch den gleichnamigen Kanal in die hier sehr nahe vorbeifließende Maas möchte, sonst wird einen hier nichts halten. *Schleusenzeiten* (zum St.-Andries-Kanaal): werktags 06.00 bis 22.00, samstags 06.00 bis 20.00, sonntags 09.00 bis 17.00. **M 20.**
Das gegenüber von St. Andries als „Haven" in der Karte ausgewiesene **Heesselt** ist zwar ein hübsches Dorf, als Hafen aber ungeeignet. Dies gilt auch für die etwas flußabwärts gelegenen „Häfen" von **Tuil** und von **Haaften.** Tuil ist nur eine schmale, langgezogene Bucht; Haaften ein Baggersee, in dem man allerdings gut ankern kann (empfehlenswert hier das Terrassenrestaurant „Waalzicht").

Zaltbommel (km 935), dessen riesiger Kirchturm schon von weitem zu sehen ist, hat einen Hafen von ähnlicher Qualität wie Tiel, vielleicht eine Idee geschützter und ruhiger. Dieses ehemalige Festungsstädtchen kann, muß man aber nicht besuchen. Der Hafen befindet sich dicht hinter der Zwillingsbrücke am Südufer: ehemals ein Wassergraben des Festungswerkes. Wenig Platz, da ziemlich viele Flußschiffe hier liegen; doch eventuell findet man auch etwas an den Steigern der W. V. De Golfbreker. Versorgung: mäßig!

Gottlob gibt es, nicht allzu weit, auch ungleich Besseres: Kurz nach dem am Südufer (bei km 951) sehr imposant dastehenden *Kastell Loevestein* hat man die Wahl zwischen drei sehr guten Häfen. Zuerst das idyllische

Woudrichem (km 953) an der Mündung der *Andelse Maas:* ein ganz außergewöhnlicher kleiner Hafen in den Wassergräben dieser Festungsstadt, die sich wohlbehalten über die Zeitenläufe gerettet hat.
Die Einfahrt, die gegenüber von km 247 der Andelse Maas liegt, weist bei Niedrigwasser nur eine Tiefe von 1,80 m auf. In den Gräben, die von hohen, baumbestandenen Wällen umgeben sind, liegen die Schwimmstege des W. V. Woudrichem mit recht guter Versorgung (WC, Dusche, Wasser).

Es sei hier nur erwähnt, denn weder ist es wichtig, noch wäre es irgendwie zu bemerken (außer auf der Karte): Der Waal heißt nunmehr *Boven Merwede,* was ihm aber, scheint's, nicht sehr gefällt, denn kurz darauf nennt er sich schon *Beneden Merwede.*

Sehr viel größer und auch lebhafter, um das Wort unruhig zu vermeiden, ist das gegenüber von Woudrichem gelegene

Gorinchem (km 954), eine einst („Gorcum") bedeutende Handelsstadt, die sich im Lauf der letzten Jahrzehnte zu einer nicht minder bedeutenden Industriestadt entwickelt hat, ohne dabei im Kern ihren Charakter als mittelalterliche Hafenstadt zu verlieren.
Man hat die Wahl zwischen drei Häfen: Wer auf der Merwede weiter will, wird in den *1e. Voorhaven* fahren, ein großes, von baumbestandenen Wällen geschütztes Becken. Hier liegen auch viele Flußschiffe, denn hier mündet der *Merwedekanaal* (→ S. 56), doch in der SE-Ecke findet man einmal in recht hübscher Umgebung die Stege der W. V. De Merwede (Wasser, WC, Dusche, Bunkerschiff für Treibstoff, 6-t-Kran). Die besten Liegeplätze aber gibt es mitten in der Stadt, im alten *Lingehaven,* den man inzwischen wieder durch die restaurierte Jachtensluis (Bedienung mo.–sa. 08.00–13.00 und 14.00–21.00, so./f. 10.00–13.00 und 14.00–19.00) erreichen kann: perfekte Liegeplätze in der Stadtgracht, gleich binnen der Schleuse (WCs und Duschen), in malerischer Umgebung. Ein sehr empfehlenswerter Hafen. Plan Seite 44.
Wer durch den Lingehaven nordwärts, zur Linge und zum Merwedekanaal will, muß feste Brücken passieren; wem die Durchfahrtshöhe (2,85 m) nicht reicht, muß außen herum; durch den 1e Voorhaven. In den schönen Lingehaven selbst aber kommt man via Jachtensluis immer.

Einen extremen Kontrast dazu bildet das gegenüber von Gorinchem am Südufer gelegene

Sleeuwijk (km 955,5). Der Ort selbst ist zwar belanglos, der Hafen aber hübsch und ländlich, direkt am Deich, von Wiesen und Weidenbüschen umgeben. Die Schwimmstege von *Sleeuwijk Yachting* findet man an der Nordseite der Bucht. Gute *Versorgung* (WC, Dusche, Wasser, Treibstoff, Reparaturwerkstatt).

III. Auf den großen Flüssen

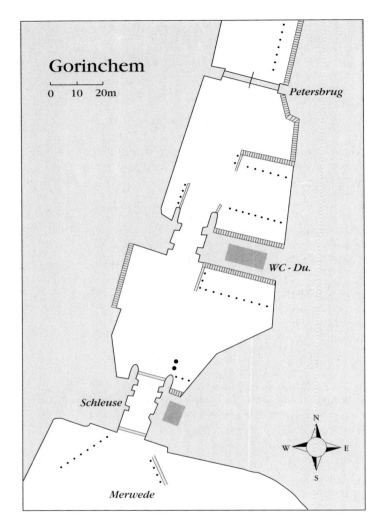

Wahrschau: Vor dem Südufer, gerade gegenüber von Gorinchem, ist es untief. Hier bitte nicht Kribbetje fahren!

Ähnlich wie Sleeuwijk liegt die Bucht *Avelingerdiep* (km 958,5) im Grünen. Die Einfahrt ist sogar befeuert: zum Ankern nicht übel, allerdings ohne Versorgung.

Die Bebauung wird nun immer dichter, besonders ab km 961, wo sich die Boven Merwede in Beneden Merwede und Nieuwe Merwede teilt. Im Grunde hat man nun schon die Ausläufer des gigantischen Industriegebiets vor sich, das sich um Rotterdam und seine Trabanten breitet.

Man fährt hier am besten flott weiter und konzentriert sich auf den durch die Enge des Flusses bedingt dichten Schiffsverkehr.
Wichtiger Hinweis: Noord, Oude Maas und Beneden Merwede sind stark befahren. Deshalb besteht eine Abhörpflicht auf den UKW-Kanälen 4–19. Die holländische Wasserschutzpolizei achtet hier sehr darauf, daß Freizeitskipper das BPR beachten, vor allem das Rechtsfahrgebot!
Was uns aber ganz sicher länger halten wird, ist das einmalige

Dordrecht (km 976), das einst für den Süden des Landes das war, was Amsterdam für den Norden bedeutete: die größte, wichtigste und reichste Hafen- und Handelsstadt. Die Stadt wurde groß dank ihrer Lage am Schnittpunkt zwischen See- und Flußverkehr; von hier konnte man die auf Seeschiffen herbeigeführten Waren über fünf Flüsse weiter verteilen: auf Merwede, Oude Maas, Noord, Wantij und Kil. Was die Schönheit der Stadt angeht, so gibt es von ähnlichem Rang andere auch, Haarlem oder Leiden etwa, was sie aber für Bootsfahrer über alle anderen hebt, das sind ihre einmaligen Stadthäfen.
Dordrecht ist – vom alten Kern um die Kirche einmal abgesehen – eine Industriestadt wie alle anderen in dieser Region; aber betrachtet man sie von der Oude Maas her und denkt man sich dabei die modernen Monstrositäten an den Stadträndern einmal weg, so sieht sie immer noch so aus, wie die alten niederländischen Meister sie gemalt haben: eine majestätisch am Strom ruhende Stadt, fast schwebend über dem Wasser, mit der schwer-wuchtigen *Grote Kerk* über dem Gewirr ihrer Giebelhäuser.
Eine vom Wasser umgebene Stadt, die immer mit dem Wasser und vom Wasser lebte; es ist sicher kein Zufall, daß das schönste Tor der Stadt, das *Groothofdpoort,* nicht zu einer Straße führt, sondern zum Wasser hin; und durch eben jenes Tor zog Kaiser Karl V. einmal in die Stadt ein.
Im reichen und bedeutenden Dordrecht versammelten sich 1572 im Augustinerkloster Vertreter der zwölf wichtigsten Städte der Niederlande, schlossen sich zu einer Freien Städteversammlung zusammen und wählten den Prinzen von Oranien zu ihrem Anführer. Wenn man so will: Hier, in Dordrecht, begann der organisierte Freiheitskampf der Niederlande.
Auffallendstes Bauwerk ist sicher die Grote Kerk mit ihrem wuchtigen Turm, eine gotische Kathedrale, auf schwankendem, nassem Grund erbaut; doch nicht minder interessant sind die engen Gassen mit den schmalen Grachten und den schiefen Giebelhäusern. Man muß einfach durch diese Gassen bummeln und die alte Stadt auf sich einwirken lassen. Schöner kann man Dordrecht nicht erleben.
Sehenswert und nahe, da am Nieuwe Haven: das Museum Simon van Gijn, ein Patrizierhaus, ein Palais schon fast, mit alter Inneneinrichtung und einem Spielzeug- und Puppenmuseum.

Liegeplatz und Versorgung: Kommt man von der Merwede her, so böte sich als Liegeplatz der „Wijnhaven" an, der einst das war, was sein Name besagt. Seine Einfahrt ist nicht ganz leicht zu finden; sie befindet sich neben dem „Grothoofdpoort", einem Stadttor direkt an

III. Auf den großen Flüssen

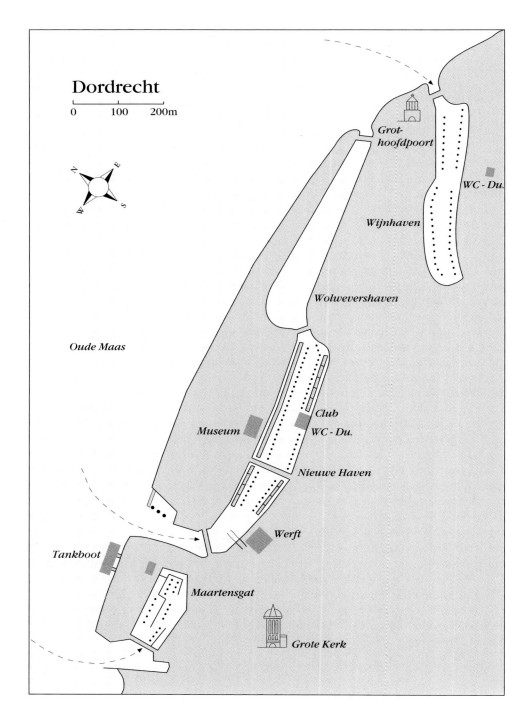

dem auffallenden weißen Hotel „Bellevue". Man muß durch die „Boombrug" (täglich 09.00–12.00 und 14.00–19.00 immer 10 min nach der vollen und halben Stunde; letzte Bedienung 10 min vor 19.00) **M 74.** *Das früher etwas heruntergekommene Viertel um den Wijnhaven ist inzwischen restauriert worden, so daß man jetzt in einer recht netten Umgebung liegt. Die Stege gehören dem W.S.V. Drechtstadt und dem W.V. Het Wantij; Duschen und WC findet man in der Voorstraat 68 (parallel zur Ostseite des Hafens).*

Um zu den beiden anderen Häfen zu gelangen, fährt man in die Oude Maas, einfach an der Kade entlang, wo massenhaft Binnenschiffe liegen.

Hier hat man nun die Wahl zwischen zwei außerordentlichen Häfen, wobei der Nieuwe Haven sogar noch eine Idee besser ist als der andere. Seine Einfahrt befindet sich neben dem gewaltigen Tankboot; er hat Schwimmstege, und dort liegt auch ein altertümlich-hübsches Clubhaus (mit WC, Dusche, Wasser). Man muß durch die Engelenburgbrug, und wer vorne keinen Platz findet, außerdem noch durch die antike Lange IJzerenbrug (Öffnungszeiten für beide wie Boombrug/Wijnhaven). Im Nieuwe Haven liegt man vor den allerschönsten Patrizierhäusern, im Schatten der Groten Kerk und, obwohl mitten in der Stadt, erstaunlich ruhig.

Im Vergleich zum Nieuwen Haven spricht eigentlich wenig dafür, statt dessen in den nahen Maartensgathaven zu laufen: Er ist um einiges kleiner, aber sehr viel lauter wegen der Autostraße. Hier hat die W. V. Maartensgat Schwimmstege (auch Dusche/WC). Man muß durch die Mazelaarsbrug, die die gleichen Bedienungszeiten hat wie die beiden Brücken am Nieuwe Haven. (Vor der Brücke Warteplatz mit Signalknopf, um den Hafenmeister zu rufen.)

In den sehr schönen Wolwevershaven, den man sich aber ansehen sollte, darf man nicht mit dem Boot; in den großen, lärmenden Kalkhaven wird man nicht wollen.

Reparaturen jeder Art bei einem der vielen Yachthäfen am Wantij.

Der Biesbos

Das heute auf der Karte mit seinen vielen Wasseradern so unruhig aussehende Gebiet östlich von Dordrecht war im Mittelalter einer der größten und fruchtbarsten Polder der Niederlande, das *Grote Waard*. Bis zur Nacht vom 18. auf den 19. November 1421, als eine verheerende Sturmflut über den Südwesten hereinbrach: die Elisabeth-Flut. Binnen weniger Stunden war Land unter, alle Dörfer und Burgen waren verschwunden, und dort, wo vorher Menschen gewohnt hatten, dehnte sich ein riesiger Binnensee. Dordrecht lag auf einmal auf einer Insel. Doch im Laufe der Jahrzehnte und Jahrhunderte schleppten die großen Flüsse immer mehr Schlamm und Sand an, bis ganz langsam diese merkwürdige Landschaft entstand: der Biesbos (auch Biesbosch genannt). Mittlerweile ist er zu einem Naturreservat geworden mit vielen seltenen Tier- und Pflanzenarten. Der Biesbos besteht aus zwei großen Gebieten, dem Brabantsen und dem Hollandse Biesbos. Letzterer wird noch unterteilt in den Dordtse und den Sliedrechtse Biesbos. Für Bootsfahrer am interessantesten ist der Brabantse Biesbos, er ist auch der größte. Mit einem Boot bis zu 1,50 m Tiefgang kann man ihn gut befahren. Allerdings nur mit gewissen Einschränkungen:

– Dunkelblaue Fahrtrouten sind offen für alle Boote; sind diese Routen zusätzlich mit rotpunktierten Linien markiert, so darf man hier weder anhalten noch ankern noch übernachten;

III. Auf den großen Flüssen

– die hellblauen Strecken und Flächen sind untief, fallen teilweise auch trocken;
– rosa Strecken dürfen nicht unter Motor befahren werden, und
– rote sind gar absolute Verbotsgebiete.
– Auch die großen (dunkelblauen) Fahrtrouten sind nicht alle betonnt; man muß immer mit Untiefen rechnen und halte sich am besten an die roten Fahrlinien (in der Karte).

Am deutlichsten erkennt man diese unterschiedlichen Fahrtrouten auf der Spezialkarte „Waterrecreatie in de Biesbos", die allerdings keine Wasserkarte mit den üblichen Angaben ist. Man erhält sie in den Biesbos-Besucherzentren von *Drimmelen* (→ S. 79) und *Dordrecht* (Spuiboulevard 300).

Zum Navigieren benötigt man zusätzlich die sehr genaue ANWB-Karte N: Biesbosch, die zwar auch die verschiedenen Fahrtrouten ausweist, aber nicht in der Deutlichkeit wie die Spezialkarte. Deshalb fährt man am besten, wenn man beide Karten an Bord hat.

Des weiteren gilt es zu beachten:
– An den dunkelblauen Fahrtrouten darf man sich einen Liegeplatz suchen (siehe Pollerchen in der Karte), dort aber längstens drei Tage bleiben. Danach muß man zu einem anderen verlegen, mindestens 500 m vom ersten entfernt.
– An Schilffeldern zu ankern, gar hineinzufahren, ist strikt verboten.
– In den breiten Fahrtrinnen gilt eine Höchstgeschwindigkeit von 9 km/h, in den schmaleren entsprechend weniger, ohne daß diese genau vorgeschrieben wäre.

Man wird von dieser eigenartigen Landschaft bald bezaubert sein: eine Übergangszone zwischen Wasser und Land, wie das Wattenmeer auch, nur daß hier die Gezeiten fehlen, die täglich alles verändern. Hier gehen die Veränderungen in viel längeren Zeiträumen vonstatten, und dennoch ist der Biesbos ständig im Wandel.

Die Gezeiten also spielen keine Rolle mehr, seit das Haringvliet (→ S. 93) eingedeicht ist, wohl aber gibt es von den Flüssen verursachte Wasserstandsveränderungen (tägliche Unterschiede ca. 35 cm, selten auch bis zu 70 cm).

Die großen Seen im Biesbos, *Spaarbekken* genannt, sind Trinkwasserreservoire, denn so merkwürdig es auch klingen mag: Das nasse Holland leidet unter (Trink-)Wassermangel.

Man lasse sich Zeit und genieße ihn, den Biesbos, diese einzigartige Wasserlandschaft mit ihren Sumpfseen, endlosen Schilffeldern, Grasinseln, mit Pappel- und Erlenwäldern, den skurril gestutzten Weidenbüschen und immer wieder *Biezen*, wie die Holländer das Schilf nennen, das hier bis zu vier Meter hoch wächst.

Ein kleines Wunder ist diese Landschaft.

Für die *Anfahrt* gibt es zwei Möglichkeiten:

1. Von Dordrecht aus sehr schön über den *Wantij* (14 km) durch das Naturschutzgebiet *Merwedelanden*. Im Gegensatz zum Biesbos ist der Wantij ein Gezeitengewässer mit einem Tidenhub von zirka 80 cm. Von Dordrecht bis zur *Otter-Schleuse*, an der Einmündung in die *Nieuwe Merwede*, mit einem Tiefgang bis zu 1,80 m zu befahren. 3 BB mit einer Mindest-Durchfahrtshöhe von 3,60 m bei

geschlossenem Zustand und 12,20 m bei geöffnetem (Eisenbahnbrücke). Die Otter-Schleuse wird bedient zu folgenden Zeiten: mo.–fr. 07.00–13.00 und 14.00–21.00; sa./so./f. 08.00–13.00 und 14.00–21.00 (15. Mai bis 1. September). Danach quer über die *Nieuwe Merwede,* um bei km 971,5 via *Spiering-Schleuse* (Bedienung wie Otter-Schleuse) in den Biesbos zu fahren.
2. Von Amer und Bergse Maas nach Lust und Laune, denn hier gibt es mehrere Einfahrten, alle ohne Schleusen oder Brücken.

Versorgung: Im Biesbos findet man nichts und tut deshalb gut daran, sich vorher einzudecken, etwa in einem der Yachthäfen am Wantij.

III. Auf den großen Flüssen

Törnvorschlag 2: Neder Rijn und Lek
Vom Pannerdenskanaal über Neder Rijn, Lek und Merwedekanaal nach Gorinchem

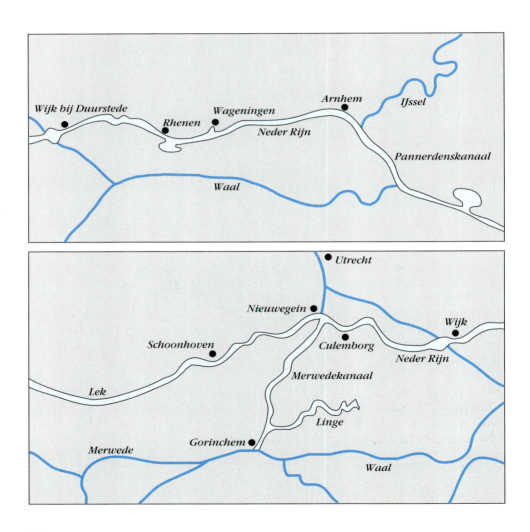

Törnvorschlag 2: Neder Rijn und Lek

Dieser schöne, eher stille Fluß, der in seinem östlichen Teil Neder Rijn und später, im Westen, Lek heißt, ist wahrscheinlich der am einfachsten zu befahrende von den großen Flüssen. Wegen seiner schönen Umgebung ist er bei holländischen Bootsfahrern sehr beliebt: Nach Süden zu breiten sich die Obstgärten der flachen Betuwe aus, und im Norden säumen ihn hügelige, zum Teil bewaldete Ufer.
Dank drei großer Stauwerke gibt es im Sommer kaum bemerkenswerten Strom, dafür aber einen gleichmäßigen Wasserstand.
Sieben feste Brücken hat man auf diesem Törn auf Neder Rijn und Lek zu passieren; die geringste Durchfahrtshöhe weist die John Frostbrug (km 883) bei Arnhem mit 12,50 m auf.
Dazu kommen auf dem Merwedekanaal noch zwölf bewegliche und drei feste Brücken (7,20 m) sowie vier Schleusen.
Ein Törn ohne Schwierigkeiten, den auch der Anfänger sich zutrauen darf.

Distanzen: **Lobith/Tolkamer** – **IJsselkop** (15,5 km) – **Arnhem** (3,5 km) – **Driel** (9 km) – **Wageningen** (12 km) – **Grebberg** (5 km) – **Rhenen** (2 km) – **Amerongen** (12 km) – **Wijk bij Duurstede** (6 km) – **Beusichem** (5 km) – **Culemborg** (2,5 km) – **Hagestein** (8,5 km) – **Nieuwegein** (5 km) – **Vianen** (0,5 km) – **Gorinchem** (24 km).

Nautische Unterlagen: ANWB-Karten L: Grote rivieren – oostblad; K: Grote rivieren – middenblad. Almanak voor watertoerisme, 1 und 2.

Das erste Stück haben Neder Rijn und Gelderse IJssel gemeinsam, den

Pannerdenskanaal, der bei km 867 vom Rhein abzweigt und eine auch landschaftlich recht hübsche Verbindung zu diesen beiden Flüssen herstellt. Der Schiffsverkehr ist hier im Vergleich zu Rhein und Waal schon sehr viel geringer, so daß es eine gemütliche Fahrt auf diesem breiten Gewässer werden wird, das sich einem Fluß gleich durch eine schöne Gartenlandschaft windet, gesäumt von hohen grünen Deichen. Auf dem Pannerdenskanaal muß immer hart rechts gefahren werden. Segelboote müssen den Motor jederzeit startklar haben.

Bei km 870 begegnet man einem merkwürdigen Gefährt, einer Kabelfähre, „Gierpont" auf holländisch. Um eine Kollision zu vermeiden, muß man wissen, wie das funktioniert: Die Fähre hängt an einem flußaufwärts verankerten Kabel und wird von der Strömung, je nach dem Winkel, in dem sie dazu steht, von einem Ufer zum anderen getrieben. Drei gelbe Pontons hängen an diesem Kabel, so daß man leicht erkennen kann, wie es verläuft. Liegt die Fähre am rechten Ufer, fährt man links daran vorbei, hat sie am linken festgemacht, dann passiert man sie rechts, und zwar immer *vor* dem Ankerpunkt.

III. Auf den großen Flüssen

Wie nahe hier alles ist: Schon hier kann man die große Kirche von Arnhem sehen.
Am *IJsselkop* (km 878,5) trennen sich *Gelderse IJssel* (→ S. 58) und Neder Rijn. Wir halten uns links und laufen auf dem breiten Fluß, der wegen seiner Staustufen allerdings wenig oder gar keine Strömung hat, auf die große Stadt

Arnhem (km 882) zu, die beherrschend auf dem leicht ansteigenden Ufer liegt, überragt vom Turm der St.-Eusebius-Kirche.
Man versäumt nicht viel, wenn man an dieser Stadt vorbeifährt: eine moderne Großstadt von 170 000 Einwohnern, Hauptstadt der Provinz Geldern. In und um Arnhem tobten gegen Ende des 2. Weltkriegs schwere Kämpfe, die die Stadt nahezu völlig verwüsteten; man sagt, daß bei Kriegsende noch ganze 150 Häuser heil waren und alles andere zerstört.

Liegeplatz und Versorgung: Bei km 882 öffnet sich die Einfahrt in den Nieuwe Haven (auch Malburgse Haven genannt), der zuallererst ein Industriehafen ist, sehr groß, aber auch unruhig und nüchtern. An der Einfahrt findet man linker Hand die eher bescheidenen Anlagen zweier Wassersportclubs, wo man zur Nacht bleiben könnte. Dort kann man Treibstoff und Wasser bunkern; es gibt auch Duschen und WC. Reparaturen führt die Jachtwerf Gebr. Van Workum aus (16-t-Kran).

Westlich von Arnhem wird das Flußtal nun so, wie man es sich wohl vorgestellt hat: ein weites grünes Land im Süden, die fruchtbare Betuwe, der Obstgarten der Niederlande, und im Norden ein hügeliges, für holländische Verhältnisse sogar steiles Ufer, das stellenweise von großen, dunklen Wäldern bedeckt ist. Die Wälder sind Ausläufer der Hooge Veluwe, einer Heide- und Waldlandschaft, die sich vom Neder Rijn bis fast hinauf zum IJsselmeer erstreckt. Hier erblickt man nun zum erstenmal eines der bizarr aussehenden Stauwerke, von denen es drei am Neder Rijn gibt:

Driel (km 891) ist eines davon. Mit ihrer Hilfe wird der Wasserstand an Neder Rijn und Lek reguliert („visiert"). Soll das Wasser gestaut werden, dann sind die merkwürdigen, weißen, bogenförmigen Klappen heruntergelassen, die sonst hochstehen und dann wie ein weitaufgerissenes Haifischmaul aussehen. Bei geöffnetem Zustand darf man hindurchfahren (Durchfahrtshöhe 12,10 m bei Wasserstand Lobith NAP +12 m), sonst muß man schleusen.
An allen drei Stauwehren werden die Schleusen bedient, sofern die „Visierklappen" geschlossen sind (mo. 06.00 – 24.00, di.–fr. rund um die Uhr, sa. 00.00 – 20.00, so. 08.00 – 20.00). **M 20.**
Das Stauwerk Driel hat die Aufgabe, das vom Rhein heranströmende Wasser zu stauen, so daß es nordwärts zur *Gelderse IJssel* abfließt; denn nur dadurch bleibt diesem Fluß soviel Wasser, daß er überhaupt befahrbar ist. Unterhalb von Driel fließt dann natürlich das Wasser weiter ab; damit nun auch Neder Rijn und Lek

Das Stauwerk Driel. Die hier geöffneten Visierschleusen darf man passieren, wenn einem die Durchfahrtshöhe von 9,10 m reicht.

schiffbar bleiben, werden nach einiger Zeit auch die Stauwehre Amerongen und Hagestein dichtgemacht.

Wageningen (km 903) anzulaufen (max. Tiefgang 1,50 m), lohnt im Grunde so wenig wie vorher schon Arnhem; allerdings zeichnet sich diese Stadt durch einen recht guten Yachthafen aus. Die Stadt selbst ist wie Arnhem nach dem Krieg neu aufgebaut worden: eher eine Villenstadt, zum Teil recht elegant zwischen Wäldern und Parks. In Wageningen unterzeichneten am 6. Mai 1945 Vertreter der deutschen Besatzungstruppen die Kapitulationsurkunde.

Liegeplatz und Versorgung: Man hält sich nach der Einfahrt in den Hafenkanal gleich links, danach aber wieder etwas mehr nach Stb, um gut an einer flachen Stelle vorbeizukommen. An den Schwimmstegen der W. V. Vada macht man fest. Ein recht hübscher kleiner Yachthafen. Das Clubhaus, von dem man einen schönen Blick über das Flußtal hat, steht auf einem kleinen Hügel über dem Hafen. Wasser, Treibstoff von einer leicht anzufahrenden Tankstelle. Dusche und WC im Clubhaus. Bei Reparaturen den Hafenmeister fragen (10-t-Kran).

Nur 5 km flußabwärts findet man hinter dem nächsten Flußbogen am Fuße des ziemlich hohen

Grebbeberg (km 908) einen stillen Liegeplatz in der freien Natur. Hier mündet das Flüßchen Grift in den Neder Rijn, das aber abgesperrt ist. In der Mündung eine kleine Bucht mit unsicheren Wassertiefen. Ankern kann man hier, sonst aber gar nichts.

Sehr hoch und imposant steht die St.-Cunera-Kirche von

Rhenen (km 910) am breiten Fluß; sie stammt aus dem 15. Jahrhundert, und ihr wirklich beeindruckender Turm soll zu den schönsten Kirchtürmen der Niederlande gehören. Das Städtchen selbst kann, muß man aber nicht eigens ansehen.

Liegeplatz und Versorgung: Direkt unterhalb der Kirche sind recht gute, wenn auch nicht unbedingt ruhige Plätze zwischen Steg und Pfahl am „Passantenhaven"; sollte der Fluß doch einmal Strömung haben, wird es allerdings nicht leicht sein, hier festzumachen. Der Passantenhaven liegt direkt neben einem auffallenden, braungestrichenen Restaurant; die Versorgung ist mäßig (nur Wasser und WC). Ruhiger läge man zweifellos in dem Baggersee am Südufer, gegenüber der Stadt; doch hier stört eine Steinfabrik ganz gewaltig. Die W. V. Midden Betuwe hat dort einen kleinen Hafen mit Wasser, WC und Duschen.

Schleuse und Stauwerk von *Amerongen* (km 922) sind (wieder **M 20** wie bei Driel, allerdings Bedienung jederzeit), nachdem wir Driel schon kennen, nichts Neues mehr; es geht ohne Aufenthalt weiter nach

Wijk bij Duurstede (km 928), dem vielleicht schönsten, wahrscheinlich interessantesten, sicher aber ältesten Städtchen am Fluß. Jacob von Ruisdael, einer der großen Niederländer, hat es gemalt, und seine „Mühle von Wijk" hat den Ort weltberühmt gemacht. Eine solche Windmühle, die gleichzeitig ein Stadttor ist, steht tatsächlich immer noch am Fluß, aber es ist nicht mehr jene, die Ruisdael gemalt hat.
Duurstede ist eine Verballhornung der älteren Bezeichnung „Dorestad"; so hieß nämlich die älteste Handelsstadt der Niederlande, die allerdings etwas nördlich vom heutigen Wijk lag. Sie war wohl zuerst ein vorgeschobener Posten der Römer, zum Schutz der Provinz Batavia. Später, zur Zeit der Frankenkaiser, hatte sie sich zu einem wichtigen Handelsplatz entwickelt, eben der ersten Handelsstadt in Holland.
Im Mittelalter residierten hier die Bischöfe von Utrecht, das ja auch nur einen Steinwurf weit entfernt liegt. Aus dieser Zeit stammen auch die auffallendsten Bauwerke des Städtchens: das etwas außerhalb gelegene Kastell; dann die unglaublich wuchtige Backsteinkirche, das alte Rathaus und die vielen Giebelhäuser. Vor der Kirche ein kleiner, von Bäumen beschatteter Marktplatz mit mehreren Cafés, wo man gemütlich Kaffee trinken kann.

*Liegeplatz und Versorgung: Der „Gemeentehaven", direkt an der Stadt und unterhalb der Windmühle gelegen, ist für Yachten nicht zu empfehlen, weil er von großen Flußschiffen angelaufen wird, die hier Kies und Sand laden – staubig und häßlich. Hier kann man allerdings tanken (Bunkerschiff). Ungleich besser ist der „Jachthaven Rijn en Lek", der sich etwas östlich von Wijk in einem toten Flußarm befindet: viel Grün, viel Natur und viel Ruhe; ein kleiner ländlicher Yachthafen mit einem Kinderspielplatz, WC und Duschen. Nur: Zur Stadt hat man doch ein Stück zu Fuß.
Etwas stromaufwärts (Einfahrt bei km 924,5) findet man am Südufer in einem toten Flußarm zwei sehr gute Yachthäfen und am Ende, nahe dem **Eiland von Maurik**, auch freie Plätze (in den Häfen sehr gute Versorgung).*

Törnvorschlag 2: Neder Rijn und Lek

Am Neder Rijn.

Bei Wijk ändert der Neder Rijn seinen Namen, nun heißt der Fluß Lek; stünde es nicht in der Karte, man würde nichts davon merken. Eben hier kreuzt der

Amsterdam-Rijnkanaal (km 928,5) den Fluß. Für die Flußschiffe ist Zeit gleich Geld, die Schönheit der Landschaft interessiert sie weniger. Sie fahren deshalb auch nur ganz selten auf dem Neder Rijn oder dem Lek, sondern suchen den schnellsten Weg zur wichtigsten und größten Wasserstraße, dem Waal. Gelbe Warnlichter bei km 928 signalisieren einem, wenn solche Schiffe den Fluß queren wollen:
– ein gelbes Funkellicht – Schiff kommt aus dem NW-Kanal
– zwei gelbe Funkellichter – Schiff kommt aus dem SE-Kanal

An diesem vielbefahrenen Kreuzungspunkt besteht Überholverbot!

Wer UKW hat, sollte Kanal 13 einschalten und sich beim Centralen Scheepvaartdienst Wijk bij Duurstede melden. Auf diesem Kanal (**M 13**) bleibt man, bis man die Kreuzung passiert hat. Wer kein UKW hat: auf Lautsprecher achten, die an der Kreuzung installiert sind.

Der am Südufer gelegene, kleine Yachthafen von

Beusichem (km 933) gehört zu einem Campingplatz, dessen weiße Wohnwagen die Landschaft nicht gerade verschönern. In dem kleinen, doch gut geschützten Becken (Wassertiefe 1,50 m) wird man wenig Platz finden. Man versäumt nichts, wenn man weiterfährt. *Vorsicht Fähre!*

Recht gut könnte man in dem großen, gut geschützten Hafen (max. Tiefgang 1,50 m) von

Culemborg (km 935,5) liegen; vor allem die *Versorgung* ist hier ganz ordentlich

III. Auf den großen Flüssen

(neben dem üblichen Yachthafenservice auch eine Werkstatt mit 15-t-Helling und Zubehör). Wer Lust hat, kann einmal durch das alte Städtchen schlendern, das auf ein prächtiges Stadthaus stolz sein kann; man findet auch einige recht schöne Giebelhäuser im Schatten der großen Kirche.

Mit *Hagestein* (km 946) hat man das letzte der drei großen Stauwerke an Neder Rijn und Lek erreicht (Schleusenzeiten wie Driel, **M 18**, S. 52). Der nächste Ort,

Nieuwegein (km 951), auch Vreeswijk genannt, ist an sich belanglos und uninteressant, als Verkehrsknotenpunkt aber sehr wichtig. Mit dem Merwede- und dem Lekkanaal münden hier gleich zwei Wasserstraßen, die den Lek mit dem Amsterdam-Rijnkanaal verbinden.
Utrecht, die alte Bischofsstadt, liegt sehr nahe; nicht einmal zehn Kilometer sind es von hier aus. Wer mit dem Boot nicht hin will, kann auch leicht mit dem Bus hinkommen. Die Stadt (→ S. 139) lohnt sehr einen Besuch.

Liegeplatz und Versorgung: Das kleine Becken des Schipbrughaven (km 961) bietet guten Schutz, ist aber sehr eng. Boote, die länger als 9 m sind, sollten gar nicht erst versuchen, einzulaufen (max. Tiefgang 1,50 m). Eher mäßige Versorgung (Wasser, Treibstoff, WC). Der Hafen liegt an sich nicht schlecht unter dem hohen Deich, die modernen Wohnblocks dahinter sind allerdings nicht gerade das, was man sich im Urlaub als Umgebung wünscht.

In Nieuwegein sollte man sich nun entscheiden, ob man auf dem Lek bleiben oder auf dem Merwedekanaal mitten hinein in die Betuwe, ins Herz der Niederlande, fahren will.
Bis hin nach *Streefkerk* (km 980) fährt man auf dem Lek durch eine außerordentlich schöne Flußlandschaft, vielleicht die schönste Strecke von Lek und Neder Rijn überhaupt. Auch läge auf diesem Abschnitt das alte Städtchen *Schoonhoven* (km 971), das durch seine Silber- und Goldschmiede bekannt wurde. Aber jenseits von Streefkerk gerät man auch schon in die Stadt- und Industrieregion von Rotterdam, und da hört jede Urlaubsidylle auf.
Die schönere Route ist jedenfalls der Merwedekanaal. Man verläßt bei dem alten Festungsstädtchen *Vianen* (km 950), genau gegenüber von Nieuwegein, den Lek und steuert in den

Merwedekanaal ein, der durch den Obstgarten der Niederlande führt, durch das *Vijfherenland,* das *Alblasser Waard* und eben durch die *Betuwe,* das ehemalige Batavia, das Stammland der Holländer. Von Vianen bis Gorinchem sind es 24km. Das ist nicht viel, aber man wird doch seine Zeit brauchen – und wenn man klug ist, sie sich auch nehmen. Am Kanal liegen zwölf BB und drei feste Brücken (Durchfahrtshöhe 7,50 m, an der Linge bei Arkel 5,10 m).
Die *Schleusen* werden bedient: wo. 06.00–21.30, sa. 08.00–17.00, so. u. f. 10.00–18.00 (alles 15.4.–15.10.).

Brücken: wo. 06.00 – 21.00, sa. 08.00 – 17.00, so. u. f. 10.00 – 18.00.
Eisenbahnbrücke Arkel: wo. 06.07. – 20.12, sa. 08.02 – 17.30, so. u. f. 09.55 – 17.30.
Der Merwedekanaal, auch Zederikkanaal genannt, war früher die einzige Verbindung zwischen Lek und Waal, deshalb vielbefahren und wegen seiner zahlreichen Brücken, die die Schiffer viel Zeit gekostet haben mögen, ziemlich unbeliebt. Heute ist es eine stille Wasserstraße, die sich unter Pappelalleen gemächlich dahinzieht, jedenfalls zwischen Vianen und Meerkerk, dem schönsten Abschnitt. Man muß sich Zeit nehmen.
Recht gute Liegeplätze findet man in *Vianen,* eben südlich der Schleuse, am bewaldeten Ufer; in *Meerkerk,* am Nordufer zwischen Windmühle und Stadt, im Städtchen selbst am Schwimmsteg; in *Arkel,* wenn man die kanalisierte Linge fährt, im Flußbogen südlich der Schleuse, oder im kleinen Yachthafen De Gors an der Linge.
Sportboote müssen vor *Arkel* den Merwedekanaal verlassen. Ein weißes Schild mit schwarzem Pfeil zeigt die Richtung an, die man nehmen muß, sofern man durch die feste Brücke (Durchfahrtshöhe 5,10 m) von Arkel kommt.
Gorinchem, das wir wenig später erreichen, siehe Seite 43.

Abstecher in die Linge

Von Arkel aus ostwärts schlängelt sich die Linge, ein Flüßchen von besonderer landschaftlicher Schönheit, tief hinein in die Betuwe, den Obstgarten der Niederlande. Die Wassertiefe beträgt gut 2 m. Mehrere feste Brücken von 5 m Durchfahrtshöhe setzen das Maß nach oben. Das sind die einzigen Einschränkungen. Man tuckert – langsam! – unter Motor den Fluß hoch, vorbei an hohen Schilfufern, an Kopfweiden und dunklen Auenwäldern. Immer wieder kann man zwischendurch anlegen oder auch in einen richtigen Hafen fahren:
Der Yachthafen De Gors wurde schon bei *Arkel* erwähnt. In *Kedichem* kann man hinter einem großen Schilffeld an einem Ladekai festmachen oder, besonders schön, davor am Südufer vor einem Buschwald liegen. In *Henkelum* kann man entweder in den kleinen, doch gut ausgestatteten Yachthafen De Wiel fahren oder sich am Ladekai unter Bäumen einen Platz suchen. Am Ortseingang von *Leerdam* findet man eben unterhalb des Glasmuseums einen Steiger; interessiert einen das Museum nicht, fährt man weiter, direkt in die Stadt hinein, wo man vor der Stadtmauer im Gemeindehafen festmachen kann: ein recht guter Platz, weil man nach ein paar Schritten mitten im Städtchen ist. Bei *Geldermalsen,* gut 30 km von Arkel entfernt, endet im allgemeinen ein Lingetörn. Man fährt am besten in den kleinen, doch gut ausgestatteten (auch Treibstoff) Hafen des W. V. Achter t'Veer oder macht jenseits der Brücke an der Kade fest. Wer allerdings ein Boot mit sehr geringem Tiefgang hat, kann noch ein Stückchen weiter die Linge hochschippern und dann in die sehr schmale, flache (0,80 m Wassertiefe) *Korne* abbiegen, um nach gut 5 km das malerische Städtchen *Buren* zu erreichen, wo dann allerdings endgültig Schluß wäre.

Törnvorschlag 3: Die Gelderse IJssel
Vom IJsselkop zum Ketelmeer

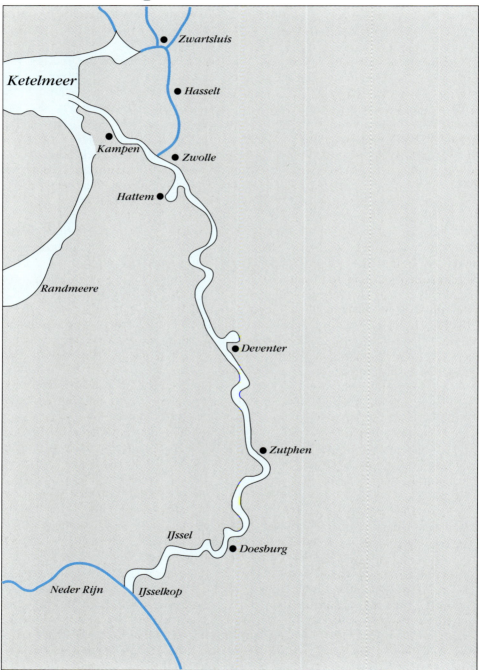

Törnvorschlag 3: Die Gelderse IJssel

Dieser an Windungen reiche, viel Abwechslung bietende Fluß zweigt bei km 879 (IJsselkop) vom Pannerdenskanaal (→ S. 51) ab und führt uns auf einer Länge von 118 km nordnordwestwärts zum IJsselmeer. Eine landschaftlich schöne Route, besonders im nördlichen Teil, wo der Fluß breiter wird und der Blick ungehindert über weite, saftiggrüne Wiesen schweifen kann. Im südlichen Teil mißt die IJssel von Ufer zu Ufer nur etwa 70 m; und hier, vom *IJsselkop* bis zur Mündung des *Twente Kanaals* (km 931), herrscht noch der stärkste Schiffsverkehr.

Dieser Verkehr verlangt einige Aufmerksamkeit, da die Flußschiffe zumeist mit beträchtlichem Speed daherkommen; dabei wechseln sie von einer Seite zur anderen, halten sich also nicht an die übliche Regel, an der rechten Seite rechts zu fahren! Vielmehr nehmen sie flußabwärts immer die Außenbögen, weil hier das Wasser am schnellsten strömt, und flußaufwärts entsprechend die inneren.

Wechselt ein Schiff von der Steuerbordseite zur Backbordseite, so muß es das anzeigen: an der Stb-Seite des Steuerhauses mit einem *Blauen Schild (Blauwe Borden)* und einem Flackerlicht. Da die Flußschiffe auf der kurvenreichen IJssel praktisch immer die Bögen schneiden, haben sie auch immer dieses Blaue Schild außen. Für uns Sportfahrer, die wir nach dem BPR ein *kleines Schiff* steuern, heißt das: Ausweichen nach Backbord; es sei denn, auf der rechten Seite wäre noch so viel Platz, daß man dem Großen nicht in die Quere kommt.

Häufig, aber nicht immer, geben die flußaufwärts fahrenden Flußschiffe zur Warnung auch ein Schallsignal. Wenn sie an Stb passieren wollen: zweimal kurz. Der Entgegenkommer antwortet jeweils mit dem gleichen Signal: o.k.; passiere dich an Bb (Stb).

Es empfiehlt sich sehr, ein Fernglas zu benutzen und „vorausblickend" den Schiffsverkehr im Auge zu behalten, sowohl die Entgegenkommer als auch die Überholer. Im übrigen kann man sich auch an den „Bolbaken" (rot-weiß-blaue Doppelkegel) ausrechnen, wo die großen Schiffe fahren werden: Diese „Bolbaken" haben mit der Fahrwasserbetonnung nichts zu tun, sie zeigen nur, an welcher Flußseite das Wasser am tiefsten ist. Die *Fahrwasserbetonnung* selbst besteht aus Stangen, die zumeist auf den Köpfen der aus Steinen gebauten Buhnen (Kribben) stehen; sie tragen leuchtend rote bzw. grüne Toppzeichen (Zylinder bzw. Kegel). Nicht näher als 5 m an diese Stangen heranfahren!

Der *Strom* läuft am IJsselkop mit 4 bis 5 km/h am stärksten; er verliert in dem Maße an Tempo, wie der Fluß breiter wird: Bei Deventer mißt man 3 bis 4 km/h und bei Kampen nur noch 1 bis 2 km/h. Hier wirkt allerdings auch schon der Wind mit, der den Strom verstärken oder verlangsamen kann.

Der *Mindestwasserstand* in der Fahrrinne beträgt 3 m; daß man sich darauf verlassen kann, ist dem Stauwerk Driel am Neder Rijn zu verdanken. Dennoch sollte man sich am jeweils aktuellen Wasserstand orientieren: Einmal kann man ihn von den blauen Anzeigetafeln ablesen, deren Standorte in der ANWB-Karte D eingezeichnet sind (die erste dieser Tafeln steht gegenüber dem IJsselkop am Norduder). Zum anderen kann man sich aus Radio 5 informieren, das täglich

III. Auf den großen Flüssen

Wasserstandsmeldungen bringt: wochentags 09.25, sonntags 09.55. Schließlich erhält man auch noch per Telefon (Nr. 085 - 629000) Auskunft über den Wasserstand.

Wichtig ist der Wasserstand weniger für die Wassertiefe als für die *Brückendurchfahrtshöhe*. Man sollte sich aber nicht kopfscheu machen lassen. Für Sportboote, und besonders für Motorboote, die ja zumeist die IJssel befahren, dürfte die Wassertiefe allemal reichen und ebenso die Brückendurchfahrtshöhe. Zum Segeln ist die IJssel sowieso kein Gewässer, jedenfalls in ihrem südlichen, nicht sehr breiten Teil. Hier muß ein Segelboot meiner Meinung nach unter Motor laufen, alles andere wäre angesichts des starken Schiffsverkehrs nicht zu verantworten. Bevor man sich aber entschließt, die IJssel mit einem Segelboot zu befahren, muß man berücksichtigen, daß man mit stehendem Mast, wenn er viel mehr als 10 m mißt, nicht durch alle Brücken kommt, auch nicht durch die beweglichen. Insgesamt gibt es 13 Brücken, drei davon sind beweglich. Man sollte davon ausgehen, daß ein Boot von maximal 9,50 m Höhe die IJssel befahren kann – und dies gilt auch nur, wenn der Wasserstand nicht höher als normal ist. Normal bedeutet NAP + 9,34 m (auf dieses Maß sind die Brückendurchfahrten bezogen). Am IJsselkop, bei km 879, steht eine Peilskala: Zeigt sie diese NAP + 9,34, so kann man die Durchfahrtshöhen der Brücken einfach der Karte entnehmen. Ist er höher, muß man die Differenz abziehen, ist er niedriger, kann man sie dazuaddieren; und zwar gilt: Bis Deventer kann man die gleichen Veränderungen wie am IJsselkop übernehmen, danach den halben Wert.

Für Motorboote hingegen stellen die Brücken kaum Hindernisse dar; die geringste Durchfahrtshöhe beträgt bei geschlossenem Zustand 4 m (Kampen), und das müßte für die meisten gut reichen.

In der Karte findet man bei den Brücken die Durchfahrtshöhen auf NAP bezogen angegeben (→ S. 28), aber auch, und zwar in Klammern, die effektive Höhe.

Typisch für diesen Fluß sind die vielen freien Liegeplätze; teils handelt es sich um große Baggerseen, teils auch um tote Flußarme. Besonders empfehlenswert wegen seiner schönen Umgebung der Baggersee bei km 973.

Distanzen: **IJsselkop** – **Doesburg** (23,5 km) – **Zutphen** (25,5 km) – **Deventer** (16,5 km) – **Hattem** (33,5 km) – **Zwolle** (3,5 km) – **Kampen** (14 km) – **Ketelmeer** (11 km).

Nautische Unterlagen: ANWB-Karten L: Grote rivieren – oostblad; D: Gelderse IJssel. Almanak voor watertorisme, 1 und 2.

An dem ehemaligen Festungsstädtchen

Doesburg (km 902) wird man wohl vorbeifahren. Allerdings gibt es inzwischen eine günstig gelegene Marina (Wassertiefe 2 m).

Törnvorschlag 3: Die Gelderse IJssel

Im allgemeinen aber ist es besser, 25 km weiterzuschippern, hin zu dem im Mittelalter als „vieltürmige Stadt" gepriesenen

Zutphen (km 927,5), zumal dieses Städtchen den besten Hafen an der IJssel überhaupt hat. Zutphen gehörte, wie die meisten Städte an der IJssel, einst der Hanse an und hat sein mittelalterliches Stadtbild mit den aus hellroten Backsteinen gemauerten Befestigungsanlagen, über die die Sint Walburgkerk, ein stolzer gotischer Bau, hochragt, aufs prächtigste erhalten. Kurz vor der schönen Wasserfront biegen wir unterhalb der baumbestandenen Wälle in den „Vispoorthaven", auch Turfhaven genannt, ein, eine kleine idyllische, doch leider häufig überfüllte Anlage mit Stegen des W.V. Gelre (Wassertiefe 1,75 m). *Versorgung* mit Dusche und WC tadellos; es gibt auch einen 10-t-Kran, und außen an der Flußkade liegt ein Shell-Boot, an dem man Treibstoff bunkern kann.
Sehenswert: die 1561 erbaute „Librije" neben der Kirche, mit alten Handschriften; dann die zwei Stadtplätze: der Zaadmarkt mit dem alten Hospiz, dem „Blomhof", und der Groenmarkt mit dem „Wijnhaus", der Weinhalle aus dem 17. Jahrhundert.

Deventer (km 944), einst noch mächtiger und reicher als Zutphen, hat sich zu einer bedeutenden Industriestadt mit 60 000 Einwohnern entwickelt. Immer noch interessant ein merkwürdig geformter Platz, „Brink", mitten im Zentrum der Stadt. Sehenswert auch die Grote Kerk mit dem gewaltigen gotischen Schiff, an das sonderbarerweise Läden angebaut sind, die zumeist Antiquitäten feilbieten. Man versäumt aber auch nicht viel, wenn man an der Stadt vorbeifährt und sich nur an ihrer Wasserfront erfreut, die allerdings beeindruckend ist.

Liegeplatz und Versorgung: Man könnte in dem zu den Industrie-Häfen führenden „Voorhaven" bleiben, einem allerdings eher häßlichen Liegeplatz. Schöner, da im Grünen, liegt man im „Jachthaven Deventer" (bei km 947); hier auch Toiletten und Waschgelegenheiten. Bei der Ansteuerung des Baggersees halte man sich mehr an die Backbordseite, zum Ufer hin ist es arg untief. Manchmal liegen Tonnen aus, zwischen denen man hindurchfahren muß. Bester Platz, wenn auch unruhig (Übernachten allerdings verboten), an der Kade eben stromabwärts nach der Brücke am rechten Ufer, direkt vor der Stadt. Treibstoff vom Bunkerboot dicht vor der Straßenbrücke. Reparaturen Jachtwerf Wolf, Hanzeweg 31. 5-t-Kran an der Bernhard-Schleuse (über Hafenmeister Jachthaven).

Für den, der sich Zeit nimmt, lohnt ein kleiner Abstecher zu dem alten, wohlerhaltenen Städtchen

Hattem (km 977,5), das man auf dem sich später totlaufenden Appeldoorns-Kanaal erreicht.

Liegeplatz und Versorgung: Im Passantenhaven, einem kleinen Becken mit Stegen: WC und Waschgelegenheit sowie Trinkwasser.

III. Auf den großen Flüssen

Wenn der Weg durch den *Zwolle-IJsselkanaal* wegen der Schleuse und den Brücken auch etwas umständlich ist, so lohnt sich dieser Abstecher nach

Zwolle (km 981) doch sehr: Die Hauptstadt der Provinz Overijssel, eine ehemalige Hansestadt wie das nahe Kampen und die uns schon bekannten Zutphen und Deventer, zählt heute etwa 80 000 Einwohner. Im Kern ist die Altstadt, die von Wassergräben wie eingeschnürt ist, ziemlich gut bewahrt, vor allem der Platz um die Michaels-Kerk (Grote Kerk) und Onze-Lieve-Vrouwe-Kerk, deren stumpfer Turm (Peperbus = Pfefferbüchse) – Wahrzeichen von Zwolle – weit über das Land schaut.

An der Stadt ist in den letzten Jahren viel getan worden. Während ringsum neue Wohnblocks und Verwaltungsgebäude entstanden, wurde die Altstadt mit sehr viel Liebe und Geschmack restauriert. Das fünftürmige Sassenpoort, Teil der alten Stadtbefestigung, gilt als das schönste Stadttor der Niederlande. Wenn möglich, sollte man freitags oder samstags in Zwolle sein, weil dann auf dem Groten- und dem Melkmarkt Markt abgehalten wird, zu dem die Bäuerinnen der Umgebung noch in ihren feinen, alten Trachten kommen.

Das Blatt 12 der IJsselkarte zeigt nur die Zu-, nicht aber die Einfahrt nach Zwolle. Es geht so: Etwa 800 m nach den beiden festen Brücken biegt man scharf nach rechts ab; geradeaus ginge es auf dem Zwarte Water weiter nach Hasselt. Dann weiter wie Plan.

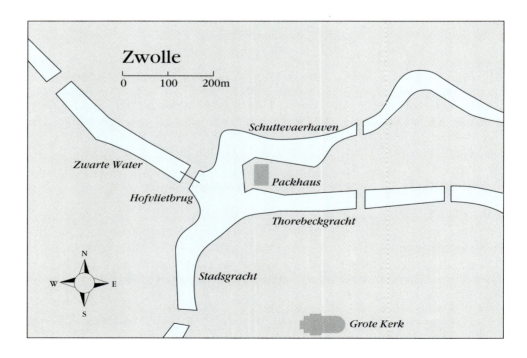

62

Liegeplatz und Versorgung: Sobald man die BB Hofvlietbrug passiert hat, befindet man sich in der Stadsgracht und erblickt zwischen zwei Grachten ein hohes, braunes Packhaus. Links davon liegt der breite Schuttevaerhaven, wo die Gemeinde für Passanten Stege ausgebracht hat: nicht übel, aber ohne jeden Komfort. Man darf aber auch, soweit man hier keinen Platz findet, geradeaus in die Thorebeckgracht fahren (Tankstelle). Hier auch mehrere Zubehörgeschäfte, eine Motorenwerkstatt (de Vries) und ein Segelmacher. Ein malerischer Hafen. Will man allerdings Yachthafen-„Komfort", so müßte man vom Zwolle-IJsselkanaal aus weiterhalten auf das Zwarte Water zu, wo sich mehrere Bootshäfen mit Dusche, WC etc. befinden; dort auch Treibstoff, Reparaturmöglichkeit und 12-t-Kran. Allerdings liegt man recht weit vom Stadtzentrum entfernt.

Brücken und Schleusen: Zwei Brücken sind fest mit einer Durchfahrtshöhe von nur 9 m, die BB gehoben von nur 8 m. Wenn das zu wenig ist, kommt man nicht nach Zwolle. Die Brücken werden zu folgenden Zeiten geöffnet: wo. 07.00–07.30, 08.30–12.00, 13.30–16.45, 17.30–18.00; so./f. 07.30–08.30, 18.30–19.30 (1.5.–1.10.). Die Bedienungszeiten der Spoolderschleuse (mit BB) sind wo. 05.00–23.00; so./f. 07.00–09.00 und 17.00–19.00. **M 22.**

Naheliegend wäre es, von hier auf dem *Zwarte Water* über *Hasselt* mit seinen schönen Yachthäfen nach *Zwartssluis* zu fahren, womit man dann das Tor zu den Seen und Moorkanälen von Overijssel (→ S. 276) erreicht hätte.

Will man indes weiter auf der IJssel, so bleibt nichts übrig, als den kurzen, schon bekannten und umständlichen Weg zurück zu nehmen.

Zutphen und Deventer liegen schon prächtig an der IJssel, aber

Kampen (km 995) übertrifft mit seiner Wasserfront alle beide. Der Fluß selbst strömt hier mächtig und breit dahin, auf eine altertümliche, weißgestrichene Gitterbrücke zu, die allerdings ein arges Schiffahrtshindernis darstellt: In ihrem Mittelteil kann sie gehoben werden wie ein Fahrstuhl. Wegen des vielen Verkehrs wird sie jedoch nicht oft bedient, und dann geht sie sehr schnell hoch, um ebenso schnell wieder geschlossen zu werden. Die Wasserstände sind hier sehr veränderlich, so daß man sich unbedingt an der Peilskala orientieren muß. Das ganze Westufer wirkt mit seiner Häuserzeile wie eine geschlossene Mauer, mit mächtigen Kirchen darüber und dazu, als Wahrzeichen der Stadt, das Koornmarktspoort mit seinen beiden runden Türmen, das hinaus zur IJsselkade führt. Innen verliert die Stadt etwas, ist aber immer noch durchaus sehenswert.

Liegeplatz und Versorgung: Im kleinen Becken des W.V. Bovenhaven liegt man geschützt, aber nicht unbedingt ruhig; meist ist es hier auch ziemlich voll (WC und Duschen). An der IJsselkade, südlich der Brücke, ist ein 40 m langer Platz (Recreatievaart) für Boote freigehalten, doch da man hier extrem unruhig liegt, ist das weniger empfehlenswert. Ähnliches gilt für die Kade nördlich der Brücke, wo die alten (Charter-)Schiffe der „Hanzestad Compagnie" ihre Stammplätze haben. Bunkern kann man bei einer Wassertankstelle etwa 300 m flußabwärts von der Brücke.

Ebenfalls nördlich der Brücke und am Westufer findet man zwei kleine Häfen, beide geschützt (beide mit WCs und Duschen): zuerst den Buitenhaven (max. Tiefgang 1,95 m) und etwas weiter den Hafen des W. V. De Riete.

III. Auf den großen Flüssen

Kampen. Das doppeltürmige Koornmarktpoort führt hinaus zur IJsselkade, an der früher die Hansekoggen festmachten.

Am besten ist indes wohl der Hafen des Zeil Club '37 im Gat van Seveningen (wo man übrigens auch ankern könnte). Man hält sich am Ostufer bis hin zu dem rot-weißen Leuchtturm, hinter dem die Einfahrt in die Bucht liegt, die man durch ein Tonnentor passiert (sollten die Tonnen nicht ausliegen, muß man sich unbedingt gut mittig halten, Wassertiefe 1,50 bis 1,70 m). Die Stege liegen an einer kleinen Insel: ein ländlicher, idyllischer Hafen mit schönem Blick auf Kampen, wohin man allerdings einen weiten Weg hat. (WC und Dusche im nahen Bauernhaus.)

Brücke: wo. 00.00–16.30, 17.30–24.00 (mo. erst ab 04.00); sa. 00.00–20.00; so. 07.30–09.00, 12.00–13.00, 16.00–17.30; f. 06.00–12.00, 14.00–20.00.
Die Brücke wird schnell gehoben (H 11 m) und ebenso schnell wieder geschlossen (H 5,10 m). Wegen des wechselnden Wasserstandes stimmen die Angaben nicht immer; man orientiere sich an den Peilskalen! **M 18.**

Spätestens jenseits von Kampen werden die Segler die Segel hochziehen, denn jetzt ist die IJssel so breit und frei von so lästigen Hindernissen wie Brücken, daß man unbeschwert dahinsegeln kann. Bei km 1001,5 kann man wählen, ob man durch das *Keteldiep* oder durch das *Kattendiep* zum Ketelmeer fahren will. Das Keteldiep ist ein schnurgerader, von Steindämmen gesäumter Kanal, der direkt auf den *Jachthaven Ketelmeer* (→ S. 220) zuführt.

Törnvorschlag 4: Die Limburgse Maas
Von Maastricht zu den Mooker Plassen

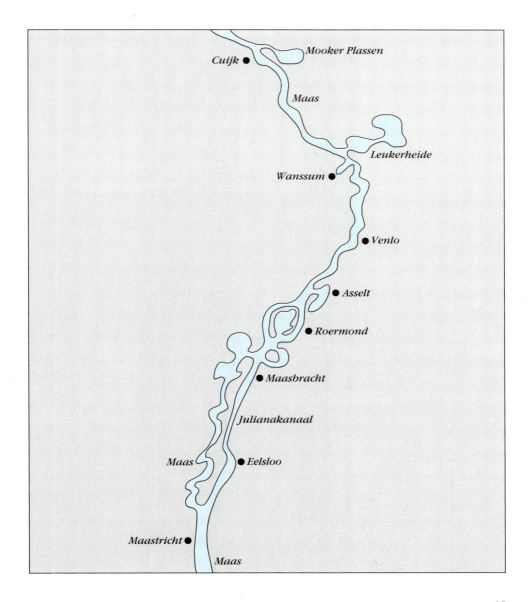

III. Auf den großen Flüssen

Man braucht nur einen Blick auf die (Land-)Karte zu werfen, um zu sehen, daß die Provinz Limburg nicht recht zu den übrigen Niederlanden paßt: Einem schmalen Sack gleich, flankiert von Belgien und Deutschland, so hängt sie weit unten im Süden des Landes.

Dieser fruchtbare Landstrich mit seinen schweren Böden war in seiner langen Geschichte viel umkämpft, immer Spielball politischer Interessen, war mal deutsch, dann sogar österreichisch, eine Zeitlang französisch, und immer wieder Streitobjekt zwischen Belgien und den Niederlanden, bis das Land 1839 endgültig zu den Niederlanden kam, merkwürdigerweise aber gleichzeitig Mitglied des Deutschen Bundes blieb. Ein Grenzland.

Daß *Limburg* so unholländisch wirkt, liegt nicht allein an seiner hügeligen Landschaft, obwohl dies gewiß eine Seltenheit in den Niederlanden ist. Es hängt auch mit dem hier alles prägenden Katholizismus zusammen, der das Land mehr zu seinen ebenfalls katholischen Nachbarn in Belgien und am Niederrhein hin orientiert.

Auch die Häuser haben hier einen eigenen Charakter, die Bauernhöfe sind verschlossen und abweisend wie kleine Burgen; es fehlt ihnen der Zierat, die verspielte Architektur der holländischen Giebelhäuser. Der Boden aus schwerem Lehm ist fruchtbar, das Land ein einziger Garten mit Feldern, Wiesen und kleinen Wäldern und vor allem hügelig, im Süden sogar bergig.

Und durch dieses Land fließt die Maas, windet sich in behäbigen Schleifen dahin, ist aber zum großen Teil kanalisiert. Der Fluß hat in seinem alten Bett streckenweise so wenig Wasser, daß er gerade noch mit einem Kahn befahren werden könnte. Von *Maastricht* bis *Maasbracht* ist die alte Maas gleichzeitig Grenze zu Belgien.

Die Limburgse Maas zeigt im Sommer gewöhnlich wenig *Strömung*; nur wenn es in Belgien lange und viel geregnet hat, erreicht sie Stromgeschwindigkeiten von 3 bis sogar 7 km/h. Die sieben Schleusen und einige Staustufen sorgen für einen gleichmäßig hohen Wasserstand von rund 3 m. Der aus den Bergen kommende Fluß ist durch kunstvolle Bauwerke gezähmt worden.

Die *Schleusen* an der südlichen Maas zeigen das höchste Gefälle in den Niederlanden; die von Maasbracht beispielsweise hat gut 11 m zu überwinden. Daß das Schleusen für Bootsfahrer dennoch nicht schwierig ist, dankt man „fahrbaren" Pollern, an denen festgemacht man aufwärts oder abwärts schwebt.

Bei den Schleusen Linné, Roermond und Lith muß man sich persönlich beim Schleusenmeister melden; bei den anderen kann man sich mittels einer Sprechanlage, die vor der Schleuse installiert ist, avisieren. Wer UKW hat, erreicht die Schleuse Born auf M 22, Maasbracht und Limmel auf M 20. Sportboote fahren immer zuletzt in eine Schleuse ein, lassen also den Flußschiffen den Vortritt. Die Poller sind hinten und vorne in den Schleusen auch näher beisammen, so daß man hier leichter festmachen kann. Soweit *Schleusen* und *Staustufen* gekoppelt sind, muß man sich vor letzteren sehr in acht nehmen: Sie können lebensgefährlich sein!

Törnvorschlag 4: Die Limburgse Maas

Die *Brücken* haben durch die Bank eine Durchfahrtshöhe von 6,50 m; für Motorboote reicht dies allemal. Segler, die hier fahren wollen, müßten also schon den Mast legen können.

Auf der ANWB-Karte M: Limburgse Maas fallen immer wieder blau-weiß schraffierte Flußstrecken auf: Dies sind Abschnitte, auf denen mit *schnellen Motorbooten* und Wasserski gefahren werden darf. Hier muß man also aufpassen und mit schnellen Flitzern rechnen.

Betonnung: Fahrwasserrichtung flußaufwärts; flußabwärts hat man also bei Untiefen die grünen Tonnen vor dem linken Ufer und die roten Tonnen vor dem rechten Ufer.

Grindgaten sind etwas sehr Typisches für diese Landschaft: weite Wasserflächen von zuweilen gewaltigen Ausmaßen, die aus Baggerlöchern entstanden sind (Grind = Kies). Was zunächst eine üble Umweltzerstörung war, mit all der aufgegrabenen Erde, hat sich im Laufe der Zeit zu einem ganz neuen Bild zusammengefügt: Die Seen wachsen ein, Häfen wurden gebaut, und es entstand so ein attraktives Erholungsgebiet, nicht zuletzt für die Leute von Rhein und Ruhr. Auf der Karte sind in den Grindgaten zuweilen schwarze Symbole von Schaufelbaggern eingedruckt. Das bedeutet, daß an solchen Stellen noch gearbeitet wird. Die in den Karten angegebenen Wassertiefen sind dort unsicher, man muß mit steil ansteigenden Untiefen rechnen und sollte deshalb solchen Stellen fernbleiben.

Distanzen: **Maastricht** – **Julianakanaal** (3,5 km) – **Eelsloo** (10 km) – **Schipperskerk** (12 km) – **Maasbracht** (13 km) – **Herten** (9 km) – **Roermond** (8 km) – **Asseltse Plassen** (2 km) – **Reuver** (10 km) – **Venlo** (11 km) – **Wanssum** (25 km) – **Leukerheide** (2 km) – **Heijen** (18,5 km) – **Cuijk** (8,5 km) – **Mooker Plassen** (2,5 km) – **Kraayenbergse Plassen** (5 km).

Nautische Unterlagen: ANWB-Karte M: Limburgse Maas. Almanak voor watertoerisme, 1 und 2.

Maastricht (km 12), eine mächtige, durch Jahrhunderte den Übergang über die Maas bewachende Festungsstadt, zeigt ihr schönstes Gesicht mit der Wasserfront. Heute ist sie Hauptstadt der Provinz Limburg mit rund 100 000 Einwohnern und mit hochmoderner Industrie in der Nähe, doch ihre Ursprünge reichen zurück bis in die Römerzeit. Die Pfeiler der massigen St. Servaasbrücke sollen damals gegründet worden sein. Der Dom, die St. Servaaskirche, ist die älteste Kirche der Niederlande überhaupt (mit dem Reliquienschrein des St. Servaas, des Heiligen der Niederlande, und einem kostbaren Kirchenschatz). Die Liebfrauenkirche gilt als die schönste romanische Kirche des ganzen Landes. Der

III. Auf den großen Flüssen

Maastricht. Blick vom Passantenhaven auf die Altstadt.

große, in seinen Ausmaßen geradezu königliche Platz „Vrijthhof" diente u. a. der Garnison als Exerzierplatz, dank derem zähen Widerstand verhindert wurde, daß die Stadt 1830 an die Belgier fiel. Dieser Platz, mit seinen etwas düsteren Patrizierhäusern, unter ihnen die aus dunklem Stein gebaute Residenz des spanischen Statthalters, wirkt, wie eigentlich die ganze Stadt, etwas französisch, und eher kühl und abweisend.

Lohnend ist ein Ausflug flußaufwärts zum St. Petersberg mit seinen Steinbrüchen, die schon von den Römern genutzt wurden, und seinen langen, unterirdischen Gängen (wo in Holland sonst gäbe es das noch?).

Liegeplatz und Versorgung: Zwischen Servaasbrug und Wilhelminabrug trennt eine breite Mole das Fahrwasser (Scheepvaartgeul) vom Fluß. An der Westseite dieser Mole kann man festmachen (Passantenhaven) – ein Platz mit zwei Gesichtern: Einerseits liegt man beim Zentrum, andererseits ist es hier nicht gerade ruhig; man muß das Boot mit starken Leinen festmachen, zudem fehlt es hier an den üblichen sanitären Einrichtungen. Dennoch: der Liegeplatz mit der stärksten Atmosphäre. Ruhiger sind die beiden Yachthäfen nördlich und südlich der stillgelegten St.-Pieter-Schleuse, mit allerdings geringen Wassertiefen von 1,50 bis bestenfalls 2,80 m. Im südlichen Becken eine hübsche, parkartige Anlage mit noblem Clubhaus und kleinem Schwimmbecken, Kinderspielplatz, Duschen und WC. Kleinere Boote können hier mit einem Trailer zu Wasser gelassen werden. Treibstoff und Trinkwasser vom großen Shell-Tankboot bei der Wilhelminabrug. Reparaturen bei der Werft Snijjders im Beatrixhaven (schon am Julianakanaal).

Brücken: Spoorbrug, Wilhelminabrug und Kennedybrug sind feste Brücken mit der üblichen Durchfahrtshöhe von 6,50 m; die St. Servaasbrug hat eine Durchfahrtshöhe von 5,85 m, kann aber auf 6,75 m gehoben werden (mo.–fr. 06.00–22.00; sa. 06.00–20.00, so./f. 09.00–17.00), nach telefonischer Anfrage 21 42 14 bzw. **M 20**.

Unmittelbar nördlich von Maastricht führt der 1935 gebaute

Julianakanaal die Schiffe weiter, während die (untiefe) Maas sich in vielen Schleifen daneben durch die überaus schöne Landschaft windet. Das Maastal ist hier eng, fruchtbar und – legt man holländische Maßstäbe an – von ziemlich steilen Hügeln flankiert.

Der Kanal läuft sozusagen in der Beletage, also höher als der alte Fluß, ist gesäumt von einer hohen Böschung und beschirmt von schnurgeraden Pappelalleen, so daß man leider vom Boot aus recht wenig zu sehen bekommt.

35,6 km sind es auf dem Kanal bis hin nach *Maasbracht*. 14 feste Brücken muß man passieren, alle 6,50 m hoch, und dreimal schleusen, wobei allerdings die Schleuse von Limmel meist offensteht. Bei den anderen sind Höhenunterschiede von gut 11 m zu überwinden.

Bedienungszeiten: mo. 06.00–24.00; di.–fr. 00.00–24.00, sa. 00.00–20.00, so./f. 09.00–17.00. Schleuse Born: **M 22**. Schleusen Maasbracht und Limmel: **M 20**.

Bei **Eelsloo** (Julianakanaal, km 10) stehen gigantische Chemiewerke. Hier verliert die Landschaft doch beträchtlich an Reiz, wird auch zunehmend flacher.

Bei **Schipperskerk** (km 22) findet man im sogenannten Industriehaven Liegeplätze, die unter den hohen Pappeln so übel nicht sind, jedenfalls den Namen des Hafens Lügen strafen.

Nahe **Maasbracht** (km 35), wo die gewaltigen Kühltürme des Kraftwerks Clauscentrale alles dominieren, beginnt die Landschaft der *Grindgaten*, die sich links und rechts der hier wieder befahrbaren, tiefen alten Maas erstrecken; man kann in dieses Gewirr ruhig einmal hineinfahren, kann dem verschlafenen Festungsstädtchen *Stevensweert* einen Besuch abstatten oder vom Grote Heg Plas aus zu dem berühmten weißen Städtchen *Thorn* wandern oder auch ganz weit nach Süden fahren, nach *Ohé en Lak* mit dem merkwürdigen Schlößchen Het Goedje. Überall gibt es Yachthäfen mit guter Versorgung.

Nördlich von Maasbracht hat man die Wahl zwischen der schnellen, aber langweiligen Passage des *Lateraal-Kanaal* und den zahllosen Schleifen der hier wieder tiefen Maas; letzteres ist zu empfehlen.

Um in der Maas zu bleiben, muß man die östliche Schleuse von *Linne* (**M 22**) nehmen:

Bedienungszeiten: mo. 06.00–24.00, di.–fr. 00.00–24.00, sa. 00.00–20.00, so./f. 09.00–17.00.

III. Auf den großen Flüssen

Trotz der chemischen Industrie ringsum kann man in

Herten (km 77) in den beiden vom Fluß abgetrennten Yachthäfen recht gut liegen; man befindet sich ja praktisch schon im Weichbild von Roermond, um das ein gewaltiges Wassersportrevier entstanden ist. In Roermond selbst einen Platz zu finden, ist nicht immer leicht. Deshalb ist es einer Überlegung wert, schon in Herten zu bleiben, entweder an den Schwimmstegen der beiden Yachthäfen (WC, Dusche, Wasser, Treibstoff) oder auch etwas flußabwärts bei der Fa. Krekelberg Nautic (praktisch der 20-t-Kran zum Bootliften; auch Reparaturen).

Roermond (km 85), die alte Bischofsstadt an der Mündung der Rur in die Maas, lohnt unbedingt einen Aufenthalt, auch wenn die Stadt mit ihrer gewaltigen, spätromanischen Münsterkirche etwas düster wirkt. Mehr noch als in Maastricht ist hier ein französisch-belgischer Einschlag zu spüren; man sieht's nicht zuletzt an den vielen Straßencafés, die nicht selten französische Namen tragen. Roermond ist auch Einkaufszentrum für das Umland, mit zum Teil recht eleganten Läden.

Liegeplatz und Versorgung: In die Grindgaten Hornergriend und Hatenboer kommt man nur von Herten aus hinein; es gibt dort viele Liegemöglichkeiten, u. a. in dem sehr großen Yachthafen Hatenboer. In Roermond selbst ist der übliche Platz der Hafen Bonne Aventure, wo man recht gut, wenn auch beengt liegt und eine rundum vorzügliche Versorgung vorfindet (mehrere Werften, bei der Werft Driessen ein 15-t-Kran, mit dem Boote bis zu 13 m Länge zu Wasser gelassen werden können). Neuerdings kann man auch in der Roer-Mündung, vor der Lage Boogbrug, dicht beim „Vismarkt", liegen.

Bei der Ansteuerung der Schleuse Roermond (**M 20**) muß man aufpassen, um nicht unversehens auf das östlich davon gelegene Stauwehr zu geraten. Bedienungszeiten wie Linne (→ S. 69).

Wer es gern ruhig hat (was im Hafen Bonne Aventure nun wirklich nicht der Fall ist), der sollte auf der Maas weiterschippern, bis hin zu km 87, wo am rechten Ufer ein toter Flußarm zu den

Asseltse Plassen (km 87) führt, einer idyllischen Aulandschaft aus mehreren Seen und Sumpfwäldern, mit der Rosenkirche von Asselt darüber. Am Ostufer findet man auch Stege, beim kleinen Yachthafen der W. V. Ascloa sogar Dusche und WC. Unterhalb des Kirchleins kann man am steil abfallenden Ufer gut liegen.
Bei der Einfahrt in die Asseltse Plassen gut mittig halten! Vor der Westseite untief.
Die gigantische *Maascentrale* am Westufer stört nicht, wenn man nur nicht hinsieht.

Törnvorschlag 4: Die Limburgse Maas

Einen nicht ganz so idyllischen, wenn auch ebenfalls ruhigen und hübsch im Grünen gelegenen Platz findet man bei **Reuver** (km 97), und zwar am Westufer in einer kleinen Bucht, wo die W. V. Poseidon einige Stege hat; die Bucht ist mit 3 m recht tief, in der Einfahrt sind aber leider nicht mehr als 1,40 m Wasser vorhanden.

Venlo (km 108) lohnt gewiß einen Besuch, wenn man schon auf der Maas schippert, doch keinen längeren Aufenthalt; aber auslassen kann man diese Einkaufsstadt für das Rheinland und das Ruhrgebiet nicht. Also: jede Menge Geschäfte, Restaurants, Frittenbuden – man hört fast nur Deutsch auf den Straßen. Die Stadt liegt inmitten eines großen Gemüseanbaugebietes und exportiert fast alles nach Westdeutschland. Mit ihren gut 60 000 Einwohnern ist sie etwa doppelt so groß wie Roermond.

Liegeplatz und Versorgung: Dicht nördlich der Doppelbrücke befindet sich am Ostufer der extrem tiefgelegene Binnenhaven, über den ein 6 m hoher Holzsteg führt; im hinteren Teil ein Schwimmsteg. Die Umgebung des Hafens ist sehr unruhig, der Hafen selbst aber nicht, der in erster Linie für die Flußschiffe da ist, weshalb man nicht übernachten, wohl aber für ein paar Stunden festmachen darf. Also ideal, wenn man einen Stadtbummel machen und dann gleich weiter will. Versorgung für Boote gleich Null. Überraschend ruhig und auch gemütlich liegt man im eigentlichen Yachthafen der Stadt, obwohl er zum großen Industriehafen gehört. Einfahrt am Westufer, kurz vor der Autobahnbrücke. Die W. V. De Maas hat sich hier einen hübschen, ruhigen Hafen geschaffen, in dem man sich durchaus wohlfühlen kann (Dusche, WC, Wasser, Treibstoff, 12-t-Kran).

Das Land rings der Maas wird nun zunehmend flacher, ein schönes Revier dennoch, mit seinen Feldern, kleinen Bauernhöfen, Burgen und den schier endlosen Obstplantagen.

Wanssum (km 133) hat am Ende des Stichkanals (Wassertiefe ca. 2 m), direkt vor dem kleinen altertümlichen Rathaus, hübsche, im Park gelegene Plätze, davor aber auch viel Gewerbebetriebe und riesige Silos.

Ein landschaftlich überaus schönes Revier findet man nur 2 km weiter stromabwärts mit dem Wassersportzentrum

Leukerheide (km 135), wie die anderen Grindgaten auch dies einmal ein Baggersee, aber was für eine Natur! Wald und Heide und baumbestandene Sandufer – das wirkt alles ganz unholländisch, eher wie ein märkischer See mit den duftenden Kiefernwäldern und weiten Heideflächen. Sehr ordentlich der kleine Yachthafen T'Leuken, gleich hinter der festen Brücke mit 8,50 m Durchfahrtshöhe (WC, Dusche, Wasser, 15-t-Helling, 20-t-Kran, Reparaturen). Der östliche Teil des Gewässers liegt etwas höher; deshalb gibt es davor auch eine Schleuse,

III. Auf den großen Flüssen

Cuijk: Schön anzusehen, aber mäßige Liegeplätze.

die jedoch gesperrt ist, weil am östlichen Teil dieses Seengebietes noch gearbeitet wird. Man darf sich aber jetzt schon freuen, denn dies wird, so nahe an der deutschen Grenze, ein faszinierendes Revier werden. An den Wochenenden viel Rummel (riesiger Campingplatz), sonst sehr schön, auch zum Ankern.

Am Hafen von **Heijen** (km 153,5) läuft man besser vorbei, es sei denn, man wollte das große, unkomfortable Hafenbecken als das benutzen, als was es gedacht ist: als Vluchthaven. Doch wovor sollte man hier fliehen?

Das Städtchen **Cuijk** (km 162) mit seiner hohen, schlanken Kirche hat eine reiche Vergangenheit, liegt auch sehr beeindruckend auf dem flachen Land, kann aber nur mit unruhigen Plätzen für ein Boot aufwarten (Passantenhaven südlich des Fähranlegers; Übernachten verboten).

Als Liegeplatz ganz hervorragend, wenn auch etwas umständlich zu erreichen, sind die

Mooker Plassen (km 164,5). Man muß am Städtchen Mook in den mit 1,50 m nicht sehr tiefen Kanal einfahren, der nach 3,5 km zu den zwar nicht besonders großen, aber landschaftlich durchaus reizvollen Plassen führt. Die Brücke bei Mook hat eine Durchfahrtshöhe von 4,10 m.

Eine reine Freizeitlandschaft, mit Badestränden und bewaldeten, zum Teil steilen Ufern. Der Yachthafen Eldorado ist elegant und bietet jeden Service (u. a. reichsortiertes Zubehör, 20-t-Lift). Im Vergleich dazu ist der gegenüber am Südufer gelegene Hafen De Driessen ländlich einfach (ebenfalls Dusche, WC). Gute Restaurants. Die schöne, waldreiche Umgebung lädt dazu ein, auch etwas länger zu bleiben.

Eben nach der großen Flußschleife hinter Cuijk, wenn sich die Maas westwärts wendet, liegen die

Kraayenbergse Plassen (km 167), riesige Baggerseen, wie wir sie schon von Roermond her kennen. Hier ist ein neues Wassersportzentrum entstanden, mit zwei Yachthäfen.
Vorsicht: zwischen dem ersten und dem zweiten See eine nur 8 m hohe Hochspannungsleitung!

Törnvorschlag 5: Die Maas
Von Grave bis Drimmelen

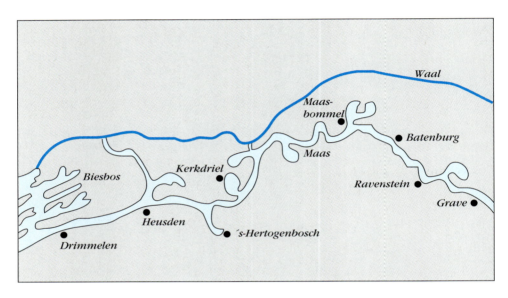

Mit den Bezeichnungen dieses Flusses hat man ja seine liebe Not; mit der Limburgse Maas geht es noch, obwohl auch da nicht ganz klar ist, wo sie endet und die „normale" Maas anfängt, genauso, wie deren Übergang zur Bergse Maas nicht eindeutig festzulegen ist. Von Oude Maas und Nieuwe Maas, die völlig woanders sind, ganz zu schweigen.
Also „die" Maas, und zwar etwas willkürlich festgelegt: von Grave bis Drimmelen.
Bei Mook, da, wo sich die Maas westwärts wendet, nimmt sie immer mehr den Charakter eines „Beneden Rivieren" an, eines „unteren Flusses"; dennoch ist sie anders als etwa der Waal, nämlich sehr viel ruhiger, idyllischer auch: ein behäbig dahinziehender Strom, der durch flache Uferwiesen begrenzt wird. Die Deiche liegen alle weiter landinnen, auch das gibt dieser Flußlandschaft Weite und Größe.
Die Maas hier mit dem Boot zu befahren, ist nicht schwierig. Der große Schiffsverkehr ist zwar objektiv gesehen nicht geringer als auf der Limburgse Maas, doch nicht so drückend, da der Strom hier schon sehr breit ist. Auch die Stromgeschwindigkeit stellt kein Problem dar, zu gut ist der Fluß von Schleusen und

Staustufen gebändigt. Wenn einer der großen Flüsse überhaupt ein gutes Segelrevier ist, dann diese Maas, denn der Strom ist im Sommer praktisch gleich Null. Zwei *Schleusen* und zehn feste *Brücken* sind zu passieren (Mindestdurchfahrtshöhe 9 m). Bei den Schleusen muß man etwas achtgeben: Nicht umsonst heißt es in den Karten bei den dazugehörigen Stauwehren „Gevaar. Stuw met waterval" (Gefahr. Stauwehr mit Wasserfall).

Distanzen: **Cuijk** – **Grave** (13 km) – **Ravenstein** (7 km) – **Batenburg** (4 km) – **Maasbommel** (6 km) – **Nieuwe Schans** (6 km) – **Lithojen** (3 km) – **Lithse Ham** (6 km) – **Kerkdriel** (5,5 km) – **Hedel** (8,5 km) – **s'Hertogenbosch** (1,5 km) – **Ammerzoden** (2 km) – **Heusden** (6,5 km) – **Geertruidenberg** (21 km) – **Drimmelen** (3 km).

Nautische Unterlagen: ANWB-Karten L: Grote rivieren – oostblad; K: Grote rivieren – middenblad. Almanak voor watertoerisme, 1 und 2.

Grave (km 175), die kleine Festungsstadt, lädt zu einem kurzen Aufenthalt ein. Sie liegt mit ihren hohen Mauern sehr schön am Fluß; viele Bauwerke erinnern an die Vergangenheit, voran der stille Platz vor der Kirche und dem Rathaus. Das Städtchen lag lange, vom Wasser umschlossen, in einem toten Winkel, kam auch ziemlich unbeschadet durch den 2. Weltkrieg, obwohl die Brücke bei Grave die erste war, die den Amerikanern in die Hände fiel.

Liegeplatz und Versorgung: Der kleine, recht geschützte Hafen wirkt etwas vernachlässigt, das Betonwerk daneben ist auch nicht das Wahre. Liegeplätze (Wassertiefe 1,70 m) am Ostufer,

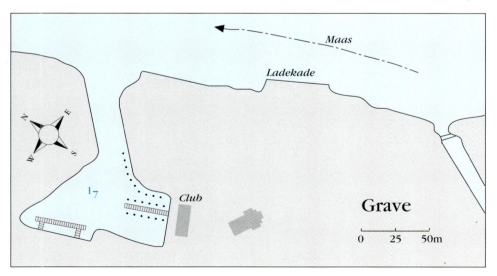

III. Auf den großen Flüssen

vor dem Clubhaus, wo man sich anmelden muß. Mäßige Versorgung (WC und Duschen, 3,5-t-Kran, Treibstoff und Wasser, alles bei der W. V. De Stuw, dazu Werft Grave an der Maaskade). An der Ladekade (sehr unruhig) darf man für ein paar Stunden festmachen, aber nicht übernachten.

Schleuse und Brücke: Die Brücke (fest) hat eine Durchfahrtshöhe von 11,05 m. Schleusenzeiten: wo. 04.00–22.00, mo. ab 06.00, sa. bis 20.00; so./f. 09.00–17.00 (so. auch 19.00 für Yachten, die pünktlich zu dieser Zeit da sind). Es wird nur noch die neue Ostschleuse benutzt. **M 20**.

Kurz vor dem Ort *Niftrik* zweigt vom rechten Ufer bei km 181 ein toter Flußarm ab, an dessen Ende der ziemlich große **Yachthafen De Batavier** liegt. An diesem Gewässer hat sich auch recht viel Industrie breitgemacht, so daß es nicht das Richtige für den Urlaub ist, trotz der guten Versorgungsmöglichkeiten (Wasser, Treibstoff, WC, Dusche; Reparaturen und 16-t-Kran bei der Jachtwerf De Maas-Wijchen, bei der Jachtwerf Barten sogar 40-t-Kran).

Ravenstein (km 182) ist ein netter, um eine Windmühle herum gebauter Ort mit einem sehr kleinen Hafen (W. V. Windkracht), der hübsch vor einem Park mit Restaurant gelegen ist. Max. Tiefgang 2 m (WC, Dusche). Wer hier keinen Platz findet, braucht nur ein paar Kilometer weiter zu schippern: Am rechten Ufer öffnet sich vor dem Dorf

Batenburg (km 185,5) eine winzige Bucht, wo ein neuer Schwimmsteg ausliegt (max. Tiefgang 2,50 m). Versorgung gleich Null, doch ein idealer Platz für eine Kaffeepause.
Massenhaft Platz und eine vorzügliche Versorgung findet man in einem der vier Yachthäfen von

Maasbommel (km 193), das an der Mündung des sehr großen Baggersees *De Gouden Ham* liegt. Der erste Hafen befindet sich gleich hinter der Einfahrt, die anderen jenseits der Halbinsel Hanzeland. Versorgung optimal, u. a. Kräne (8 t) sowie Reparaturen.
Aus dem riesigen ehemaligen Baggersee ist inzwischen das „Watersportcentrum De Gouden Ham" geworden: ein buchtenreiches Gewässer mit Inselchen und Halbinseln, inzwischen total eingewachsen, teils Idylle, teils Rummel, teils Naturschutzgebiet.
Kurz vor der *Staustufe* **Lith** (km 200; Schleusenzeiten: mo. 06.00–24.00, di.–fr. 00.00–24.00; sa. 00.00–20.00, so./f. 09.00–17.00. **M 22**) biegt am Südufer ein langer, toter Flußarm ab, an dem ziemlich weit hinten ein ländlich-einfacher Yachthafen liegt, ohne viel Komfort, aber sehr ruhig. Tanken kann man in der Einfahrt des Flußarms rechter Hand.

Ihm ziemlich ähnlich ist der in einer Flußbucht liegende große Yachthafen

Törnvorschlag 5: Die Maas

Stille Landschaft an der Maas.

Lithse Ham (km 207), der unter den hohen, grünen Deichen recht geborgen wirkt. Im alten Dampfschiff „Shalom" befinden sich die Clubräume und ein Restaurant (Wasser, WC, Dusche). Schöner Badesee (sehr tief!) mit Sandstränden.
An dem bei km 209 abzweigenden *St.-Andries-Kanaal*, der zum Waal führt, liegt am Ende eines langen, toten Maasarms der Yachthafen *De Maas* bei **Alem** (km 209), eine einfache Anlage, allerdings mit guter Versorgung (WC, Dusche, Wasser, Treibstoff, Reparaturwerkstatt, 15-t-Kran).
Ähnlich ist der ziemlich enge Yachthafen Den Bol von **Kerkdriel** (km 211,5), mit sehr guter Versorgung (u. a. 20-t-Kran); in dieser Beziehung lassen allerdings auch die neuen Yachthäfen am Baggersee De Zandmeeren keine Wünsche offen; sogar eine große Yachtwerft gibt es hier. Allerdings sind die Zandmeeren – im Gegensatz zum grünen See von Kerkdriel – etwas öde, eben mit sandigen, noch kaum begrünten Ufern.

Hedel (km 220) hat einen kleinen Hafen unterhalb der Autobrücke, die nach s'Hertogenbosch führt, ein teilweise von Bäumen umstandenes Becken. Die Flußschiffe, die früher hier lagen, sind weg, die Werft hat dichtgemacht. Man findet also Platz, zumal westlich des Hafens in einem Park (mit Badesee) hinein ein kleiner Yachthafen (max. Tiefgang 1,80 m, WC, Dusche) gebaut wurde. An sich ein netter Platz, doch was soll man hier machen?

s'Hertogenbosch (km 221,5), auch Den Bosch genannt, die Hauptstadt der Provinz Nordbrabant, lohnt einen Besuch, vor allem wegen der kolossalen Sint-Jans-Kerk; man kann aber auch, falls die Zeit drängen sollte, ruhig weiterfahren, zumal die Anfahrt etwas umständlich ist.
Man läuft in den schnurgeraden Kanal Engelen-Henriettewaard, dessen Schleuse **(M 18)** bedient wird: wo. 06.00–22.00 und so./f. 09.00–10.00, 16.00–20.00; die Brücke hat eine Durchfahrtshöhe von 8,60 m, die zweite, etwas südlich von dem Ort Engelen, von 8,10 m. Wenn das nicht reicht, kommt man mit dem Boot nicht nach s'Hertogenbosch.

Liegeplatz und Versorgung: Die beiden Yachthäfen der Stadt liegen etwa eine halbe Stunde Fußweg vom Zentrum entfernt. Im recht großen Ertveldhaven hat die W. V. Viking Stege, und dies ist auch der beste Platz (Trailerhelling und die übliche Versorgung). Das Ertveld: ein großer, von Bäumen gesäumter, stiller See. Der andere Yachthafen liegt im Industriehaven und ist deshalb weniger zu empfehlen; außerdem müßte man durch die niedrige, wenn auch bewegliche Gordelwegbrug. Wer weiter in die Stadt hinein oder zum Kanal Zuid-Willems-Vaart will, muß mehrere feste Brücken (Durchfahrtshöhe 5,80 m) passieren, findet dann aber passable Liegeplätze: Man passiert vom Ertveld aus drei Brücken; dicht nach der dritten Brücke, der Diezebrug, mündet rechter Hand eine Gracht, eigentlich ein Flüßchen, die Dommel: vor der Brücke am linken Ufer der kleine Hafen der W. V. De Waterpoort (WC, Waschgelegenheit); jenseits der Brücke (Durchfahrtshöhe 3 m), schon in der Dommel ein ca. 100 m langer Schwimmsteg. Weitere Liegeplätze gibt es in der nächsten Gracht, dem Binnenhaven, den man nur durch eine feste Brücke (4,30 m) erreicht. Die Gäste-Liegeplätze im Binnenhaven sind ruhiger als die beiden anderen (max. Länge 10 m). Dafür sind es nur ein paar Schritte bis zum Stadtzentrum.

Die sehr lebendige Stadt war einst Sitz der reichen Herzöge von Brabant und stark befestigt, dank ihrer günstigen Lage auch ein Zentrum des Handels und der Leineweberei.
Überwältigend ist die Sint-Jans-Kerk, eine gotische Kathedrale von fast schon überladener Pracht. Ähnlich wie der Kölner Dom wird sie ständig repariert. Ihre Wucht wird einem erst richtig bewußt, wenn man sie vom Süden der Stadt her betrachtet, wo sie sich fast unwirklich über die nassen Wiesen erhebt. Sehenswert auch das Stadthaus, das Museum Zwanenbroederhus (Kunst und Gewerbe) und das Nordbrabants Museum (Gemälde, Antiquitäten).

Ammerzoden (km 223,5) hat einen kleinen Yachthafen mit einer leicht anzufahrenden Tankstelle in der Einfahrt, der Hafen selbst ist etwas eng und verwinkelt (Wasser, Dusche, WC, Restaurant und kleines Zubehörgeschäft).

Im Gegensatz zu diesem sehr bescheidenen Ort ist

Heusden (km 230) ein absoluter Höhepunkt dieser Fahrt und wohl auch der beste, sicher aber der skurrilste Hafen in diesem Revier. Das Städtchen bietet schon vom Fluß her einen malerischen Anblick mit seinen schwarzen Windmühlen, die oben auf den Festungsmauern stehen. Es ist Ende des 2. Weltkrieges schwer mitgenommen, aber auch auf das vorbildlichste restauriert worden; vielleicht ist es jetzt sogar schöner als vorher. Geprägt ist das Stadtbild von Bauten aus dem Goldenen Jahrhundert. Bei den „Molen" oben auf den Mauern handelt es sich um sogenannte Standaardsmolen, dem ältesten holländischen Mühlentyp. Ein einmalig malerisches Städtchen!

Liegeplatz und Versorgung: Obwohl man sich unterhalb der hohen Mauern ein bißchen eingekesselt vorkommen mag, ist der alte Binnenhaven (A) wohl der stimmungsvollste Platz, der sich denken läßt. Über der Einfahrt eine weiße Wippbrücke (Durchfahrtshöhe 4,30 m, wird

Törnvorschlag 5: Die Maas

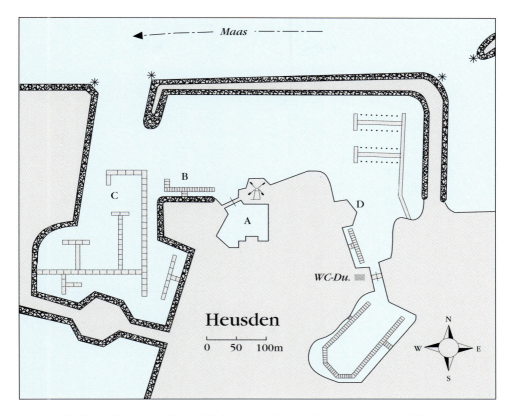

nicht bedient). Wem es in diesem Hafen zu eng ist, der kann auch an dem Schwimmsteg (mit Heckpfählen) außen vor bleiben (B); Boote von mehr als 10 m Länge müssen hier sowieso festmachen. Sonst im Yachthafen der W. V. Heusden (C), dort ebenfalls Schwimmstege (Wasser, WC, Dusche beim Clubschiff) oder im neuen Bootshafen (D) der W. V. De Wiel (elegantes Clubhaus mit WC, Dusche). Treibstoff nur im Industriehaven, jedoch nicht so./f.

Schon lange, ehe man von dem alten Städtchen

Geertruidenberg (km 251) irgend etwas erkennen kann, gerät die drohend große *Amercentrale* mit ihren fünf Schornsteinen ins Blickfeld. Dieses Kraftwerk erdrückt die alte Stadt geradezu. Deshalb und auch weil sie doch nur ziemlich mäßige Liegeplätze an dem Flüßchen *Donge* hat, tut man besser daran, einfach weiterzuschippern, entweder hinein in den *Biesbos* (→ S. 47) – dies aber nur, wenn man sich vorher gut versorgt – oder hin zu der riesengroßen Marina von

Drimmelen (km 254), die zwar auch im Schatten der Amercentrale liegt, nichtsdestotrotz ein sehr guter Versorgungshafen ist. Gegenüber der Einfahrt steht am

III. Auf den großen Flüssen

Kopf des Steges ein Glashaus, von wo einem der Hafenmeister eine der 1200 Boxen zuweist.
Gewiß wäre der etwas westlich gelegene alte Stadthafen stimmungsvoller, denn die Marina wirkt hinter den hohen Deichen doch etwas kahl, aber man muß sie einfach als das nehmen, was sie ist: ein perfekter Versorgungshafen.
Nicht versäumen sollte man einen Besuch in dem gleich am Ortseingang befindlichen „Bezoekercentrum Biesbos", das einem eine sehr gute Einführung in diese einmalige Naturlandschaft vermitteln kann.

IV. Auf den Gewässern von Zeeland

Törn 1: Hollands Diep und Haringvliet – *Törn 2*: Grevelingen – *Törn 3*: Oosterschelde und Veerse Meer

Mit den Gewässern Zeelands hat man ein überaus abwechslungsreiches Revier vor sich, wenn nicht sogar das vielgestaltigste der Niederlande überhaupt.
Hier gibt es für jeden etwas, wenn auch nicht alles für jeden das Richtige ist. Das *Veerse Meer* beispielsweise, an beiden Enden inzwischen eingedeicht, ist völlig unkompliziert, ein eher ruhiger Binnensee, obwohl die Nähe des Meeres noch immer zu spüren ist; ein Revier, wo auch der fahren kann, der zum erstenmal den Fuß auf die Planken eines Bootes setzt.
Im gleichen Zeeland aber gibt es auch die *Oosterschelde*, einen mächtigen, offenen Meeresarm, beeinflußt von den Gezeiten, mit einem Tidenhub von rund 2,50 m und starken, schnellen Strömen; ein Revier, auf das sich nur der Skipper mit Erfahrung wagen sollte und wo ein Boot in jeder Hinsicht seetüchtig sein muß.
Daneben findet man mehrere Gewässer, die zwischen diesen beiden Extremen liegen. Jeder, der einen Törn nach Zeeland plant, kann ein Revier finden, das seinen Wünschen und notabene seemännischen Fähigkeiten entspricht.
Dieses Wasserland zwischen den großen Flüssen und dem Meer, dieses Delta mit seinen vielen Inseln und Strömen, mit seinen Schlickflächen und Sandbänken, hat im Laufe der Jahrhunderte immer wieder seine Gestalt verändert.
Schouwen und Duiveland etwa, heute eine Einheit, waren einst zwei Inseln: An dem Meeresarm, der sie trennte, lag die Hafenstadt Zierikzee, und als dieser Meeresarm versandete, da versank auch diese reiche mittelalterliche Handelsstadt in Armut und Bedeutungslosigkeit. Anderswo sind über Nacht ganze Landstriche verschwunden, verschlungen vom Meer, wie ein Teil der Insel Zuid-Beveland, heute eine weite Schlickbank, deren Name „Verdronken Land" daran erinnert, daß einst Menschen darauf lebten.
Das Meer hat hier stets das Schicksal der Menschen bestimmt, im Guten wie im Bösen, war einmal sein Freund und dann wieder sein Feind; es begünstigte das Aufblühen reicher Handelsstädte genauso, wie es mit seinen Sturmfluten immer wieder der Menschen Werke vernichtete.
Eine gewisse Sicherheit hat erst der *Delta-Plan* gebracht, jenes gigantische Vorhaben, das diese Provinz gründlicher verändert hat als alles, was Menschen in Jahrhunderten vorher geschaffen haben. Und auch hier war es das Meer, das diese gewaltige Anstrengung herausgefordert hat.
Es begann am 1. Februar 1953:
Wie so oft preßte ein orkanartiger Nordwester Wassermassen aus der Nordsee in den Englischen Kanal, so daß das Wasser an der Küste höher und höher stieg, bis die Deiche dem Druck nicht mehr standhalten konnten und das Meer sich über die Inseln und weit hinein ins Landesinnere ergoß. 1835 Menschen sind in jener Orkannacht ertrunken, Hunderttausende wurden obdachlos, und als der Morgen heraufdämmerte, hatte sich das kultivierte, schöne Land in ein Chaos aus Wasser und Schlamm verwandelt.
Mit der bloßen Verstärkung der Deiche, auch ihrer Erhöhung, war es nun nicht mehr getan; jetzt sollte das Problem von Grund auf angepackt werden. So ent-

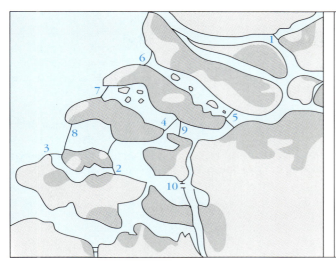

Der Delta-Plan
Die dunklen Flächen zeigen die Gebiete, die 1953 bei der großen Flut unter Wasser waren. Der nach dieser Katastrophe in Angriff genommene Delta-Plan umfaßt die folgenden Projekte (in der Reihenfolge ihrer Entstehung): 1 Sturmflutwehr Hollandse IJssel, 2 Zandkreekdam, 3 Veersegatdam, 4 Grevelingendam, 5 Volkerak-Schleusen, 6 Haringvlietdam, 7 Brouwersdam, 8 Oosterscheldedam, 9 Krammer-Schleusen/Philipsdam, 10 Oesterdam.

stand der **Delta-Plan**, ein ebenso kompliziertes wie aufwendiges Projekt, das vor mehr als 30 Jahren in Angriff genommen wurde und jetzt fertig ist. Das komplizierteste Werk, der Oosterscheldedam mit dem „open Stormvloetkeering" (offenes Sturmflutwehr), ist Ende 1986 in Betrieb genommen worden. Ursprünglich sollte die Oosterschelde genau wie Grevelingen und Veerse Meer einfach eingedeicht werden, aber bald war klar, daß man damit dieses große und ökologisch wichtige Gezeitengewässer völlig verändern würde. Die hitzige Debatte hob an, die Regierung faßte neue Beschlüsse, und die Grundpfeiler des neuen Damms wurden wieder gesprengt, um etwas ganz anderes zu bauen: ein Wehr, das unter normalen Umständen offensteht und die Gezeitenstöme herein- und hinausfließen läßt, das aber bei Gefahr einer Sturmflut völlig geschlossen werden kann: der „Pijlerdam" (Pfeilerdamm). Diese Pfeiler, zwischen denen die Sturmflutwehre hängen, erreichen eine Höhe von 56 m, die – ganz zufällig? – der des „Monstertorens", des riesigen Kirchturms von Zierikzee, entspricht. Wahrscheinlich ist es wirklich nur ein Zufall, aber es zeigt sich, daß hier die gleiche Energie am Werke ist, die diese Menschen immer ausgezeichnet hat, getreu dem Wahlspruch der Provinz: „Ik worstel en kom boven" (Ich kämpfe und komme nach oben).

Kein Zufall war es sicherlich, daß in dieser unüberschaubaren Provinz mit ihren vielen Inseln, Prielen und Sandbänken, diesem Wasserland, über dem den größten Teil des Jahres schwere Nebel hängen, der Widerstand gegen die Spanier zuerst aufflackerte. Hier hatten die Freiheitskämpfer aber auch alle Vorteile auf ihrer Seite; wie sollte die Besatzungsmacht einen Gegner zu fassen bekommen, der auf kleinen, schnellen Schiffen urplötzlich aus dem Nebel auftauchte, zuschlug, um dann ebenso schnell wieder im Labyrinth der Inseln und Priele zu verschwinden?

IV. Auf den Gewässern von Zeeland

Die erste Stadt, die den Wassergeusen damals in die Hände fiel, war folgerichtig eine Stadt in Zeeland: die in der Maasmündung gelegene Festung De Briel (heute: Brielle), die am 1. April 1572 von einem Geschwader von 26 Schiffen angegriffen und genommen wurde. Das war der Anfang vom Ende der spanischen Herrschaft, auch wenn dieses Ende noch 80 Jahre auf sich warten lassen sollte.

Obwohl diese Provinz heute zwischen zwei großen europäischen Wirtschaftszentren liegt, Rotterdam im Norden und Antwerpen im Süden, ist sie merkwürdigerweise ein weithin stilles Land, manchmal sogar allertiefste Provinz. Nur im Sommer, wenn die Touristen in Scharen einfallen, ändert sich das, aber da sich diese in den Niederlanden so groß geschriebene „Recreatie" doch auf einige Landstriche konzentriert, kann man in Zeeland immer noch einen stillen, beschaulichen Urlaub verbringen. Man muß sich nur die Mühe machen, solche stillen Flecken aufzuspüren: Es gibt sie!

Törnvorschlag 1: Hollands Diep und Haringvliet
Von Drimmelen nach Hellevoetsluis

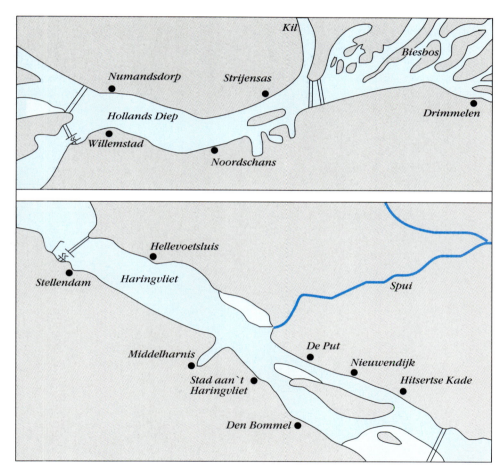

Distanzen: **Drimmelen** – **Moerdijk-Brücken** (3,5 sm) – **Strijensas** (2 sm) – **Noordschans** (3 sm) – **Willemstad** (3,5 sm) – **Numandsdorf** (1,5 sm) – **Haringvlietbrug** (1,5 sm) – **Den Bommel** (4,5 sm) – **Stad aan't Haringsvliet** (2 sm) – **Middelharnis** (3 sm) – **Stellendam** (6,5 sm) – **Hellevoetsluis** (3 sm) – **Nieuwendijk** (8,5 sm) – **Hitsertse Kade** (2 sm) – **Volkerak-Schleusen** (3,5 sm).

IV. Auf den Gewässern von Zeeland

Nautische Unterlagen: Am besten, weil gut handlich, die Hydrografische Kaart Nr. 1807 – Zoommeer, Volkerak en Spui, Haringsvliet, Hollandsch Diep; oder die ANWB-Karte J: Grote rivieren – westblad. Almanak voor watertoerisme, 1 und 2.

Genaugenommen gehörte dieser Törn noch zu dem Kapitel der Großen Flüsse; aber die schon recht breite *Amer* und noch mehr das *Hollands Diep* empfindet man nicht mehr als Fluß, sondern als breiten, dem Meer nahen Mündungsarm. Von *Drimmelen* (→ S. 79) soll die Fahrt westwärts gehen, zunächst weiter auf der Amer, bis man die beiden Brücken von *Moerdijk* vor sich hat, die sich wie ein Riegel über den Fluß legen.
Beide Brücken sind fest. Über die östliche, eine Gitterbrücke (H 10,43 m), rollt der Eisenbahnverkehr; eigens für Yachten stehen am Südufer Pfähle, wo man festmachen und den Mast legen kann. Die Straßenbrücke liegt etwa 500 m weiter westlich (H 10,27 m), und sobald man sie passiert hat, breitet sich vor einem das prächtige Segelrevier des

Hollands Diep aus. Dieses 10 sm lange und bis zu 2 sm breite Gewässer ist, wie die meisten anderen „Beneden Rivieren", vom Delta-Plan buchstäblich beruhigt worden. Die *Gezeitenströme* kommen jetzt nur noch sehr schwach an, nachdem sie auf dem weiten Weg über Nieuwe Waterweg und Dordtse Kil ihre Kraft gelassen haben; ebenso gering ist mit 20 cm der *Tidenhub*; dabei betrug er vor der Eindeichung beispielsweise bei Willemstad noch stolze 2 m! Auch der *Strom* ist normalerweise mit 0,5 km/h unbedeutend; nur wenn die Flüsse viel Wasser führen, kann er auf 4 bis 5 km/h anschwellen. Ziemlich unangenehm kann indes eine steile, erstaunlich hohe Welle werden, die sich auf dem weiten Gewässer bei aufbrisendem Wind sehr rasch aufbaut; unruhig ist das Wasser sowieso zumeist, doch das rührt mehr von dem starken Schiffsverkehr her.
Ein breites und mächtiges Gewässer, mit ziemlich viel Verkehr; nicht nur Flußschiffe fahren hier, manchmal auch richtig große Seeschiffe, die dann zu dem gigantischen Industrierevier von *Moerdijk* wollen.
Entsprechend gut ist das Hollands Diep betonnt und befeuert, mit einer bis zu 600 m breiten Fahrrinne; Sportboote haben noch sehr viel mehr Raum: Sie können fast die ganze Breite des Flusses nutzen, bis hin zu den Recreatietonnen (→ S. 20), die eine 2-m-Linie markieren und im allgemeinen 200 m vom Ufer entfernt stehen. Wenn die Flüsse wenig Wasser führen, muß man mit weniger, etwa 1,50 m, rechnen.
Das *Zuid Hollands Diep*, das südlich der Sandplatte *Sassenplaat* liegt, darf von Yachten nicht befahren werden, denn hier verläuft die Zufahrt zu den Häfen von Moerdijk.
„Kleine Vaartuigen" (kleine Fahrzeuge → S. 21) müssen bei schlechter Sicht und nachts einen Radarreflektor führen; von Nachtfahrten sei aber abgeraten!
Während der östliche Teil des Südufers doch stark vom gigantischen Moerdijk

mit seinen Raffinierien und chemischen Fabriken beherrscht wird, ist das ebenso flache Nordufer, das wie ein ferner, dunkler Strich erscheint, eine einsame, mit dunklen Wäldern bewachsene Küste.

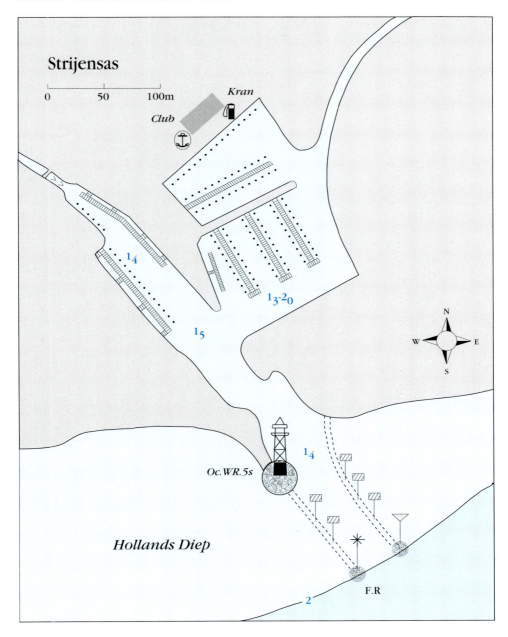

Hier liegt, ziemlich genau gegenüber von Moerdijk, inmitten von Schilffeldern und Flußwäldern, der auf Seite 87 dargestellte, gute Hafen von

Strijensas, der einerseits aus einem kleinen, alten Stadthafen besteht und zum anderen aus zwei Becken des Oostelijke Jachthavens. Der Ort selbst, mit seiner alten Schleuse, ist nicht aufregend, aber ansehnlich. Die Zufahrt wird von Steindämmen geschützt, die jedoch zumeist überflutet sind; nur die Köpfe schauen als kleine Steininseln aus dem Wasser. Auf dem westlichen steht ein Lichtmast (F.R), auf dem östlichen eine Bake. Die Wassertiefe beträgt in der Rinne zunächst gut 2 m, fällt dann aber auf 1,40 m ab.

Liegeplatz und Versorgung: Im Kanal, der zur alten Schleuse (geöffnet nach Bedarf, nur für Boote bis 9 m Länge) führt, hat man ca. 1,40 m Wasser. An beiden Ufern Stege mit Heckpfählen. Biegt man statt dessen nach rechts ab, so gelangt man in den Oostelijke Jachthaven, einen hübsch im Grünen gelegenen Bootshafen, wo man auch die beste Versorgung hat mit Wasser, Treibstoff, WC, Dusche, Travellift (12 t). Reparaturen können ausgeführt werden, und fürs leibliche Wohl sorgt das Restaurant „Batterij".

Ähnlich wie Strijensas liegt der Hafen von

Noordschans inmitten dichter, grüner Flußwälder; doch was ihn gegenüber Strijensas auszeichnet: Hier gehört noch ein recht hübsches altes Festungsstädtchen dazu.
Läuft man von Strijensas aus mit Kurs Südwest quer über das breite Hollands Diep, so sieht man von Noordschans als allererstes den Mastenwald des Yachthafens, der leider ziemlich nahe bei den Raffinerien von Moerdijk liegt; dies wäre aber auch das einzig Kritische, das man zu diesem Hafen anmerken könnte; sonst ist er super.
Ähnlich wie in Strijensas führt ein breiter Kanal geradeaus ins Land hinein, der Haven van Klundert, ein etwa 500 m langer Kanal mit einem Liegeplatz neben dem anderen. Wegen der Versorgung liegt man besser im Jachthaven Noordschans, wo man in der Einfahrt, unterhalb des Clubhauses, zunächst festmacht, um sich einen Platz an einem der Schwimmstege zuweisen zu lassen. Die Versorgungsmöglichkeiten sind rundum vorzüglich, so daß man sie einzeln gar nicht aufzuzählen braucht.
Der Kanal, der sich zwischen dem Wald und dem hohen Deich hinzieht, endet in dem ehemaligen Hafen von

Klundert, das zwar nicht ganz so malerisch wie das bekannte Willemstad ist, aber dennoch einen Besuch lohnt: Eine Festung an der Nordgrenze von Brabant, spielte es in den Freiheitskriegen eine wichtige Rolle. Zu der Zeit war es auch noch von Wasser umspült, das inzwischen aber längst verschwunden ist, so daß das Städtchen mit seinen Wällen und Gräben, den hohen Mauern und dem Was-

Törnvorschlag 1: Hollands Diep und Haringvliet

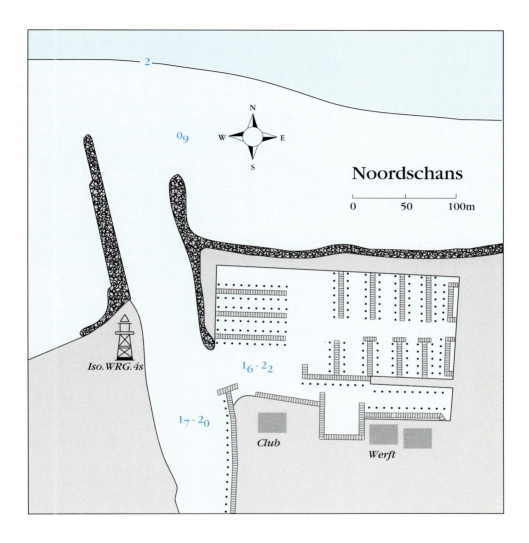

sertor jetzt doch etwas merkwürdig mitten auf dem trockenen, brettebenen Bauernland steht.

Hält man sich nun weiter entlang dem Südufer, so hat man zwischen den grünen Tonnen und den Pricken immer noch genug Platz, um frei und unbeschwert dahinsegeln zu können. Und außerdem führt uns dieser Kurs geradewegs nach

Willemstad, von dem man zuallererst die große, weiße Windmühle zu Gesicht bekommt, die hochoben auf den Festungswällen steht.

IV. Auf den Gewässern von Zeeland

Willemstad. Im Binnenhaven vor der weißen Oranje-Windmühle: Die Boote, deren Masten über die Mauern lugen, liegen alle im Yachthafen.

Dieses Festungs- und Hafenstädtchen gehört zweifellos zu den schönsten Plätzen der Niederlande, jedenfalls für Leute, die mit dem Boot unterwegs sind.
Es ist nach Wilhelm (Willem) dem Schweiger benannt, der schon früh die strategische Bedeutung dieses Punktes erkannt hatte. Doch erst sein Nachfolger, Prins Maurits, baute dann diese Festung: ganz im Stile jener Zeit, mit Wassergräben und mächtigen, heute baumbestandenen Wällen; eine Stadt, die auf dem Reißbrett entstanden ist: sternförmig die Wälle und streng symmetrisch die Bebauung im Innern, mit der breiten Voorstraat als Mittelachse, die vom Hafen aus auf die achteckige Kirche zuläuft.
Prins Maurits ließ sich nahe der Kirche ein Schloß bauen, „Jaghthuis" genannt, das heute als Rathaus seinen Dienst tut; trotz dieses Schlößchens – das Schönste von Willemstad ist sein Hafen mit den alten Häusern, den steil zu Wasser abfallenden Bastionen und eben der weißen „Oranje-Mühle". Hier gibt es auch mehrere Restaurants mit Terrassen, wo man gemütlich sitzt und dem Treiben im Hafen zugucken kann; das stilvollste ist wohl das alte „Arsenal" von 1793.
Als die Freiheitskriege endlich vorbei waren, verlor die Festung, die nun mitten im befriedeten Land lag, ihre Bedeutung, auch wenn sie noch bis 1926 eine Garnison in ihren Mauern hielt.

Liegeplatz und Versorgung: Man kann entweder im alten „Binnenhaven" (Wassertiefe 2,50 m, an den Kanten 1,50 m) vor den schönen alten Häusern liegen oder, ruhiger, an den Schwimmstegen des Yachthafens (Wassertiefe 3 m, weiter hinten auf 1,50 m abnehmend) unter den hohen Festungsmauern. Vorsicht bei der Ansteuerung des Hafens! Die Binnenschiffe, die aus den Volkerak-Schleusen kommen, schneiden zumeist mit einigem Speed die Ecke und pflügen dicht an der Hafeneinfahrt vorbei!

Törnvorschlag 1: Hollands Diep und Haringvliet

Die Versorgung ist recht ordentlich: sehr gutes Zubehörgeschäft, auch Seekarten, an der Kade Binnenhaven; Wasser, Dusche, WC auf einem Ponton im Yachthafen, Treibstoff vom Bunkerboot in der Hafeneinfahrt. Das Hafenmeisterbüro ist eigentlich ein Hausboot, das eingangs des Yachthafens festgemacht ist; hier meldet man sich zuerst wegen eines Liegeplatzes.

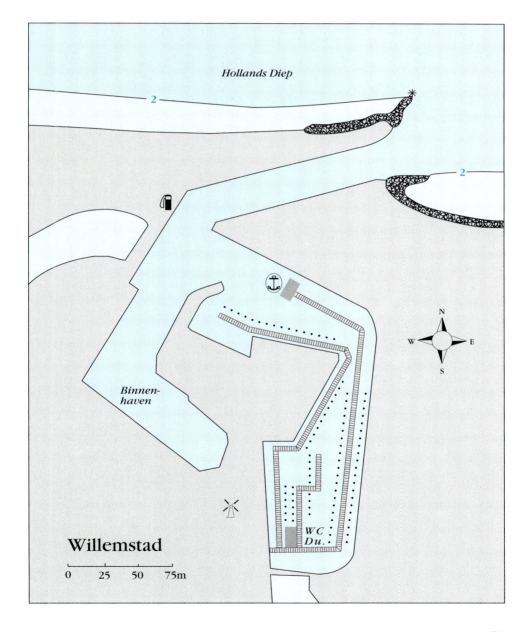

Tip: Die Volkerak-Schleusen liegen praktisch um die Ecke; da wir sie später passieren werden, lohnt sich schon der kleine Spaziergang, um sich mal in Ruhe anzusehen, wie das funktioniert (→ S. 101).
Beim Auslaufen in Willemstad gilt wieder: Wahrschau wegen der Binnenschiffe, die von den Volkerak-Schleusen kommen!
Nur eine Seemeile von hier entfernt, am Nordufer, liegen um das Dorf

Numandsdorp herum gleich drei Häfen, allerdings mit einer nur mittelprächtigen Versorgung (von den guten Einkaufsmöglichkeiten in Numandsdorp abgesehen).
Der erste, der *Gemeindehafen,* besteht aus einem nicht sehr breiten, schön eingewachsenen Kanal, der am Deich, vor dem Dorf, totläuft. Hier liegt man recht gut an der Kade vor dem Hafenbüro und dem Clubhaus der W. V. Numandsdorp (Wasser, Dusche, WC). Die Wassertiefen variieren zwischen 1,60 und 2,20 m. Man kann auch etwas weiter außen bleiben, nämlich in der kleinen Bucht, rechter Hand nach der Einfahrt, vor der jetzt offenstehenden Schleuse, wo man schön im Grünen liegt, aber jede Versorgung missen muß. Ein ruhiger, ländlicher Hafen. Numandsdorp selbst, ein Straßendorf, bietet wenig Sehenswertes.
Die Einfahrt in den Gemeindehafen erfordert ähnlich wie in Strijensas einige Aufmerksamkeit. Auch hier gibt es einen Steindamm, der zumeist überspült ist. Einen guten Hinweis erhält man durch die rote Leuchttonne, die sein Ende markiert. Man steuere so, daß man vom Damm 10 bis 15 m Abstand hält!
Etwas östlich von hier befindet sich der *Bungalowpark Numansgors* mit zwei Häfen und vielen, recht hübschen Ferienhäusern, die alle ihre eigenen Bootsplätze haben; ein Privathafen also, der nur der Vollständigkeit halber erwähnt wird.
Recht gut herausgemacht hat sich der dritte Hafen von Numandsdorp, der *Veerhaven,* der eine knappe Seemeile westlich vom Dorfhafen liegt. Unter schwierigen Verhältnissen sollte man immer diesen besonders tiefen Hafen anlaufen, denn einmal ist die Einfahrt recht breit und durch zwei Steindämme gut geschützt, die ausnahmsweise nicht überspült sind, und zum anderen tragen die Dämme Molenfeuer, so daß man den Hafen auch nachts anlaufen kann. Wie der Name schon sagt, handelt es sich um einen früheren Fährhafen, der als solcher aber seit dem Bau der Haringvliet-Brücke nutzlos geworden ist; ein nicht sehr großes Becken, von hohen Bäumen nach allen Seiten bis auf Süden gut geschützt. An der Westseite Stege für Boote; an der Ostseite machen große Binnenschiffe am hohen Pfahlwerk fest. Aus dem früheren Fährhafen ist inzwischen die – kleine – Marina Numandsdorp geworden – also eine recht gute Versorgung: Bootswerft, 12-t-Kran, Reparaturen, Treibstoff, Wasser, WC und Duschen. Ein kleiner, intimer, hübsch gelegener Hafen, allerdings weitab vom Dorf.
Anlaufen muß man diesen Hafen immer dann, wenn man das Öffnen der Haringvlietbrug fordert, via Tel. 0 18 62/18 65, sofern man kein UKW hat.
Man wird feststellen, daß die drei Häfen am Hollands Diep, Strijensas, Noord-

schans und eben Numandsdorp, sich doch sehr gleichen: Überall führt ein Kanal durch das ehemalige Watt, und alle liegen sie inmitten schöner Flußauen, im Schutze hoher Pappeln und Erlen.

Die **Haringvlietbrug** mit ihren zehn hohen, schlanken Pfeilern hat in der Mitte eine Durchfahrtshöhe von gut 12 m (Peilskalen); wem das zu wenig ist, der muß die BB am nördlichen Ende der Brücke nehmen; diese wird geöffnet täglich um 09.00, 10.00, 11.00, 12.00, 14.00, 15.00, 16.00, 18.00*, 19.00* (* nicht montags bis donnerstags in der Zeit vom 1. 4. bis 1. 6. und 1. 9. bis 1. 11.). Man sollte zu den obigen Zeiten nahe an der Brücke sein, um rasch zu passieren, sobald sie offen ist. Meist fährt man auch im Konvoi hindurch.
Wer in der Zeit vom 1. 11. bis 1. 4. unterwegs sein sollte (als sogenannter Winterfahrer), muß das Öffnen der Brücke extra verlangen: entweder via **M 20** „Haringvlietbrug" oder per Telefon: 0 18 62/18 65, es meldet sich der Heinenoordtunnel, ein Telefon steht am Veerhaven Numandsdorp, das andere (wenn man vom Haringvliet kommt) an einem Steiger an der Osthuk der Insel Tiengemeten. Bis die Brücke dann geöffnet wird, dauert es etwa eine Stunde (kein Bruggeld).

Das **Haringvliet,** ein 15 sm langer und ziemlich schmaler, ehemaliger Mündungsarm, ist seit dem Bau des Haringvlietdamms zu einem Gewässer mit relativ gleichmäßigem Wasserstand geworden. Der Damm soll einerseits das Land

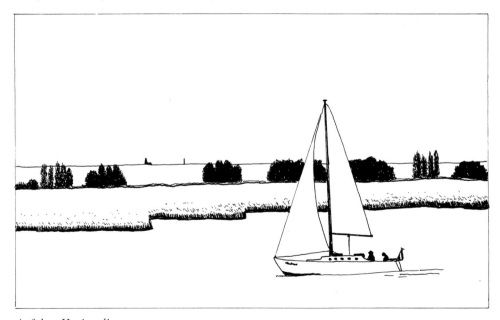

Auf dem Haringvliet.

vor den Fluten der Nordsee schützen, andererseits das von Maas und Rhein (Waal) herbeiströmende Wasser zum Nieuwen Waterweg umleiten, damit der Hafen von Rotterdam immer eine ausreichende Tiefe behält. Führen die Flüsse allerdings sehr viel Wasser, staut sich im Haringvliet doch eine ganze Menge auf, und dann treten die Entwässerungsschleusen in Funktion, die geöffnet werden und das Wasser in die Nordsee abfließen lassen. Vorübergehend allerdings müssen die Schleusen immer wieder geschlossen werden, dann nämlich, wenn draußen auf der Nordsee Hochwasser herrscht. Daraus resultiert nun im Haringvliet ein Steigen und Fallen des Wassers, die sogenannten *Schein-Gezeiten* (Schijngetij), die etwa 25 cm ausmachen. Auch der *Strom* ist mit 0,5 km/h im allgemeinen sehr gering, kann beim „Spuien" (Entwässern) aber 4, 6, ja bis zu 10 km/h erreichen.

Auf eine Merkwürdigkeit sei noch hingewiesen: Im Haringvliet gibt es an verschiedenen Stellen insgesamt acht schwimmende Inseln. Die sind leicht zu erkennen, weil auf diesen Pontons auch kleine Hütten stehen. Man darf daran festmachen.

Das Haringvliet wirkt etwas melancholisch mit seinen flachen, fernen Ufern und den großen leeren Sandbänken und Schlickinseln; obwohl Rotterdam mit seinem Industrierevier doch ganz nahe ist, eigentlich ein einsam-stilles Gewässer.

Es gibt sowohl eine richtige *Betonnung* als auch eine Markierung der Untiefen mittels Recreatietonnen (→ S. 20; vor wenigen Jahren waren es noch Pricken), die für uns besonders wichtig sind, da sie eine 2-m-Linie markieren – trotzdem: In Anbetracht der vielen Untiefen könnte die Betonnung – jedenfalls im Ostteil – ruhig etwas dichter sein, so daß es nicht falsch ist, sehr genau nach der Karte zu fahren und Tonne für Tonne mit dem Bleistift „abzuhaken".

Das *Hitsertse of Vuile Gat* ist eine zwar tiefe, doch auch schmale Passage zwischen der Insel *Tiengemeten* und dem Nordufer; man kann sie fahren, sollte sie aber bei harten westlichen Winden meiden, besonders, wenn ein stärkerer Strom herrscht. Dann baut sich hier eine so extreme Welle auf, daß es für kleinere Boote gefährlich wird.

Unter solchen Umständen ist der Weg südwärts an Tiengemeten vorbei sehr viel geschützter.

Hier, am Südufer, hat man drei Häfen vor sich, zuerst

Den Bommel, der – ländlich-einfach – sich hinter einem großen Schilffeld versteckt. Die Einfahrt wird von zwei Steindämmen eingefaßt: Der östliche ist meist überspült, auf seiner Spitze eine rot-weiße Bake; der westliche trägt ein grünes Molenfeuer. Man halte sich einlaufend zunächst etwas mehr nach Backbord, wegen einer Untiefe, die am Kopf des Westdamms liegt, danach aber auf die Ladekade zu, weil es gleich nach der Einfahrt an der Ostseite untief wird. Wäre da das Betonwerk mit seinem staubigen Ladeplatz nicht, so könnte dieser Hafen an der grünen Wiese recht gemütlich sein, so aber wird man nicht länger als für eine Nacht bleiben wollen.

Törnvorschlag 1: Hollands Diep und Haringvliet

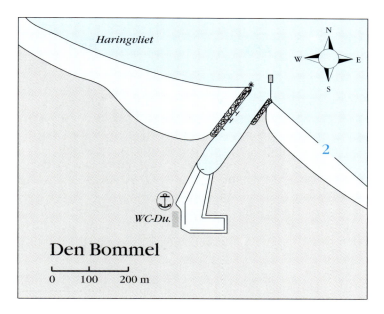

Liegeplatz und Versorgung: Rechter Hand vom Hafenmeisterbüro (W.V. Het Bommelse Gors) ein Passantensteiger (grüne Täfelchen). WC und Dusche im Container, Wasser am Steg.

Der Hafen von **Stad aan't Haringvliet** konnte früher wegen seiner geringen Wassertiefe von stellenweise nur 1,40 m allein von Booten mit entsprechendem Tiefgang angelaufen werden. Inzwischen ist eben westlich der Einfahrt zum alten Hafen der große Yachthafen „**Atlantica**" gebaut worden, mit dem üblichen guten Service (u. a. Lift 25 t). Beim Einlaufen gut Abstand von den Molenköpfen halten, denn davor liegen überspülte Steinschüttungen.
Daß sich dieser Ort, der nur wenig größer als ein Dorf ist, „Stad" nennt, ist schon eine arge Übertreibung. Dennoch und wegen des neuen Yachthafens kann man schon hinfahren.
Die Bezeichnung Stadt kann mit mehr Recht

Middelharnis beanspruchen, ein mittleres, teils recht ansehnliches Landstädtchen auf der ehemaligen Insel Overflakkee. Ein langer Kanal, an dessen befestigten Ufern man festmachen darf, führt in die Stadt hinein. Der Hafen kann zu jeder Zeit angelaufen werden. Weit reichen seine Steindämme hinaus ins tiefe Wasser; Kanal und Hafen weisen mit 2,70 bis 3,50 m beträchtliche Wassertiefen auf.

Liegeplatz und Versorgung: Wer nur übernachten will, kann gut vor der Schleuse im Tramhaven bleiben, einem Werkhafen, in dem größere Schiffe, auch Bagger, liegen. Sonst muß man durch die zumeist offene Schleuse (mit BB, die wo. von 07.00 – 22.00 und s./f. von 08.00 – 22.00 bedient wird). **M 12.** *Ist der Hafenkolk (WC, Duschen) schon dicht mit Booten belegt, dann wendet man eben und legt sich ans Kanalufer. Wasser und Treibstoff am Hafen, bei der Jachtwerf Peeman (auch Zubehör und Reparaturen, 35-t-Lift); Reparaturen und Zubehör auch bei der Werft am Kanal (20-t-Kran).*

Den Hafen von **Stellendam** wird man im allgemeinen nur anlaufen, wenn man entweder durch die Seeschleuse hinaus zur Nordsee oder sich das oben auf dem Damm gelegene Informationszentrum „Delta Expo" ansehen will: ein überaus nüchterner Fischerhafen mit entsprechenden Versorgungsbetrieben, mehr ein Ladeplatz und auf Yachten überhaupt nicht eingerichtet. Einen Liegeplatz wird man indes wohl immer finden, wenn man hier überhaupt zur Nacht bleiben will. Sehr informativ die „Delta Expo", die anschaulich den Delta-Plan darstellt und wo man auch in die gruseligen Schleusenkammern hinabsteigen kann.

Öffnungszeiten der *Goereese-Schleuse* (mit BB): wo. 00.00–24.00 (freitags bis 22.00); sa./s./f. 08.00–20.00. **M 20.**

Jenseits der Schleuse, im *Vorhafen,* gab es früher Liegeplätze an eisernen Schwimmstegen der „Aqua Pesch Marina", die jedoch inzwischen wegen Versandungen aufgelöst ist.

Der 1970 fertiggestellte **Haringvlietdamm** ist im Grunde nichts weiter als ein gigantisches Flußstauwerk. Wie dieses technisch komplizierte Werk funktioniert, kann man sich in der „Delta Expo" ansehen. Beim „Spuien" läuft auf den Damm zu ein unerhörter Strom (bis zu 10 km/h). Damit Boote leichtsinniger Skipper nicht hineingezogen werden, ist vor den Schleusen ein Fangnetz mit gelben Tonnen ausgelegt. Vorsichtshalber hält man einen respektablen Abstand, sobald oben auf dem Damm die roten Lichter als Zeichen fürs Spuien angehen.

Hellevoetsluis ist der wohl beste, sicher interessanteste Hafen am Haringvliet; genau betrachtet besteht er aus vier Häfen: dem alten Marinehafen, der lange Zeit irreführend „Industriehaven" hieß, inzwischen aber den passenden Namen *Grote Dok* trägt, den beiden östlich davon gelegenen, *Koopvaardijhaven* und *Tramhaven,* und schließlich dem *Heliushaven.*

Schon die Namen Marine- und Koopvaardijhaven verraten einem, daß Hellevoetsluis einst ein bedeutender Hafen gewesen sein muß. Im Goldenen Jahrhundert, als sich die Holländer erbitterte Seeschlachten mit den Engländern lieferten, lag an diesem strategisch günstigen Punkt eine schlagkräftige Flotte; hier stand auch eines der ältesten Docks der Niederlande, das „Droogdock", das inzwischen restauriert ist. Der Hafen war zu jener Zeit schwer befestigt, was man noch an dem sternförmigen Grundriß mit den Wassergräben sehen kann. In dem heutigen Rathaus, einem von dem berühmten Barockbaumeister Pieter Post entworfenen Bau, residierte zu der Zeit die Admiralität, und in dem eindrucksvollen Gebäude des Brandwehrmuseums waren die Marinesoldaten einquartiert.

Törnvorschlag 1: Hollands Diep und Haringvliet

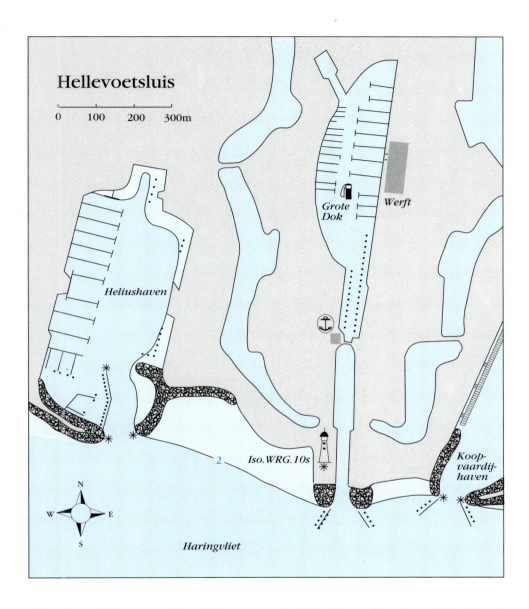

Liegeplatz und Versorgung: Bester Platz, wenn auch nicht ruhigster Platz, ist wohl der schmale Kanal (Passantenhaven), der zum Hafen Grote Dok führt; man kann hier überall längsseits gehen, vielleicht weit außen an den Molen, nahe dem hohen, schlanken weißen Leuchtturm, wo immer noch Kanonen, wenn auch heute nur noch zur Zierde, stehen. In Grote Dok, wo man allerdings sehr geschützt liegt, sollte man nur dann verlegen, wenn man eine entsprechende Versorgung braucht, die dort exzellent ist (Jachthaven Arie de Boom). Man muß sich auf jeden Fall sofort beim Hafenmeister melden, der in einem Glashaus an der Drehbrücke sitzt. Der

IV. Auf den Gewässern von Zeeland

Heliushaven, ursprünglich ein Werkhafen für den Bau des Haringvlietdams, hat sich fein herausgemacht: ein parkartiger Yachthafen mit mehreren Clubhäusern (Tankstelle im hinteren Teil). Am Koopvaardijhaven, linker Hand vor der Schleuse, Passantensteiger (mit WC, Duschen); ein gar nicht übler Platz. In den Tramhaven sollten Yachten nur, wenn sie zu den dort gelegenen Servicebetrieben wollen.

Die 15 sm zurück zur *Haringvlietbrug* wird man wohl ohne weiteren Aufenthalt durchziehen, wahrscheinlich am Nordufer entlang, damit man dieses auch kennenlernt. Drei Häfen, die alle schon im Weichbild der Brücke liegen, könnte, müßte man aber nicht anlaufen; zuerst den kleinen, einsam gelegenen Hafen

De Put, ein langgezogenes Baggerloch (Wassertiefe maximal 1,80 m), dessen schmale Einfahrt man durch zwei gelbe Tonnen (P1 und P2) ansteuert. WC und Duschen, Wasser. Ein netter ländlicher Hafen, der direkt am Naturschutzgebiet liegt.

Der nächste, das gut eine Seemeile weiter östlich gelegene

Nieuwendijk, ist eigentlich nur ein Kanal, der durch Schilffelder hindurchführt und vor einem winzigen Dorf endet. Von hier verkehrt zeitweise eine Fähre hinüber zur Insel Tiengemeten. Wenn die Fähre im Hafen liegt, versperrt sie den ganzen hinteren Teil. Die Wassertiefen sind unsicher, die in der Karte angege-

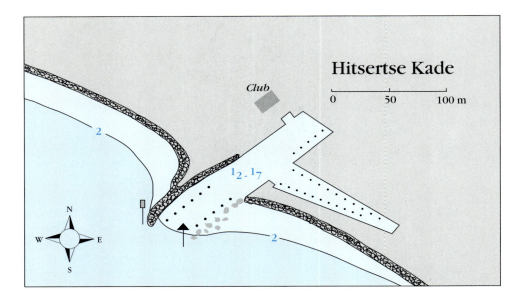

benen 1,50 m trifft man kaum an, eher ist dies ein Hafen für kleine Boote mit geringem Tiefgang. Vorsicht bei der Ansteuerung! Überspülte Steindämme vor der Hafeneinfahrt. Nicht zu empfehlen.

Ungleich besser ist der Hafen von

Hitsertse Kade; er hat auch etwas mehr Wasser als Nieuwendijk: in der Einfahrt ca. 2 m, an den Stegen noch zwischen 1,20 und 1,70 m; mit einem größeren Tiefgang als 1,30 m sollte man den Hafen besser nicht ansteuern. Auch hier ist Vorsicht bei der Einfahrt geboten, denn der östliche Steindamm liegt meistens unter Wasser. Die Fahrrinne in der Einfahrt ist durch feste Pfähle markiert. Ein sehr einsamer, winziger Hafen, nicht ohne Charakter. Mäßige Versorgung: nur Wasser, Toiletten und eine Dusche. Dafür kann man Fahrräder mieten.

IV. Auf den Gewässern von Zeeland

Törnvorschlag 2: Grevelingen
Von den Volkerak-Schleusen nach Herkingen

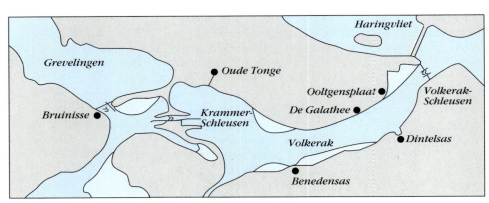

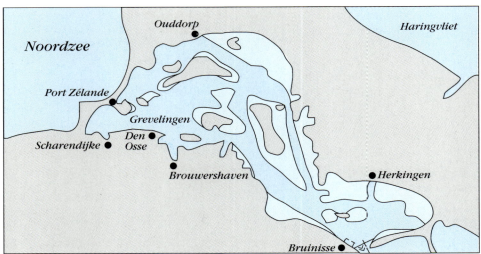

Distanzen: **Volkerak-Schleusen** – **Dintelsas** (3 sm) – **Benedensas** (5 sm) – **Bruinisse** (7,5 sm) – **Brouwershaven** (9 sm) – **Den Osse** (1 sm) – **Scharendijke** (2 sm) – **Ouddorp** (6 sm) – **Herkingen** (10 sm).

Nautische Unterlagen: Hydrografische Kaart Nr. 1807 – Zoommer, Volkerak en Spui, Haringvliet, Hollandsch Diep, und die Nr. 1805 – Oosterschelde, Veerse Meer en Grevelingenmeer; oder ANWB-Karte S – Grevelingenmeer. Getijtafels und Stroomatlas Oosterschelde. Almanak voor watertoerisme, 1 und 2.

Die wahrhaft mächtigen **Volkerak-Schleusen** gehören zu dem ebenso komplizierten wie intelligenten Flutsicherungssystem des Delta-Plans. Wegen des starken Binnenschiffsverkehrs, der zumeist Antwerpen zum Ziel hat bzw. von dort kommt, herrscht hier immer ein ziemlicher Betrieb.
Der Komplex besteht aus den drei *Binnenvaartsluizen* im Süden, der Entwässerungsschleuse (gelbe Tonnen davor) in der Mitte und der *Jachtensluis* im Norden – diese nehmen wir.
Geschleust wird zu jeder Zeit! In den Vorhäfen liegen Schwimmstege aus, an denen man sein Boot zunächst einmal festmacht; dann meldet man sich über eine Sprechanlage, die hier installiert ist, beim Schleusenmeister. In unsere Schleuse passen etwa 60 Boote. Das scheint viel, ist aber im Sommer zu wenig, so daß man mit langen Wartezeiten rechnen muß.
Sobald sich die Schleusentore öffnen, fährt man los, drängelt sich aber nicht vor. Dann fährt man in der Schleusenkammer so weit vor, wie es geht, und bringt zuerst die Achterleine aus; an den Leitern belegt man nie eine Leine.
Die feste Brücke über der Jachtensluis hat eine Durchfahrtshöhe von 19 m. An der Brückendurchfahrt gibt es übrigens nicht die gewohnten Peilskalen, sondern Leuchtziffern, die die jeweils aktuelle Durchfahrtshöhe angeben. Es kann aber auch sein, daß man in die Binnenvaartsluizen muß. Wohin man soll, das zeigt einem ein Lichtpfeil, der am Molenkopf der Binnenvaartsluizen angebracht ist bzw. auf einem Pfahl querab Dintelsas (in der Karte „Verkeerseinen recreativaart"). Wem die Brückendurchfahrtshöhe in der Jachtensluis nicht reicht, der muß sowieso durch die südlichste Kammer der Binnenvaartsluizen, denn dort ist eine BB. In diesem Fall ruft man **M 18**; ansonsten ist dieser Kanal der Berufsschiffahrt vorbehalten. Es ist im übrigen keine Schande, vor den Schleusen – in gehörigem Abstand, versteht sich – erst einmal eine Informationsrunde zu drehen und sich das Ganze in aller Ruhe durchs Fernglas anzusehen.
Bei Nacht und bei schlechter Sicht muß man einen Radarreflektor führen.
Auch hier gibt es eine Extra-Betonnung für Sportboote: Die Recreatietonnen stehen auf der 1,50-m-Linie.

Sobald sich die großen Tore öffnen, befindet man sich im

Volkerak, das bis zur Fertigstellung des Philipsdams ein Gezeitengewässer mit einem Tidenhub von mehr als 4 m und sehr mächtigen Gezeitenströmen war. Das ist jetzt alles vorbei. Volkerak hat jetzt einen gleichmäßigen Wasserstand, der auf NAP (→ S. 28) gebracht ist, allerdings um 30 cm schwanken kann; wenn die Flüsse extrem viel Wasser führen, sogar um 1 m. Volkerak gehört zum

Zoommeer, einem Gewässer, das daneben noch aus Krammer, der Schelde-Rijnverbindung, dem Tholense Gat und dem Bergse Diep besteht. Diese Gewässer sind dank des Philipsdams und des Oesterdams zu einem gezeitenfreien Revier geworden. Sinn des Ganzen: von Belgien und der Westerschelde eine geschützte, gezeitenfreie Verbindung zum Rhein zu schaffen. Das Zoommeer und damit auch Volkerak sollen sich zu einem Süßwasserrevier wandeln. Durch die Anhebung des Wasserstands sind die einst typischen grauen Schlickbänke verschwunden. Kleine Häfen, wie Benedensas, die früher teilweise trockenfielen, haben jetzt eine konstante, ziemlich große Wassertiefe.

Nach *Bruinisse,* dem Einfallstor ins Grevelingenmeer, sind es von hier 14 sm. Auf dem Weg dorthin passieren wir fünf Häfen, drei am Nord-, zwei am Südufer. Fangen wir mit letzteren an: Der erste,

Dintelsas, liegt praktisch noch im Weichbild der Volkerak-Schleusen. Die riesige graue Halle, die Kräne sind weithin sichtbare Landmarken. Kein ausgesprochen schöner Hafen, schon gar nicht der Vorhafen, in dem man aber zur Not bleiben könnte, wenn man nicht mehr weiter will, etwa abends nicht mehr durch die allerdings jetzt immer offene Schleuse fahren mag. Man liegt an den hohen Spundwänden nicht gut; besser wäre es, längsseits an ein Frachtschiff zu gehen. Jenseits der alten *Manders-Schleuse* findet man zwei ziemlich große Yachthäfen, doch auch dort ist die Umgebung, besonders an der Ostseite mit der vielen Industrie, nicht urlaubserfreulich. Dafür hat man hier aber die Marina-übliche Versorgung.

Ganz anders, einfach idyllischer ist der 5 sm weiter ebenfalls am Südufer gelegene Hafen von

Benedensas, den man jetzt gut ansteuern kann. Man bleibt am besten bei den Schwimmstegen (A) vor der Schleuse. Jetzt überall ausreichend Wasser. Die Schleuse ist gewöhnlich offen. Dahinter, am Rosendaalse Vliet (B), liegt der kleine Yachthafen „De Vliet" sehr hübsch am Schilfufer. Die Versorgung ist mittelprächtig: Wasser an allen Stegen, bei beiden Liegeplätzen WCs und Duschen; auch Treibstoff kann man bunkern.

Benedensas ist mit dem Vorhafen, der alten Schleuse, den hohen Bäumen und dem stillen Kanal ein ungemein malerischer, verträumter Ort. *Wahrschau,* besonders beim Verlassen des Hafens: Dicht westlich mündet die stark befahrene Schelde-Rijnverbindung!

Zu den am Nordufer gelegenen Häfen: Der den Volkerak-Schleusen nächste,

Ooltgensplaat, liegt am Ende eines 1 km langen Hafenkanals. Als der Volkerak noch ein Gezeitengewässer war, fiel der Hafen trocken, weshalb viele ihn mieden. Das ist Vergangenheit; doch davon einmal abgesehen: Der Hafen ist nicht

Törnvorschlag 2: Grevelingen

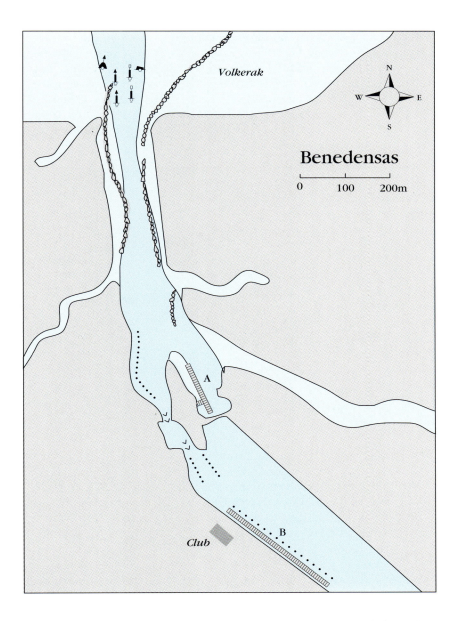

ganz leicht anzufahren. Man sollte sich zuerst orientieren, im tiefen Wasser, etwa zwischen den roten Tonnen HG 8 und HG 10 bleiben, bis einem die Lage klar ist. Bester Orientierungspunkt ist die alte, inzwischen immer offenstehende Schleuse. Wassertiefe 1,50 bis 1,70 m. Gut mittig halten. Vorsicht: Der Steindamm einlaufend an Stb reicht bis ans tiefe Wasser, ist aber ganz außen manch-

mal überspült! Hier etwa liegt die grüne Tonne OP 1; sie und die rote OP 2 sind die einzigen Hilfen bei der Ansteuerung. Sobald man den Schleusenkolk erreicht hat, wird es einfach: im Kanal einfach weiter bis hin zum Hafen. Am besten liegt man am Steg, sonst an die Kade (freie Plätze mit grünen Täfelchen gekennzeichnet). Wasser, WC und Duschen. Kleine Bootswerft mit 20-t-Kran. Zum netten Dorf nur ein paar Schritte; dort auch Treibstoff.
Ein zwar kleiner, doch eigenartig-stimmungsvoller Hafen. Nahe der Schleuse Reste des ehemaligen Forts Prins Frederik.

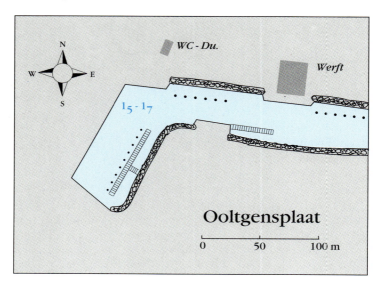

Der 2,5 sm weiter westlich gelegene Hafen

De Galathee liegt nahe am tiefen Fahrwasser, hat wenig Wasser (an der Westseite an den Pontons nur 1,20 m). Ist als Fluchthaven ausgewiesen, was aber nur funktioniert, wenn der Tiefgang nicht mehr als 1,30 m mißt. Auffallend das an der Westkante des Hafens stehende Restaurant; von diesem abgesehen keine Versorgung.

Der dritte der Nordufer-Häfen liegt schon auf der Höhe der Krammer-Schleusen:

Oude Tonge. Der zum Hafen führende Geul (Wassertiefe max. 2 m, manchmal nur 1,70 m) ist gut betonnt. Ansteuerung zwischen OT 1 (grün) und OT 2 (rot). Man darf nicht über die Tonnen hinausfahren. Eben vor der jetzt immer offenstehenden Schleuse erstreckt sich nahe den roten Tonnen auf 0,5 sm Länge ein überspülter Steindamm. Der Hafenkanal hat eine Wassertiefe von 1,80 m, der Hafen selbst 1,50 bis 2,00 m. Ein Dorfhafen, der in vielem an Numandsdorp

(→ S. 92) erinnert, nur daß es hier noch kleine Betriebe am Hafen gibt. Recht gemütlich, doch auch sehr einfach das alles (WC, Dusche, Wasser, Treibstoff und kleine Werft).

Die **Krammer-Schleusen** (Philipsdam) funktionieren im Prinzip genauso wie die Volkerak-Schleusen; allerdings mit zwei Yachtenschleusen (Bedienung täglich 07.00–22.00).
Die feste Brücke hat eine Durchfahrtshöhe von ca. 18,50 m. Diese Krammer-Schleusen sind – für Yachten jedenfalls – ein arges Schiffahrtshindernis. Ihre Kapazität reicht nicht, so daß man unter Umständen mehrere Stunden Wartezeit in Kauf nehmen muß. Bei besonders starkem Andrang werden Yachten auch durch die beiden großen, an sich für die Berufsschiffahrt gedachten Schleusen geschickt; dies wird dann durch Lichtsignale (Pfeil und „Sport") angezeigt. Sportboote sollen den Kanal 22 nicht benutzen, wohl aber mithören. Verläßt man die Schleuse Richtung Oosterschelde, muß man Kanal 68 mithören.
In den Schleusenkammern findet während des Schleusenvorgangs ein kompletter Wasseraustausch statt; dafür gibt es neben den Schleusen entsprechende Speicherbecken. Damit soll verhindert werden, daß Salzwasser aus der Oosterschelde in den Volkerak bzw. Süßwasser aus diesem in die Oosterschelde gelangt. Leinen gut belegen!
Sobald sich die Schleusentore öffnen, sind wir in einem Gezeitengewässer. Der Tidenhub ist mit rund 3 m schon beachtlich; aber wir können ihn ebenso wie den Strom auf dem 2,5 sm kurzen Weg zur Schleuse von Bruinisse vernachlässigen. Erst wenn wir in die Einsteuerung nach Grevelingen abbiegen, müssen wir auf den Strom achten, der quer und hart zur schmalen Ansteuerung setzt. Am besten Motor an und mit Kraft hinein in den (schon ruhigeren) Schleusenvorhafen von

Bruinisse. Zur Not könnte man in dem daneben gelegenen Fischerhafen bleiben, der allerdings trockenfällt; man müßte dann an hohen, rostigen Spundwänden festmachen oder besser längsseits bei einem Muschelfischer. Gute Reparaturmöglichkeiten (Machinefabrik Welgelegen und Jachtwerf Duivedijk mit 40-t-Helling); auch eine Bunkerstation.
Sinnvoller ist es, gleich durch die *Grevelingen-Schleuse* (mit BB) zu fahren: Vom 1. 6. bis 15. 9. täglich 07.00–22.00, übrige Zeit täglich 08.00–20.00 (sa./so./f. 18.00). **M 20.** 40 000 Boote schleusen im Jahr hier durch!
Jenseits der Schleuse liegen am ruhigen, tidenfreien Wasser von Grevelingen gleich zwei Yachthäfen; noch im Schleusenvorhafen die Stege des W.S.V. Bru, ein einfacher Hafen, dahinter der Jachthaven Bruinisse, und den sollte man anlaufen: ein „Recreatiecentrum", wie die Holländer das nennen, mit großen Terrassenhäusern und einem exzellenten Service. Beim Einlaufen fährt man genau auf eine Art „Tower" zu, wo der Hafenmeister einem einen Platz zuweist. Eine Marina mit allen Schikanen.
Der Ort Bruinisse selbst ist nichts Besonderes; ein Fischer- und Fährdorf.

Das gut 12 sm lange und bis zu 4 sm breite

Grevelingenmeer war bis 1971 ein offener, mit dem Meer verbundener Mündungsarm. Seit der *Brouwersdam* im Westen und der *Grevelingendam* im Osten geschlossen sind, ist daraus ein riesiger, mit Brackwasser gefüllter Binnensee geworden, ein Gewässer, das aber seine Verwandtschaft mit der nahen See nicht verleugnen kann. Gespült wird mit Wasser aus der Nordsee, mit der Folge, daß das Grevelingenmeer ein überaus klares Wasser aufweist. Obwohl es keine Gezeiten mehr gibt, wirkt es immer noch mit seinen vielen flachen Inseln, den „Plaaten", und den unendlich weiten, breiten Schlickbänken wie ein Waddenrevier.
Ein gutes Segelrevier: zwar nicht ganz einfach, wegen der vielen Untiefen, aber bei sorgfältiger Navigation nicht schwierig.
Trotz der vielen Boote, die hier im Sommer zu Tausenden herumschwimmen, ein stilles, weites Gewässer, streckenweise auch einsam – jedenfalls außerhalb der Ferienzeit –, mit fernen, flachen Ufern.
Die *Betonnung* stammt noch aus den Jahren, als hier richtige Seefahrt stattfand; sie ist entsprechend und könnte nicht besser sein. Die vielen Pricken, ein Charakteristikum dieses Reviers, markieren die 1,50-m-Linie.

Grevelingen ist seit der Eindeichung systematisch zu einem gewaltigen „Recreatie"-Gebiet umgestaltet worden, aber das muß man den Holländern lassen: Sie sind dabei sehr behutsam vorgegangen, haben sich auch mehr auf den westlichen Teil konzentriert und den östlichen, auch das ganze Nordufer ziemlich unberührt belassen.
Für Boote wurden eine Menge neuer Liegeplätze geschaffen. In der Karte sind sie mit kleinen roten Segelbooten markiert; manchmal sind es nur Stege, dann aber auch künstliche Inseln, in die winzige Häfen hineingebaut wurden, wie etwa das Eiland *Archipel* oder das Inselchen *Ossehoek* und neuerdings zwei künstliche Inselhäfen gegenüber von Bruinisse, mit gut 2 m Wassertiefe. Am *Brouwersdam* blieben nach Abschluß der Bauarbeiten drei Werkhäfen erhalten, die jetzt den Sportbooten offenstehen. Aus dem mittleren, auf der Kabbelarsbank gelegene, ist die riesige *Marina Port Zélande* geworden (mit allen Schikanen) und fast zu viel des Guten). Welcher von den dreien auch immer: sehr schön; denn nur ein paar Schritte, und man ist über den Damm und bei den großen Dünen der Nordsee.
Auf eines muß noch hingewiesen werden: Grevelingen wird viel von Sporttauchern aufgesucht; wenn an einem Boot, meist einem Schlauchboot, die weißblaue Flagge „A" gezeigt wird, so bedeutet dies: Taucher sind unten, halte Abstand und nimm Geschwindigkeit aus dem Boot!
Von Bruinisse aus halten wir uns weiter am Südufer und schippern durch das Fahrwasser *Grevelingen,* das dem ganzen Gewässer seinen Namen gegeben hat, etwa neun Seemeilen bis nach

Brouwershaven, den, nimmt man alles in allem, wohl schönsten, zweifellos interessantesten Hafen in diesem Revier.

Ganz zum Schluß kommen wir durch den handtuchschmalen *Geul van Bommenede,* der von einer Insel mit dem bezeichnenden Namen *Dwars in den weg* so eingeengt wird. Man kann sich gut vorstellen, wie früher die alten Kapitäne über diese so „quer über den Weg" gelegene Insel geflucht haben. Unsere Altvorderen hatten ja ein großes Talent, die Dinge mit sonderlichen Namen zu belegen: Die große Insel im Norden Grevelingens heißt „Humpelfuß" und die wichtigste Passage in der Oosterschelde „Roompot", auf deutsch: „Rahmtopf" – warum wohl?

Also, man fährt durch die alte, sehr hohe, jetzt natürlich immer offene Seeschleuse. Der Hafenmeister, der oben im Schleusenwärterhäuschen sitzt, weist einem einen Platz zu. Der vordere Hafen, der Jachthaven Brouwershaven (A im Plan auf S. 108), ist sehr gut, der Oude Haven (B), der frühere Stadthafen, der um die Ecke liegt, eine Idee besser, weil stimmungsvoller. An seiner linken Seite werden Plätze für Passanten freigehalten. In beiden Häfen beträgt die Wassertiefe gut 2 m.

Ein malerisches, harmonisch gebautes Städtchen, mit vielen alten Giebelhäusern am Hafen, mit dem prächtigen, im flämischen Renaissancestil gehaltenen Rathaus und der mächtigen, dreischiffigen Sint-Nicolaas-Kerk.

Brouwershaven, das 1285 erstmals erwähnt wird und bald zu den „guten Städten" des Landes zählte, war ursprünglich eine Wasserfestung, erlebte danach ein Auf und Ab, bis es im vorigen Jahrhundert, nachdem das Brouwersgat ausbetoniert worden war, zum Vorhafen von Rotterdam und Dordrecht wurde, jenen beiden Städten, die weit im Landesinnern lagen und von großen Schiffen nicht mehr angelaufen werden konnten. Die großen Kauffahrteischiffe paßten natürlich nicht in den Stadthafen, sie blieben draußen auf Reede liegen, die seinerzeit zu den besten in den Niederlanden zählte. Doch diese Blütezeit dauerte nicht einmal ein Vierteljahrhundert. Als 1870 der Nieuwe Waterweg zur schiffbaren Passage ausgebaggert worden war, stand dem Aufstieg Rotterdams zum Welthafen nichts mehr im Wege, und das kleine Brouwershaven, das so fern auf seiner einsamen Insel lag, wurde bald zu einer „toten Stadt", wie manche andere der wunderbaren alten Städte in Zeeland, was aber, wie man jetzt immer mehr erkennt, auch sein Gutes gehabt hat, denn so kamen diese prächtigen mittelalterlichen Städte fast unversehrt in unsere Zeit.

Zum Essengehen empfohlen: das Fischrestaurant „Brouwerie" in der Molenstraat.

Versorgung: Duschen und WC sowohl im Nieuwe Jachthaven wie auch am Oude Haven. Wasser überall. Treibstoff an der Huk zwischen den beiden Häfen. Reparaturen bei Kesteloo und Gebr. van Ast am Nieuwe Jachthaven (Helling 16 t), bei Gebr. van Ast 35-t-Lift). In der Stadt einige sehr gute Restaurants.

IV. Auf den Gewässern von Zeeland

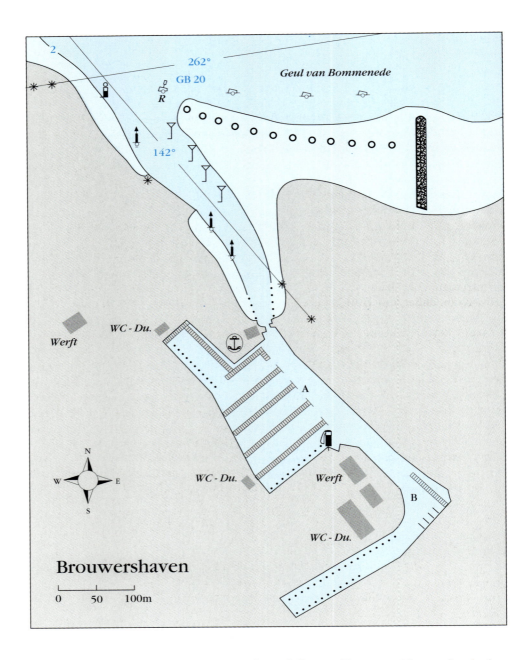

Wichtiger Hinweis: Kommt man – wie auf diesem Törnvorschlag – durch den Geul van Bommenede, so hat man immer die roten Tonnen, wie sich's gehört, an der Bb-Seite, auch die ominöse GB 20, die nämlich dann etwas irreführend ist, wenn man von NW auf den Hafen zuläuft. Dann hat man zunächst die roten Tonnen alle an der Stb-Seite, nur nicht mehr die GB 20, denn sonst säße man rasch auf dem Sand; die bleibt an Bb, man biegt vorher zur Hafeneinfahrt ab. Die Kette von roten Kugeltonnen, die sich von der GB 20 zum Ufer hinzieht, markiert den Verlauf eines überspülten Dammes.

Der nahe Yachthafen **Den Osse** war früher auch ein Werkhafen. Nichts Besonderes, man kann aber recht gut darin liegen, und auch die Versorgung ist ordentlich (WC, Dusche, Reparaturen, 56-t-Lift).

Ein Riesending ist der ein kleines Stück weiter westlich gelegene Hafen von

Scharendijke, eine Marina für 600 Boote, geschützt, man kann auch sagen: eingekesselt, von sehr hohen, grünen Deichen. Gleich gegenüber der Einfahrt ein Passantensteiger, wo man Wasser und Treibstoff bunkern kann. Beim Hafenmeister in der Hütte fragt man nach einem Liegeplatz. Sehr gute Versorgung, nicht zuletzt dank der Jachtwerf Grevelingen, mit Zubehör, Reparaturwerkstatt und 20-t-Kran, außerdem Trailerhelling.

Jenseits des Deiches eine sich weithin ausdehnende Siedlung mit Ferienhäusern, in denen das Dorf Scharendijke untergeht. Sonst nichts als weite, grüne Wiesen. Das Wasser, der Salzgeruch des nahen Meeres, das gibt diesem Hafen Charakter. Auf der *Kabbelarsbank* ist in einem der ehemaligen Werkhäfen die Supermarina **Port Zélande** entstanden, eine gigantische, dem französischen Port Grimaud nachempfundene Anlage, nicht nur Hafen mit optimalem Service, sondern auch Bungalowpark mit viel Freizeitspaß.
Ab hier kann man nun nach Lust und Laune im westlichen Grevelingenmeer herumschippern; wenn man sich – in Scharendijke etwa – gut verproviantiert hat, kann man tagelang fernab von jedem Hafen bleiben, sich immer wieder einen anderen – notabene kostenlosen – Liegeplatz in der schönen, freien Natur suchen, etwa an der Plate *Hompelvoet,* auf der wilde Fjordpferde leben (Naturschutzgebiet). Zum Ankern gibt es unendlich viele Möglichkeiten, man braucht aber ein wirklich gutes Geschirr, denn der Sandboden ist extrem fest.
Ganz im Norden, jenseits von Hompelvoet, liegt ein etwas merkwürdiger, auch problematischer Hafen. Von fern sieht es aus wie eine Burg; beim Näherkommen erkennt man dann, daß es eng aneinandergebaute Fischerhäuser sind, die hoch oben auf dem Deich stehen. Das ist

Ouddorp. Das kleine, dreieckige Becken im Osten war früher ein einziges Problem, eng und teilweise untief, aber stimmungsvoll. Inzwischen ist westlich davon ein ebenfalls dreieckiges Becken angebaut worden. Hier kommt man jetzt an den Stegen der W.V. Goeree gut unter. Sonst eher ländlich.

IV. Auf den Gewässern von Zeeland

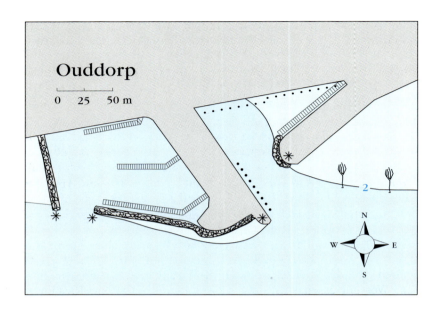

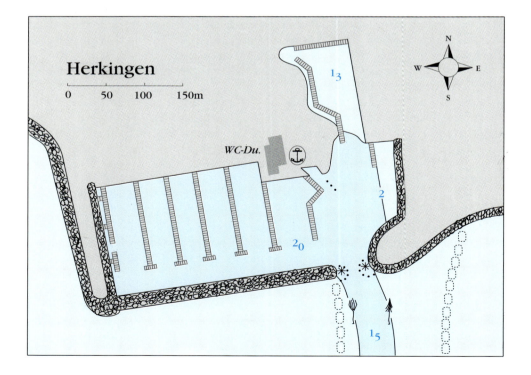

Südwestlich von Ouddorp, auf De Punt, das Besucherzentrum „De Grevelingen" – sehr sehenswert (s. Karte 1805.7). Man kann auch nahe dabei mit dem Boot anlegen.
Die gut 10 sm von Ouddorp nach *Herkingen* lassen sich gewiß in einem Stück durchziehen. Die Fahrwasser, vor allem *Hals,* sind allerdings recht schmal, so daß ein raumer Wind schon recht wäre.

Herkingen, einst ein kleiner Fischerhafen, liegt am Nordufer, ziemlich genau Bruinisse gegenüber. In den letzten Jahren ist hier ein großer Yachthafen gebaut worden, zu dem eine ca. 2 m tiefe und 1,5 km lange Rinne über das Schlick„watt" führt. An der Westseite der Rinne zieht sich ein niedriger, überspülter Hafendamm hin. Man halte sich gut mittig zwischen den Prickenreihen. Es gibt viel Platz an den neuen Stegen und eine ausreichende *Versorgung* (WC, Duschen, Wasser, Trailerhelling, 12-t-Kran).
Das Dorf Herkingen, das auf der einsamen Insel Overflakke liegt, ist so tiefe Provinz, daß es schon wieder schön ist: Es ist unglaublich, daß es in unserer Zeit so etwas noch gibt, daß Menschen mitten in Europa so fernab der Hektik unserer Zeit leben. Wer gut essen will, dem sei das kleine, familiäre Restaurant „Visbank" empfohlen.
Hier, in Herkingen, endet unser Törn. Bevor man ablegt zur nächsten Etappe, sollte man in den „Getijtafels" den richtigen Zeitpunkt dafür nachlesen, denn bei Bruinisse geht es in ein Gezeitengewässer.

Törnvorschlag 3: Oosterschelde und Veerse Meer
Von Bruinisse nach Tholen

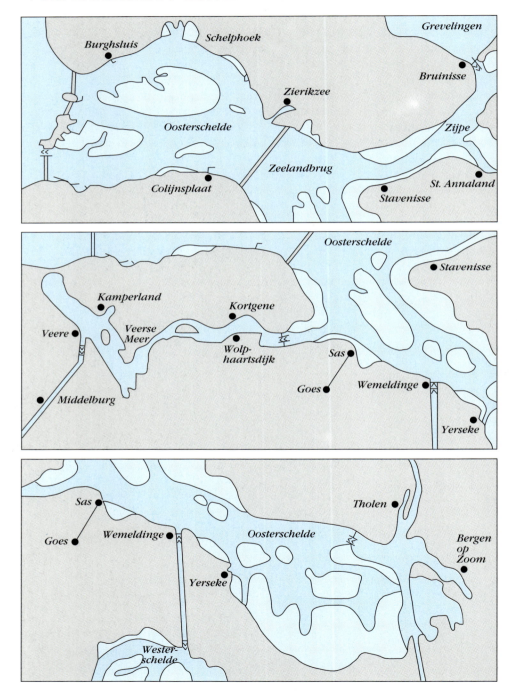

Distanzen: **Grevelingenmeer** – **Zierikzee** (12 sm/mit Abstecher Krabbenkreek 20 sm) – **Burghsluis** (7,5 sm) – **Colijnsplaat** (8 sm) – **Zandkreek/Veerse Meer** (6 sm) – **Kortgene/Wolphaartsdijk** (2 sm) – **Oranjeplaat** (6 sm) – **Kamperland** (3 sm) – **Veere** (2,5 sm) – Abstecher – **Middelburg** (zweimal 7 km) – **Zandkreek/Oosterschelde** (11 sm) – **Sas van Goes** (2,5 sm) – **Goes** (zweimal 9 km) – **Wemeldinge** (3 sm) – **Yerseke** (3 sm) – **Bergen op Zoom** (10 sm) – **Tholen** (ab Bergen op Zoom 3,5 sm, ab Yerseke 9 sm).

Nautische Unterlagen: Hydrografische Kaart Nr. 1805 – Oosterschelde, Veerse Meer en Grevelingenmeer; 1807 – Zoommeer, Volkerak en Spui, Haringvliet, Hollandsch Diep. Getijtafels und Stroomatlas Oosterschelde. Almanak voor watertoerisme, 1 und 2.

Nimmt man diesen Törn als Fortsetzung des vorigen, kommt man also aus dem *Grevelingenmeer,* so sollte man nach Möglichkeit die Schleuse von *Bruinisse* kurz nach HW passieren, auf alle Fälle zu einer Zeit, die es einem erlaubt, mit *ablaufendem* Wasser die 12 sm bis *Zierikzee,* unserem nächsten Ziel, zu fahren. HW tritt in Bruinisse 1 h 35 min nach HW Vlissingen ein. Die HW-Zeiten Vlissingen sind im Anhang des Almanak Teil 2 abgedruckt.
Wichtig ist auch, daß man sich über die *Wetteraussichten* informiert, denn die *Oosterschelde* ist ein sehr weites Gewässer, über das der Wind ungehindert dahinpfeift. Die Konstellation Wind gegen Strom sollte man tunlichts meiden, sich dann auch ein anderes Ziel suchen. Bei starkem Wind und dagegen laufendem Strom entsteht eine steile Welle, die kleineren Booten gefährlich werden kann.
Dank der intelligenten Lösung durch das „Stormvloetkeering" ist die Oosterschelde ein Gezeitengewässer geblieben. Der Tidenhub (ca. 2,50 m) ist jetzt nicht mehr so hoch wie ehemals; dafür ist der Wasserstand in der Oosterschelde überall etwas angehoben worden (bezogen auf NW), so daß man jetzt manchen Hafen anlaufen kann, in den man früher nur bei Hochwasser kam. Wer sich den Strom zunutze machen will, sollte die Ausgabe für einen „Stroomatlas Oosterschelde" nicht scheuen.
Hinweis: Sportboote müssen im gesamten Gebiet der Oosterschelde nachts, aber auch bei schlechter Sicht einen Radarreflektor führen. In den Fahrwassern *Witte Tonnen Vlije* und *Brabantse Vaarwater* muß der Motor jederzeit startklar sein und das Boot eine Mindestgeschwindigkeit von 6 km/h erreichen.
An der Westseite, praktisch im Weichbild von Bruinisse, liegt der

Vluchthaven Zijpe, der auch nur als solcher zu gebrauchen ist. Für Yachten gibt es an der Südkade einen Schwimmsteg; an den anderen Kaden kann man nicht festmachen. Man darf den Vluchthaven nicht mit dem Fährhafen verwechseln, der dicht daneben liegt und inzwischen geschlossen ist.
Das *Mastgat* ist ein breites Gewässer, das zum größeren Teil untief ist; doch hält man sich in der betonnten Fahrrinne, dürfte es keine Probleme geben.

Ob man in das vom Mastgat ostwärts abzweigende

Krabbenkreek fahren soll, darüber können die Meinungen auseinandergehen: eine sehr breite Bucht mit einer relativ schmalen Fahrrinne. Bei HW sollte man sich nicht von der weiten Wasserfläche täuschen lassen, denn das allermeiste ist nicht nur untief, sondern hoch trockenfallend.
Hier, am Krabbenkreek, liegen zwei Häfen, die allerdings beide nicht zum längeren Verweilen einladen. Der östliche, *Sint Philipsland,* fällt trocken; am Hafen, der nur eine Ladekade ist, steht bei NW allerdings noch 1 m Wasser. Ein sehr einsamer Platz, mit der ockerfarbenen Windmühle gar nicht so übel, der aber selten von Yachten angelaufen wird. Tidenhub 3 m.

Als Hafen ist das auf der Halbinsel Tholen gelegene

Sint Annaland, dessen hohes, graues Silo weithin zu sehen ist, unvergleichlich besser, hat auch ausreichende Wassertiefen (durch die Wasserstandsveränderung in der Oosterschelde jetzt bei NW 0,70 m mehr als früher). Tidenhub gut 3 m. Yachten bestimmen zunehmend des Bild dieses an sich nicht sonderlich attraktiven Hafens. An den Stegen kann man ganz gut liegen, an der Ladekade darf man es nicht; eine gewisse *Versorgung* gibt es mit Wasser, WC und Duschen auch. Eine Werft (25-t-Kran) führt Reparaturen aus.

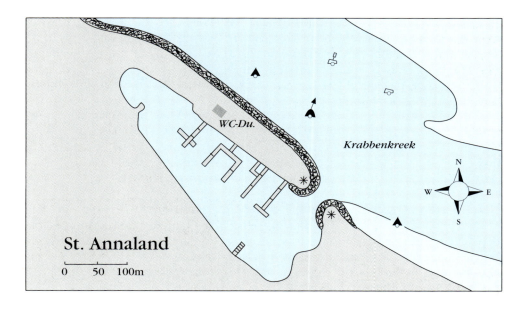

Nein, es ist wohl doch besser, das Krabbenkreek mit seinen beiden Häfen links liegen zu lassen und statt dessen die Fahrwasser *Zijpe, Mastgat* und *Keeten* flott abzusegeln.

Flachgehende Boote könnten in

Stavenisse einen Stopp einlegen; zu diesem Hafen führt ein 600 m langer Kanal; die Schleuse außen steht meist offen. Bei NW beträgt die Drempeltiefe in der Schleuse nur 0,70 m. HW tritt 1 h 34 min nach HW Vlissingen ein. Tidenhub runde 3 m. Der Hafen ist mit einem Tiefgang bis zu 1,80 m von 3 h vor bis 3 h nach HW zu erreichen. An den Stegen bleiben noch etwa 0,80 m Wasser; die Plätze vor der Ladekade fallen dagegen trocken. Ein Schlickloch, mit einer Windmühle.

Versorgung: Wasser, Treibstoff von Straßentankstelle, WC und Dusche.

Spätestens hier, auf der Höhe von Stavenisse, bekommt man voraus die

Zeelandbrug ins Blickfeld, die mit ihren 5 km so lang ist, daß ihre Enden zumeist im Dunst verschwinden. 1965 wurde sie als Teil des Delta-Plans fertig, und schlagartig hatte sich damit auch das Leben in dieser toten Ecke verändert; denn die einsamen, verlorenen Inseln im Delta hatten nun plötzlich Anschluß an die „Zivilisation" gefunden.
Für Sportboote stellt die Brücke kein Problem dar. Man kann überall zwischen den Pfeilern hindurchfahren, sollte dies allerdings kraftvoll und gut mittig tun; denn die Strömung setzt in einem Winkel von ca. 45° auf die Pfeiler zu. Die beiden durch gelbe Lichter markierten Passagen muß man nicht nehmen; die Durchfahrten haben (zwischen den Pfeilern 3 bis 52) selbst bei Hochwasser eine Durchfahrtshöhe von 13,30 m, bei Niedrigwasser natürlich mehr. Die veränderlichen Durchfahrtshöhen kann man von Peilskalen bei den Hauptdurchfahrten

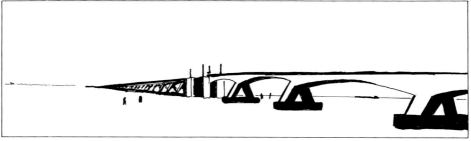

Die Zeelandbrug. Wenn die Durchfahrtshöhe von gut 13 m zwischen den Pfeilern nicht reicht, muß man das Öffnen der Brücke (Bildmitte) verlangen.

IV. Auf den Gewässern von Zeeland

(rote Linien in der Karte) ablesen, auch über Marifon, Kanal 18, abfragen. In der Mitte eines Bogens ist die Durchfahrtshöhe übrigens 1,50 m höher, als es die Peilskala anzeigt.

Wem das nicht reicht, der muß durch die am Nordufer gelegene Brücke: mo.–fr. 07.00–07.07, 07.23–07.37, 08.53–09.07, 09.23–09.37, 09.53–10.07, 10.23–10.37; ferner zu jeder vollen Stunde: 7 min vorher bis 7 min nachher, sowie von x.23 bis x.37 (letzte 21.30); sa./so./f. 09.00–09.07, 09.23–09.37, 09.53–10.07, 10.23–10.37; ferner: jede Stunde um 7 min vor bis 7 min nach sowie von x.23 bis x.37 bis 17.37; ferner 18.53–19.07, 19.23–19.37, 20.53–21.07, 21.23–21.30. **M 18.** Die Brücke wird ab Windstärke 7 nicht mehr geöffnet; dann brennt an der Brücke ein drittes rotes Licht.

Den an seiner Südseite trockenfallenden **Haven de Val** dürfen Yachten nur im Notfall anlaufen; man kann dann an einer der beiden orangefarbenen Ankerbojen festmachen.

Schon im Grevelingenmeer hat man im Süden immer und seltsam faszinierend den wuchtigen Kirchturm von

Zierikzee in den Himmel ragen sehen, und auch auf unserer Fahrt hierher war er eine weithin sichtbare, doch immer sehr ferne Landmarke.
Jetzt sind wir da, aber bevor man sich etwas näher mit dieser wunderbaren Stadt

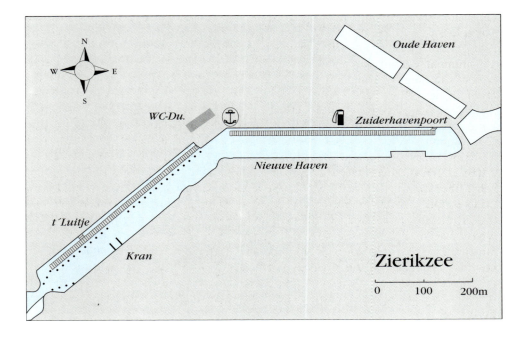

116

beschäftigt, die als „Monument van Zeeland" bezeichnet wird, muß man sich als Bootsfahrer erst einmal auf die Ansteuerung konzentrieren.

Anfahrt: Die Einfahrt in den 2,5 km langen Hafenkanal öffnet sich nach SE, man läuft also von der Zeelandbrug kommend genau darauf zu. Auch wenn man von anderswo herkommt: immer den Hafenkanal von Ost ansteuern! Vor der Einfahrt setzt ein sehr starker Gezeitenstrom, so daß man die Einfahrt am besten unter Motor und mit viel Kraft passiert. Im Hafenkanal fährt man in einer nur etwa 10 m breiten und gut 2 m tiefen Rinne, neben der es allerdings rasch untief wird. Also gut mittig halten.

Die alte Seeschleuse steht zumeist offen, nur bei Sturmflutgefahr wird sie geschlossen. Tidenhub 2,80 m. In der Schleuse und im engen Teil des Hafenkanals haben Boote, die mit dem Strom laufen, Vorfahrt, sonst die auslaufenden.

Liegeplatz und Versorgung: Gleich hinter der Schleuse sind die Schwimmstege „t' Luitje", ein guter Platz, aber noch besser liegt man an den neuen Schwimmstegen (Wassertiefe 2,50 m) entlang der Kade am Nieuwen Haven. Der historische Oude Haven fällt trocken. Überall, wo Yachten liegen dürfen, gibt es auch Wasser, WC und Duschen. Am Nieuwen Haven liegt eine Bunkerstation, hier auch Zubehör und Segelmacherei. Reparaturen aller Art können ausgeführt werden; man hole sich beim Hafenmeister Rat.

Boote über 15 m Länge sollten wegen eines Liegeplatzes vorher beim Hafenmeister anrufen: R. Visscher, 0 11 10-1 31 74.

Zierikzee war ähnlich wie Brouwershaven (→ S. 107) eine Stadt, die, man kann schon sagen: über Jahrhunderte, fast vergessen auf dieser einsamen, fernen Insel lag. Erst mit dem Delta-Plan, besonders mit der Zeelandbrug, wurde dies anders, denn nun konnten die Touristen schnell und bequem mit dem Auto hierherkommen.

Auf einem Spaziergang durch die alte Stadt versteht man bald, warum sie als „Monument van Zeeland" bezeichnet wird: Sie ist voller wunderschöner Bauwerke, die meisten zwar aus dem Goldenen Jahrhundert, die eindrucksvollsten aber aus dem Mittelalter; denn Zierikzee ist eine gotische Stadt, die ihre Blütezeit schon im Mittelalter hatte. Damals waren die Inseln Schouwen und Duiveland noch getrennt. Durch ein breites, tiefes Gewässer, das nach Grevelingen führte, konnten die Koggen zur offenen See hin segeln. Welche Schätze es zu jener Zeit zu hüten und zu verteidigen galt, zeigen die Befestigungsanlagen am Alten Hafen (Oude Haven): Das gotische Zuiderhavenpoort kam völlig unversehrt über die Jahrhunderte und gehört nun zusammen mit der weißen Klappbrücke zu den meistfotografierten Sehenswürdigkeiten der Niederlande. Als die Passage nach Grevelingen versandete, ging es mit der Stadt rasch bergab; denn wovon sollte eine Hafenstadt leben, deren Hafen nicht mehr zu erreichen war? Das änderte sich erst wieder im Goldenen Jahrhundert, als der heute noch existierende Hafenkanal zur Oosterschelde gegraben wurde; der Nieuwe Haven, der so entstand, ist also auch schon 300 Jahre alt, und da, wo wir heute festmachen, legten früher die mit den Schätzen des Orients beladenen Ostindienfahrer an.

IV. Auf den Gewässern von Zeeland

Der östliche Teil des Zuiderhavenpoorts an der Einfahrt in den Ode Haven.

Schon im Mittelalter begann die Stadt mit dem Bau der Groten Kerk: Ein wahrhaft phantastisches Projekt, denn der Turm sollte mit seinen 206 m der höchste der Welt werden. Doch bei der immer noch beeindruckenden Höhe von 56 m mußte man aufhören. Ob das Geld ausging oder der sumpfige Inselboden den Monsterturm nicht mehr tragen wollte, wer weiß das? Auch so bleibt das alles unbegreiflich, mußte man doch Stein für Stein und Balken für Balken von weither holen.
Ursprünglich gehörte zum Turm noch eine kaum minder große gotische Kirche, die 1832 abbrannte und durch eine nicht sehr große, doch sehr harmonisch wirkende klassizistische Halle ersetzt wurde.
Da man am Nieuwen Haven gut und stimmungsvoll liegt und auch bequem, sollte man sich viel Zeit für diese Stadt nehmen, die voller Sehenswürdigkeiten (und guter Restaurants) ist.
Neben vielem anderen sehr interessant: das „Zeeuwse Maritim Museum" im Noorderpoort am Alten Hafen. Das Touristbüro befindet sich im Haus Havenpark Nr. 29.

Die **Oosterschelde westlich der Zeelandbrug** ist ein sehr stark vom Meer beeinflußtes Gewässer, was sich auch durch den inzwischen geschlossenen Oosterscheldedam nicht geändert hat. Die See strömt nach wie vor mit aller Macht in die Oosterschelde hinein und wieder hinaus. In den drei „Open Stormvloetkeering" (offenes Sturmflutwehr) erreicht der Strom dabei bis zu 13,6 sm/h. Die Oosterschelde ist also ein Gezeitengewässer geblieben; der Tidenhub hat sich allerdings um etwa ein Viertel verringert (was man in der Praxis kaum bemerkt), während der Wasserstand (bei NW) im Westteil um 0,30 m und im Ostteil um 0,50 m gestiegen ist (was sich bei den Wassertiefen in den Häfen erfreulich auswirkt).

Nach wie vor gibt es die für Gezeitengewässer typischen Schlick- und Sandbänke, die bei Hochwasser gerade knietief überflutet sind, während sie bei Niedrigwasser meterhoch auftauchen; man muß also sehr genau nach Tonnen fahren, besonders bei Hochwasser.

Vor den drei Flutwehren sind weiträumige, mit gelben Tonnen markierte Sicherheitszonen eingezeichnet; man sollte ihnen nicht zu nahe kommen, denn bei ablaufendem Wasser zieht ein gewaltiger Strom auf den Damm zu.

Die einzige verbliebene Öffnung zum Meer bildet die

Roompot-Schleuse, die am südlichen Drittel des Dammes liegt. Die feste Brücke hat eine Durchfahrtshöhe von etwa 18 m (abhängig von den Gezeiten). Die Schleuse (**M 18**) wird zu folgenden Zeiten bedient: mo. und do. 00.00–22.00, di. und so. 06.00–24.00, mi. 00.00–24.00, fr. und sa. 06.00–22.00. Beladene Fischer haben Vorfahrt. In den beiden gut geschützten Vorhäfen liegen Schwimmstege aus (mit Sprechverbindung zum Schleusenwärter). Wer Richtung Oosterschelde schleust, muß Kanal 68 mithören.

Kommt man von *Zierikzee,* so segelt man meistens das Fahrwasser *Hammen* hoch, das sich in weitem Bogen um das riesige Flach *Roggenplaat* herumzieht. Am besten wählt man die Zeit so, daß man mit dem letzten Ebbstrom fährt: So sieht man sehr schön, wie die Sände aus dem Wasser auftauchen.

Den ehemaligen Werkhafen *Schelphoek* soll man nicht anlaufen, der westliche Teil ist sowieso gesperrt. Er ist groß wie ein See, überwiegend aber auch untief. Er wirkt auch etwas trist. Anders ist es bei dem Hafen

Burghsluis, der beim Bau des Damms von Arbeitsschiffen angelaufen wurde, jetzt aber nur noch von Yachten. Tidenhub 2,50 m. Der östliche Teil des Hafens fällt teilweise trocken (Plan nächste Seite).

Bei der Ansteuerung halte man sich näher an den südlichen Molenkopf, um so frei von einer Schlickbank zu bleiben, auf der bei NW nur noch 40 cm Wasser stehen.

Ein recht guter, vor allem geschützter Platz. Der Hafenmeister hat sein Büro oben in einem ausgedienten, roten Leuchttürmchen, wo man auch WC und Dusche vorfindet. Wasser gibt es ebenfalls. Fahrräder kann man beim Hafenmeister ausleihen. Kleines Restaurant.

Will man nicht den weiten Weg durch Hammen zurück nehmen, so fährt man am besten durch den engen, doch gut betonnten, allerdings nahe an einer Sicherheitszone vorbeiführenden *Oliegeul* zum breiten *Geul van Roggenplaat*.

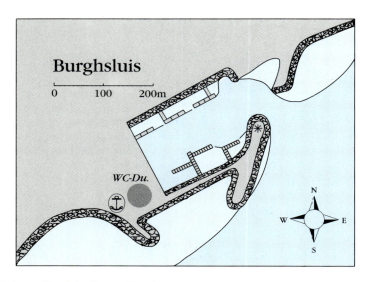

Die Sandplatte *Neeltje Jans,* die sich ostwärts vom großen Damm erstreckt, ist inzwischen unter Naturschutz gestellt und darf nicht mehr betreten werden.
Eben westlich von *Neeltje Jans* liegt am Oosterscheldedam der gleichnamige Hafen (auch Betonhafen genannt.) Hier befindet sich ein Steiger für Yachten, und von da sind es nur ein paar Schritte zur **Delta Expo,** einer Ausstellung, die sehr instruktiv zeigt, wie das gesamte Flutwehrsystem des Deltas funktioniert. Unbedingt ansehen! Täglich 10.00–17.00 geöffnet.

Knapp zwei Seemeilen südöstlich von der Roompotsluis liegt der enorm große, ehemalige Werkhafen „Sophiahaven"; hier ist in den letzten Jahren die

Roompot Marina eingerichtet worden, ein Yachthafen der Superlative mit massenhaft Liegeplätzen, allem Komfort und dazu noch einer Menge Freizeitspaß, unter anderem einem „subtropischen Hallenbad". Rings um den Hafen weit ausgedehnte, zum Teil elegante Bungalowsiedlungen.
Von der Roompotsluis aus ist halbkreisförmig eine Kette gelber Tonnen mit jeweils zwei roten Zylindern als Toppzeichen ausgelegt; sie begrenzen das Gefahrengebiet vor dem südlichen Stormvloetkering. Enormer Strom, also Vorsicht!

Fünf Seemeilen weiter östlich, nach einer Fahrt immer im tiefen Wasser, findet man mit

Colijnsplaat, schon wieder nahe der Zeelandbrug, einen sehr guten Hafen: ein Meerhafen seinem Charakter nach, nüchtern und ohne jeden Schnörkel.
Auch hier läuft dwars zur Hafeneinfahrt ein mächtiger Strom (bis zu 5 kn!), sowohl bei Ebbe als auch bei Flut. Man muß das berücksichtigen, wenn man *zwi-*

Törnvorschlag 3: Oosterschelde und Veerse Meer

schen den beiden Eisenpfählen hindurchläuft, die die Hafeneinfahrt markieren (sie tragen auch die Molenfeuer). Vorsicht, da man es bei HW nicht sieht: Hinter den Pfählen liegen Betonblöcke unter der Wasseroberfläche.

Im ostwärtigen Teil des Hafens haben Fischkutter ihre festen Plätze; im westlichen finden an Schwimmstegen etwa 500 Boote Platz. Bei NW „fahren" diese Stege weit nach unten, so daß man tief unterhalb der hohen, naß-schwarzen Steinmolen zu liegen kommt.

Die Wassertiefe beträgt im Yachthafen bei NW noch gut 2 m. Der mittlere Tidenhub macht 2,70 m aus.

Man macht zunächst am ersten Steiger fest und meldet sich im Hafenkontor der W. V. Noord-Beveland, die auch ein ansehnliches Clubhaus ihr eigen nennt.

Versorgung: Sehr gut: Dusche, WC, Wasser, Treibstoff; Reparaturen durch „Delta Yacht" (mit 40-t-Kran). Am Fischerhafen frischer Fisch und Fischbrötchen – sehr empfehlenswert.

Der Ort selbst ist bis auf eine baumbestandene, „boulevardähnliche" Hauptstraße ein Fischerdorf und so nüchtern wie der Hafen, aber ebenso wie dieser nicht ohne Charakter.

Sechs Seemeilen sind es von *Colijnsplaat* bis hin zum *Veerse Meer,* eine Strecke, die man rasch hinter sich bringen kann, zumal, wenn man den auflaufenden Strom nutzt. Auf etwa halbem Weg passiert man den Hafen *Kats,* der schon von weitem mit seinen beiden enormen Portalkränen zu sehen ist. Ursprünglich ein

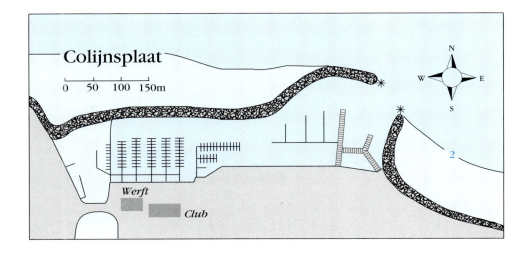

IV. Auf den Gewässern von Zeeland

Fährhafen, aber seit dem Bau der Zeelandbrug als solcher „arbeitslos"; jetzt dient er als Werk- und Yachthafen. Recht gute Versorgung, auch Reparaturen (40-t-Kran), Treibstoff.

Der **Zandkreek,** die Verbindung des Veerse Meers zur Oosterschelde, ist extrem flach und steht außerdem voller Fischstöcke; man muß sehr exakt in der schmalen, doch gut betonnten Rinne fahren.
Die *Zandkreek-Schleuse* (mit BB, **M 18**) wird zwar täglich von 06.00 bis 24.00 bedient (außer ab Bft 8), ist aber dennoch an den Wochenenden ein schlimmes Nadelöhr. Es sollen Motorboote immer zuerst und danach erst Segelboote einlaufen. Motorboote verlassen die Schleuse auch als erste, noch bevor die Brücke gehoben wird.
Ein größerer Gegensatz als zwischen der rauhen, weiten Oosterschelde und dem idyllischen, abgeschlossenen

Veerse Meer läßt sich kaum denken. Seit dieses Gewässer an beiden Seiten eingedeicht ist, ist es zu einem schmalen, stillen See geworden – denkt man sich einmal die vielen Boote weg: zwölf Seemeilen lang und an manchen Stellen nur ein paar hundert Meter breit; mit zehn Yachthäfen, die Platz für 2800 Boote haben, und vielen künstlich geschaffenen, zum Teil wunderschönen Liegeplätzen in der freien Natur.
Ein parkähnliches Gewässer, ein Freizeitpark, ein Wasserpark, ganz wie man will – das ist das Veerse Meer. Sommers ziehen die Boote zu Hunderten auf und ab, was sehr schön sein kann, wenn es auch keine richtige Seefahrt mehr ist.
Die Wassertiefe ist in der breiten, flußähnlichen Fahrrinne mehr als ausreichend; die Pricken außerhalb der Rinne markieren eine 1,50-m-Linie. Da das Veerse Meer eingedeicht ist, kennt man hier keine Gezeiten mehr und hat auch, im großen und ganzen, einen gleichmäßigen Wasserstand.
Obwohl sie nutzlos geworden sind, stehen natürlich immer noch die hohen, grünen Seedeiche entlang den Ufern, so daß man von der Landschaft dahinter so gut wie nichts sieht; da muß man schon einmal aussteigen und auf die Deichkrone klettern.
An den freien Liegeplätzen und Häfen (Symbol: rotes Segelboot) darf man jeweils nur 24 Stunden bleiben.
Zwei Seemeilen hinter der Zandkreek-Schleuse liegen schon zwei Häfen an unserem Weg, am Nordufer die große *Delta Marina* von

Kortgene, ein sehr guter Yachthafen mit ebenso guter Versorgung; Gäste bleiben an den vorderen Stegen. Direkt daneben, unterhalb des hohen Silos, der *Landbouwhaven,* auch *Vrachtscheephaven* genannt, der jedoch keine Alternative zur Delta Marina ist, etwas öde und staubig. Zwischen den beiden, am ehemaligen Fähranleger, eine leicht anzufahrende Tankstelle.

Am anderen Ufer kann man bei

Wolphaartsdijk gleich unter fünf Häfen wählen, von Ost nach West: der *Sportvissershaven,* eher etwas für kleine Boote, daneben der *Schorhaven,* ein gemütlicher, schon alter Yachthafen mit einer sehr guten Versorgung fürs Boot, dann die beiden *Landbouwhaven,* der alte und der neue, wo auch noch Fischkutter ihre Plätze haben, und ganz im Westen die etwas exponiert und offen liegenden Stege des *Westhaven,* wo auch der Royal Yacht Club de Belgique Liegeplätze hat (Belgien ist hier eben doch schon sehr nahe); und zu guter Letzt: Über diesem Hafenlabyrinth thront hoch oben auf dem Deich das alte Restaurant „Veerhuis".
Zu dem gut fünf Seemeilen weiter am Südufer gelegenen Hafen

Oranjeplaat (im Almanak siehe unter Arnemuiden) führt ein langer Prickenweg (Wassertiefe 2 m) durch ein sehr flaches Gewässer; ein intimer Yachthafen in einem Park, mit einem schön gelegenen Restaurant an der Einfahrt; sitzt man hier auf der Terrasse, so kann man den Segeljollen mit ihren bunten Segeln zusehen, wie sie die Insel Lemmerplaat runden. Auch hier läßt die Versorgung eigentlich keine Wünsche offen. Der große Campingplatz liegt so hinter den Bäumen verborgen, daß er überhaupt nicht stört.
Der kleine Hafen von

Kamperland befindet sich genau gegenüber von Veere, und der Blick auf die Silhouette der Stadt mit ihren Giebelhäusern und Türen ist fast das schönste daran; dennoch – ein sehr propperer Hafen, mit einer ordentlichen Versorgung. Freilich, am Wochenende wälzt sich hierher, und noch mehr zum Veersedam hin, eine ungeheure Blechlawine, aus der dann massenhaft die Surfer quellen.
Deshalb, aber nicht nur deshalb, braucht man gar nicht mehr weiter auf dem Veerse Meer nordwestwärts zu fahren, auf seinen (unnatürlichen) Abschluß zu. Besser, man quert es hier und hält direkt auf

Veere.

IV. Auf den Gewässern von Zeeland

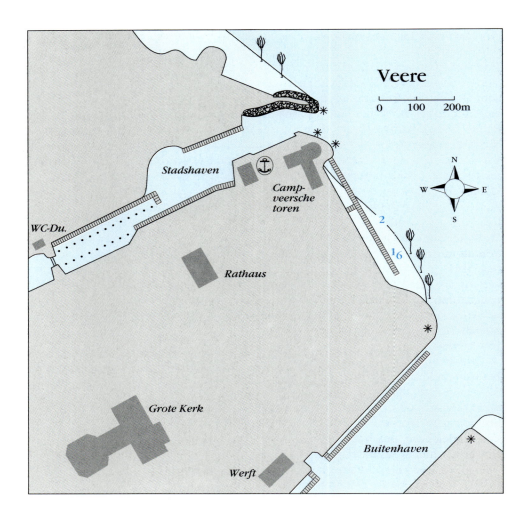

Veere zu, ein Hafenstädtchen, das in dem an alten Städten gewiß nicht armen Holland zu den allerschönsten zählt. Ähnlich wie Zierikzee wird Veere von einem gewaltigen, doch nicht fertiggewordenen Kirchturm überragt. Im Gegensatz zu Zierikzee blieb hier die Grote Kerk erhalten, ein schweres, graues Gemäuer, viel zu groß für dieses Städtchen mit seinen heute vielleicht 1000 Einwohnern.

Die Blütezeit dieses so günstig am tiefen Meer gelegenen und dennoch geschützten Hafens war im späten Mittelalter, und zu der Zeit soll es sogar mit Middelburg um den Rang der reichsten Stadt auf Zeeland gewetteifert und selbst den prächtigen flandrischen Städten Gent, Brügge und Antwerpen nicht viel nachgestanden haben.

Der Reichtum kam aus dem Wollhandel: Die Stadt hatte das Einfuhrmonopol für schottische Wolle. Zu der Zeit sollen hier zehnmal soviel Menschen wie heute gelebt haben. Am *Stadshaven* stehen noch die „Schottse Huizen" (Kaai 25 und 27), in denen eine kleine Kolonie schottischer Kaufleute, ausgestattet mit beträchtlichen Privilegien, gewohnt hat. Diese beiden reichverzierten Häuser tragen, wie so oft in Holland, Namen: das „Lammetje" und „de Struys". Diese Häuserreihe entlang dem *Stadshaven*, darunter das gotische *Rathaus* mit seinem Renaissancetürmchen, ist die sicher schönste Ecke in Veere, und wunderbarerweise darf man sich in diesen Hafen, der genaugenommen eine Gracht ist, auch noch mit dem Boot legen.

Unter Prins Maurits, dem Nachfolger von Wilhelm dem Schweiger, wurde Veere zur Festung ausgebaut. Statt der Handelsschiffe lagen nun zumeist Kriegsschiffe hier, und das muß der Stadt nicht bekommen sein, denn bald war es mit dem Wohlstand vorbei, und eine lange Periode des Niedergangs setzte ein, bis zum Schluß nur noch ein paar Garnelenkutter in dem fast völlig verschlammten Hafen lagen.

Die *Grote Kerk* wurde 1809 durch ein Bombardement der Engländer ziemlich mitgenommen, und daß sie zwei Jahre später napoleonischen Truppen als Lazarett dienen mußte, die bei der Gelegenheit auch gleich die Kirchenfenster zumauerten, tat ihr wohl auch nicht gut.

Ein merkwürdiges Bauwerk ist das zierliche, gotische *Waterpunt,* ein Brunnen, in dem über ein kompliziertes System Trinkwasser gesammelt werden konnte, wahrscheinlich als Extra-Service für die Schotten, die sich vor ihrer Niederlassung in Veere ausdrücklich „goede drinkwater" ausbedungen hatten; man ahnt wohl schon, wofür.

An der Stadt hat sich – sieht man einmal vom Tourismus ab, der seit 1961 mit der Eindeichung des Veerse Meers immer mehr zugenommen hat – kaum oder besser gar nichts verändert; man braucht sich nur einmal das Rathaus anzusehen oder das *Campveersche toren*, den Hafenturm, der unverändert seit 450 Jahren die Einfahrt in den Stadshaven bewacht.

Liegeplatz und Versorgung: Der allerbeste Liegeplatz ist zweifellos der Stadshaven, wo man nach Anweisung des Hafenmeisters im Becken vor oder hinter dem weißen Holzbrückchen (wird von 08.00–20.00 bedient) festmacht. Wassertiefe vorne gut 3 m, im hinteren Becken 1,20 m. An der Nordseite, bei dem weißen Brücklein, WCs und Duschen. Kommt man hier, was zu erwarten ist, nicht unter, so können sich Boote bis zu 12 m Länge und einem Tiefgang bis 1,50 m auch an den Steg linker Hand vom Hafenturm legen, wo es allerdings sehr ungeschützt ist; etwas besser ist es in dieser Beziehung im Buitenhaven, der Einfahrt in den Walcheren Kanal, wo man es an den Stegen der Marina Veere (mit Jachtwerft Veere) ganz gemütlich hat; auch die Versorgung ist hier besser.

Die beste, wenn auch keine gute Alternative zum Stadshaven dürfte aber alles in allem gesehen der große Yachthafen **Oostwatering** *sein (Plan S. 126), ein ehemaliger Werkhafen, der nur eine knappe Seemeile westlich von Veere liegt, so daß man auch zu Fuß rasch in der Stadt ist. Dort, in Oostwatering, hat man die beste Versorgung überhaupt, unter anderem bei der Jachtwerf Oostwatering mit 17-t-Lift oder auch bei W. V. De Arne (12-t-Lift).*

IV. Auf den Gewässern von Zeeland

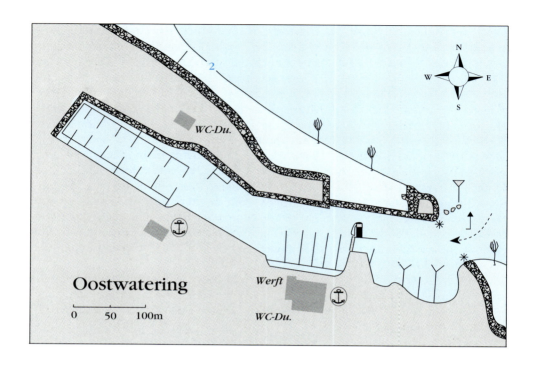

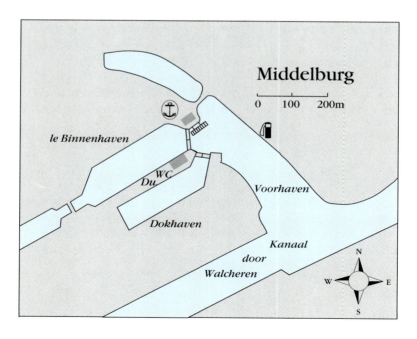

Wenn man schon in Veere ist, sollte man einen Ausflug nach *Middelburg,* der prächtigen Hauptstadt der Provinz Zeeland, nicht auslassen, zumal es auf dem Kanaal door Walcheren (mit stehendem Mast bis Vlissingen zu befahren) nur 7 km sind.

Die beiden *Schleusen* in Veere werden zu folgenden Zeiten bedient: täglich 05.00–23.30. **M 22;** die *Kanalbrücken* wo. 06.00–22.00, so./f. 09.00–21.00.

Middelburg ist ähnlich den anderen alten Städten Zeelands voller wunderbarer alter Bauwerke, so daß es sich zu Recht die „Monumentenstad" nennt. Dabei ist es im 2. Weltkrieg schwer verwüstet worden, doch nach einem mehr als 20 Jahre dauernden Wiederaufbau ist die Stadt wieder so prächtig wie eh und je. Berühmtestes Bauwerk ist die *Abdij,* ein Kloster, das um die *Sint-Jans-Kerk* herumgebaut ist, von deren 85 m hohem Turm, dem *„Lange Jan",* man die ganze Insel Walcheren (und noch mehr) überblicken kann. Am überaus lebendigen Markt steht das *Rathaus,* mit der *Vleeshal,* dem Gildehaus der Schlachter, das eine unwahrscheinliche, fast schon überladene Pracht zeigt.

In Middelburg geht es im Vergleich zu dem doch eher verschlafenen Veere turbulent zu. Man glaubt hier schon einen Hauch Süden zu verspüren, und wenn man ein wenig in der Geschichte der Stadt stöbert, dann zeigt sich's auch: Middelburg, die Prächtige, war immer mehr nach Süden gewandt, hin zu den reichen Städten Flanderns.

Liegeplatz und Versorgung: Kommt man von Veere auf dem Walcherenkanal, so biegt man einfach in den Voorhaven ein und sucht sich einen freien Platz an der Kade oder, besser, am Schwimmsteg vor dem Hafenkontor. Gegenüber eine Tankstelle, WC und Dusche im Clubhaus der W. V. Arne. Plätze gibt es auch im 1ᵉ Binnenhaven (besser) oder im Dokhaven.

Noch einmal 7 km, und man wäre in

Vlissingen, einer interessanten, geschichtsträchtigen Hafenstadt an der Westerschelde. Doch dies wird man wohl nur dann machen, wenn man auch zur Westerschelde will, einem ausgeprägten Seerevier (weshalb es hier nicht, wohl aber in dem Luftbildband „Holländische Häfen aus der Luft" von Jahn/Werner beschrieben ist). Die Liegeplätze in Vlissingen waren lange mehr als nur mäßig; inzwischen aber ist der historische Vissershaven restauriert und zu einem ebenso schön gelegenen wie gut ausgestatteten Yachthafen mit Schwimmstegen umgebaut worden. Dieser Hafen liegt allerdings am Gezeitengewässer Westerschelde (Tidenhub bis zu 4,50 m); man muß also vom Kanal aus durch die Schleusen.

Wem das alles zu umständlich ist, der kehrt in Middelburg wieder um, fährt zurück nach Veere und zur Zandkreek-Schleuse (→ S. 122) und läuft hinaus in die

Oosterschelde, die in ihrem südöstlichen Teil geprägt wird von sehr großen, weitflächigen Bänken, die von ganz wenigen Prielen durchzogen sind. „Ver-

IV. Auf den Gewässern von Zeeland

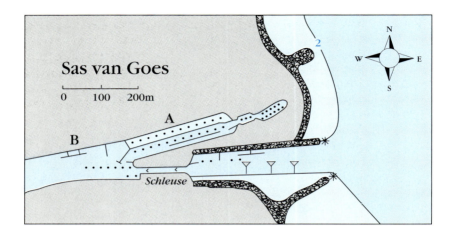

dronken Land van Zuid-Beveland" nennen die Einheimischen die größte dieser Schlick- und Muschelbänke, einst bewohntes und bebautes Land, bis die große Sturmflut des Jahres 1532 alles unter Wasser setzte.
Unser nächstes Ziel, der

Sas van Goes, liegt so nahe, praktisch um die Ecke, daß man auf den Strom zunächst keine Rücksicht zu nehmen braucht; erst beim Einlaufen in den Schleusenvorhafen kann es wegen des starken, querstehenden Ebb- oder Flutstroms, je nachdem, kritisch werden. Tidenhub rund 3 m. Die neue Schleuse hat die ehrwürdige alte ersetzt, die eben nördlich lag. In der alten Schleuse hatte man früher sehr wenig Wasser; das ist jetzt besser: Man kann mit einer Wassertiefe zwischen 2,30 und 3,10 m rechnen. Die Schleuse wird zu folgenden Zeiten bedient: wo. 06.00–22.00; sa./so./f. 08.00–12.00 und 16.00–20.00. **M 18.**
In und vor der alten Schleuse Liegeplätze des Jachthavens Het Goese Sas (A); etwas eng, doch recht gute Versorgung (Treibstoff, Zubehör, Reparaturen, 10-t-Kran, WC und Dusche). Alternative dazu der Steiger (B) am Kanal. Alles in allem ein gemütlicher Platz. Unter hohen Bäumen eine typische altholländische Kneipe mit dem unvermeidlichen Billard und Perserteppichen auf den Tischen.
Klettert man auf den hohen Deich hinauf, dann sieht man, wie schön die Landschaft hier an der einsamen Oosterschelde ist.
Ein stiller, von Pappelalleen gesäumter *Kanal* (Wassertiefe 2 bis 3 m) führt uns auf 9 km nach Goes; die Wilhelminabrug wird zu den gleichen Zeiten bedient wie die Schleuse.

Goes ist ein mittleres Landstädtchen, bedeutend für die Landschaft Zuid-Beveland, mit allerlei hübschen Giebelhäusern, besonders am *Stadshaven,* und einem lebendigen Marktplatz und einer großen Kirche, insgesamt aber doch eher bescheiden; dieses Unprätentiöse macht den Reiz aus – und dazu seine beiden, recht guten Häfen.

Liegeplatz und Versorgung: Eingangs der Stadt befindet sich linker Hand, inmitten eines hügeligen Gartens, der winzige Yachthafen De Werf. Wessen Boot nicht zu groß ist, der findet hier einen idyllisch-verspielten Platz (Wasser, Treibstoff, Dusche, WC), dessen Einfahrt von einem ausrangierten Leuchttürmchen markiert wird. Das kleine Becken links vom Türmchen hat eine Wassertiefe von 1,80 m, das größere rechts davon von 2 m.
Ganz anders der Stadshaven, ehemals Aanloophaven, ein typisch holländischer Stadthafen, praktisch das Ende des Kanals, der sich hier vor den schönen Patrizierhäusern totläuft. An dem langen Steg (Wassertiefe 2,50 m) rechter Hand, jenseits der altmodischen Sint-Maartenbrug, macht man fest. In puncto Versorgung kann sich dieser Platz inzwischen mit De Werf messen, man hat nur ein paar Schritte zu gehen und ist schon mitten auf dem Marktplatz mit seinen vielen Geschäften, Kneipen und Restaurants.
Brücken: wo. 08.00–11.00 u. 13.00–21.00 zu jeder vollen Stunde, sa., so., f. 08.00–11.00, 13.00, 15.00 und 17.00–21.00, ebenfalls zu jeder vollen Stunde.

Yerseke, unser nächstes Ziel, sollte man etwa eine Stunde vor HW erreicht haben; der Strom schiebt dann auch etwas mit, obwohl das bei der geringen Distanz von 6 sm nicht so wichtig ist.
Die Oosterschelde hat hier ein sehr breites (bis 1 sm) und tiefes Fahrwasser.
Sollte es überraschend aufbrisen, kann man unterwegs im Schleusenhafen von

Wemeldinge unterschlüpfen, dessen zwei weiße Windmühlen weithin zu sehen sind. Die Schleusen führten früher in den *Kanaal door Zuid-Beveland,* der nach

Yerseke. Bei Ebbe. Der Muschelfischer sitzt auf dem Trockenen.

9 km schnurgeraden Wegs in die *Westerschelde* mündet. Doch das hat sich geändert. Die Schleusen sind stillgelegt.

Man findet Liegeplätze vor und hinter der alten Westschleuse. Ein ganz und gar unpiätentiöser Platz und doch (oder deshalb?) auf eigenartige Weise gemütlich.

Versorgung gibt es im Vorhafen keine, aber das ist für einen Fluchthafen auch nicht so wichtig. Die eigentlichen Yachtplätze befinden sich binnen, ebenfalls am Westufer (mit Wasser, WC). Schleusen muß man, wie gesagt, nicht mehr; der Tidenhub beträgt gut 3 m. Bei NW bleiben noch mehr als 3 m Wasser stehen. Wenn nicht Wemeldinge, dann mit der Flut nach

Yerseke, dessen Häfen jetzt dank des Oosterscheldedams 0,5 m tiefer sind als früher; aber auch noch sehr tiefgehende Boote kommen gut in den Hafen, dessen Grund aus weichem Schlick besteht. Man muß dann eben nur nahe HW (mittlerer Tidenhub 3,30 m) einlaufen.

Die Fahrrinne, Schar van Yerseke, fällt inzwischen auch nicht mehr trocken.

Liegeplatz und Versorgung: Von den drei Häfen kommt nur der mittlere (ehemals Pr. Beatrixhaven, jetzt: Oude Vissershaven) für Passanten in Betracht; an seiner SW-Ecke liegen Schwimmstege aus (Wassertiefe 2 m). Im eigentlichen Yachthafen, dem Pr. W. Alexanderhaven,

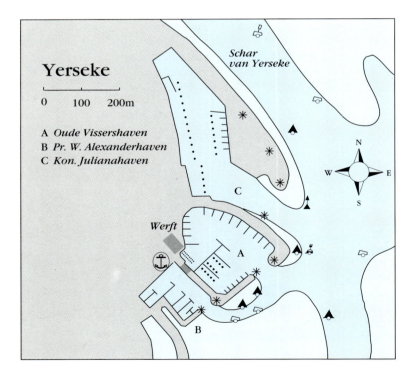

haben Festlieger ihre Plätze. Der Kon. Julianiahaven ist ausschließlich für Fischer da. Das Hafenkontor steht zwischen „unserem" und dem Yachthafen auf der Mole, hier Dusche, WC; in der Ecke die Werft J. W. van Os mit Helling, die aber von den Muschel- und Austernfischern voll in Anspruch genommen ist, so daß man nur im Notfall bedient wird. 10-t-Kran im Oude Vissershaven. Treibstoff von Bunkerbooten im Hafen. Wasser an den Stegen.

Yerseke, das ist einfach ein Schlickhafen mit einer sehr großen Flotte. Die Austern und vor allem Muscheln, die die Fischer von den Bänken holen, sind in ganz Holland als ausgesprochene Delikatessen sehr beliebt. Südlich vom Hafen liegen mehrere große Betonbassins, in denen die gefangenen Tiere frischgehalten, auch gezüchtet werden. Der ganze Hafen macht einen nüchternen, fast etwas verschlampten Eindruck, doch das dürfte wohl am Schlick liegen; es riecht nach Tang und Salzwasser. Der Hafen liegt vor, der wenig interessante Ort hinter dem hohen Deich.

Vom *Schar van Yerseke* aus hält man sich nordwärts, folgt also der breiten, natürlichen Rinne der Oosterschelde, die am Ufer von Tholen entlangläuft und sich verengend zum *Tholenschen Gat* auf den *Oesterdam* zuführt. Dieser Damm trennt die *Schelde-Rijnverbinding* von der Oosterschelde. Der Kanal, der von der Westerschelde zum Volkerak führt, bleibt so gezeitenfrei.

Die große **Bergsediep-Schleuse** wird täglich von 07.00 bis 21.00 bedient. **M 18.** Man ist jetzt im Zoommeer angelangt, einem tidenfreien Gewässer, auf dem ein beträchtlicher Schiffsverkehr herrscht. Besonders aufpassen muß man, wenn man in die *Schelde-Rijnverbinding* einläuft oder gar kreuzt, etwa wenn man nach

Bergen op Zoom will. Ob sich das lohnt, ist allerdings eine andere Frage. Die Stadt, früher eine bedeutende, ja beherrschende Festung auf dem steilen, für holländische Verhältnisse auch hohen Geestrücken, wäre trotz aller Industrie, von der sie geradezu eingekesselt ist, schon einen Besuch wert; denn die Grote Kerk, einen wuchtigen, gedrungenen, fast burgähnlichen Bau, sollte man sich schon einmal ansehen, auch das, was von den Festungswerken noch übrig geblieben ist. Nur: Soll man es mit dem Boot machen?

Man erreicht die Hafeneinfahrt durch das schmale *Bergsche Diep*. Die jetzt offene Schleuse entläßt einen in den historischen *Theodorushaven*. Die *Bedienungszeiten* der Brücke **(M 9)**: mo.–fr. 06.00–20.00, sa./so./f. 07.00–11.00 und 15.00–20.00.

Der alte Theodorushaven mit seinem schönen Namen ist längst ein reiner Industriehafen geworden, flankiert von allen möglichen Fabriken, von denen die gewaltige, blau gestrichene General Electric geradezu erdrückend wirkt. Der kleine Yachthafen der W. V. De Schelde liegt ganz am Ende des Hafenkanals, dort, wo er sich zu einem Kolk weitet. Die Anlage ist an sich so übel nicht, ganz im Gegenteil, hat auch eine gute Versorgung zu bieten (Wasser, Treibstoff, Duschen, WC, 10-t-Kran, hübsches Clubheim), doch die Umgebung ist einfach häßlich, laut und schmutzig.

IV. Auf den Gewässern von Zeeland

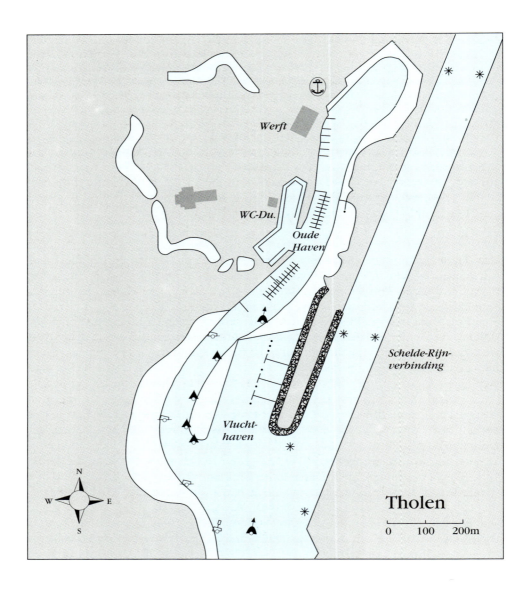

Im Vergleich zu Bergen op Zoom ist

Tholen eine Idylle, eine verschlafene allerdings. Ebenso wie sein großer Nachbar war das Städtchen einst eine Festung, die mit den Wassergräben noch Spuren hinterlassen hat. Um die Kirche herum und am alten Rathaus sind noch ein paar schöne Ecken, aber alles in allem ist die Stadt doch eher bescheiden zu nennen. Der Hafen hat Charakter.

Zufahrt: Vom Tholenschen Gat führt bei der rot-grünen Tonne TG 28/NH 1 eine Abkürzung zur Schelde-Rijnverbinding, der Nieuwe Haven. Diese tiefe, gut betonnte Rinne sollte man fahren, weil man damit dem starken Schiffsverkehr aus dem Wege bleibt. Ab der roten Tonne NH 8 kommt man zum Fahrwasser der Schelde-Rijnverbinding: Hier sollte man sich auf dem Weg nach Tholen hart an der Westseite des Fahrwassers halten. Danach im Tonnenstrich NH weiter zum Hafen (nicht in den Vluchthaven, den Yachten allerdings anlaufen dürfen).

Liegeplatz und Versorgung: Der Hafen hat sich in seiner Struktur zwar nicht verändert, weist jetzt aber eine gleichmäßige Wassertiefe auf (von 3 bis 4 m im Oude Haven und an den Yachtstegen 2 m). In dem inzwischen schön restaurierten Oude Haven (Alter Hafen) dürfen jetzt auch Yachten liegen, sonst am hinteren der beiden Schwimmstege der W. V. De Kogge. Ganz am Ende des Hafens, vor der Werft, kann man gut ankern. Wasser an den Stegen. Treibstoff am Alten Hafen, hier auch ein Zubehörladen sowie WCs und Duschen. Im hinteren Teil des Hafens eine Werft (in einem Gebäude aus dem Jahre 1765). Daneben ein gutes Fischgeschäft. Gleich hinter dem Deich mehrere recht gute Restaurants.

Von Tholen aus wäre die Schelde-Rijnverbinding die logische Strecke heimwärts nach 14 km in den Volkerak (→ S. 102). Das Problem sind die festen Brücken, die eine Durchfahrtshöhe von 9,80 m haben. Wem das reicht, gut. Die Schelde-Rijnverbinding hat jetzt einen gleichmäßigen Wasserstand. Für diesen von Frachtschiffen vielbefahrenen Kanal gelten besondere Regelungen: Alle Boote müssen sich hart an Steuerbord halten. Segelboote dürfen nicht kreuzen. Der Motor muß jederzeit startklar sein, und man muß nachts und bei schlechter Sicht einen Radarreflektor fahren.

Wer einen zu hohen Mast fährt, muß wieder durch die Oosterschelde zurückfahren. Ein langer Schlag: von Tholen bis zu den Krammer-Schleusen 23 sm. Ideal wäre es, mit dem Ebbstrom durch das *Brabantsche Vaarwater* zu fahren und danach mit dem Flutstrom durch die Fahrwasser *Keeten, Mastgat, Zijpe* und *Krammer* zu segeln.

Vorsicht im nördlichen Teil des *Brabantschen Vaarwater* und im *Witte Tonnen Vlie:* Hier herrschen starke Dwarsströme, die Fahrrinnen sind schmal, die Schiffe fahren hart aneinander vorbei, und die Tonnen werden immer wieder verlegt.

133

V. Im Herzen Hollands

Törn 1: Die Vecht – *Törn 2:* Hollands IJssel und Nieuwe Maas – *Törn 3:* Durch Zuid-Holland – *Törn 4:* Amsterdam

Törnvorschlag 1: Die Vecht
Von Muiden nach Utrecht

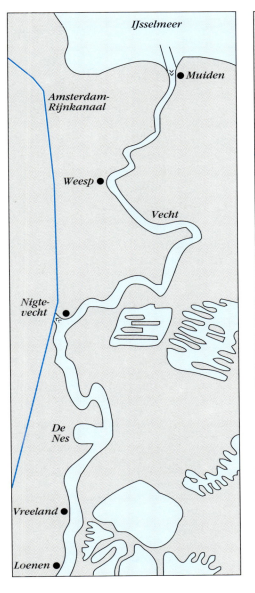
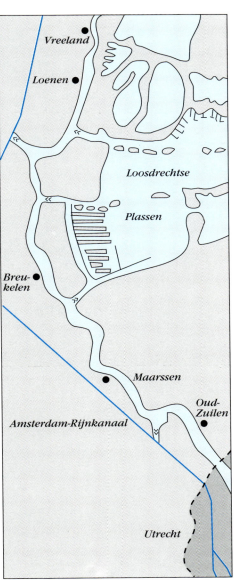

V. Im Herzen Hollands

Das Flüßchen, das von Utrecht kommend bei Muiden im IJsselmeer mündet, ist als solches kaum zu erkennen, so unmerklich strömt es dahin, gleicht eher einem schmalen, allerdings windungsreichen Kanal. Die *Vecht* gilt als einer der schönsten Wasserwege der Niederlande. Das trifft aber nur für den mittleren Teil zu, wo sie sich durch eine parkähnliche Landschaft schlängelt und wo Schlößchen neben Schlößchen an ihrem Ufer steht.

Im Sommer ist die Vecht – wie könnte es anders sein? – außerordentlich stark befahren; man kann schon von einem Gedränge sprechen, besonders in den engen Passagen, die durch die kleinen Städte führen.

Drei Schleusen sind zu passieren, eine in Muiden und zwei bei Utrecht, eine nördlich, die andere südlich der Stadt.

Will man in Utrecht mitten durch die Stadt fahren, so muß man bei den festen Brücken mit einer Mindestdurchfahrtshöhe von 3,20 m, besser eine Handbreit weniger, rechnen; ist das zu wenig, so kann man die Stadt zwar umgehen, aber auch dann setzen feste Brücken mit einer Durchfahrtshöhe von höchstens 4 m ein Limit; dazu kommen noch 18 bewegliche Brücken, so daß man für die gut 40 km von Muiden nach Utrecht schon zwei Tage brauchen wird.

Auf der Vecht dürfen folgende Geschwindigkeiten gefahren werden: in bebauten Gebieten 4,5 km/h, außerhalb 9 km/h.

Also, schnell kommt man nicht voran, sollte man auch nicht!

Distanzen: **Muiden** – **Weesp** (5,5 km) – **Nigtevecht** (8 km) – **De Nes** (5 km) – **Vreeland** (2 km) – **Loenen** (3 km) – **Loosdrechtse Plassen** (2 km) – **Breukelen** (5 km) – **Maarssen** (6 km) – **Oud-Zuilen** (4 km) – **Utrecht** (5 km).

Nautische Unterlagen: ANWB-Karten I: Vechtplassen; R: Loosdrechtse Plassen. Almanak voor watertoerisme, 1 und 2.

Die Fahrt beginnt in

Muiden, diesem malerischen Hafenstädtchen am IJsselmeer. Man kann sich hier hervorragend versorgen, hat es aber immer, auch außerhalb der Saison, schwer, einen Liegeplatz zu finden (→ S. 234).

Die alte Seeschleuse wird zu folgenden Zeiten bedient: vom 16. 4. bis 1. 6. und vom 16. 9. bis 16. 10.: täglich 09.00–11.30, 12.15–13.00, 13.30–19.30; vom 1. 6. bis 16. 9.: mo.–fr. 07.30–11.30, 12.15–13.00, 13.30–21.00; sa./so./f. 07.30–21.00.

Die dicht dahinter liegende *Rijksbrug,* über die eine Autobahn nach Amsterdam führt, hat eine Durchfahrtshöhe von 5,20 m. Sie wird geöffnet, doch nicht für solche Segelboote, die den Mast legen können, sonst etwa zweimal die Stunde.

Sobald man die Autobahn achteraus hat, wird die Landschaft still und schön: Die Vecht schlängelt sich durch flaches grünes Land; an ihren schilfbewachsenen Ufern liegen reihenweise Hausboote, die die Holländer treffend „Wohnarchen" nennen.

Weesp ist ein ehemaliges Festungsstädtchen, im Kern recht gut erhalten, das auch gute, stimmungsvolle Liegeplätze hat. Man wird sich jedoch fragen, ob man hier so kurz nach Muiden schon zur Nacht bleiben will; als Alternative zum übervollen Muiden wäre es aber nicht schlecht.
Die Eisenbahnbrücke (BB) kann einen sehr aufhalten, wenn einem die 4,00 m Durchfahrtshöhe bei geschlossenem Zustand nicht reichen sollten. Zwar wird sie einmal in der Stunde zwischen 07.20 und 21.00 geöffnet, doch dies richtet sich nach den Zügen: Vor der Brücke ist ein Telefon angebracht, über das man die nächste Öffnungszeit erfragen kann. Die Bedienungszeiten sind in der Broschüre „Openingstijden Spoorbrugen" aufgenommen, die man kostenlos in jedem ANWB-Büro erhält. Die längsten Wartezeiten hat man zwischen 07.00 und 09.00 sowie zwischen 17.00 und 19.00.

Liegeplatz und Versorgung: Recht hübsch liegt man in der Stadtgracht zwischen Schleuse und Zwaantjebrug, ruhiger jedoch an den Stegen nördlich der Lange Vechtbrug. Wasser, Duschen und Toiletten gibt es an den Stegen und in den Yachthäfen, bei der W.S.V. De Vecht, die ich als Liegeplatz aber weniger empfehlen kann, dort auch Diesel. Reparaturen durch Shipshape Jachtservice Weesp (35-t-Kran und 50-t-Lift).

Die Bedienungszeiten der Lange Vechtbrug: *16.4.–1.6. und 16.9.–16.10*: 09.00–12.00, 13.00–16.30, 17.30–19.00 (täglich); *1.6.–16.9.:* 09.00–12.00, 13.00–16.30, 17.30–20.00 (täglich).

Bei **Nigtevecht** berührt die Vecht fast den *Amsterdam-Rijnkanaal,* den man hier leicht durch eine (zumeist offene) Schleuse erreichen könnte. Am östlichen Ortseingang befindet sich eine leicht anzufahrende Tankstelle (auch Wasser). Vor der Kirche ein recht guter Liegeplatz. Liegeplätze auch bei der W. V. Nigtevecht, eben südlich der Schleuse an der Vecht.
In dem von der Vecht durchflossenen See **De Nes** findet man neben fest vertäuten Hausbooten schöne Liegeplätze in freier Natur.
Der Abstecher nach *Hilversum* ist umständlich (Schleuse) und auch nicht sonderlich lohnend; es sei denn, man interessierte sich für die eindrucksvolle Architektur dieser Garten- und Villenstadt.
In dem Ort **Vreeland** könnte man gut vor dem eleganten Restaurant „De Nederlanden" liegen; ein idealer Platz, wenn man einmal gut und fein im Restaurant essen will.
Südlich von Vreeland nähert man sich nun schon dem Revier der *Loosdrechtse Plassen,* das zusammen mit den flachen, nicht befahrbaren Seen, etwa der Loenderveense Plas, eine riesige Wasserfläche bildet. In der Anfahrt auf das Städtchen

Loenen sieht man zum erstenmal die Schlößchen an der Vecht mit ihren Parks, die bis zum Wasser herunterreichen. Es sind mehr oder minder prächtige Herrensitze, die zumeist von betuchten Amsterdamer Kaufleuten gebaut wurden, als „Stadhuis buiten", also als Stadthaus draußen in der Natur, mit dem man beides zu verbinden wußte: den Komfort eines Stadthauses und die Annehmlichkeiten des Landlebens. Typisch für diese Schlößchen sind auch die „Theekoppelens", kleine, manchmal bizarre Pavillons, die alle unten am Wasser stehen.

Gerade in Loenen wird die Vecht sehr schmal, so daß man schon deshalb die für geschlossene Ortschaften geltende Fahrtbegrenzung von 4,5 km/h einhalten muß; im Sommer wird einem auch gar nichts anderes übrigbleiben, denn flußauf- und -abwärts schieben sich hier endlose Kolonnen von Motorbooten dahin. Schöne, wenn auch nicht ruhige Liegeplätze gibt es nahe der Windmühle.

Die Loosdrechtse Plassen erreicht man am besten durch die *Mijndense-Schleuse*. Früher romantisch und zeitraubend, heute modern und effektiv. Das vorab: Der maximale Tiefgang für die Loosdrechtse Plassen beträgt 1,45 m. Die Schleuse wird bedient: 16.4.–1.6.: 09.00–12.00, 13.00–16.30 und 17.30–19.00 (fr./sa./so. u. f. – 21.00); 1.6.–16.9.: 09.00–12.30, 13.00–16.30, 17.30–21.00 (täglich).

An den **Loosdrechtse Plassen** können sich die Geister scheiden: Wer die Einsamkeit sucht, eine unberührte Natur, der wird enttäuscht werden. Wer aber – wenn auch nur zeitweise – seinen Spaß an einer etwas turbulenten Ferienatmosphäre hat, der sollte ruhig in dieses einmalige Wassersport- und Naherholungsgebiet fahren.

Man erreicht dieses Revier durch den *Kanaal Drecht,* der sich vorbei an Wäldern und schmalen, von Erlen und Weiden bewachsenen Inselchen dahinzieht, oder in der Mitte durch die Weersloot. Jedesmal muß auch geschleust werden (Zeiten wie Mijndense Sluis). Am Kanaal Drecht, an seinem Norduferer, findet man zwei Yachthäfen, an den Loosdrechtse Plassen selbst dann weitere 40 (!), die zumeist am *Eerste Plas,* dem nördlichen Teil des Sees, liegen. Dazu kommen dann noch Unmengen freier Liegeplätze an natürlichen oder künstlichen Inseln, zum Teil einmalig schön! Die Loosdrechtse Plassen werden unterteilt in fünf „Unter"plassen, die alle unmerklich ineinander übergehen: Die *Eerste Plas* liegt im Norden, die *Vijfde Plas* ganz im Süden. Der große See hat fast überall ausreichende Wassertiefen. Wer hier fahren will, sollte sich die sehr genaue ANWB-Karte R: Loosdrechtse Plassen besorgen; mit ihrer Hilfe kann er dieses Revier auskosten, etwa einmal in die eigenartigen, schmalen Stichkanäle der *Kievitsbuurt* (Motorverbot) und des *Scheendijk* hineinlaufen, wo Boot an Boot und Wohnarche an Wohnarche liegen. Schrebergärten ähnlich sind diese schmalen Streifen Land, wo Städter ihre Wochenenden verbringen.

Die Versorgung ist schlechthin optimal. Man braucht nur langsam am Ufer der Eerste Plas vorbeizulaufen; dort sind die Yachthäfen aufgereiht wie auf einer Perlenschnur; häufig gehören dazu auch noch Hotels und Restaurants.

Die Loosdrechtse Plassen eindrucksvoll zu nennen, wäre nicht übertrieben, wenn sie nur an schönen Sommertagen nicht so hoffnungslos überlaufen wären. Wem eine Wassertiefe von 50 cm reicht, der kann die Plassen ganz im Süden durch den *Tienhovenskanaal* verlassen. Andernfalls wieder durch den *Kanaal Drecht,* dessen Einfahrt von den Plassen her allerdings nicht ganz leicht auszumachen ist.

Schon weil zwischen Loenen und dem hübschen Städtchen **Breukelen** besonders viele der vorhin erwähnten Schlösser liegen, sollte man die Mijndense Schleuse nehmen, denn sonst entginge einem einer der schönsten Streckenabschnitte der Vecht überhaupt.
Leider hat Breukelen nur mäßige Liegeplätze, die zudem wegen des Bootsverkehrs auf der Vecht auch noch sehr unruhig sind: Ungefähr 200 m nördlich der *Vechtbrug* gibt es Gemeindesteiger, da könnte man, wenn auch nur für längstens zwölf Stunden, festmachen.

Bei dem Ort **Maarssen** kommt man nun schon langsam in das Weichbild der großen Stadt Utrecht; es gibt hier Fabriken, allerdings an den Kaden auch wieder mehr Liegeplätze (max. Tiefgang an der Kade 1,30 m). Man wird hier aber nicht bleiben wollen, sondern weiterfahren auf Utrecht zu, höchstens noch einen kleinen Halt einlegen bei dem idyllischen Dorf **Oud-Zuilen,** hinter dem in einem großen Park eine mittelalterliche Wasserburg, das *Kastel Zuylen,* liegt.

Die Einfahrt nach

Utrecht ist nicht aufregend, eher langweilig, wie bei allen solchen Städten: zunächst nur Industrie, Lagerhallen, moderne Wohnblocks.
Man passiert am besten ohne langen Aufenthalt die beiden *BB (Rodebrug* und *David van Molenbrug)* und schleust durch die *Weerd-Schleuse.* Für alle drei gelten folgende Bedienungszeiten: mo.–fr. 09.00–12.30, 13.30–16.30, 17.30–19.30; sa./so./f. 09.00–12.30, 13.30–19.30.
Weil man sonst daran vorbeifährt, hier schon ein Wort zu den *Liegeplätzen:* Unmittelbar hinter (also südlich) der Weerd-Schleuse kann man an der Ostseite des Kanals anlegen und zur Nacht bleiben (Plan S. 142).
Von da an beginnt die *Oude Gracht,* mit der Utrecht eine der interessantesten Stadtdurchfahrten in den Niederlanden hat. Der Kanal selbst liegt sehr tief; die Straßen, an der die Häuser stehen, stehen praktisch ein Stockwerk höher: Nicht die Haustüren, wie sonst üblich, führen hier zur Gracht, sondern die Keller.
Utrecht ist auf sumpfigem Grund erbaut, so daß Erdaufschüttungen notwendig

V. Im Herzen Hollands

Utrecht: In der Oude Gracht.

waren, um den Häusern sichere, trockene Fundamente zu geben. Unten an der Gracht führen aber auch Gehwege entlang, die zumeist mit Bäumen bepflanzt sind. Zwischen dem Hauptpostamt und dem Rathaus, da, wo die Gracht in einem langen, dunklen Tunnel verschwindet, gibt es in den Kellern jede Menge Restaurants. Auch schicke Läden und Boutiquen. Im Sommer sitzen die Menschen vor den Cafés und Restaurants am Kanal. Dieser Teil der Oude Gracht, der wohl interessanteste, heißt *Werfboulevard,* ein Name, der daran erinnert, daß die Oude Gracht einst der Stadthafen von Utrecht war. Die Waren konnten praktischerweise gleich vom Schiff aus in die Keller transportiert werden.
Man könnte auch am Werfboulevard liegen, aber da würde ich mich nachts nicht sicher fühlen.
Die 16 festen Brücken der Oude Gracht haben alle eine Durchfahrtshöhe von 3,25 m; da es sich aber um Bogenbrücken handelt, muß man je nach der Breite der Schiffsaufbauten mit etwas weniger rechnen.
Utrecht, die alte Bischofsstadt, hat etwa 300 000 Einwohner und gilt als die zukunftsträchtigste Stadt der Niederlande, weil sie wie eine Spinne im Netz der Verkehrsadern liegt und auch in etwa im geographischen Zentrum des Landes. Ausdruck dieser stürmischen Expansion ist die *Hoog Catharijne,* ein riesiges, futuristisches Bauwerk auf der Höhe des Rathauses etwas westlich der Oude Gracht: zuallererst ein gigantisches Kongreß- und Einkaufszentrum mit 3000

Parkplätzen, aber gleichzeitig Hauptbahnhof und zentrale Busstation, mit Geschäften und Hotels. Das sollte man schon gesehen haben, ob es einem nun gefällt oder nicht.

Utrecht ist eine uralte Stadt, die ihre Ursprünge in der Römerzeit hat. Bei Ausgrabungen am Domplatz fand man unlängst Reste des römischen Kastells Trajectum. Geprägt aber ist die Stadt von mittelalterlichen, vor allem kirchlichen Bauwerken. Der Bischof von Utrecht war nicht nur Kirchenherr, sondern auch weltlicher Fürst, und das von einer großen und reichen Provinz. Auffallendstes Bauwerk ist der Dom, der im Stil einer französischen Kathedrale begonnen wurde, später sich wandelnd, als Utrechtsche Gotik stilprägend für viele holländische Kirchen wurde. Das Bauwerk sieht etwas merkwürdig aus, denn der 112 m hohe Turm steht allein, nachdem 1674 ein Wirbelsturm das Kirchenschiff zerstörte; außer dem Turm ist nur noch der Chor stehengeblieben, und der freie Platz dazwischen heißt seitdem *Domplein* (Domplatz).

Die Domstadt Utrecht hat immer eine große religiöse Bedeutung gehabt, weit über die Landesgrenzen hinaus, vor allem seit der Gründung der Universität (1636); Utrecht ist das einzige Erzbistum der Niederlande, und der einzige aus den Niederlanden stammende Papst – Hadrian VI. – wurde als Adriaan Floriszoon Boyeyens in Utrecht geboren.

Die Universität liegt gegenüber der Kathedrale und beeindruckt allein schon durch ein prächtiges Barockportal. Im ehemaligen Domkapitelsaal wurde 1579 die Utrechter Union besiegelt, in der sich die sieben nördlichen Provinzen der Niederlande zum Kampf gegen die Spanier zusammenschlossen.

Vor dem Hintergrund dieser großen Vergangenheit steht der Stadt eine nicht minder große Zukunft bevor; sie soll, da verkehrsmäßig so überaus günstig gelegen, Zentrum jener gigantischen *Randstad* werden, die wie ein Ring aus den Städten Leiden, Delft, Gouda, Haarlem, Hilversum und eben Utrecht entsteht.

Liegeplatz und Versorgung: Man kann fast überall in der Oude Gracht liegen (siehe Tafeln; unter der Bartholomeibrug Toiletten und Duschen), doch der beste Platz ist der schon erwähnte an der Weerd-Schleuse. Außer Wasser allerdings keine Versorgung. Treibstoff kann man vom Bunkerboot (sonntags geschlossen) an der Mündung des Merwedekanaals in den Amsterdam-Rijnkanaal aufnehmen, Reparaturen bei der Werft De Klop (Helling bis 35 t, Kran bis 5 t), im Norden der Stadt an der Vecht, zwischen Marnix- und J. M. de Munck Keizerbrug.

Die Ausfahrt aus der Stadt, also die Passage von der Oude Gracht zum Amsterdam-Rijnkanaal, ist nicht schön, aber beeindruckend; man fährt durch den *Kanal Vaarste Rijn,* der zwei feste (mind. 3,32 m) und drei bewegliche Brücken hat. Öffnungszeiten: mo.–fr. 09.00–12.30, 13.30–16.30, 17.30–19.30; sa./so./f. 09.00–12.30, 13.30–19.30.

Die an der Mündung des Vaarste Rijn in den Amsterdam-Rijnkanaal gelegene *Noorder Schleuse* öffnet zu folgenden Zeiten: wo. 06.00–22.00; so./f. 09.00–12.00, 13.30–19.00.

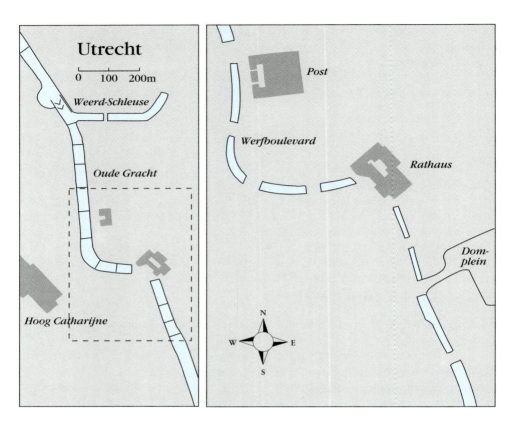

Quert man den *Amsterdam-Rijnkanaal* (Vorsicht wegen des starken Schiffsverkehrs), so läuft man genau auf den *Doorslaag-Kanaal* zu, dessen Einfahrt sonst leicht zu übersehen ist. Die an seiner Mündung gelegene *Zuider Schleuse* öffnet zu folgenden Zeiten: wo. 06.00–22.00; so./f. 09.00–12.00, 13.30–19.00.

Sie führt uns in den schnurgeraden *Doorslaag Kanaal*, mit dem einem der „Durchbruch" zur *Hollandse IJssel* gelungen wäre.

Törnvorschlag 2: Hollandse IJssel und Nieuwe Maas
Von Utrecht nach Rotterdam

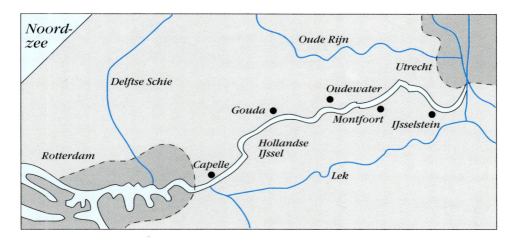

Dieser Törn besteht aus drei ganz unterschiedlichen Abschnitten:
- Nach der turbulenten Stadtregion von Utrecht gelangt man bald in eine stille, idyllische und abgelegene Flußlandschaft.
- Wenig später, wenn sich die Hollandse IJssel zu einem der typischen, breiten Mündungsflüsse wandelt, bekommt man die Gezeiten zu spüren und glaubt, das Meer schon zu riechen.
- Zum Schluß fährt man auf der Nieuwe Maas, dem geschäftigen Hafen von Rotterdam, der sich mit New York um die Ehre streitet, größter der Welt zu sein.

Wer die obere Hollandse IJssel fahren will, darf nicht mit einer größeren Wassertiefe als 1,50 m (Tiefgang des Bootes) rechnen, eher etwas weniger. Die Karte ist mit ihren Tiefenangaben etwas zu optimistisch.

Drei Schleusen gilt es zu passieren, wobei die *Doorslag-Schleuse* meist offensteht. Neun BB und zehn FB liegen auf dem Weg (Mindestdurchfahrtshöhe 4,20 m).

Wassertiefe und Höhe der festen Brücken zeigen schon: Die Hollandse IJssel ist ein Revier für Motorboote und solche Segelyachten, die den Mast legen können. An der oberen Hollandse IJssel herrscht kein Strom; die Schleusen haben den Fluß zu einem ruhenden Gewässer werden lassen. Auf dem unteren Flußabschnitt ist es anders, aber da wird der Strom durch die Gezeiten bewirkt, so daß kurioserweise das Wasser zeitweise flußaufwärts fließt.

Distanzen: **Utrecht** – **Amsterdam-Rijnkanaal** (4 km) – **Doorslag/Hollandse IJssel** (4,5 km) – **Montfoort** (15 km) – **Oudewater** (7 km) – **Gouda** (12 km) – **Krimpen a. d. IJssel** (16 km) – **Rotterdam** (9 km).

Nautische Unterlagen: ANWB-Karten I: Vechtplassen; J: Grote rivieren – westblad. Almanak voor watertoerisme, 1 und 2.

Das Gebiet um Utrecht, Nieuwegein und Jutphas kann man beim besten Willen nicht als Urlaubslandschaft bezeichnen. Doch ist dieses Geflecht aus Flüssen und Kanälen, über die sich gewaltige Autobahnbrücken spannen, zweifellos interessant, ja beeindruckend.

Der *Doorslag Kanaal* führt uns mitten durch diese dichtbesiedelte Region; ein Blick auf die Karte zeigt, wie spinnennetzartig hier die Wasserstraßen zusammentreffen: zum Lek etwa hätte man mit dem Merwedekanaal, dem Lek-Kanal und dem Amsterdam-Rijnkanaal gleich drei Routen zur Wahl.

Die *Nieuwe Rijnhuizerbrug* über dem Doorslag öffnet zu folgenden Zeiten: wo. 06.00–20.00; so./f. 09.00–12.00, 13.30–19.00.

Die *Doorslag-Schleuse* steht zumeist offen; wird indes gespuit, läuft hier ein gewaltiger Strom, der nicht ohne Tücken ist.

Das Städtchen **IJsselstein,** schon an der Hollandse IJssel gelegen, wird einen nicht länger aufhalten, zumal unterhalb des Ortes erst der schöne, idyllische Teil des Flusses beginnt.

Die *Oranjebrug* von IJsselstein sowie alle Brücken bis hinunter nach *Haastrecht* haben folgende Öffnungszeiten: 1. 6.–1. 9.: mo.–fr. 07.00–12.30, 13.30–20.00; sa. 07.00–20.00; so./f. 10.00–13.00, 15.00–18.00. 1. 9. bis 1. 6.: mo.–fr. 07.00–12.30, 13.30–17.00; sa. 11.00–15.00; so./f. geschlossen.

Wenn man nicht irgendwo in freier Natur am Ufer festmachen will, was hier überall möglich ist, liegt man recht gut in dem Städtchen **Montfoort,** das zwar insgesamt gesehen wenig aufregend ist, an der Kade östlich der Brücke aber doch mit recht ordentlichen Liegeplätzen aufwartet. An der Kade „Onder de boompjes", Duschen und WC im nahen Schwimmbad.

Ganz sicher um einiges interessanter, da es sich sein altes Stadtbild weit besser erhalten konnte, ist **Oudewater** mit seinen vielen Giebelhäusern an der ringförmigen Stadtgracht; auch das Rathaus von 1588 am Marktplatz ist sehenswert. Liegeplätze kann man überall finden, die besten wohl an der Kade unterhalb der alten, hohen Kirche. Die Versorgung ist ähnlich wie in Montfoort, also eher mäßig.

Haastrecht ist so übel nicht, ein Landstädtchen hinter dem hohen Deich, doch man wird wenig versäumen, wenn man einfach daran vorbeifährt. Die Brücke bei Beneden Haastrecht wird zu folgenden Zeiten bedient: wo. 06.00–20.00; so./f. 10.00–18.00 (nur nach telefonischer Voranmeldung: 0 18 24/12 41).

Waaier Schleuse: wo. 06.00–20.00; so./f. 10.00–13.00, 15.00–18.00 (1. 9. bis 1.6. geschlossen).

Törnvorschlag 2: Hollandse IJssel und Nieuwe Maas

Buiten der Waaier-Schleuse kommt man in Gezeitengewässer. Die Berechnung der Wassertiefe geht so: Die Tiefenangaben in der Karte beziehen sich auf NAP (→ S. 28) – 0,33 m (KP = Flußpeil). Bei Niedrigwasser (NAP – 0,33 m) ist die Wassertiefe demnach gut 60 cm niedriger, bei Hochwasser (NAP + 1,40 m) knapp 1,10 m größer. HW tritt hier 2 h 10 min nach HW Hoek van Holland ein. Wer exakt zur NW-Zeit zur Juliana-Schleuse **(M 18)** fährt, hat dort im Vorhafen nur noch eine Wassertiefe von 1,20 m.
Brücke (H 2,70 m): wo. 06.00–07.30, 08.45–16.30, 18.00–22.00 (sa. bis 20.00); so./f. geschlossen! **M 20.**
Um in das breit und beeindruckend am Fluß gelegene

Gouda zu gelangen, gibt es zwei Möglichkeiten. Beide brauchen ihre Zeit, der Abstecher lohnt aber.
Route A. Die einfachere und kürzere führt durch die alte *Mallegat-Schleuse,* ist aber nur zu fahren, wenn die Bootshöhe weniger als 3,35 m mißt (FB Mallegat-Schleuse bei GHW); diesen Weg nahmen einst auch die alten Segelschiffe, wenn sie in den Hafen von Gouda einliefen (natürlich gab es damals die Mallegat-Schleuse noch nicht). An der altertümlichen, unter herabhängenden Bäumen gelegenen Schleuse fährt man leicht vorbei: Kennpunkt die Unilever-Fabrik etwas flußabwärts.
Mallegat-Schleuse: wo. 08.00 – 12.00, 13.30 – 17.00; sa. 08.00 – 12.00; so./f. 10.00–18.00 (1.7.–1.9., übrige Zeit geschlossen). Bei einem Wasserstand von

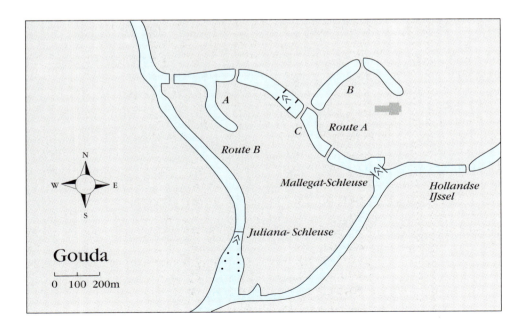

NAP + 1,20 m oder mehr (also etwa schon eine Stunde vor HW) wird nicht mehr geschleust.
Danach geht es in die *Turfsingelgracht,* hinter der *Guldenbrug* (wo. 08.00–12.00 [sa.–12.30], 13.30–17.30, s./f. 1.7.–1.9.: 09.00–13.00, 14.00–18.00, übrige Zeit geschlossen). Liegeplätze an der Westseite der Gracht oder weiter durch die *Potterbrug* (wo. 06.00–22.00; sa. bis 18.00; so./f. geschlossen) in die *Kattensingelgracht* (Liegeplätze an der Ostseite).
Route B. Sie ist beträchtlich länger. Man fährt zunächst ganz an Gouda vorbei bis hin zur Mündung des *Gouwekanaals;* dort durch die *Juliana-Schleuse* (wo. 00.00–24.00; sa. bis 22.00; so./f. 06.00–24.00) in den *Gouwekanaal,* dann weiter bis zur *Gouwe,* rechts ab in die *Nieuwe Gouwe* zur *Steve Biko Brug* (wo. 06.00–22.00; sa. bis 18.00; so./f. 1.7.–1.9.: 14.00–18.00, übrige Zeit geschlossen) und durch die (meist offene) *De-Kook-van-Leeuwen-Schleuse* (sonst Bedienung wie Steve Biko Brug), und die *Rabatbrug* (wie Steve Biko Brug) in die *Turfsingelgracht* oder weiter in die *Kattensingelgracht.*

Liegeplatz und Versorgung: Gouda hat einen Yachthafen (A), der sich durch eine wenig attraktive Umgebung auszeichnet (Industrie, Gewerbe). Die besten und ruhigsten Plätze findet man in der Kattensingelgracht (B): Stege unter Bäumen, wenige Minuten zum Marktplatz. Toiletten (Schlüssel vom Brückenwärter der Kleiwegbrug). In der Turfsingelgracht (C) sind viele alte Häuser abgerissen und dafür neue gebaut worden, so daß die Atmosphäre einer holländischen Stadtgracht doch sehr gelitten hat. Treibstoff von Bunkerbooten an der Juliana-Schleuse (so. geschlossen). Reparaturen bei van Vlaardingen's Scheepswerf, Gouderakse Dijk.

Ihre größte Zeit erlebte die heute knapp 50 000 Einwohner zählende Stadt im Mittelalter, als auch die prächtigsten Bauwerke von Gouda entstanden: das frei und etwas theatralisch auf dem Marktplatz stehende Stadthaus (um 1450) und die aus der gleichen Epoche stammende riesige Sint-Jans-Kerk, deren 60 Fenster mit ihren Glasmalereien ihresgleichen in den Niederlanden suchen. Die Kirche, die nicht durch einen hohen Turm beeindruckt, sondern durch ihr mächtiges, breitgelagertes Schiff, liegt von vielen Grachten umgeben wie auf einer Insel. Hier findet man wohl die schönsten Winkel der Stadt, wo die Giebelhäuser mit den schmalen Grachten ein wenig an die Idylle Delfts erinnern.
Jeden Donnerstagmorgen wird auf dem merkwürdigerweise dreieckig geformten Platz der Käsemarkt abgehalten, wo dann die Bauern der Umgebung ihren goldgelben, wagenradgroßen „Gouda" anbieten; dafür wird dann auch die alte, barocke Stadtwaage geöffnet, die sonst geschlossen ist.
Die Stadt ist außerdem bekannt für ihre Fliesen und Keramiken, speziell ihre typisch holländischen Tonpfeifen; in dem ehemaligen Kaufmannshaus „De Moorian" („Der Mohr") sind in einem Museum eine schöne Sammlung von Pfeifen und ein altertümlicher Tabaksladen zu sehen.

Der untere Teil der Hollandse IJssel, von Gouda aus flußabwärts, zeigt das typische Bild eines der Großen Flüsse, so breit und behäbig strömt der Fluß zwischen den hohen grünen Deichen dahin. Aber nicht etwa so, wie es sich für ein fließendes Gewässer gehörte, in eine Richtung, sondern wechselnd mit dem Gezeitenstrom, den man natürlich mit seinen 3 km/h, so gut es geht, nutzen sollte (der Ebbstrom beginnt in Gouda gut zwei Stunden nach HW Hoek van Holland, siehe Tabelle im Almanak, Teil 2). Der Tidenhub beträgt 1,40 m.

Die Bebauung wird nun zusehends dichter, und ebenso nimmt die Industrie immer mehr zu. Bei den Zwillingsstädten **Krimpen aan den IJssel** und **Capelle aan den IJssel** befindet man sich praktisch schon im Weichbild von Rotterdam. Werften, Docks, große Seeschiffe und vor allem das weithin sichtbare *Sturmflutwehr* (→ Delta-Plan, S. 83) beherrschen die Landschaft.

Doch davor, bei km 14,5, findet man am Ostrand von *Capelle,* und zwar am Nordufer, den guten, sehr großen *Yachthafen Zandrak,* der bei Niedrigwasser mit einem Tiefgang bis zu 2 m angelaufen werden kann (Tidenhub ca. 1,40 m); gute Versorgung: WC, Dusche, Wasser, Treibstoff, Reparaturen, 3,5- und 30-t-Kran.

Das *Sturmflutwehr* steht zumeist offen und hat dann eine Durchfahrtshöhe von NAP + 8,50 m (HW: NAP + 1,19, NW: NAP – 0,26). Wenn dieses Wehr – im Sommer selten – geschlossen ist, muß man durch die am Westufer gelegene Algera-Schleuse mit BB: wo. 06.00–06.30, dann 9.18–15.00 jeweils 18 min. nach der vollen Stunde, danach 18.00–20.00; vom 07.08. ab jeweils 18 min. nach der vollen Stunde bis 18.18, danach bis 20.00; so./f. 10.18–18.18 jeweils 18 min. nach der vollen Stunde. **M 22.**

Einige Vorsicht ist beim Einlaufen in die

Nieuwe Maas geboten. Wegen der etwas südlicher mündenden Flüsse *Lek* und *Noord,* die sehr stark von Flußschiffen befahren sind, wird der Schiffsverkehr nun doch beträchtlich.

Der breite Fluß mit seinen Werften, den vielen seitwärts abzweigenden Becken und Kanälen ist zudem ziemlich unübersichtlich. Wegen des Stroms und der Schiffe ist es immer kabbelig, bei „Wind dagegen" sogar ausgesprochen unangenehm. Kommt noch schlechte Sicht hinzu (Regen), sollte man es sich dreimal überlegen, in die Nieuwe Maas hineinzulaufen. Wie auch immer: Man halte sich so gut wie möglich an der rechten Seite des Fahrwassers und fahre im Hinblick auf den drückenden Schiffsverkehr defensiv. Segelboote müssen außerdem den Motor startklar haben und dürfen nicht kreuzen.

Von der Mündung der Hollandse IJssel bis hin nach *Hoek van Holland* hat man nun eine einzige Industrie- und Stadtlandschaft vor sich. Dieser Seehafen, wohl doch der größte der Welt, darf von Yachten weitgehend nicht befahren werden, was aber nicht heißen sollte, daß man auf der gesamten Nieuwen Maas nicht bis hin nach Hoek van Holland und zum freien Meer fahren dürfte.

Rotterdam. Der Veerhaven. Rechts das schöne, alte Clubhaus, links das schwimmende Hafenkontor.

Die großen Brücken (Mindestdurchfahrtshöhe 8,25 m) können alle bewegt werden. Die 23 m hohe *Brienoordbrug* hat an ihrem nördlichen Teil eine BB; die zentrale *Willemsbrug* (9,76–11,50 m) und die *Eisenbahnbrücke* (ca. 9,25 m) sind zwar fest, können aber via Koningshaven, wo es zwei BB gibt, umgangen werden. Die BB werden nur dann geöffnet, wenn ein Boot nicht unter dem festen Teil hindurchkommt, und auch dann ist es mehr als umständlich: Die *Brienoordbrug* (**M 20**) wird nur bedient, wenn dies drei Stunden vorher bestellt wird. Die beiden Brücken über den *Koningshaven* (**M 18**) werden ein-, unter Umständen auch zweimal pro Stunde geöffnet. Wenn man sieht, was für ein Verkehr über diese Brücken rollt, versteht man auch, warum.

Bevor man sich mit

Rotterdam, diesem faszinierenden Stadtgiganten, näher einläßt, muß man erst sein Boot gut untergebracht haben, und dies ist trotz des verwirrend großen Hafens nicht schwer.

Liegeplatz und Versorgung: Die Stadt hat mehrere Yachthäfen. Für uns, die wir wohl nur kurz bleiben wollen, kommt aber nur einer in Frage: der Veerhaven, der sich etwas östlich vom unverwechselbaren Euromast befindet, und zwar an der Stadtseite der Maas, also am Nordufer. Ein nicht sehr großes Becken mit Schwimmstegen des Königl. Segelclubs De Maas – einfach super, einmal, weil er so nahe dem Stadtzentrum liegt, dann, weil man sich in dem kleinen

Törnvorschlag 2: Hollandse IJssel und NIeuwe Maas

Hafen gut versorgen kann, und schließlich, weil er mit seinem altmodischen Clubhaus und den Baumalleen ringsum fast idyllisch zu nennen wäre (Versorgung: Tankstelle in der Einfahrt, Wasser, WC, Dusche). Viele alte Schiffe. Einziger, doch nur kleiner Nachteil: Wegen des Hafenschwells liegt man ziemlich unruhig. Von dem altmodisch-verschnörkelten Clubhaus („For Members only") hat man einen phantastischen Blick über die Maas und den Hafen. Im Hafenbecken selbst schwimmt ein zweistöckiges weißes Clubhaus mit dem Hafenbüro sowie WC und Dusche.

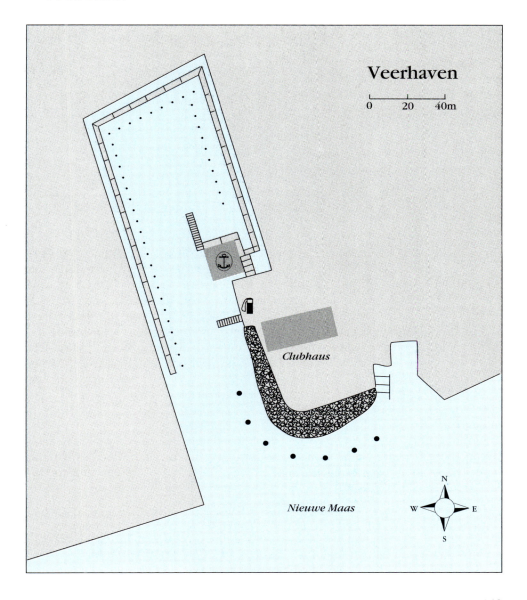

V. Im Herzen Hollands

Eine allerdings keineswegs vergleichbare Alternative zum Veerhaven wäre der Parkhaven unterhalb des Euromastes, dessen Name allerdings täuscht; denn man liegt dort trotz des Parks nicht schön, auch wegen der vielen Binnenschiffe nicht ruhig.
Sollte am Boot etwas zu reparieren sein, so frage man entweder beim Hafenmeister des Veerhavens oder im städtischen Hafenbüro (0 10/4 25 14 00 und **M 11**) *nach. Tidenhub gut 1,60 m.*
Tankboote im Parkhaven. Am Veerhaven der gutsortierte maritime Buchhandel Datema Delfzijl (auch nautische Geräte und Zubehör).

Obwohl Rotterdam mit seinen 700 000 Einwohnern nur auf Platz zwei hinter Amsterdam steht, ist es in Wahrheit die größte Stadtregion der Niederlande und zur Zeit auch noch die expansivste und reichste dazu; denn wo soll man hier die Grenzen zu den übergangslos anschließenden Nachbarstädten ziehen, wie Krimpen, Capelle, ja selbst Dordrecht, lägen nicht die Flüsse dazwischen? Dieses Gebiet, zu dem auch noch Delft und Gouda gehören, ist eine einzige, fast schon amorphe Stadt- und Industrielandschaft. Was hier los ist, sieht man am besten am Verkehr, der pausenlos über die Maasbrücken rollt – Rotterdam ist eine Stadt voller Vitalität und schier berstender Dynamik.

Eine hochmoderne Stadt; alte Viertel, sonst typisch für die Zentren der anderen holländischen Städte, sucht man hier (bis auf den Delvshaven) vergebens. Denn Rotterdam ist im 2. Weltkrieg stark beschädigt worden, nur eben der Delvshaven, einst der Seehafen von Delft, blieb wie durch ein Wunder übrig. Was dann nach 1945 in einem stürmischen Wiederaufbau entstand, galt lange als Vorbild modernen Städtebaus; vor allem die Fußgängerzone „Lijnbaan" war eine große Attraktion, doch inzwischen fragt man sich, ob diese Nachkriegsarchitektur nicht in eine Sackgasse geführt hat.

Im Vergleich mit Delft, Gouda oder Dordrecht ist Rotterdam keine besonders alte Stadt; denn als diese schon bedeutende Seehafen- und Handelsstädte waren, war Rotterdam nichts weiter als ein Fischerdorf an der Mündung der Rotte, eines Nebenflüßchens der Maas. Doch nach dem Ausbau der Nieuwe Maas, der den Grund legte für den Welthafen Rotterdam, wurden die alten Städte bald zu musealen Trabanten von Rotterdam.

Man muß diese dynamische, unruhige, zum Teil auch elegante Stadt einfach auf sich einwirken lassen. Mit ihrem Tempo, ihrer Geschäftigkeit, ihren Banken, Reedereien und Handelshäusern ist sie schon eine Reise wert.

Den Hafen, die größte Attraktion der Stadt, kann man nicht auf eigenem Kiel erleben, da er größtenteils für Yachten gesperrt ist (die Nieuwe Maas als Wasserweg zum Meer natürlich ausgenommen). Doch nahe dem Veerhaven haben die weißen Spidos ihren Anleger, und mit ihnen kann man viel besser und schneller eine Hafenrundfahrt machen als mit dem eigenen Boot.

Mehrere *Museen* gibt es, die alle sehenswert sind; drei davon seien hier hervorgehoben:
– das Museum Boymans-van Beuningen in der Mathenesserlaan wegen seiner wertvollen Gemälde- und Skulpturensammlungen,

– das Seefahrtsmuseum „Prins Hendrik" an der Burgemeester s' Jacobplein und
– das direkt neben dem Veerhaven gelegene Museum für Länder- und Völkerkunde.

Nicht versäumen darf man: erstens, auf den 180 m hohen Euromast hinaufzufahren, von wo man einen phantastischen Blick über die Stadt samt Hafen und Umgebung hat; zweitens, sich die futuristische Wohnarchitektur am Oude Haven anzusehen, die einen seltsamen Kontrast zu den dort liegenden alten Segelschiffen und der kleinen, historischen Werft bildet; und drittens schließlich, einen Spaziergang zum alten Delfshaven zu machen, der nicht nur recht hübsch ist, sondern auch interessant: Er war der letzte Hafen der Pilgrimväter, bevor sie in See stachen, um sich in Amerika eine neue Heimat zu suchen.

Um sich in der großen Stadt zurechtzufinden, besorge man sich im VVV am Stadhuisplein Nr. 18 einen Stadtplan.

Eine Fahrt mit dem Schiff durch Rotterdam ist möglich, allerdings ziemlich umständlich, dafür aber nicht uninteressant:

Die Strecke vom *Parkhaven* nach *Overschie* (Kanaal Delftse Schie) mißt zwar nur fünf Kilometer, hat aber zehn Brücken und eine Schleuse. Als sehr zeitraubend stellt sich erfahrungsgemäß die *Spoorbrug* (Eisenbahnbrücke) heraus, vor der man manchmal mehrere Stunden warten muß; allerdings hat sie bei geschlossenem Zustand eine Durchfahrtshöhe von 4,05 m, so daß Kajütboote ohne weiteres passieren können – wie solche überhaupt relativ flott und ohne Aufenthalt vorankommen, wenn sie erst einmal die *Parkhavenbrug* (samt Schleuse) hinter sich gebracht haben. Alle anderen Brücken können bis zu einer Bootshöhe von 3 m unterfahren werden, nur die letzte nicht, die *Hoogebrug* bei Overschie, diese wird aber sehr oft geöffnet.

Bedienungszeit *Parkhaven-Schleuse:* mo. 04.00–24.00; di. bis fr. 00.00–24.00 (sa. bis 20.00); so./f. geschlossen! **M 22.**
Hoogebrug bei Overschie: mo. 04.00–7.30, 08.30–16.00, 17.30–24.00; di. bis fr. 00.00–07.30, 08.30–16.00, 17.30–24.00; sa. 00.00–20.00; s./f. geschlossen.

Törnvorschlag 3: Durch Zuid-Holland
Von Rotterdam nach Amsterdam

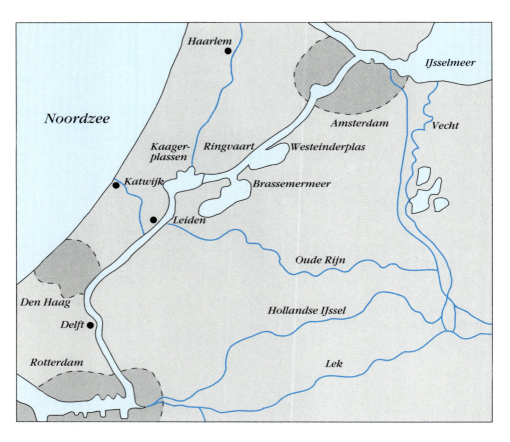

Dieser Törn erscheint mit seinen 74 km gar nicht so lang. Dennoch sollte man nicht glauben, ihn in ein, zwei Tagen „abreißen" zu können. Schon wegen der vielen Brücken geht das nicht, die einen doch eine Menge Zeit kosten: 24 bewegliche sind es und eine feste. Wegen letzterer, der Autobahnbrücke (H 5,60 m) bei Voorburg, kann man diesen Törn nicht mit stehendem Mast fahren, sonst ginge es; aber obwohl man zwischendurch immer wieder feine Segelreviere findet wie die Kaagerplassen, das Brassemermeer und den Westeinderplas, ist dies doch mehr ein Törn für Motorkreuzer.

Wie lange er am besten dauern sollte, läßt sich nicht verallgemeinern. Der eine „macht" das wunderbare Leiden in drei Stunden, der andere nimmt sich drei Tage dafür Zeit; liegen doch mit Delft, Den Haag und eben Leiden besonders interessante Städte am Wege. Auch sollte man nicht übersehen, daß man lange Zeit nahe dem Nordseestrand fährt, mit seinen Seebädern, die vielen einen eigenen Urlaub wert sind, wie Scheveningen, Katwijk und Nordwijk.

Distanzen: **Rotterdam – Delft** (14 km) **– Den Haag** (8 km) **– Leiden** (18 km) **– Kaagerplassen** (3 km) **– Brassemermeer** (10 km) **– Westeinderplas** (6 km) **– Aalsmeer** (4 km) **– Nieuwe Meer/Amsterdam** (11 km).

Nautische Unterlagen: ANWB-Karten J: Grote rivieren – westblad; H: Hollandse Plassen; I: Vechtplassen. Almanak voor watertoerisme, 1 und 2.

Der Kanal *Delftse Schie,* einst die Verbindung von Delft zu seinem Seehafen, dem Delvshaven, ist eine sich schnurgerade dahinziehende, etwas höher als das Land liegende Wasserstraße mit einer wenig aufregenden Umgebung.
Zwei Brücken sind bis Delft zu passieren: die erste, bei Overschie, hat eine Durchfahrtshöhe von 7 m, die zweite, die Kruithuisbrug, von 5,40 m (jeweils in geschlossenem Zustand). Beide sind es BB, aber die Brücke von Overschie (Autobahn) wird praktisch nie geöffnet, die Kruithusbrug (**M 18**) zu folgenden Zeiten: mo.–fr. 06.00–07.30, 09.00–16.30, 18.00–24.00 (fr. 22.00); sa. 06.00–18.00; so./f. geschlossen.
Schon recht früh wird die Bebauung auf Delft zu immer dichter, so daß man beinahe unmerklich in die Stadt hineingleitet. Dort, wo der Kanal scharf nach rechts abbiegt, weitet er sich etwas, und dieser Kolk stellt den kümmerlichen Rest des Hafens von

Delft dar. Jan Vermeer hat ihn einst gemalt. Man sieht an dem Gemälde (es hängt jetzt im Mauritshuis in Den Haag), daß der Hafen damals sehr groß, fast einem See gleich gewesen sein muß. Doch das ist jetzt alles verschwunden und überbaut. Leider ist es mit Liegeplätzen hier ganz schlecht bestellt. Man darf ausschließlich im Nieuwen Haven, das ist ein Teil der Delftse Schie zwischen Kruithuisbrug und Abtswoudse Brug, und zwar am Westufer, festmachen (nördlich der Abtswoudse Brug wird toleriert). Alles ganz schlecht, laut, Industrie, Autostraße. Genauso mäßig wie die Liegeplätze sind übrigens die Versorgungsmöglichkeiten; außer Wasser so gut wie nichts. So ist es wohl das beste, wenn man hier nur für ein paar Stunden festmacht, um sich diese wunderbare Stadt anzusehen.

Sieben *Brücken* sind beim Durchfahren der Stadt zu passieren, alle sind beweglich; beim Brückenwärter an der Hambrug wird Kanalgeld entrichtet.

V. Im Herzen Hollands

Öffnungszeiten: mo. 06.00–24.00; di.–fr. 00.00–24.00 (fr. bis 22.00); sa. 06.00–18.00; so./f. 08.00–10.00 und 18.00–20.00 (alle **M 18**).
Auf der *Provinciaalvaart* folgt man genau dem Wassergraben, der einst die alte Stadt umschloß: Am Oosterport, jenem vielfotografierten Stadttor mit seinen zwei hohen, spitzen Türmen, erkennt man spätestens, daß Delft eine sehr alte Stadt ist, eine gotische Stadt des Mittelalters. Um 1246 erhielt sie die Stadtrechte, und mit dem Delvshaven, der längst von Rotterdam eingemeindet ist, entwickelte sie sich rasch zu einer blühenden Hafen- und Handelsstadt. Der *Grote Markt,* auf dem sich *Nieuwe Kerk* und Rathaus gegenüberstehen, gehört zu den schönsten Plätzen Hollands; donnerstags, an den Markttagen, herrscht hier ein unglaubliches Treiben und Gedränge, mit dem Scheppern der Straßenorgeln als Begleitmusik. Die schmalen, stillen Grachten mit ihren Bogenbrücken rings um die Nieuwe Kerk widerspiegeln noch immer die Idylle Delfts, so wie der große Jan Vermeer (1632–1675), der Meister des Lichts, sie verewigt hat.
Im *Prinsenhof,* einem ehemaligen Kloster, wurde Willem Prins von Oranien, der die Niederlande zur Freiheit geführt hat, 1584 von einem gedungenen Mörder erschossen. Das Grab des Prinzen, ein prächtiger, aus weißem und schwarzem Marmor gestalteter Sarkophag, steht in der Nieuwe Kerk; die Gräber aller seiner Nachfolger aus dem Hause Oranien-Nassau befinden sich in der Krypta der Kirche (alles zu besichtigen).
Weltberühmt wurde die Stadt durch ihr feines Porzellan, „Delfter Blau" genannt, das aus chinesischen Mustern entwickelt wurde, die die Ostindienfahrer nach Hause mitgebracht hatten. Die Königliche Porzellanmanufaktur am Rotterdamse Weg 196 kann besichtigt werden.
Nicht minder berühmt ist die Technische Hochschule von Delft, die in der Welt führend auf dem Gebiet des Wasserbaus ist; der Delta-Plan (→ S. 83) ist hier erdacht und entworfen worden.

Sehenswert das *Museum im Prinsenhof,* das den Freiheitskampf der Niederlande darstellt; dann das *Museum Paul Tetar van Elven,* ein im alten Stil eingerichtetes Patrizierhaus mit einem Maleratelier aus der Zeit Jan Vermeers (Koornmaarkt 67); und wer im Juni nach Delft kommt, sollte keinesfalls die weithin bekannte Kunst- en Antiekbeurs (Antiquitätenmesse) im Prinsenhof versäumen.
Das *Delftse Vliet,* meist aber *Rijn-Schiekanaal* genannt, verbindet in Fortsetzung der Delftse Schie die Gewässer um Rotterdam mit der Ringvaart van de Haarlemmermeerpolder und damit mit dem Nordzeekanaal, mit Amsterdam und mit dem IJsselmeer: eine einst wichtige, inzwischen von Berufsschiffen jedoch selten befahrene Wasserstraße.
Die *Hoornbrug,* kurz vor der Einfahrt nach Den Haag, hat die gleichen Öffnungszeiten wie die Brücken von s'-Gravenhage (s. u.).

s'-Gravenhage, bei uns meist **Den Haag** genannt, ist Sitz der Regierung der Niederlande, natürlich auch des Parlaments, hat 600 000 Einwohner und wird

dessenungeachtet von den Holländern als das größte Dorf ihres Landes bezeichnet. Die Stadt hat, Delft darin ähnlich, keine besonders guten Liegeplätze und auch keine gute Versorgung. Dennoch lohnt ein Besuch sehr.
Für die *Brücken* sind folgende Öffnungszeiten zu beachten: wo. 06.00–07.30, 08.45–16.30, 17.45–24.00 (fr. bis 22.00); sa. 06.00–14.00; so./f. geschlossen. Diese Öffnungszeiten gelten für alle Brücken zum Hafen.

Vor der *Nieuwe Tolbrug* im Ortsteil Rijswijk biegt man in den Kanal *Trekvliet* ein und läuft, nachdem man die BB *Geestbrug* (geschl. 2,75 m) sowie die neue Trekvlietbrug (H 2,45 m) passiert hat, geradeaus weiter auf das Hafenkontor zu, vor dem man festmacht, um das Hafengeld zu bezahlen. Der Brückenwärter sitzt um die Ecke, an der Laakbrug, kann also die beiden eben genannten Brücken nicht einsehen, wohl aber über Funk, **M 18,** angerufen werden.
Der Hafenmeister weist einen Platz zu, meist an der Kade im Laakhaven. In den kleinen Bootshaven der W. V. Vlietstreek dürfen nur Mitglieder des KNWV. Die in der Karte bei der Trekvlietbrug vermerkte W. V. De Residentie ist nur ein Lagerplatz.
Also, alles sehr mäßig, die Versorgung, läßt man Wasser (vorm Hafenkontor) außer acht, gleich Null.
Dennoch würde ich nach Den Haag fahren.
Die Stadt, seit 1598 Regierungssitz der Generaalstaten und danach des Königreichs der Niederlande, hat viele Gesichter. Da gibt es, mehr als Einsprengsel denn das Stadtbild beherrschend, prächtige Bauten aus dem Mittelalter, voran das ehemalige *Schloß* der Grafen von Holland (s'-Gravenhage = des Grafen Wäldchen), den *Binnenhof,* heute Sitz des Parlaments; dann aus dem Goldenen Jahrhundert das *Mauritshuis* mit einer einmaligen Sammlung niederländischer Meister; und schließlich, und dies prägt auch letztlich die Stadt, breite Boulevards mit Alleen, Häuser aus dem vorigen Jahrhundert, Glaspassagen im Jugendstil und vornehm stille Vororte, wo die Residenzen der Gesandtschaften liegen. Dieser Teil der Stadt strahlt eine etwas kühle Vornehmheit aus, die Langeweile eines aus der Mode gekommenen Kurorts.
Ansehen muß man sich: den Binnenhof mit dem kirchenähnlichen Gebäude *Ridderzaal,* wo die Königin alljährlich die Sitzungsperiode des Parlaments eröffnet, und dann das Mauritshuis dicht daneben, erbaut 1633 von den beiden größten Baumeistern des Goldenen Jahrhunderts, von Jacob van Campen, der die Pläne zeichnete, und Pieter Post, der die Bauarbeiten leitete.
Das Mauritshuis birgt eine unvergleichliche Gemäldesammlung mit 14 Rembrandts (u. a. die berühmte „Anatomie des Dr. Tulp"), drei Vermeers, drei van Dycks, sieben Rubens und dazu noch einige Frans Hals', Holbeins, Cranachs, Potters und Rujsdaels.
Einen Abstecher wert ist auch die Freizeitanlage Madurodam (Haringkade 175), das Modell einer im Laufe der Jahrhunderte gewachsenen holländischen Stadt (nicht nur für Kinder interessant).

Nahtlos an Den Haag schließt sich

Scheveningen an, das größte und bekannteste, vor allem aber eleganteste Seebad der Niederlande, mit seinem mittlerweile unter Denkmalschutz stehenden prunkvollen Kurhaus, der breiten Promenade und der 400 m weit ins Meer hinausgebauten Pier mit dem merkwürdigen Aussichtsturm. Man kommt mit dem Boot nicht hin (von See her allerdings schon, denn die Stadt hat einen relativ großen Hafen), sollte aber von Den Haag aus unbedingt einen Ausflug dorthin machen.

Die Städte entlang dem *Rijn-Schiekanaal* gehen alle beinahe unmerklich ineinander über, aber diese dichte Bebauung liegt merkwürdigerweise nur westlich des Kanals, während sich östlich davon weite Felder und Wiesen erstrecken, aus denen heraus immer wieder langgestreckte Treibhäuser glitzern.

Die Brücken in *Voorburg* werden zu folgenden Zeiten bedient: wo. 06.00–21.30; sa. 08.00–18.00; so./f. 10.00–20.00.
Die altertümlich hübsche Schleuse in *Leidschendam* (mit zwei BB) wird bedient: wo. 06.00–16.30, 17.45–21.30; sa. 07.00–18.00; so./f. 08.00–11.30, 16.00–20.30.

Man fährt weiter durch eine schöne Parklandschaft, teils auch an Villenvierteln entlang – Den Haag ist eben sehr nah!

Am Kanalufer in **Voorschoten** gute *Versorgungsmöglichkeiten* bei der Jachtwerf Watersport, das gleiche nochmals ein Stückchen weiter, an der Hoek, wo der *Korte Vlietkanaal* abzweigt: nämlich der Hafen der Jachtwerf Klaassen & Zn, hinter einer FB (H 2,80 m). Daneben das sehr schön am Kanal gelegene, exquisite Restaurant „Allemansgeest".
Wer viel Zeit hat, kann in den *Korte Vlietkanaal* einlaufen und nach *Katwijk* und zur Nordsee fahren. Zwar nur 9 km, aber etwas umständlich, da 7 BBs, darunter eine Eisenbahnbrücke. Der Kanal geht unmerklich in den *Rijn* über, der tatsächlich im Bett des „großen" Rheins fließt, der vor undenklichen Zeiten nachweislich hier in die Nordsee mündete (→ 9).

Katwijk aan Zee hat einen sehr großen Bootshafen, der allerdings keine Verbindung (mehr) zur Nordsee hat. Die unmittelbare Umgebung des Hafens ist nicht berauschend. Dafür nur ein paar Schritte, und man ist im quirligen Seebad mit seinem enormen Strand. Versorgung: alles Übliche.

Wer nach

Leiden will, bleibt besser auf dem Rijn-Schiekanaal, bis etwa zur Wilhelminabrug. Südlich davon, und zwar am Ostufer des Kanals, macht man sein Boot fest. Dies sind für Passanten praktisch die einzig brauchbaren und gar nicht so üblen Liegeplätze. Alles andere kann man vergessen.

Die Universitätsstadt Leiden, mit ihren 100 000 Einwohnern recht groß, wird gern als die „intellektuelle Hauptstadt Hollands" bezeichnet. Holländer, die nicht in Leiden wohnen, halten sie gelegentlich mehr für die „Hauptstadt des intellektuellen Hochmuts", den man als Fremder, als Deutscher zumal, manchmal zu spüren bekommt. Ihre Universität bekam die Stadt auf eine merkwürdige Weise: Nachdem sie 1574 einer Belagerung durch die Spanier standgehalten hatte, hatte sie einen Wunsch frei: entweder Steuerprivilegien oder eine Universität. Die Stadt entschied sich für eine Universität, die dann 1581 in einem ehemaligen Kloster gegründet wurde und die bald Weltruf erlangen sollte.

Ältester Teil der Stadt ist wohl die mitten im Zentrum gelegene *Burcht*, eine auf einem Hügel sitzende Rundburg; man sollte hinaufsteigen, weil man von dort oben einen schönen, weiten Blick hat.

Leiden, die die Vaterstadt so berühmter Maler wie Rembrandt, Lucas van Leyden, Jan van Goyen, Jan Steen und Gabriel Metsu ist, fehlt die Stille und Versponnenheit vergleichbarer holländischer Städte; es liegt wohl an der Universität mit ihren vielen jungen Leuten.

Die Stadt hat zehn Museen: Drei davon zählen zu den besten des Landes:
Die *Lakenhal* (Laken = Tuch; die Stadt hatte wie viele niederländische Städte einst bedeutende Tuchmanufakturen) zeigt Gemälde von Rembrandt, von van Goyen, Lucas van Leyden u. a. sowie Sammlungen zur Stadtgeschichte.

Das *Rijksmuseum voor Oudheden* (Rapenburg 28) stellt Altertümer aus Ägypten, Griechenland, Rom und Vorderasien aus.

Im *Museum für Völkerkunde* (Morsingel) sind asiatische und fernöstliche Sammlungen zu besichtigen.

Doch das ist alles nur eine Handvoll aus der Schatzkammer dieser Stadt: Einen Besuch wert wären auch die Universitätsbibliothek, die De-Valk-Windmühle, der Botanische Garten, die vielen Kirchen etc. – doch woher die Zeit nehmen?

Lammebrug, Wilhelminabrug, Spanjaardsbrug und *Zijlbrug*, alle über den Rijn-Schiekanaal, werden zu folgenden Zeiten bedient: wo. 06.00–07.00, 09.00–16.00, 18.00–21.30; sa. 09.00–14.00 (Zijlbrug und Spanjaardsbrug 06.00–18.00); so./f. geschlossen (Zijlbrug und Spanjaardsbrug 11.00–15.00). Alle **M 22**.

Die *Eisenbahnbrücke* öffnet zusammen mit der Radfahrerbrücke wo. 06.00–21.30, sa. 09.00–14.00 (abhängig vom Zugverkehr und im Zusammenhang mit der Wilhelminabrug, aber nicht 07.00–09.00 und 16.00–18.00).

Eine gute *Versorgung* und wegen der modernen Wohnhäuser ringsum freilich weniger schöne Liegeplätze findet man in dem *Yachthafen Zijlzicht,* mit einer praktisch am Weg gelegenen Tankstelle.

Einen starken Kontrast zum wirbeligen Leiden bietet der natürliche Liegeplatz an der *Zijl*, die zu den Kaagerplassen führt: ein 2,50 m tiefer Kanal, der sich um eine Insel herumzieht.

Die **Kaagerplassen**, ein großer, buchtenreicher See, ist ein vielbesuchtes Naherholungsgebiet der Städte ringsum; also gibt es viele Yachthäfen, besonders bei *Warmond*, und ebenso viel Betrieb an den Wochenenden. Dennoch kann es hier sehr schön sein, zumal es auch stille Ankerplätze gibt; typisch die flachen Inseln, auf denen zuweilen noch alte Windmühlen stehen. Der See ist fast durchweg 2 m tief; im übrigen richte man sich nach der recht genauen Karte (Inset in der ANWB-Karte H).
Mir gefällt besonders der ländliche Hafen „Sociëteit De Kaag" gegenüber dem *Zwanburgerpolder* am Ostufer (mit Tankstelle, Wasser, sonst Versorgung mäßig).
Die im Hinblick auf die Versorgung besten Häfen findet man in dem schon erwähnten *Warmond* (14 an der Zahl), wo kein Versorgungswunsch offenbleibt, oder auch in *Kaag* selbst (13 Bootshäfen). Es gibt aber auch Liegeplätze in freier Natur, etwa die von *Keverland* (s. Karte).
Der Kanal *Ringvaart van de Haarlemmermeerpolder* umfaßt ringförmig das ehemalige *Haarlemmermeer*, aus dem inzwischen ein fruchtbarer Polder geworden ist. Für das Befahren dieses Kanals gelten zwei Einschränkungen, wobei die zweite praktisch keine ist: a) Die Bootstiefe darf nicht größer als 2,30 m sein (Buiten Spaarne bis Buiten Siede 2 m); b) die Höchstgeschwindigkeit ist auf 9 km/h begrenzt.
In *Kaag* muß man sich entscheiden, ob man nordwärts auf der Ringvaart nach *Haarlem* fahren oder sich ostwärts in Richtung auf *Westeinderplas* und *Amsterdam* zu halten will, wie in diesem Törnvorschlag.

Für den, der sich anders entscheiden will, zuerst kurz der Weg nach

Haarlem, die *Bollenstrek*, wie die Holländer sie nennen. Es ist das Land der Blumenzwiebeln: Jeder Gartenfreund kennt die Namen *Sassenheim*, *Lisse* und *Hillegom*. Von hier kommen zumeist die Blumenzwiebeln, die wir in unseren Gärten pflanzen. Bei Hillegom liegt der *Keukenhof* inmitten seiner Blumenpracht: zur Tulpenblüte *die* Sehenswürdigkeit. Und damit ist auch schon gesagt, wann man diese Strecke fahren sollte: zur Zeit der Blumenblüte, besonders der Tulpenblüte, also im Frühjahr, aber wer ist da schon unterwegs? Zu anderen Zeiten ist die Strecke hinauf nach Haarlem (→ S. 293) nämlich nicht sonderlich attraktiv, um nicht zu sagen langweilig.
Die Trockenlegung des *Haarlemmermeers* gehört zu den gewaltigsten Wasserbauprojekten der Niederlande: Es war eine riesige Wasserfläche, die sich nach Osten zu immer mehr ausdehnte, Jahr für Jahr 20 ha kultiviertes Land fraß und deren Wellen schließlich an die Mauern von Amsterdam leckten. Schon der

große Deichbauer Jan Adriaanszoon Leeghwater (→ S. 298) hatte in seinem „Haarlemmer Meer-Boek" dargelegt, wie man diesen See trockenlegen könnte, aber er, wie andere nach ihm, scheiterte an der unzulänglichen Technik seiner Zeit: Er hätte 160 Windmühlen benötigt – und dies war denn doch zu kompliziert und zu teuer. In Angriff genommen wurde das Projekt im 19. Jahrhundert, als man mit den neuen Dampfmaschinen drei gewaltig große Pumpwerke antrei-

Tulpen

Wenn die Holländer neben dem „bootje" eine zweite Leidenschaft haben, dann ist es die für Blumen und da wieder besonders für Tulpen, diese holländischste aller Blumen. Die Tulpe, längst bei uns heimisch geworden, kommt ursprünglich aus Kleinasien. Über Persien, wo sie auch ihren Namen (dulpend) her hat, gelangte sie in die Türkei und von da auf geheimen Wegen schließlich nach Europa, erst nach Österreich und dann nach Holland.

Ein österreichischer Diplomat am Hofe von Istanbul hatte 1554 ein paar der sonderbaren Zwiebeln außer Landes geschafft und sie Seiner Kaiserlichen Majestät in Wien verehrt. Bald brach in Österreich, besonders in Adelskreisen, eine wahre Tulpenleidenschaft aus, doch das war noch harmlos im Vergleich mit dem, was sich später in Holland abspielte.

Ein Botaniker aus Leiden, Carolus Clusius, der in Wien studierte, hatte sich einige Tulpenzwiebeln beschafft und, als er einen Ruf als Kurator an den Hortus Medicus in Leiden erhielt, mit nach Hause gebracht. Der sandige Boden zwischen Leiden und Haarlem, ein Landstrich, der dank der hohen Dünen auch noch sehr geschützt war, stellte sich als ganz hervorragend geeignet für die Tulpenzucht heraus. Und bald verfiel ganz Holland einem wahren Tulpenrausch. Wertvolle Sorten wurden zu phantastischen Preisen gehandelt; die Zwiebel einer besonders begehrten Sorte soll 4600 Gulden erbracht haben, und dies nach damaligem Geld. Die Spekulation in Tulpen trieb solche Auswüchse, daß endlich der Staat einschreiten mußte. Dennoch brach 1637 der Tulpenmarkt in Haarlem zusammen und löste damit eine mittlere Wirtschaftskrise aus, die massenhaft Existenzen vernichtete. Heute werden in den Niederlanden auf etwa 6000 Hektar Land Tulpen angebaut. In den Monaten April und Mai entfalten die handtuchschmalen Tulpenfelder eine unglaubliche Pracht: satte Farben, so weit das Auge reicht. Zentrum der Tulpenzucht ist die Gegend um Lisse und Hillegom, größte Touristenattraktion der nahe gelegene Keukenhof.

ben konnte; und dann ging es auf einmal auch ganz schnell: 1848 hatte man mit den Arbeiten begonnen, vier Jahre später war das Haarlemmermeer auch schon verschwunden, jedenfalls zum größten Teil, auch wenn die Arbeiten an diesem Polder noch bis zur Mitte unseres Jahrhunderts weitergingen. Wer die Bollenstrek nach Haarlem fährt, stößt dort, wo die Spaarne von der Ringvaart abzweigt, auf ein merkwürdiges Gebäude, den „Cruquius", eine jener drei Dampfmühlen, mit denen das Haarlemmermeer leergepumpt wurde (jetzt ist der Cruquius ein Museum und steht unter Denkmalschutz).

Auf der *Ringvaart* bis Amsterdam *(Nieuwe Meer)* hat man noch sieben Brücken vor sich, die alle beweglich sind; die geringste Durchfahrtshöhe bei geschlossenem Zustand hat die *Bosrandbrug* mit 1,73 m, an der man sich auch schon im Weichbild von Amsterdam befindet.

Es wird eine gemütliche Kanalfahrt werden, sehr holländisch mit den schier endlosen Reihen schmaler Häuser an den Ufern.

Ob man zum **Brassemermeer** einen Abstecher machen soll, ist so eine Frage: ein recht großer See mit mehreren Yachthäfen, so daß – zumindest an den Wochenenden – auch ziemlich viel Rummel herrscht. Sehr auffallend die am Westufer gelegenen Häfen mit den gläsernen Appartementhäusern. Überall vorzügliche Versorgungsmöglichkeiten.

Am Südufer, nahe der Mündung der *Woudwetering*, eine archipelartige Insel, in deren Bucht man sehr gut liegen kann.

Mir persönlich gefallen die einfachen Liegeplätze in der *Oude Wetering* besser, auch wenn es zuzeiten etwas unruhig dort ist. Man darf sich an der Westseite des Kanals überall an die Kade legen; am besten vor der kleinen Kirche, gegenüber der berühmten Yachtwerft van Dam & Zn.

Die *Weteringsbrug* wird zu folgenden Zeiten geöffnet: wo. 06.00–22.00; sa. 07.00–21.00 (vor 1. 6. bis 20.00); so./f. 08.00–13.00 und 14.00–21.00.

Die *Leimuiderbrug* öffnet zu folgenden Zeiten: wo. 00.00–7.30 (mo. ab 05.00), 08.30–16.30, 17.30–24.00 (fr. 22.00); sa. 06.00–20.00; so./f. 08.00–13.00, 14.00–20.00.

Wem die sehr geringe Wassertiefe von 1 m reicht, der kann schon dicht hinter der Leimuiderbrug durch die *Kerksloot* in den

Westeinderplas fahren, sonst muß er ihn via *Kloppenburger* oder *Wijde Gat* ansteuern.

Kommt man durch die Kerksloot, ist man auch schon bei dem wohl besten, sicher aber größten Yachthafen, der in der SW-Ecke des Sees gelegenen Marina *Nautisch Centrum Leimuiden* angelangt (optimale Versorgung, u. a. 20-t-Kran). Dieser Yachthafen ist einer von 41, die an dem sechs Kilometer langen und an seiner größten Breite drei Kilometer messenden See liegen. Der sich nach Osten erstreckende *Grote Poel* ist eine weite Wasserfläche mit ziemlich gleichmäßiger Tiefe (gut 2 m; Vorsicht: in der Mitte Untiefen von 1,50 m, sehr hart); der westliche Teil, gebildet aus *Zwet* und *Kleine Poel* (Wassertiefe 1,60 m, nahe dem

Ufer abnehmend auf 1,25 m), besteht aus einem Labyrinth handtuchschmaler Inselchen und vieler sich schneidender Kanäle. Diese gleichmäßig rechteckigen Inselchen werden alle als Gärtnereien genutzt. Zumeist stehen auch Treibhäuser darauf, und die still dahingleitenden Schuten, auf denen die Bauern von Insel zu Insel tuckern, gehören zum Bild dieser sehr holländischen Landschaft. Auch in den Kanälen zwischen diesen Inselchen liegen überall Boote, aber das sind im allgemeinen keine Plätze für Passanten.

Für die gibt es u. a. sehr gute, kleine Schutzhäfen, wie *De Kwakel, Kodde, Starteiland* und *Grote Brug* – sehr, sehr gut, man muß nur bei den Dämmen wegen der Steine etwas vorsichtig fahren. In der ANWB-Karte H ist ein Inset (Maßstab 1:25000), das einen Teil des Westeinderplas bringt; will man durch dieses Insellabyrinth hindurchfahren (Höchstgeschwindigkeit in den Kanälen 6 km/h, sonst 12 km/h), so kann man sich mit Hilfe dieser Karte ausreichend orientieren.

Übrigens recht gut, wenn auch unruhiger, liegt man an der Kade vor dem Dorf *Rijsenhout*.

Die Gewächshaus-Inseln gehören schon zu dem großen Blumenanzuchtgebiet um

Aalsmeer, das man ohne Übertreibung als die Blumenstadt der Niederlande bezeichnen kann. Kähne bringen die Blumen an die Kais riesiger Hallen; viele kommen von dem sandigen Streifen des holländischen Westlandes um Hillegom, Lisse und Sassenheim. Vom Boden aus kann man das gar nicht richtig erkennen: Um Aalsmeer herum breiten sich viele Quadratkilometer Glashäuser aus, in denen die Blumen gezüchtet werden, mit denen Europa das ganze Jahr hindurch beliefert wird. Der Blumenmarkt von Aalsmeer, auf dem täglich die Versteigerungen stattfinden, umfaßt 42 ha Fläche; um 8.00 kommen die Kähne mit den Blumen, um 11.00 schließt der Markt. Die Versteigerung kann man sich von einer Besuchertribüne aus ansehen (sonntags geschlossen). Blumen im Werte von 500 Millionen Gulden werden jährlich in Aalsmeer umgesetzt, ein großer Teil davon wird gleich über den nahen Flughafen Schiphol exportiert.

Die *Aalsmeerderbrug* (**M 18**) hat die gleichen Bedienungszeiten wie die Leimuiderbrug (siehe Seite 160).

Hier angekommen, wird man nun erleben, wie beängstigend niedrig die schweren Düsenmaschinen über den Kanal schweben, auf den Flughafen **Schiphol** zu, der auf dem ehemaligen Seeboden liegt. Der Name Schiphol geht auf das Haarlemmermeer zurück; dieser Teil war berüchtigt bei den Schiffern, denn bei stürmischen Winden aus SW konnten sie sich aus dieser Ecke meist nicht mehr freisegeln, so daß hier viele Schiffe auf Land gerieten und verlorengingen; deshalb Schiphol, auf deutsch: Schiffshölle.

Die *Bosrandbrug* ist mit ihren 1,73 m zu niedrig, als daß man sie ungeöffnet passieren könnte, sie wird aber (fast) jederzeit geöffnet (gleiche Bedienungszeiten wie Leimuiderbrug (siehe Seite 160), doch sa. bis 22.00 und so./f. ebenfalls bis 22.00).

Die beiden *Schipholbrücken* sind so hoch (3,45 m und 7,90 m), daß Motorboote wohl, ohne daß sie geöffnet werden, hindurchfahren können. Ansonsten hat die Drehbrücke (H 3,45 m) folgende Öffnungszeiten: mo. 05.00–07.30, 08.30–16.30, 17.30–24.00; di./fr. 00.00–07.30, 08.30–16.30, 17.30–24.00 (fr. bis 22.00); sa. 06.00–20.00; so./f. 08.00–13.00, 14.00–21.00.
Die Hebebrücke (H 7,90 m am festen Teil) wird geöffnet: wo. 05.00–06.30, 12.30–13.30, 20.00–21.00; sa. 07.00–08.00, 12.30–13.30, 19.00–20.00; so./f. 08.00–10.30 und 18.30–21.00.
Bei Nebel oder schlechter Sicht wird diese Brücke, um den Flugverkehr nicht zu gefährden, nicht geöffnet! Beide Brücken **M 22**.
Wenn sich die *Ringvaart* zu einem kleinen See weitet, dem

Nieuwe Meer, ist man in Amsterdam angekommen. Amsterdam selbst und seine Liegeplätze, auch die Stadtdurchfahrten, werden im folgenden Kapitel beschrieben. Wer aber auf der Ringvaart nach Amsterdam kommt, kann nichts Besseres tun, als sich schon hier einen Liegeplatz zu suchen. Es gibt am Nieuwe Meer 24 kleinere und größere Yachthäfen, doch nicht alle sind für Passanten zugänglich. Die meisten liegen am Ostufer, nahe der vielbefahrenen Autobahnbrücke, dennoch in der schönen, waldreichen Umgebung und ruhig. Hauptvorteil dieser Häfen: rasche Busverbindung in die Stadt. Es gibt auch freie Plätze am Waldufer, doch da würde ich mein Boot nicht allein lassen (es wird fürchterlich geklaut in Amsterdam). Am besten, man dreht mal mit dem Boot eine Runde, um zu sehen, wo man bleiben kann.
Die *Versorgung* ist durch die Bank optimal; zum Stadtzentrum ist es mit Bus oder Tram nicht weit, so daß man hier wirklich auch etwas länger bleiben könnte, um sich Zeit für das wunderbare Amsterdam zu nehmen, das – leider, leider – immer mehr verwahrlost, jedenfalls im Zentrum.

Törnvorschlag 4: Amsterdam

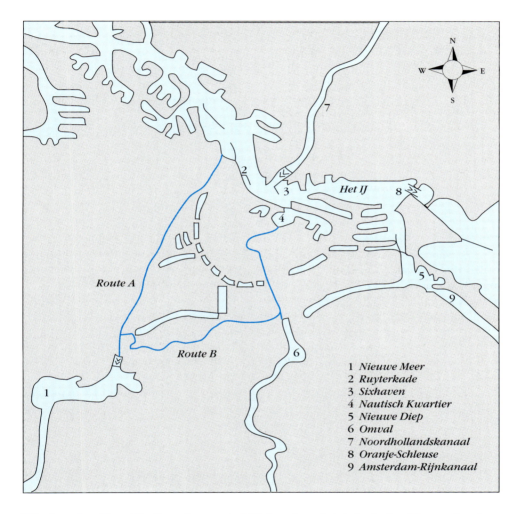

1 Nieuwe Meer
2 Ruyterkade
3 Sixhaven
4 Nautisch Kwartier
5 Nieuwe Diep
6 Omval
7 Noordhollandskanaal
8 Oranje-Schleuse
9 Amsterdam-Rijnkanaal

Für den, der diese Stadt auch nur ein bißchen kennt, ist das keine Frage: Amsterdam ist die allerschönste, verrückteste, menschlichste und interessanteste Stadt, die man sich nur denken kann. Und um das zu werden, hat sie „nur" 700 Jahre gebraucht, vom kleinen Fischerdorf bis zur Hauptstadt der Niederlande mit heute gut 900 000 Einwohnern.
Die Ursprünge der Stadt lagen wohl an einem heute verschwundenen Damm, am Ufer des Flüßchens *Amstel*; daher auch der Name: Amsterdam gleich Damm an der Amstel.

V. Im Herzen Hollands

Im Norden zogen IJ und Zuiderzee eine natürliche Grenze; dahin konnte sich die Stadt nicht ausbreiten, hier entstand der große Hafen. Nach Süden zu aber war viel Raum, und wenn der sumpfige, nasse Boden auch nicht der beste Baugrund war, so konnte die Stadt sich in dieser Richtung doch ungehindert ausdehnen. Jahresringen gleich, folgte eine Gracht der anderen: Die ältesten liegen im Norden, die jüngsten im Süden, allen gleich ist ihre Halbkreisform. Die drei prächtigsten befinden sich etwa in der Mitte: die *Heren-*, die *Keizer-* und die *Prinsengracht*. Diese drei entstanden im Goldenen Jahrhundert, und die Patrizierhäuser, die sich in ihrem schwarzen Wasser spiegeln, zeigen, wie unermeßlich reich die Stadt damals gewesen sein muß.

Amsterdam ist, wenn man so will, eine „Pfahlstadt"; denn alle ihre Häuser stehen auf Pfählen, die man bis zu 18 m tief in den sumpfigen Boden gerammt hat. Das enorme Schloß am Dam, beispielsweise, soll auf 13 658 Eichenpfählen ruhen, die sich über die Jahrhunderte hinweg alle als fest und unzerstörbar erwiesen haben.

Wie die Niederlande insgesamt, so erlebte auch Amsterdam seine Blütezeit im 17. Jahrhundert, im „Goldenen Zeitalter", und zu der Zeit war es wohl die reichste Stadt der Welt. Hier hatte die Ostindische Compagnie ihren Hauptsitz, hier lag ein Welthafen, der so gewaltig war, daß Zeitgenossen staunend von einem „Wald von Masten" sprachen. Wagemut paarte sich mit Kaufmannsgeist: Von Amsterdam aus war 1595 jenes kleine Geschwader aufgebrochen, das eine Handelsroute nach Ostindien suchte und auch fand. Aus solchen Expeditionen entstand ein Kolonialreich, das den Grundstein für den Reichtum der Niederlande legte. Im Oosterdock liegt vor dem Marinearsenal ein in Originalgröße nachgebauter Ostindienfahrer – ein gewaltiger Eindruck. Amsterdam war in jenem Jahrhundert auch zum ersten Bankenplatz in Europa geworden, und bis zum heutigen Tag gilt es als erstklassige Adresse für Geldgeschäfte.

Ihren zweiten Höhepunkt erlebte die Stadt gegen Ende des vorigen Jahrhunderts, als nach einer Periode des Niedergangs durch den Bau des Noordzeekanaals die Schiffahrt und damit auch der Handel wieder in Schwung kamen; aus dieser Zeit, in der wieder viel Geld in die Stadt floß, stammen drei ihrer hervorragendsten Bauwerke: die *Centraalstation*, das *Rijksmuseum* und die *Stadsschouwburg*.

Überhaupt: Amsterdam ist ein einzigartiges Architekturmuseum. Angefangen bei seinen mittelalterlichen Bauwerken, über die hervorragenden Beispiele des Niederländer Barock, über Jugendstil bis hin zum *Stijl*, einer eigenen holländischen Backsteinarchitektur aus unserem Jahrhundert. Auf Schritt und Tritt stößt man auf architektonische Kostbarkeiten; deprimierend ist nur das, was unsere Zeit hinzugefügt hat, etwa die Wohnsilos am Bijlermeer, die jedes Maß vermissen lassen.

Im Sommer, wenn wir Bootsfahrer nach Amsterdam kommen, ist die Stadt voller junger Menschen aus aller Herren Länder. Das Nationaldenkmal am Dam wird dann zum internationalen Treff und der Vondelpark zum allgemeinen Sleep-in. Drogen- und Gewaltkriminalität, unter der die Stadt sonst schon stöhnt, steigen dann noch mehr an. Dies hat Amsterdam einen Ruf eingetragen, den es eigentlich nicht verdient. Daß es trotz aller Probleme immer noch bewohnbar und liebenswert geblieben ist, verdankt es der hervorstechendsten Eigenschaft seiner Bürger: der Toleranz, die jedem jedes erlaubt, solange man nur keinen anderen stört. Und da sich selten jemand wirklich gestört fühlt, ist ziemlich viel erlaubt.

Diese Toleranz hat die Stadt immer wieder offengemacht für Fremde und Verfolgte. Man hat Kaufleute aus Flandern aufgenommen, die wegen ihres protestantischen Glaubens verfolgt wurden, ebenso wie später französische Hugenotten; portugiesischen Juden bot man eine neue Heimat ebenso wie vielen Deutschen, die in dieser weltoffenen Stadt ihr Glück gesucht haben. Die Stadt ist durch alle bereichert worden; die portugiesischen Juden etwa brachten die Kunst des Diamantenschleifens mit, die Amsterdam zum Weltzentrum des Diamantenhandels werden ließ.

Aus diesem Schmelztiegel, aus allen möglichen Rassen und Nationalitäten ist der typische Amsterdamer hervorgegangen: urban, weltoffen, tolerant, doch auch mit einem Spott begabt, der bis an die Grenze des Verletzenden geht, ausgestattet mit einem raschen Blick für den eigenen Vorteil, und vor allem: aufsässig gegen jedwelche Art von Obrigkeit – wohl keine Stadt der Welt hat so schwer regierbare Bürger wie dieses Amsterdam.

Spaziergänge durch die Stadt
Bester Ausgangspunkt ist immer die *Centraalstation*, der Bahnhof also; einmal, weil sich dort das Informationsbüro befindet, zum anderen, weil man hier mit der Fähre ankommt, wenn man sein Boot im Sixhaven (→ S. 168) liegen hat.
Vom Bahnhof führt der *Damrak*, eine breite Geschäftsstraße, an der die Börse liegt, hinunter zum *Dam*, wo das Schloß steht, das ursprünglich als Rathaus gebaut wurde (1648), vom großen Barockbaumeister Peter van Campen. Vom Dam zweigt die *Kalverstraat* ab, eine überaus quirlige, schmale, wenn auch nicht gerade elegante Einkaufsstraße, die vor dem Blumenmarkt endet, der zum Teil auf dem Wasser schwimmt. Von dort geht man weiter zum *Leidseplein* (Rijksmuseum, Stadsschouwburg), *dem* Vergnügungsviertel der Einheimischen mit allen möglichen Restaurants, Kneipen, Jazzlokalen usw.
Hält man sich von der Centraalstation aus ostwärts, so kommt man zu den *Walletjes*, wie die Einheimischen diese Ecke bei den beiden ältesten Grachten, dem Oudezijds Voorburgwaal und dem O.Z. Achterburgwaal, nennen: Es ist das alte Hafenviertel und das Quartier der Häuser mit den roten Laternen. Hier herrscht die Halbwelt, und Polizisten gehen hier nachts nur zu zweit und mit einem scharfen Hund auf Streife, und inzwischen ist es völlig heruntergekommen.
Das westlich des Dams gelegene Viertel ist ganz anders, wahrscheinlich das schönste überhaupt: der zwischen der Singel- und der Prinsengracht sich ausbreitende *Jordaan*, den man am besten mit dem Ausdruck *Quartier Latin* von

V. Im Herzen Hollands

Grachten und Bäume – Amsterdam ist auch eine grüne Stadt.

Amsterdam beschreibt. Die beste Adresse von Amsterdam, hier wohnen Banker und Reeder, aber auch Künstler und Studenten.

Das Thema **Essen, Trinken, Einkaufen** könnte ein ganzes Buch füllen: Praktisch an jeder Ecke gibt es eine der urgemütlichen Amsterdamer Kneipen, die hier Cafés heißen, dann Restaurants aus aller Herren Länder, vor allem chinesische und indonesische. Bei den Walletjes kann man sogar chinesische Lokale entdecken, wo getrocknete, plattgewalzte Hunde im Schaufenster hängen und Schilder „For Chinese only" Europäern den Zutritt verwehren.
Drei Hinweise seien hier gegeben: Im Restaurant „Dorrius" (N.Z. Voorburgwaal, westlich der Kalverstraat) trifft man nur Holländer – ein altmodisches, gutbürgerliches Restaurant, das noch die echten, alten niederländischen Gerichte anbietet. Am Leidseplein kann man im „Seafood" gut, wenn auch nicht billig essen. Schließlich sollte man im „Sea Palace" chinesisch essen gehen. Das ist ein schwimmendes Restaurant, das etwas östlich von der Centraalstation im alten Hafen ankert, gebaut im Stil eines chinesischen Tempels, etwas kitschig

vielleicht, aber man sitzt hier sehr angenehm, hat einen schönen Blick aufs Wasser, und die Preise liegen nur wenig über denen anderer China-Restaurants.
Typisch für Amsterdam sind die vielen *Winkels*, kleine Geschäfte mit oft den merkwürdigsten Angeboten. So gibt es hier unter anderem 188 Antiquitätenläden, die meisten in der Nieuwe Spiegelgracht zwischen Rijksmuseum und Herengracht. Ein unwahrscheinliches Sortiment führt, in drei Stockwerken, plus Antiquariat die Buchhandlung Slegte in der Kalverstraat. Auf Seekarten und maritime Literatur ist ein Laden spezialisiert, der in dem historischen Schreierstoren(turm) am Hafen eingerichtet ist (etwas östlich von der Centraalstation). Auf dem Rokin (Parallelstraße zur Kalverstraat) findet man mit Hajenius den angeblich feinsten Pfeifen- und Tabakladen der Welt.

Museen hat die Stadt nach meiner Zählung 27, es wird indes behauptet, daß es 40 wären. Aber selbst die 27 sind für einen kurzen Aufenthalt während eines Bootsurlaubs zu viel, doch vier davon sollte man schon einen Besuch abstatten, und zwar in dieser Reihenfolge:
Rijksmuseum, Stadhouderskade 42: einmalige Gemäldesammlung niederländischer Meister – eine wahre Schatzkammer.
Scheepvaartmuseum, Kalenburgerstraat, im ehemaligen Landszeemagazin am Hafen: Geschichte der niederländischen Seefahrt.
Rembrandthaus, Jodembreedstraat 4–6: das Haus, wo Rembrandt 20 Jahre lang lebte und malte.
Stedelijk Museum, Paulus Potterstraat 13: moderne Kunst, u. a. viele van Goghs.
Um sich in der Stadt zurechtzufinden, braucht man einen Stadtplan, den man im VVV-Büro vor der Centraalstation erhält.
Im übrigen ist es gar nicht unseemännisch, mit einem der gläsernen Boote eine Grachtenrundfahrt zu machen (Abfahrt neben der Centraalstation).

Liegeplatz und Versorgung: Obwohl Amsterdam 49 Bootshäfen hat, gibt es nur ein paar, die für Besucher in Frage kommen, und dies hängt in erster Linie davon ab, aus welcher Richtung man kommt.
Wenn von Norden und Osten (IJsselmeer), dann am besten in den Sixhaven (s. S. 168) am IJ, gegenüber der Centraalstation, nicht aber am Gemeindesteiger an der Ruyterkade, vor dem großen Hafengebouw, denn a) keine Versorgung, b) sehr unruhig und c) unsicher, weil völlig offen und unbewacht. Wie lange es den Sixhaven, den am günstigsten gelegenen Hafen, noch geben wird, steht in den Sternen, denn die Stadt plant ausgerechnet hier ein Kongreßzentrum. Eventuell bleibt man auch weiter außerhalb der Stadt, die man mit dem Bus ja leicht erreichen kann, etwa im idyllischen Durgerdam (→ S. 176) oder in dem großen, gepflegten Jachthaven Naarden (→ S. 232). Seit neuestem gibt es mit dem Nautisch Kwartier sehr schöne Plätze vor dem Scheepvaartmuseum im Oosterdok (Zufahrt vom IJ, östlich vom Bahnhof), mit WC und Duschen; Problem: Man muß durch eine feste Brücke (H 5,10 m). Wem das reicht: der jetzt beste Platz in Amsterdam (nahe zum Zentrum).
Von Süden oder Westen:
Von der Ringvaart van de Haarlemmermeerpolder kommend, bleibt man am besten am Nieuwe Meer, wo es mehrere Bootshäfen gibt (→ S. 163); vom Amsterdam-Rijnkanaal am besten im Nieuwe Diep, wo an der Ostseite mehrere Bootshäfen liegen.

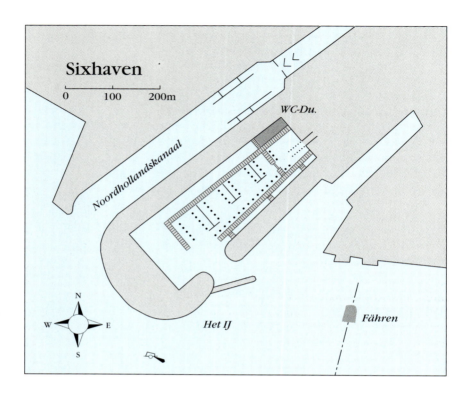

Die übliche Versorgung findet man bei allen diesen Liegeplätzen; bei besonderen Problemen kann man sich Rat im Hafenamt holen (Telefon 020 – 6225113 und **M 14**).

Stadtdurchfahrten
Route A
Die beste und, genau besehen, die einzig brauchbare ist die durch die *Kostverloren Vaart*, zwischen Nieuwe Meer und dem Amsterdamer Hafen: 14 Brücken, alle beweglich, Mindestdurchfahrtshöhe bei geschlossenem Zustand 2,40 m. Boote mit einer Höhe von max. 5 m müssen zu folgenden (Brückenöffnungs-) Zeiten fahren: wo. 00.00–07.00, 09.00–16.00, 18.00–24.00; sa./so./f. 00.00–05.00, 10.00–18.00, 21.00–24.00. Boote, die höher als 5 m sind, können nur nachts durch Amsterdam fahren, denn die *Eisenbahnbrücke* (H 5 m) über der Singelgracht wird nur nachts geöffnet (siehe Openingstijden voor Spoorbruggen). Solche Schiffe fahren nachts im Konvoi. Vom Nieuwe Meer (→ S.163) kommende Schiffe müssen sich bis 23.00 an der Nieuwe Meersluis sammeln; Boote, die von Norden kommen, müssen vor 02.00 an der nördlichen Eisenbahnbrücke sein. Man muß sich bei den Brückenwärtern anmelden und das Hafengeld bezahlen. Die Abfahrt wird über **M 22** bekanntgegeben. Die Nacht-

fahrt durch Amsterdam dauert gut vier Stunden. Bei schlechter Sicht und ab Windstärke 9 findet sie nicht statt.

Alles etwas umständlich, aber immerhin: Ein Segelboot kann mit stehendem Mast durch ganz Holland fahren – von Delfzijl an der Ems bis Vlissingen an der Westerschelde.

Die *Nieuwe-Meer-Schleuse* wird jederzeit bedient **(M 22)**.

Route B
Sie kann nur von solchen Booten benutzt werden, denen eine Mindestdurchfahrtshöhe von 2,40 m reicht:
Von der *Nieuwe-Meer-Schleuse* ostwärts, vorbei am alten Olympiastadion, zum *Zuider-Amstelkanaal*. Die Schleuse hier steht tagsüber offen. Auf der Höhe der Ausstellungshallen RAI in den *Amstelkanaal*, der ca. 150 m nördlich der Berlagebrug in die hier sehr breite *Amstel* mündet. Südlich davon findet man am *Omval*, vor dem Gaswerk, recht brauchbare Liegeplätze bei Weinholt Watersport (WC, Dusche, Wasser, 10-t-Kran, Reparaturen). Hält man sich indes nordwärts, auf das Zentrum zu, so kann man ziemlich weit auf der Amstel in die Stadt hineinfahren, und sollte man das Glück haben, einen von Hausbooten nicht belegten Platz zu finden, so läge man da sehr schön. Über den Kanal *Oude Schans* gelangt man in den *Hafen Oosterdock* (mit dem Passantenhaven Nautisch Kwartier) und da hindurch in den *IJ*.

VI. Das IJsselmeer

Törn 1: Die Westküste – *Törn 2:* Das nördliche IJsselmeer –
Törn 3: Die Ostküste – *Törn 4:* Die Randmeere

Vieles ist nicht mehr so wie früher, und dennoch: Das IJsselmeer ist immer noch ein ideales, mit seinen prächtigen alten Städten wohl auch einmaliges Revier – allerdings mehr für Segel- und weniger für Motorboote.

Obwohl von der einst riesigen *Zuiderzee* große Teile eingedeicht und trockengelegt sind, hat dieses Gewässer immer noch beträchtliche Ausmaße: In seiner größten Länge, von Nord nach Süd, mißt es rund 50 und in seiner größten Breite immerhin 23 sm. Unter Umständen kann man gut 10 sm vom nächsten Hafen entfernt sein.

„Zee" und „Meer", im Niederländischen ist ihre Bedeutung genau umgekehrt: Das Meer heißt „De Zee" und ein Binnensee „Het Meer"; deshalb die Zuider*zee*, als dieses Gewässer noch ein Teil des Meeres war, und IJssel*meer*, seit daraus ein abgeschlossener, wenn auch sehr großer Binnensee geworden ist.

Vielen Bootsfahrern ist das IJsselmeer etwas unheimlich; ein bißchen hat daran der *Almanak voor watertoerisme* schuld, der es im Teil 1 so beschreibt, daß man in der Tat Angst bekommen kann. Richtig ist schon: Nicht jeder, besonders nicht der Uner„fahrene", sollte sich aufs IJsselmeer hinauswagen, und ein seetüchtiges Boot ist schon Voraussetzung für einen solchen Törn. Doch all die kritischen Faktoren, die der *Almanak* aufzählt, wie plötzlich auftretender Nebel, blitzschneller Wetterumschwung etc. sind in den Sommermonaten doch eher selten.

Zu jeder Jahreszeit kann man es mit der kurzen, steilen, hohen Welle zu tun bekommen, für die das IJsselmeer berüchtigt ist. Sie baut sich in der Tat ganz schnell auf, aber doch nicht in Minuten. Ein wenig Zeit bleibt immer noch, wenn man nur weiß, wie das Wetter sich entwickeln wird. Vorsichtsmaßregel Nr. 1 besteht also darin, ständig den Wetterbericht zu hören; dazu genügt auch ein Kofferradio, mit dem man praktisch von Stunde zu Stunde einen Wetterbericht hereinbekommt (→ S. 31). Und was zwingt einen denn eigentlich dazu, bei Beaufort 5 oder 6 aufs „Meer" hinauszufahren?

Für den Fall der Fälle: Jedes Boot, das das IJsselmeer befährt, muß mindestens vier Fallschirmraketen an Bord haben. Gerät man in *Seenot*, feuert man im Abstand von etwa einer Minute erst zwei Raketen ab; dann wartet man eine halbe bis dreiviertel Stunde, dann nochmals zwei. Wer UKW hat, ruft auf Kanal 20 die Rijkspolitie te Water in Lelystad oder auf Kanal 16 Scheveningen Radio (→ S. 31). Wer von Land aus beobachtet, daß ein Boot in Seenot geraten ist, sollte zur nächsten Telefonzelle laufen und die Nr. 03200/60250 bzw. 61111 (Rijkspolitie te Water in Lelystad) wählen.

Schließlich: *Das* IJsselmeer gibt es gar nicht. Alles, was im *Almanak* an Warnungen ausgesprochen wird, gilt in erster Linie für das *nördliche IJsselmeer*. Beim nicht viel kleineren *Markermeer* sieht es schon ganz anders aus, denn in der Praxis fahren die meisten doch entlang der Westküste, wo ein Hafen nach dem anderen kommt. Die *Randmeere* gar sind schmal und überaus geschützt, haben auch eine Unmenge von Häfen, so daß hier eigentlich gar nichts passieren kann.

Vorsicht ist angebracht, überängstlich aber braucht man nicht zu sein.

VI. Das IJsselmeer

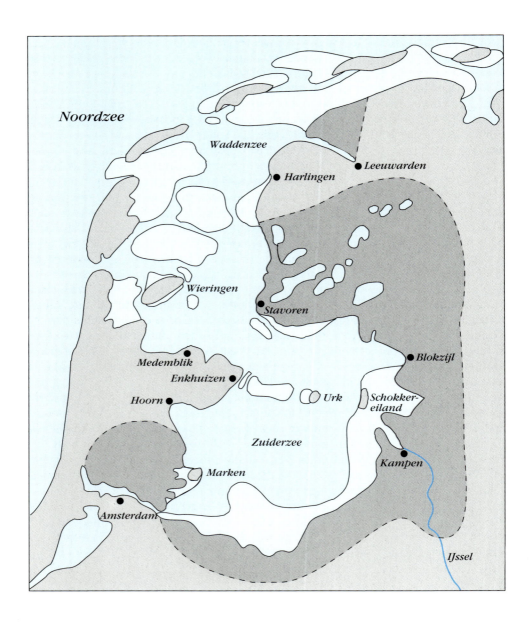

Die Zuiderzee vor ihrer Eindeichung. Als Segler erfaßt einen Wehmut, wenn man sieht, wie gewaltig und abwechslungsreich dieses Gewässer einst gewesen sein muß. Die verheerende Sturmflut vom 14. Januar 1916 gab endgültig den Anstoß zum Beginn des großen Werks. Die dunklen Flächen zeigen die Gebiete, die vor der Eindeichung immer wieder überschwemmt worden waren.

Seit der Eindeichung gibt es auf dem IJsselmeer keine Gezeiten mehr und deshalb einen – relativ – gleichmäßigen *Wasserstand*. Zwar fließt von der IJssel immer wieder Wasser zu, aber die großen Entwässerungsschleusen von Den Oever und Kornwerderzand geben es ebenso gleichmäßig an die Waddenzee ab. Für das IJsselmeer gilt ein besonderer Wasserstand, der IJZP, der *IJsselmeerzomerpeil*: ein über die Jahre im Sommer gemessener mittlerer Wasserstand. Die Angaben in den Karten beziehen sich alle auf diesen IJZP; sie sind also während der Segelsaison real, nichts mehr braucht umgerechnet zu werden. Die Werte, die wir der Karte entnehmen, seien es Wassertiefen oder die Durchfahrtshöhen von Brücken, stimmen alle schon. Doch eines ist doch zu berücksichtigen:
Nicht mehr die Gezeiten, wohl aber der *Wind* kann die Wasserstände beeinflussen. Das weiß jeder, der sein Boot in einem Hafen am IJsselmeer hat; denn manchmal liegt man ganz tief, dann wieder schwimmt man hoch oben. Der Wind drückt eben das Wasser vom einen zum anderen Ufer: Während das Wasser auf der einen Seite um einen halben, manchmal auch ganzen Meter steigt, sinkt es auf der anderen Seite entsprechend ab.
Die *Betonnung* am IJsselmeer entspricht den üblichen Normen; auch die *Befeuerung* ist gut, so daß man durchaus auch Nachtfahrten unternehmen könnte. Doch in der Praxis wird man es nicht tun. Abgesehen davon, daß es angesichts der geringen Entfernungen gar keinen Grund dafür gibt, verbietet es einem auch die Erfahrung; denn am IJsselmeer liegen überall Fischernetze aus, auch nahe den Hafeneinfahrten. Und sich darin zu verheddern, entspricht wohl einem mittleren Alptraum.
So faszinierend das IJsselmeer mit seinen prächtigen alten Städten auch ist: Die Zahl der Boote hat in den letzten Jahren in einem Ausmaß zugenommen, daß es schon nicht mehr schön ist; jedenfalls im Sommer und da wieder besonders in den Ferienwochen. Es macht einfach keinen Spaß mehr, wenn man in einem Hafen wie Enkhuizen im Zwölferpäckchen liegen muß. Wer kann, der sollte deshalb außerhalb der Urlaubswochen hierherkommen, am besten im September, denn das ist dafür die schönste Zeit.
Eine unschöne Sache muß auch noch vermerkt werden: Im Sommer, wenn es richtig warm wird, wird das IJsselmeer plötzlich von einer Schicht giftgrüner Algen überzogen, die sich wohl deshalb so ausbreiten, weil das Wasser überdüngt ist.
Wirft man einen Blick auf eine alte Zuiderzeekarte, so sieht man, wie radikal die Eindeichung dieses Gewässer verändert hat.

Die Eindeichung der Zuiderzee war ein über Jahrhunderte in immer wieder neuen Varianten verfolgter Plan; denn in böser Regelmäßigkeit hatten Sturmfluten das Land verwüstet und schwere Opfer gefordert. Doch alle diese Pläne blieben Papier, weil einfach die technischen Mittel zu ihrer Verwirklichung fehlten. Das änderte sich erst in unserem Jahrhundert, zumal sich mit dem Ingenieur Cornelis Lely der Sache jetzt ein Mann annahm, der das Projekt mit unglaublicher Energie vorantrieb. Doch wahrscheinlich wäre auch er steckengeblieben, wäre nicht im Januar 1916 eine besonders schlimme Sturmflut hereingebrochen, die die Menschen aufrüttelte. Und nun ging alles ganz schnell: Schon 1918 verabschiedete die Regierung die Pläne, und 1920 wurde mit den Bauarbeiten begonnen, die 1932 mit dem *Abschlußdeich* ihre wichtigste Etappe erreichten. Danach konnte man darangehen, die *Polder* zu schaffen: 1937 bis 1942 den Noordoostpolder (48 000 ha), 1950 bis 1957 den östlichen Flevolandpolder (54 000 ha) und 1959 bis 1968 den südlichen Flevolandpolder (43 000 ha); den letzten, das Markerward, hat man nach heftigen Protesten der Bevölkerung zurückgestellt. Die beiden Flevolandpolder sind inzwischen zur Provinz Flevoland geworden, der zwölften der Niederlande, abgerungen dem Meer.

Daß allerdings immer wieder Proteste das *Zuiderzeeprojekt* begleiten, hat Tradition. Schon vor dem ersten Spatenstich gab es Krach, vor allem durch die Fischer, die sich in ihrer Existenz bedroht fühlten, denn die Zuiderzee war ein außergewöhnlich fischreiches Gewässer, von dem ganze Dörfer und Städte lebten. 1928 zum Beispiel wurden während der Saison in Enkhuizen Tag für Tag 1,5 Millionen Heringe angelandet. Wenn man sich die paar mickrigen Kutter ansieht, die es jetzt noch dort gibt, dann erkennt man, was sich hier alles verändert hat, und dies gilt noch mehr für die Fischerdörfer im Süden, denen durch die Eindeichung radikal die Existenzgrundlage entzogen worden war.

So setzten denn auch die Fischer demonstrativ die Flagge auf Halbmast, während das ganze Land in Jubel ausbrach, als 1932, am 28. Mai, der Abschlußdeich endlich geschlossen war.

Die Zuiderzee war schon immer, seit Menschengedenken, ein über die Landesgrenzen hinaus bekanntes Gewässer. Die Römer nannten es *Flevo Lacus* und die Franken im Mittelalter *Almere*. Doch wie es damals ausgesehen hat, weiß man nicht genau, denn alle Karten, die sie darstellen, wurden erst sehr viel später gezeichnet, so daß man nicht sicher sagen kann: So war es!

∗

Nautische Unterlagen: Die Hydrografische Kaart Nr. 1810 „IJsselmeer met Randmeren" deckt alles ab. Wer will, kann sich für die Randmeere auch die ANWB-Karte E: Randmeren – Flevoland besorgen, die im Maßstab größer, also genauer, dafür aber auch etwas unhandlicher ist. Almanak voor watertoerisme, 1 und 2.

Törnvorschlag 1: Die Westküste
Von Amsterdam nach Hoorn

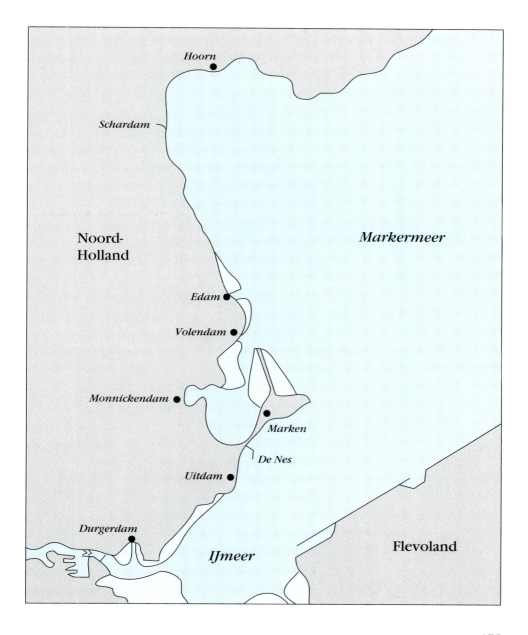

Distanzen: **Oranje-Schleusen** – **Durgerdam** (2,2 sm) – **Uitdam** (5 sm) – **De Nes** (0,5 sm) – **Marken Hafen** (8 sm) – **Monnickendam** (2,5 sm) – **Volendam** (3,5 sm) – **Edam** (2,5 sm) – **Schardam** (6 sm) – **Hoorn** (3 sm).

Verläßt man *Het IJ* und damit den Hafen von Amsterdam mit Kurs auf das *IJsselmeer*, so muß man nolens volens durch die alte, dreikammerige *Oranje-Schleuse* **(M 18)**, bei der man, obwohl sie zu jeder Zeit bedient wird, mit längeren Wartezeiten rechnen muß, und zwar während der Werktage, wenn die großen Binnenschiffe, die auch bevorzugt abgefertigt werden, unterwegs sind. Yachten, die nicht sofort zum Schleusen aufgerufen werden, machen an der Nordseite vor den Schleusen fest; hier liegen extra Schwimmstege für Boote. Man meldet sich über einen Sprechapparat („Praatpalen") beim Schleusenwärter. Vorsicht: Südlich der Schleusenkammern befinden sich Spui-Schleusen, so daß mit starkem Strom gerechnet werden muß. Sobald man aufgerufen ist, muß es mit dem Ablegen und Einfahren in die Schleuse fix gehen, denn die Binnenschiffe wollen unseretwegen keine Zeit verlieren. Wegen des starken Schraubenstroms dieser Schiffe mache man sein Boot gut fest, löse die Leinen auch nicht eher, als bis die Großen ausgelaufen sind.

Het IJ hat einen Wasserstand von NAP – 4, das IJsselmeer von NAP – 2; es ging also in der Schleuse „hinauf", wenn auch kaum spürbar.

Die nur ein paar hundert Meter östlich der Schleusen gelegene *Schellingwouder Brug* hat an ihrem festen Teil eine Durchfahrtshöhe von 9,10 m. Eben nördlich vom Gitterbogen befindet sich eine BB, die zu jeder halben Stunde (jedoch nicht mehr ab Bft 7) während der folgenden Zeiten öffnet: wo. 06.00–07.00, 09.00–16.00, 18.00–22.00; sa. 06.00–22.00; so./f. 09.00–21.00. Für Yachten wird die Brücke während dieser Zeiten zu jeder halben Stunde geöffnet.

Eben nördlich von Schleuse und Brücke liegt hinter dem Deich das frühere Fischerdorf *Schellingwoude*, das im Vorbeifahren recht hübsch anzusehen ist. Bei den vielen stillgelegten Flußschiffen, auf denen jetzt pensionierte Schiffer wohnen, gibt es noch einige Stege, an denen Boote festmachen dürften; doch warum sollte man dies, da es doch nicht viel weiter mit

Durgerdam einen richtigen, wenn auch sehr kleinen Hafen gibt. Im Sommer ist es hier, wie zu erwarten, immer rappelvoll. Dies wäre aber auch schon das einzige, das kritisch anzumerken ist. Sonst liegt dieser ehemalige Fischerhafen überaus ruhig und idyllisch hinter einem großen Schilffeld. Fischer freilich wohnen hier längst nicht mehr; in den schmalen Häuschen oben auf dem Deich haben sich Städter eingenistet, die die Schönheit dieses Fleckchens so nahe dem großen Amsterdam für sich entdeckt haben.

Anfahrt, Liegeplatz und Versorgung: Zum Hafen führt eine betonnte, ca. 1,80 m tiefe Rinne, in der man sich halten muß. Die Wassertiefen im Hafen schwanken. Mit einem größeren Tiefgang als 1,60 m sollte ein Boot Durgerdam besser nicht anlaufen. Rechts vor dem Clubschiff ein Stei-

Törnvorschlag 1: Die Westküste

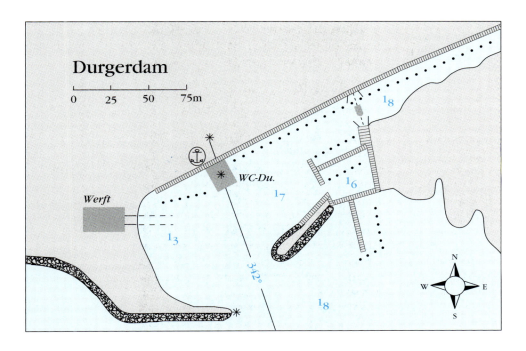

ger, wo man zunächst festmacht, um sich vom Hafenmeister einen Platz zuweisen zu lassen. Im allgemeinen schickt er einen zu den Passantensteigern rechts von der Einfahrt, wo man sehr gut liegt. Mittels einer kleinen Fähre, die man selbst ziehen muß, kommt man hinüber aufs feste Land. Die Versorgung entspricht einem so kleinen Hafen: Im Clubschiff „Het IJ", wo auch der Hafenmeister sein Büro hat, findet man Duschen und WC, Wasser gibt es am langen Steg, Diesel am Hafen direkt nicht. Die kleine Werft P. Bouhuis, mit Slip, kann Reparaturen ausführen.

Tip: Von Durgerdam aus verkehrt regelmäßig ein Bus nach Amsterdam. Warum nicht hier sein Boot lassen und per Bus nach Amsterdam fahren?
Das ca. 4 sm nordöstlich von Durgerdam gelegene Dorf

Uitdam nannte einst den kleinsten Hafen der Zuiderzee sein eigen: eine handtuchschmale, sehr schön von alten Bäumen umstandene Bucht. Diese Bucht, die lange verschlammt und verwahrlost war, wurde ausgebaggert und ist zu einem hübschen, kleinen Hafen mit Stegen geworden. Daneben ist noch ein ziemlich großes Becken gebaut worden: der neue, hervorragende Yachthafen von Uitdam (Plan S. 178).
Der riesige Campingplatz am Hafen ist inzwischen eingewachsen. Und durch den neuerlichen Umbau des Hafens ist die Versorgung sehr viel besser geworden (WC, Duschen, Diesel, Werft mit 9-t-Kran).

VI. Das IJsselmeer

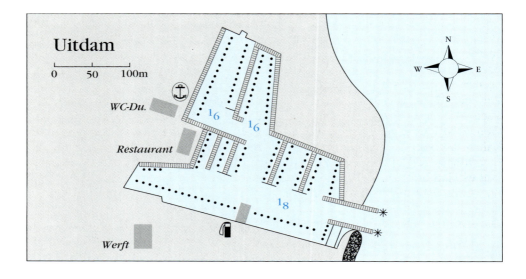

Etwas für das IJsselmeer sehr Seltenes findet man nur eine halbe Seemeile weiter, am Fuß des Damms nach Marken: eine Ankerbucht, den

Vluchthaven De Nes, der so heißt, weil der nach Süden zu etwas verlängerte Straßendamm wie eine Nase vorspringt und auf diese Weise eine recht geschützte Bucht (bis auf Wind aus SW) geschaffen hat. Nahe der „Nase" beträgt die Wassertiefe ca. 2 m, dann nimmt sie zum Land hin rasch ab; man kann dennoch je nach Tiefgang des Bootes noch viel Raum zum Ankern haben.

An „De Nes" selbst gibt es einen kleinen „Hafen", genauer: einen winkelförmigen Steg, der mittels einer Bretterwand sogar recht geschützt ist; hier finden (auf ca. 2 m Wassertiefe) bis zu 15 Boote Platz. Keine Versorgung, keine Bewachung, kein Hafengeld, längstens drei Tage Verbleib.

Mit Kurs NE läuft man nun immer parallel zur Insel auf den weithin sichtbar auf der Osthuk stehenden Leuchtturm von

Marken zu, der zusammen mit dem weißen Leuchthaus eine unverwechselbare Silhouette hat, die von ferne ein bißchen an ein Pferd erinnert und deshalb von den Holländern „Het Paard van Marken" genannt wird.

Der weiße Leuchtturm steht sehr prominent auf der flachen Huk, ist tagsüber eine wertvolle Landmarke und nachts unentbehrlich dank seines 8 sm weit tragenden Feuers (Oc. 8s). Nebelsignal: ein Ton alle 30 s.

Vom Leuchtturm aus zieht sich nordwestwärts eine ziemlich lange Reihe grüner Spieren hin, an die man sich ruhig halten sollte, auch wenn das Flach vor dem Steindamm noch ziemlich weit weg ist.

Törnvorschlag 1: Die Westküste

Seit dem Bau des Straßendamms nach Marken ist die *Gouwzee* (s. Karte 1810.6 „Gouwzee") nur noch von Norden her zugänglich: eine große, weite Wasserfläche, eher flach, mit einer durchschnittlichen Wassertiefe von 1,50 m, durchaus noch von kleineren Booten befahrbar, sieht man nur davon ab, daß dieses seenartige Gewässer im Sommer stark verkrautet.
Auf der Höhe von *Volendam* (→ S. 183) endet der Steindamm von Marken (Leuchtfeuer Iso. 4s). Von hier führt nun eine Rinne hinein in die Gouwzee. Genau bei der grünen Spiere GZ 13 liegt links und rechts vom gut 2 m tiefen Fahrwasser ein überspülter Steindamm (Berm), der jedoch an der Fahrrinne eine Durchfahrt freiläßt. Bei dem merkwürdigen Betongebilde östlich der Rinne handelt es sich um eine Bake, die auf den Steindamm aufmerksam machen soll (in der Karte „Bn"). Interessant an diesem Gewässer sind seine drei völlig unterschiedlichen Häfen, von denen jeder auf seine Art sein Gutes hat.
Die **Insel Marken,** die mit ihren Dämmen die Gouwzee zum IJsselmeer hin so gut abschirmt, ist genau besehen keine Insel mehr. Doch der Damm, der 1957 gebaut wurde, hat im Grunde am Charakter dieses merkwürdigen Eilands wenig geändert, außer, daß jetzt die Touristen etwas schneller und bequemer mit dem Bus herkommen.
Die extrem flache, immer wieder überschwemmte Insel, deren Häuser auf Warften und, weil auch dies nicht sicher genug war, manchmal auch noch auf Pfählen

„Het Paard van Marken", der weiße Leuchtturm auf der Insel Marken: eine weithin sichtbare Landmarke im südlichen IJsselmeer.

stehen, hat bis in unsere Zeit ein isoliertes, eigenes Leben geführt. Das nasse Land gab zum Leben nicht genug her, so daß man immer vom und mit dem Wasser leben mußte. Solange die Männer jung und kräftig waren, fuhren sie zur See, im Alter gingen sie dem Fischfang nach oder halfen mit ihren Bottern, die Kauffahrteischiffe über Pampus* zu ziehen.
Es war ein karges, einfaches Leben, ganz anders als in den prächtigen Städten am Westufer, obwohl doch eine, Monnickendam, ganz nahe lag.
Die Verhältnisse änderten sich erst zum Besseren, als Marken 1837 einen Hafen bekam; bis dahin mußten die Botter alle auf Reede liegen und wurden im Winter bei Eis und Sturm auch häufig beschädigt. Dieser erste Hafen von Marken, der heutige Oude Haven (Alter Hafen), gab der Insel einen großen wirtschaftlichen Auftrieb, so daß die Fischfangflotte bald auf 137 Botter anwuchs.

Der letzte dieser Marker Botter, der „MK 53", steht seit einigen Jahren im Zuiderzee-Museum in Enkhuizen (→ S. 197), und dort, im Freilichtmuseum, wurde auch das „Marker Haventje" originalgetreu nachgebaut. Im Zuiderzee-Museum gibt es eine kleine Broschüre (in deutsch) zu kaufen, die lebendig die Geschichte Markens erzählt. Interessant das Marker Museum, Kerkbuurt 44–47 (Geschichte der Insel).
Dieses pittoreske Dorf mit seinen grün oder schwarz gestrichenen Holzhäusern, seinen Wassergräben und den weißen Brückchen darüber ist natürlich eine große Touristenattraktion. So stellt man sich eben überall in der Welt Alt-Holland vor, und in der Tat, viel anders kann es hier vor hundert Jahren auch nicht gewesen sein, zumal die Einheimischen immer noch ihre alten Trachten tragen. Tagsüber herrscht hier also ein ziemlicher Rummel, aber abends sind die meisten Touristen weg, und dann wird Marken wieder zum stillen, entlegenen Fischerdorf.

Liegeplatz und Versorgung: Der nördliche Teil des Hafens, der Alte Hafen (Oude Haven), ist weitgehend für Passanten reserviert. Hier darf man überall – und zwar gratis – an den Steinkaden festmachen. Das südliche Becken wird durch einen Holzsteg zweigeteilt: im Neuen Hafen (Nieuwe Haven) liegen an der Kade noch ein paar Fischkutter und in den Boxen am Steg Boote der W.V. Marken, während im Westhafen die W.V. Het IJ ihre Plätze hat. Wenn eine der Boxen frei ist, hängt dort ein grünes Schild, ansonsten ein rotes. Gäste der W. V. dürfen im Westhafen auch an der Außenmole längsseits liegen. In der Einfahrt wird es manchmal sehr eng, dann nämlich, wenn dort die großen Charterschiffe aus Enkhuizen festmachen. Die Versorgung ist mäßig. Wasser beim Hafenkontor und am Steg. Treibstoff müßte man sich von der Tankstelle am großen Parkplatz holen. WC und Duschen.

Was einen mit der dürftigen Versorgung versöhnen wird, ist einmal die Atmosphäre im Hafen mit seinen alten, schmalbrüstigen Häusern, dann aber auch die zum Teil überaus gemütlichen Restaurants am Oude Haven, besonders nett „De Tanderij".

---

* Übles Flach vor dem Amsterdamer Hafen.

Törnvorschlag 1: Die Westküste

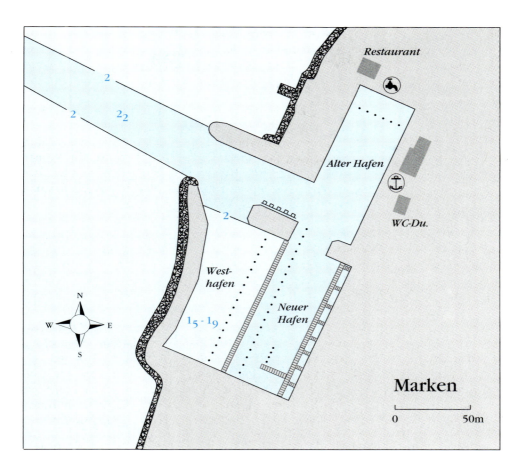

Einen sehr schönen, am westlichen IJsselmeer allerdings nicht seltenen Anblick bietet die alte Hafenstadt

Monnickendam, die zwar nicht ganz mit ihren prächtigen Schwestern Hoorn und Enkhuizen mithalten kann, dennoch einen Besuch lohnt, schon wegen der vielen guten Bootshäfen, die im Halbkreis vor ihr liegen, so daß man beim Näherkommen wie auf einen Wald von Masten zuläuft.

Monnickendam ist, wie der Name schon ahnen läßt, eine Gründung von Mönchen, eben der „Damm der Mönche", die aus Friesland kommend sich zuerst auf der vor Überfällen sicheren Insel Marken niedergelassen hatten, um dann von dort aus die Westfriesen zu missionieren. Ein christliches Bauwerk ist denn auch am beeindruckendsten von allem, die *Grote Kerk* mit ihrem wuchtigen, 55 m hohen Turm, fast so groß wie eine gotische Kathedrale. Doch daneben

VI. Das IJsselmeer

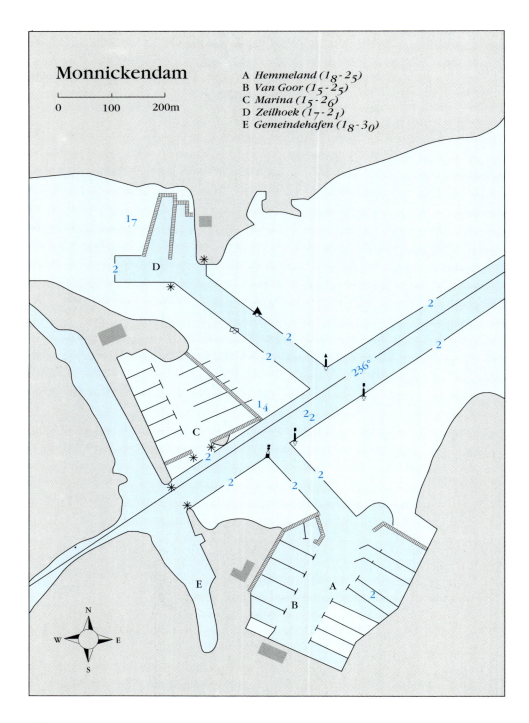

gibt es noch eine Fülle sehenswerter, alter Bauwerke, etwa das *Stadshuis* oder die *Waage* am Alten Hafen.
Im Touristbüro nahe der Grote Kerk kann man ein Büchlein kaufen: „Wandeling door Oud Monnickendam", das einen sehr schön durch das alte Hafenstädtchen führt.

Liegeplatz und Versorgung: Trotz der vielen Häfen (Hafenplan auf Seite 182) ist es gar nicht so kompliziert, wie es auf den ersten Blick scheinen mag. Kommt man durch die Rinne, die genau auf den alten Stadthafen zuführt, so kann man entweder nach links abbiegen, wo in der gleichen Bucht der große Gemeindehafen Hemmeland (A) und der etwas intimere Yachthafen Van Goor (B) liegen, oder sich nach rechts halten, womit man entweder zu dem Yachthafen Zeilhoek (D) käme oder in die Marina Monnickendam (C). Die fünfte Möglichkeit bestünde schließlich darin, sich in den Gemeindehafen (E) zu legen. Welchen Hafen soll man nun wählen? Hemmeland und Van Goor sind praktisch gleich, gut im Hinblick auf Liegeplätze und Versorgung. Von der schönen Stadt spürt man hier allerdings wenig. Das ist besser in der Marina, weil man hier die Stadt direkt vor sich liegen hat. Dies gilt zwar auch für Zeilhoek, einen kleinen, parkartigen Hafen, doch hat man von da ein Stück zur Stadt zu gehen.
Die Versorgung ist rundum gut: Monnickendam ist wohl der beste Versorgungshafen im südlichen IJsselmeer. Besonders erwähnt sei nur der sehr gute Zubehörhandel (mit Takelei) Hakvoort am Gemeindehafen; hier auch das gemütliche Restaurant „In den Ouden Vischrookerij" (geräucherter Aal und Muscheln); des weiteren empfehlenswert das stilvolle Restaurant „De Waegh" in der ehemaligen Stadtwaage am alten Hafen (darüber ein Puppenmuseum).
Binnenfahrt: Durch die altertümliche Grafelijkheids-Schleuse (FB 3,66 m) erreicht man die Broekervaart, die südwärts nach Amsterdam und nordwärts auf der Trekvaart zur Purmer Ringvaart und damit mitten hinein nach Noord-Holland führt (→ S. 291).

Das eingangs der Gouwzee am tiefen Wasser gelegene

Volendam ist von den drei Häfen an der Gouwzee derjenige, der am einfachsten anzulaufen ist, bei Nacht sogar der einzige, zu dem man problemlos hinkommt. Das Städtchen mit seinen roten Dächern und den schwarzen und grünen Fischerhäusern über dem Hafen liegt recht malerisch am Wasser. Dieses ursprünglich wohl sehr romantische Fischerdorf wurde im vorigen Jahrhundert von einem französischen Maler „entdeckt" und ist seither immer mehr zu einer Touristenattraktion geworden, so daß der Fremdenverkehr längst mehr Geld bringt, als es die Fischerei je vermocht hätte, obwohl es immer noch eine ansehnliche Fischerflotte hier gibt. Die Frauentracht gilt als die schönste in Holland und wird als die eigentliche Nationaltracht angesehen. Im Café Spaander hängen Hunderte von Bildern von Malern, die sich von Volendam haben inspirieren lassen.
Die vielen Andenkenläden verbreiten einen Hauch von Kitsch; ein guter Hafen ist Volendam dennoch, und schöne Gassen hinter dem Deich gibt es auch immer noch.

VI. Das IJsselmeer

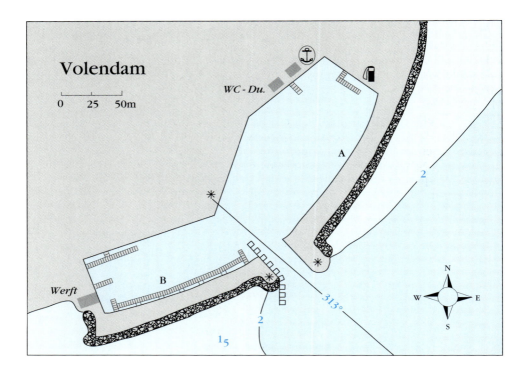

Liegeplatz und Versorgung: Passanten fahren in den nördlichen Teil des Hafens und machen dort an der ostseitigen Kade fest (A). Im Südteil befinden sich längs der Außenmole Boxen (B), die für Boote der W.V. Volendam reserviert sind – ebenso wie die Stege in der SW-Ecke. Wenn diese Boxen länger frei sind, erfährt man es beim Hafenmeister. Die Versorgung ist brauchbar: Wasser überall an der Kade, Tankboot im Nordhafen, Reparaturen im Notfall durch die Werft W. Prins im Südhafen, die aber voll auf Fischkutter eingestellt ist, daneben die Zeilmakerij en Tuigerij Zuiderzee. Mäßig die sanitären Einrichtungen, auch wenn im Sommer zusätzlich fahrbare WC/Waschräume aufgestellt sind.

Ganz anders als das turbulente Volendam ist das praktisch um die Ecke gelegene

Edam, das man bei uns eigentlich nur wegen seines „Edamers" kennt. Es ist zwar nach Alkmaar und Hoorn immer noch der größte Käsemarkt der Provinz, aber das ist längst nicht alles.

Edam ist ein wunderbares altes, verträumtes Städtchen, in dem die Zeit stillzustehen scheint. Aus unerfindlichen Gründen fährt alle Welt nach Volendam, doch ganz wenige kommen hierher, und darüber kann man nur froh sein.

Am Kanal, der vom Hafen zur Stadt führt, drängt sich auf wenig Raum alles zusammen: Die *Damsluis*, eher eine breite Brücke über den Kanal, bildet den

Marktplatz, an dem auch noch das alte Rathaus steht und daneben das eine oder andere wunderschöne Giebelhaus. Dann gibt es nicht weit entfernt den hohen, schlanken Turm, den *Speeltoren* mit seiner Tulpenspitze und dem Glockenspiel, und schließlich, merkwürdigerweise aber außerhalb des Städtchens, die schwere, mächtige *Grote Kerk*. Dazwischen dann immer wieder ganz schmale Kanäle und Grachten, über die sich weiße Hebebrücken spannen.

Edam war, und dies kann man sich nur schwer vorstellen, sieht man den so weit außerhalb gelegenen, nicht besonders guten Hafen, einst Sitz von 33 Werften: So berühmte Schiffe wie die „Zeven Provinciën" und „De Halve Maen" wurden hier gebaut. Mit den „Zeven Provinciën" führte der Generaaladmiraal Michel de Ruyter die Holländer gegen die Engländer; und mit dem „Halve Maen" hat der englische Seefahrer Hudson die Ostküste Amerikas erforscht. Gäbe es nicht

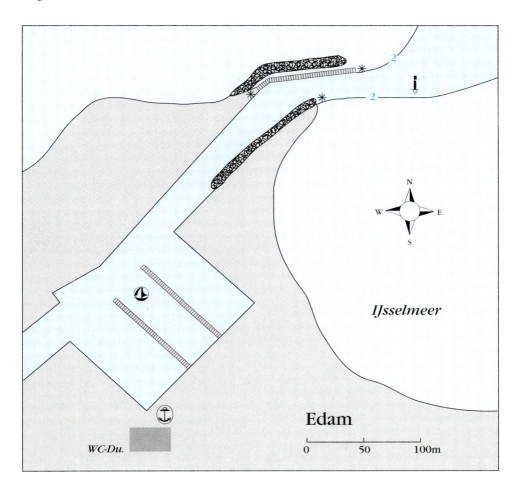

185

noch den *Scheepmakersdijk*, nichts würde mehr an diese Glanzzeit von Edam, die auch ein Höhepunkt des niederländischen Schiffbaus war, erinnern.

Wer besonders gut und stilvoll essen will, dem sei das Hotel „De Fortuna" empfohlen, das direkt am Kanal und neben einem dieser weißen Hebebrückchen, der Constabelbrug, liegt. Man kann hier sommers auch im Garten sitzen und dabei den vorbeiziehenden Booten zugucken und auch den Bootsbauern der alten Botterwerft gleich nebenan.

Der Hafen, so weit vor der Stadt, eigentlich zu klein und immer wieder versandend, wurde dem Städtchen zum Schicksal, und auch für uns, die wir doch mit vergleichsweise kleinen Booten hierherkommen, war er lange ein einziges Problem. Das hat sich allerdings völlig verändert, seit es den neuen Yachthafen gibt.

Ansteuerung, Liegeplatz und Versorgung: Zunächst ist es wichtig, daß man sich sauber im Tonnenstrich hält. Die Einfahrt, die etwas versetzt und nicht breiter als 13 m ist, wird zwar immer wieder auf 2 m ausgebaggert, versandet aber auch schnell wieder, so daß man sich auf eine Wassertiefe von nicht mehr als 1,50 m einstellen sollte. Für große Boote wird das zu wenig sein, aber für solche Boote ist Edam sowieso nicht der richtige Hafen, da sie in dem engen Kanal gar nicht wenden könnten; allenfalls könnten sie im „Vorhafen" an dem Holzsteg rechter Hand bleiben. An der sich anschließenden Kade am Nordufer kann man überall festmachen, wenn man nur auf die Pfahlstummel achtet, die unter der Wasseroberfläche lauern. Am besten aber – mit schönem freiem Blick über das IJsselmeer – die Stege im neuen Yachthafen, der den merkwürdigen Namen „Galgenveld" bekommen hat.

Am Kanal jenseits der Schleuse wird man sich wohl nur dann einen Liegeplatz suchen, wenn man auch weiter durch die Stadt und zu den Kanälen will.

WC und Duschen am Yachthafen. Treibstoff müßte man sich weit aus der Stadt holen. Reparaturmöglichkeiten gibt es in der Stadt bei den Werften Corba (6-t-Kran), Scheepswerf Groot sowie Wamo und Jacht- en Scheepswerf Rudd van Drunen.

Binnenfahrt: Man kommt hier zu den gleichen Kanälen wie auch von Monnickendam (→ S. 181), hat allerdings einen langen, zeitraubenden, indes romantischen Weg (u. a. sieben Brücken) durch die Stadt vor sich. Bevor man zu dieser Fahrt aufbricht, sollte man sich mit dem Schleusenmeister von der Zeesluis absprechen.

Ist die Sicht auch nur einigermaßen gut, so wird man schon von Edam aus im Norden, am Scheitel der Bucht *Hop*, die prächtige IJsselmeerstadt *Hoorn* liegen sehen. 7 sm sind es auf direktem Weg dorthin, doch wer will, kann unterwegs einen kleinen, ganz einfachen Hafen aufsuchen:

Schardam, der knapp 3 sm SW-lich von Hoorn liegt. Genau betrachtet ist es nur ein Entwässerungskanal, der hier ins IJsselmeer mündet, der aber an einer Seite so tadellos befestigt wurde, daß daraus ein guter Liegeplatz mitten in der grünen Marsch geworden ist.

Boote bis zu 1,40 m Tiefgang können ihn anlaufen, müssen aber in der Ansteuerung einige Vorsicht walten lassen. Der Kanal knickt in der Mündung etwas ab, und auf diese Mündung muß man mit Kurs 250° zulaufen. Diesen Kurs muß man sauber halten und darf keinesfalls über die Tonnen hinausfahren: An der

Nordseite ist ein überspülter Steindamm, südlich von der Einsteuerung sind Netze verankert.
Der Kanal führt zu einer Entwässerungsschleuse, aber nach etwa 600 m ist er mittels einer Kette und orangefarbener Fässer gesperrt. Bis dahin kann man überall an der Nordseite festmachen.
Natürlich gibt es keinerlei Versorgung, wenn man nicht das Café/Restaurant „De Rietvinck" oben auf dem Deich dazu zählen will.
Ein ruhiger Platz, wenn, ja, wenn nicht dicht daneben ein großer Campingplatz läge.
Vorsicht: Eben nördlich vom Kanal liegt eine kleine, ansehnliche Bucht, ebenfalls vor einer Entwässerungsschleuse, mit einem allerdings verkommenen Steindamm: Solange sich da nichts geändert hat, sollte man sich besser fernhalten. Vielleicht wird es später mal eine gute Ankerbucht, zur Zeit ist sie es noch nicht.

Hoorn bietet von nirgendwoher einen schöneren Anblick, als wenn man mit dem Boot darauf zufährt: Über einem Gewirr roter Ziegeldächer erheben sich spitze Türme und eine mächtige Kirchenkuppel. Später dann werden zwei lange, rot leuchtende Dächer auffallen, die von fern wie Packhäuser wirken, bei denen es sich aber in Wirklichkeit um das Gefängnis von Hoorn handelt, das mitten im Hafen auf einer Insel steht.
Man fährt durch den großen Vorhafen, vorbei an der Gefängnisinsel auf der einen und dem schönen Julianapark auf der anderen Seite und direkt auf den *Hoofdport* zu, den mittelalterlichen Hafenturm, das Wahrzeichen von Hoorn, mit seiner Schiffbrücke, dem *Houden Hooft*, an der traditionelle holländische Schiffe – bei uns würde man „Oldtimer" sagen – liegen.
Durch die schmale, jetzt immer offen stehende Seeschleuse gelangt man in den Binnenhaven und ist nun mitten in einer Stadt des Goldenen Jahrhunderts angekommen.
Hoorn gehörte wie Enkhuizen zu den Handelsstädten, die in der recht kurzen, aber üppigen Blütezeit der Niederlande unermeßlich reich geworden waren. Diese beiden Handelsstädte an der Zuiderzee waren nahe daran, Amsterdam zu überflügeln, doch die Blüte dauerte nicht lange genug, und schon nach wenigen Jahrzehnten verkamen diese Städte zu den Toten Städten an der Zuiderzee, wie sie in Chroniken jener Zeit genannt wurden.
Auf der heutigen Gefängnisinsel standen einst die Werften und Kasernen der westfriesischen Admiralität; und wahrscheinlich ist auf dieser Insel auch jene Vleute gebaut worden, die 1595 in Hoorn als erstes Schiff dieser Art vom Stapel lief.
Diese holländischen *Vleuten*, die nicht nur den Schiffbau revolutionierten, sondern auch den Seehandel in andere Bahnen lenkten, ließen die Holländer zu den Frachtfahrern Europas werden. Überall tauchten plötzlich diese ranken, schnellen Schiffe auf und verdrängten die anderen Handelsnationen.

VI. Das IJsselmeer

Hoorn: im Binnenhaven.

In jener Zeit war Hoorn auch Regierungssitz von Westfriesland und des „Noorderkwartiers", das heißt der sieben Städte Hoorn, Enkhuizen, Medemblik, Edam, Monnickendam, Alkmaar und Purmerend. Im *Statenkolleg*, einem aus bläulichgrauem Stein gebauten und reichlich mit Gold verzierten Gebäude, tagten die Vertreter der Städte und der Provinz. (Heute ist im Statenkolleg das sehenswerte Westfries-Museum untergebracht.)

Hoorn war im 17. Jahrhundert sicher keine Weltstadt, aber ebenso sicher ein auf der ganzen Welt bekannter Hafen. Willem Schouten, ein Seefahrer aus Hoorn, umsegelte als erster die Südspitze von Amerika. Und wer weiß schon noch, daß das gefürchtete Kap Hoorn nach der Stadt am IJsselmeer benannt ist? Ein anderer Sohn der Stadt, Jan Pieterszoon Coen, gründete die Kolonie Niederländisch Indien, wurde ihr erster Gouverneur und er baute die Stadt Batavia, das heutige Djarkarta.

Törnvorschlag 1: Die Westküste

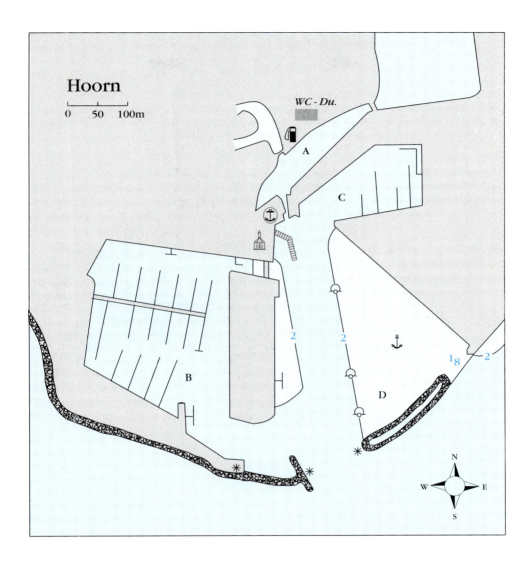

Aus diesen Kolonien brachten die schnellen Vleuten die Schätze des fernen Orients nach Europa, und die mächtigen Handelsgesellschaften jener Zeit, voran die VOC, die Vereinigte Ostindische Compagnie, fuhren damit unglaubliche Profite ein.

Aus jener Blütezeit stammen die wunderbaren Gebäude der Stadt, das Statenkolleg etwa, das schon erwähnt wurde, und die nicht minder prächtige *Waage*, ebenfalls am Platz *Rode Steen*, wo auch ein Denkmal von Jan Coen steht, oder am Hafen an der *Veermanskade* die schönen Kaufmannshäuser.

Wenn man sich Hoorn genau ansehen will, und dies sollte man unbedingt tun, dann empfiehlt es sich, im VVV-Büro (neben dem Statenkolleg) das gelbe Büchlein „Hoorn" zu kaufen, ein Führer (auch in deutsch), der einen auf das beste durch das schöne Hoorn geleitet.

*Liegeplatz und Versorgung: Das Wunderbare an dieser Stadt ist (unter anderem), daß seine Häfen noch genauso sind wie zu den Zeiten, als stolze Kauffahrteischiffe hier zu Hunderten lagen. Der beste Platz ist zweifellos der Binnenhaven (A), wo man wiederum am besten an der Parkseite festmacht; es ist allerdings fraglich, ob hier im Sommer ein freies Plätzchen ist. Der Hafenmeister (**M 9**) hat sein Büro oben an der Schleuse (WC und Duschen daneben). Im historischen Grashaven befinden sich nun die Stege des Nieuwe Havens (B), eines sehr großen, sehr guten Yachthafens mit bestem Service, auch wenn man hier wenig von der Atmosphäre der alten Stadt spürt. Ruhig und abgeschieden der Vluchthaven (C) unterhalb der hohen Hafenmauer und den dunklen Bäumen des Julianaparks; hier hat die W. V. Hoorn ihre Stege. Zum Schluß, und das ist bei weitem nicht das Schlechteste, kann man im Vorhafen (D) sehr gut, weil geschützt und ungestört, vor Anker liegen.*

Die Versorgung ist im ganzen gesehen recht gut, wenn man auch nicht immer alles beisammen hat. Wasser gibt es überall. Diesel nur im Binnenhaven. WC und Dusche findet man bei den Häfen A, B und C. Im Nieuwe Haven können Reparaturen ausgeführt werden (10-t-Kran), jedoch nicht sonntags; hier auch Zubehör. Reparaturen (notfalls auch sonntags) bei Scheepswerf Droste in der Karperkuil (30-t-Helling).

Törnvorschlag 2: Das nördliche IJsselmeer
Von Hoorn nach Makkum

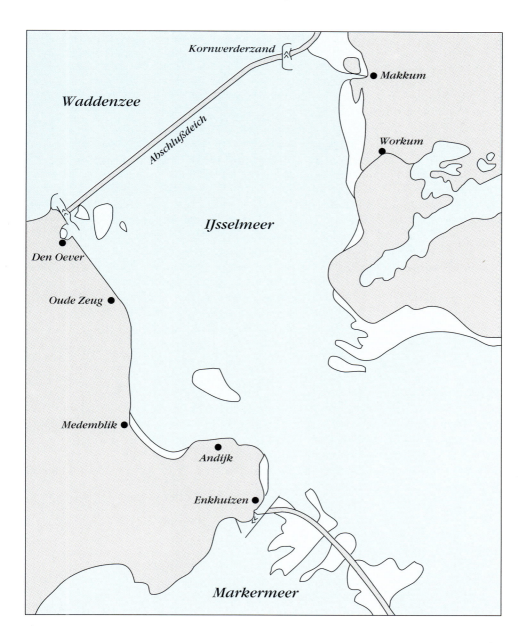

Distanzen: **Hoorn** – **Wijdenes** (5 sm) – **Enkhuizen** (6 sm) – **Andijk** (8 sm) – **Medemblik** (3,5 sm) – **Oude Zeug** (6 sm) – **Den Oever** (5 sm) – **Breezanddijk** (10 sm) – **Kornwerderzand** (7 sm) – **Makkum** (3 sm).

Genauso wie bisher dürfte man auch weiterhin keine Schwierigkeiten auf dem hier bis zu 15 sm breiten

Markermeer haben, zumal es eine ziemlich gleichmäßige Wassertiefe aufweist und fast gänzlich frei von Schiffahrtshindernissen ist. Nur der *Enkhuizerzand* und ein knapp 6 sm langes Fischstockgebiet (gelbe Tonnen), das etwas südöstlich davon liegt, erfordern ein bißchen Aufmerksamkeit.
Dieses weite, tiefe Gewässer eignet sich gut zum Segeln, bietet aber sonst nichts Besonderes. Im Gegensatz zum Westufer mit seinen alten Städten ist das schnurgerade Ostufer eher langweilig. Bis auf die gewaltige *Flevocentrale*, ein E-Kraftwerk mit 147 m hohen Schornsteinen, und den *Fernsehturm von Lelystad*, der mit seinen 140 m kaum niedriger ist, gibt es nichts Auffälliges zu sehen. Diese beiden ziemlich monströsen Bauwerke sind denn auch nur als Landmarken nützlich; der Fernsehturm eignet sich dafür besonders, denn hält man genau auf ihn zu, so kommt man nach Lelystad (→ S. 219) und damit zu den *Houtrib-Schleusen*, einem der beiden Tore zum nördlichen IJsselmeer.
Das Markermeer sollte, bis auf einen schmalen Streifen vor dem Westufer, eingedeicht werden; es wäre dann nach dem Flevolandpolder der letzte Polder am IJsselmeer geworden. Die Arbeiten waren auch schon relativ weit vorangetrieben, besonders mit dem 25 km langen Straßendamm zwischen Enkhuizen und Lelystad. Doch während die Ingenieure von „Rijkswaterstaat" noch eifrig an ihren Plänen werkelten, hatte sich der Wind gedreht. Immer mehr Menschen bezweifelten den Nutzen dieses Vorhabens, und wie das so geht, bildete sich bald eine engagierte Bürgerinitiative. Selbst die ruhigen Fischer reihten sich in die Protestbewegung ein und pinselten auf ihre Kutterrümpfe die Parole „Markerward = Misdad". Die Regierung war lange zwischen den beiden Lagern hin- und hergerissen. Dem neuesten Stand zufolge soll das Projekt aufgeschoben worden sein; zunächst soll alles so bleiben wie es ist, statt des Markerwards bleibt bis auf weiteres das Markermeer, und das kann einem nur recht sein.
Von *Hoorn* aus kann man sich immer entlang dem grünen Deich halten, hinter dem ab und zu ein Kirchturm hervorlugt, und so gemächlich hoch nach *Enkhuizen* schippern. Wegen der Stellnetze, die 500, ja manchmal bis zu 1000 m ins Wasser hinausreichen, sollte man dem Ufer allerdings nicht allzu nahe kommen. Knapp 2 sm nordöstlich der *Huk Nek* ist in der Karte bei dem Dorf

Wijdenes ein „Vluchthaven" ausgewiesen; doch das ist dieser kleine, geradezu idyllische Hafen nun gerade nicht. Schon bei ruhigem Wasser muß man sich hier vorsehen, weil er immer wieder versandet. Die Wassertiefen schwanken zwischen 1,60 und 1,80 m. Ich meine: Bis zu 1,40 m kann man es versuchen, muß

Törnvorschlag 2: Das nördliche IJsselmeer

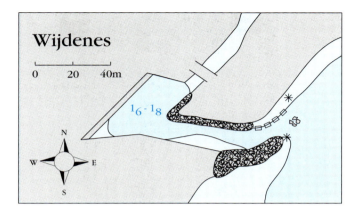

aber auf jeden Fall ganz vorsichtig in die enge, versetzte Einfahrt, die sich nach Nordost öffnet, einlaufen.

Hinter dem Deich wohnt der Hafenmeister; es wäre sicher nicht falsch, ihn schon von Hoorn aus anzurufen und nach der gerade aktuellen Wassertiefe zu fragen, sich vielleicht auch einen Liegeplatz reservieren zu lassen (J. P. Beets, Telefon 0 22 93/12 28; er wohnt direkt neben dem „Hafen" hinter dem Deich). Man darf längstens drei Tage bleiben.

Natürlich hat man hier keine „Versorgung", dafür aber einen einmalig schönen Liegeplatz in der freien Natur und kann von hier auch einen Spaziergang in die Gartenlandschaft Noord-Hollands machen, von der man sonst vom Wasser aus wegen der hohen Deiche gar nichts zu sehen bekäme.

Der kurz vor Enkhuizen durch eine betonnte Rinne erreichbare *Broekerhaven* ist in erster Linie ein Verladeplatz; es kommen also große Frachtkähne hierher, die im Buitenhaven an der Nordkade festmachen. Gegenüber liegt ein Steg für Yachten und jenseits der festen, 3,50 m hohen Brücke ein kleiner Yachthafen. Das Ganze ist wenig empfehlenswert, schon wegen der stark befahrenen Straße, die über die Brücke führt. Auf der Mole – weit sichtbar – Windmotoren.

Der südliche Vorhafen der *Krabbersgat-Schleusen* (**M 22**) ist so groß, daß man unter Segel einlaufen, in den Wind gehen und in aller Ruhe die Segel bergen kann. Die *Schleuse* (mit BB, H 6,30 m) wird bedient: wo. 06.00 – 23.00; so./f. 08.00–23.00.

Sobald man die Schleuse hinter sich hat, kann man sich schon auf die Hafenmanöver vorbereiten, denn

Enkhuizen liegt jetzt direkt vor uns. (Hafenplan Seite 195.)

Liegeplatz und Versorgung: Der größte Yachthafen der Stadt, eigentlich eine Marina, der Compagniehaven (A), liegt am nördlichen Ausgang des Krabbersgat: eine rundum perfekte Anlage

mit einem ebenso guten Service, der zudem mit dem „Peperhuis" einen malerischen Hintergrund hat. Wer will, kann auch in der Bucht, in der dieser Hafen liegt, ankern, hat es dort tagsüber allerdings etwas unruhig, weil hier immer wieder die Boote des Zuiderzee-Museums durchfahren.

Modern und ebenfalls mit einem guten Service der ganz im Süden des Krabbersgats im Becken des ehemaligen Eisenbahnhafens gelegene Buyshaven (C). Passanten machen am Kopf der Stege fest und melden sich dann gleich beim Hafenmeister. Nachteil: Unter den hohen Steinmauern spürt man wenig von der alten Stadt.

Der Buitenhaven (B), auch Zuiderhaven genannt, wird am meisten angelaufen. Man liegt hier vor dem Drommedaris besonders schön, wenn auch im Sommer nicht ruhig, denn Boote im Zwölferpäckchen sind hier keine Seltenheit. Zumal am Freitagabend ist es schlimm, wenn die großen Schiffe der „Zeilvaart Enkhuizen" zum Crewwechsel einlaufen. Wenn auf dem südlichen Hafendamm zwei rote Lichter übereinander angesteckt sind, dann ist der Hafen gesperrt, weil voll. Der Buitenhaven ist auch der älteste Hafen der Stadt; er wurde 1395 gebaut und hieß damals noch „Rommelhaven" (vielleicht eine Vorahnung von dem, was sich heute hier abspielt). Die Südseite ist für große Schiffe reserviert. Yachten legen sich an das Bollwerk an der Nord- und Westkante.

Am romantischsten wäre zweifellos der Oude Haven (D), in dem aber meist alte Schiffe liegen, die dort umgebaut werden; außerdem muß man umständlich durch das weiße Wippbrückchen am Drommedaris, das zu folgenden Zeiten geöffnet wird: mo.-fr. 08.00–12.00, 13.30–17.00, sa. 11.00–12.00; so./f. kann man's versuchen.

Im Oude Haven wird es bald mehr Plätze geben, denn die Segler der Braunen Flotte, die am Harlinger Steiger lagen, sollen in den Eisenbahnhafen. Die Liegeplatz-Situation in Enkhuizen wird sich nicht allein dadurch, sondern auch durch 300 zusätzliche Plätze im Compagniehaven wesentlich entspannen.

Der historische Oosterhaven (E) hat keine Plätze für Passanten.

Die Versorgung in Enkhuizen ist rundum gut, nur am Buitenhaven sind die sanitären Einrichtungen unzulänglich; an der Rückseite des Hafenkontors WCs und Duschen. Am Oude Haven Werften und eine Motorenwerkstatt. In der Stadt eine Menge zum Teil sehr guter Restaurants, die zumeist in historischen Gebäuden eingerichtet sind.

Enkhuizen gilt als die am besten bewahrte Stadt am IJsselmeer, ein Urteil, das man rasch bestätigt findet, wenn man durch die Gassen mit den alten Häusern schlendert. Ob sie nun schöner ist als Hoorn, mag jeder für sich entscheiden. Sicher war sie – trotz Hoorn! – einst die mächtigste und reichste Stadt an der Zuiderzee, ausgezeichnet schon durch ihre Lage auf dieser weit vorspringenden Landspitze: Jeder, der in die südliche Zuiderzee wollte, mußte hier vorbei. Willem von Oranien bezeichnete sie deshalb auch als „de Sleutel van de Zuiderzee" (den Schlüssel der Zuiderzee). Enkhuizen war die erste Stadt in den Niederlanden, die sich offen auf die Seite des Oraniers schlug, dann erst folgten zögernd die anderen. Hier lagen auch die ersten Geusenflotten des Nordens, und später war die Stadt die wichtigste Marinebasis an der Zuiderzee. In jener Zeit soll Enkhuizen 60 000 Einwohner gehabt haben; wenn's stimmt, dann wären das viermal soviel wie heute. Hier wurde die westfriesische Münze geschlagen, und ebenso wie in Hoorn hatten die drei mächtigen Handelscompagnien hier ihre Kammern. Im *Pepperhuis* (Pfefferhaus), einem breit hingelagerten Packhaus am

Törnvorschlag 2: Das nördliche IJsselmeer

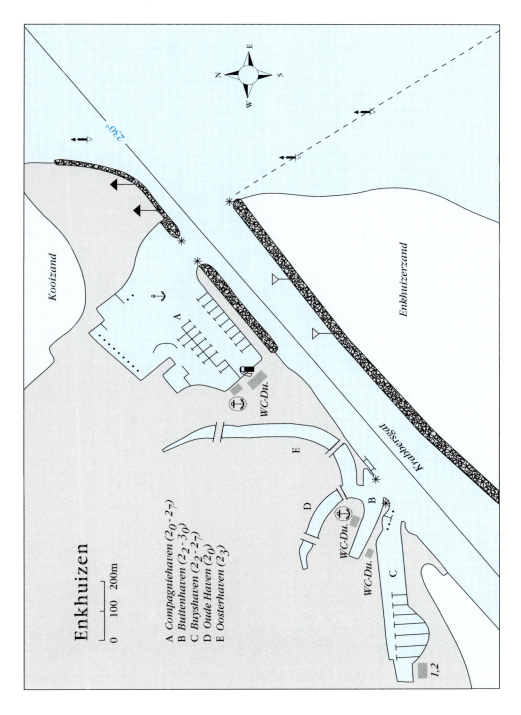

Compagniehaven, hatte die Ostindische Compagnie ihren Sitz, und genau davor legten die Vleuten an, so daß ihre Waren direkt durchs *Stavers Poortje* ins Lagerhaus getragen werden konnten.

Die erste Vleute wurde zwar, wie schon erwähnt, in Hoorn gebaut, entworfen aber hat sie ein Schiffbauer aus Enkhuizen. Einen hervorragenden Ruf genoß die Gilde der Kaartenmakers (Seekartenzeichner), ebenso wie die Gilde der Chirurgen (in der Stadtwaage ist ein Chirurgenzimmer aus dem Jahre 1636 zu besichtigen).

Sint Pankraskerk (oder Zuiderkerk) und *Sint Gommaruskerk* (oder Westerkerk) sind die beiden größten Bauwerke in Enkhuizen, beide spätgotische Kirchen; auffallendstes Gebäude aber ist der *Drommedaris*, zusammen mit der weißen Hebebrücke das Wahrzeichen von Enkhuizen: ein merkwürdig geformter Rundturm, der einst die Einfahrt in den Hafen schützte. Wenn man im Buitenhaven liegt, dann hat man ihn direkt vor sich, und es gehört zu den schönsten Momenten hier, wenn am späten Nachmittag sein Glockenspiel über den Hafen klingt.

Neben der Kriegsflotte und der Handelsschiffahrt spielte in Enkhuizen die Heringsfischerei eine wichtige Rolle; angeblich soll die Enkhuizer Flotte 400 „Haringsbuizen" gezählt haben und damit die größte der Niederlande gewesen sein. 1703 allerdings wurde sie von den Franzosen aufgebracht und samt und sonders niedergebrannt.

Mit der Stadt ging es danach schnell bergab, so daß sie bald zu den „dooden steden" an der Zuiderzee zählte. Erst im vorigen Jahrhundert erschloß die Samenzucht, die immer noch eine bedeutende Rolle spielt, eine neue Einnahme-

Enkhuizen. Über den Buitenhaven blickt man auf den Drommedaris und die alte Stadt mit der Zuiderkerk. Durch das weiße Wippbrückchen käme man in den Oude Haven.

quelle. Wer Lust hat, kann sich einmal den Stadtgarten draußen vor dem *Coeport* (ein barockes Stadttor) ansehen, der sommers eine geradezu verschwenderische Blütenpracht entfaltet.

Was man keinesfalls auslassen darf: das *Zuiderzee-Museum*: Im Pepperhuis, dem ehemaligen Packhaus der Ostindischen Compagnie, gibt es alte Schiffe, Trachten, Fischereigeräte etc. zu sehen. Im Buitenmuseum (Freilichtmuseum) ist ein ganzes Dorf nachgebaut, mit allen Häusertypen, die es einst rund um die Zuiderzee gab; auch das Marker Haventje entstand hier als Nachbau in seiner Originalgröße.

Noch ein Hinweis: Am Alten Hafen steht mitten zwischen mittelalterlichen Stadthäusern ein aus grauem Stein gebautes, überreich verziertes Rokokopalais. Da es so gar nicht hierher paßt, fragt man sich unwillkürlich, was es damit auf sich hat: Es ist von einem holländischen Kaufmann namens Snouck van Loosen gebaut worden, der in den Kolonien zu großem Reichtum gekommen war. Am Binnenhaven begegnet einem der Name noch einmal; dort stößt man auf eine kleine, adrette parkartige Anlage, den „Snouck van Loosen Park", eine Arbeitersiedlung, die 1897 von drei unverheirateten Schwestern aus der Familie van Loosen gestiftet wurde.

Man muß sich für diese wunderbare Stadt schon ein bißchen Zeit nehmen; und wer etwas Holländisch versteht, der sollte sich im Zuiderzee-Museum das Büchlein „Enkhuizen – gister ist voorbij" kaufen, einen prima Führer durch die Stadt und ihre Geschichte.

Das nördliche IJsselmeer, das nun beim Auslaufen aus dem *Krabbersgat* vor uns liegt, ist doch um einiges schwieriger als das *Markermeer*. Die Horrorgeschichten, die immer wieder über die Gefährlichkeit des IJsselmeeres erzählt werden, sind indes Horrorgeschichten und nichts weiter, auch wenn es im Almanak heißt: „Op het IJsselmeer kan het spoken."

Das IJsselmeer hat eine kurze, steile Welle, und daß eine solche Welle gefährlich werden kann, weiß jeder Bootsfahrer. Andererseits ist das IJsselmeer auch wiederum nicht so groß, daß man vor einem aufkommenden Starkwind nicht rasch einen Hafen erreichen könnte, und davon gibt es ja genug. Wichtig ist, daß man regelmäßig den guten holländischen Wetterbericht im Radio verfolgt; und wenn es dort heißt „Waarschuwing voor de Scheepsvaart...", dann bleibt man eben im Hafen und läuft nicht aus beziehungsweise sucht schnellstens den nächstgelegenen Unterschlupf auf.

Die plötzlich einfallenden Nebel, von denen der *Almanak* spricht, treten in den Urlaubswochen im Sommer selten auf. Anders natürlich, wenn man schon im Frühjahr oder im Frühherbst (die schönste Zeit am IJsselmeer!) mit dem Boot unterwegs ist.

Ihre Tücken haben die großen Flachs im nördlichen IJsselmeer, wie der *Enkhuizerzand*, die Untiefen von *Den Oever*, die zumeist unterschätzt werden, und vor allem der *Vrouwezand* zwischen Stavoren und Lemmer, der übelste von allen.

Ḍann halte ich für ziemlich unangenehm das große Fischstockgebiet *Hop* nördlich von Andijk, obwohl es – scheinbar! – mit Tonnen gut bestückt ist. *Fischnetze* am IJsselmeer, das ist sowieso ein Kapitel für sich: Man muß überall damit rechnen, nicht nur bei den blau schraffierten Flächen in der Seekarte. „Snoekbarsnetten" (Zandernetze) nennen die Einheimischen diese Netze, die wie Gardinen senkrecht im Wasser hängen; manchmal sind sie nur 80 m lang, zuweilen aber auch bis zu 500 m; einige reichen sogar 1000 m weit ins Wasser hinaus. An ihrem Ende tragen die Fischstöcke Fähnchen, da sind die Netze auch verankert. Man sollte also immer an einem Fähnchenstock an einem Netz vorbeifahren. Bei mehreren aneinandergekoppelten Netzen schwimmen Fähnchenstöcke auch dazwischen; da kann man, wenn es denn gar nicht anders geht, auch über das Netz fahren, und zwar hart am Fähnchenstock; keinesfalls darf man das an einem fahnenlosen Stock tun, denn dort liegen die Netze nur wenig unter der Wasseroberfläche.

Am flachen **Kooizand** mit seinen grünen Spieren entlang laufen wir nordwärts auf den klobigen, weißen *Leuchtturm Ven* zu. Hat man den passiert, so kann man bei gutem Wetter voraus schon die Silhouette von *Medemblik* erkennen. Eben nördlich von Ven schneidet eine schmale Bucht bei dem Dorf Oosterdijk

Medemblik, wenn man von Nordosten darauf zuläuft. Das große Gebäude links mit den Treppengiebeln ist das Rathaus, das gar nicht so alt ist, wie es aussieht: Es wurde erst 1941 erbaut.

mehrere hundert Meter tief ins Land ein. Auf der schmalen Halbinsel stehen zwei überdimensionierte Windmotoren. Diese 3 bis 4 m tiefe Bucht ist an sich wenig attraktiv, doch als Ankerplatz mag sie zur Not gehen. Das tiefe Wasser ist an seiner Südseite durch eine Reihe roter Spieren markiert; an den Kai vor der leuchtend blauen Fabrik ganz am Ende darf man nicht.
Entschieden besser liegt man in einem der beiden Yachthäfen von

Andijk. Beide haben eine gemeinsame Einfahrt. Will man zum alten Yachthafen, einem schmalen Becken mit recht wenig Platz, so läuft man am ersten Steg der Marina entlang und biegt dann rechts ab in den alten Hafen, den *Buurtjeshaven*. Der neuere, der *Jachthaven Watersport Centrum Andijk*, ist nach Größe und Art eine Marina, eine perfekte Anlage mit gutem Service (Wasser, Dusche, WC, Treibstoff, 20-t-Kran, Trailerhelling). Der Hafen hat sich gut herausgemacht, ist fast elegant zu nennen mit seinem schönen Aussichtsrestaurant. Der Ort Andijk zieht sich kilometerlang hinter dem Deich hin und hat eigentlich wenig Sehenswertes zu bieten, bis auf eine auffallend große Kirche. Für den Revierkundigen ist sie zwar eine wertvolle Landmarke, für alle anderen aber eher verwirrend, da es in der Gegend mehrere Kirchen dieser Art gibt, so daß man die Kirche von Andijk, auch wenn sie die bei weitem größte ist, nicht als

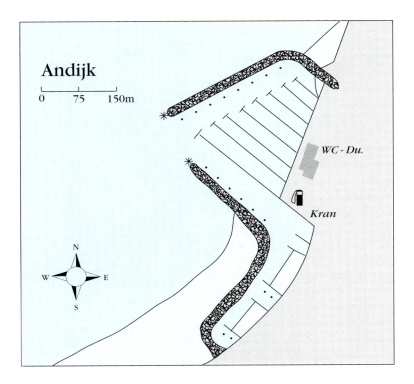

VI. Das IJsselmeer

Landmarke zur Navigation nutzen sollte. Wer sich dafür interessiert: eben am Hafen, hinter dem Deich, ein kleines Museum über Samenzucht und Gärtnerei.

Das Hafenstädtchen **Medemblik** mit seinen beiden großen Kirchen und dem roten Ziegeldach des Rathauses bietet eine ebenso schöne wie unverwechselbare Silhouette (s. Zeichnung S. 198); auffallend auch der weiße Kubus des „Lely-Gemaals", eines Pumpwerks, das etwas nördlich vom Hafen steht. Auffallend auch, eben nordöstlich, vier mitten aus dem Wasser ragende Windmotoren (rot-weiß gestreift).

Wohl am schönsten an diesem etwas verschlafenen Städtchen ist seine Hafeneinfahrt. Man passiert die zangenförmigen Molen des Vorhafens und gleitet dann, vorbei am *Kastell Radboud*, hinein in den schmalen alten Hafen, an dessen einer Seite schöne alte Giebelhäuser stehen, während die andere Seite von einer parkartigen Allee gesäumt wird.

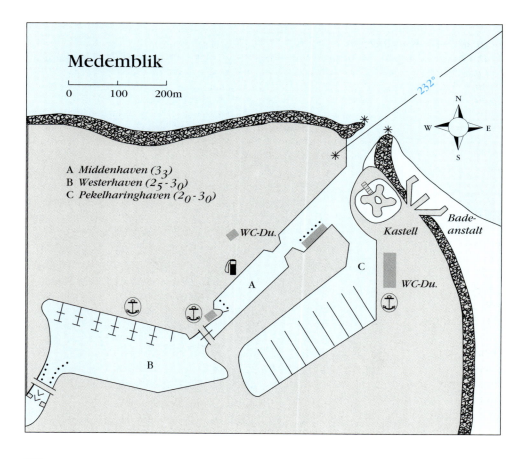

Medemblik kann es mit Hoorn oder gar Enkhuizen nicht aufnehmen, dafür ist es viel zu klein und bescheiden; der schöne Hafen allerdings macht das Städtchen bei Seglern sehr beliebt. Das Kastell Radboud, das 1288 von Graf Floris V. von Holland als Zwingburg gebaut wurde, war lange nur eine Ruine; erst in unserer Zeit wurde es wieder restauriert, zwar nur teilweise, aber dennoch ist es sehenswert: eine Wasserburg direkt am Ufer des IJsselmeers.
Bei einem Spaziergang durch Medemblik kann man noch viele schöne, alte Häuser finden; das Städtchen hat sich in den letzten Jahren fein herausgemacht. Am schönsten ist es aber immer noch am alten Hafen.

Liegeplatz und Versorgung: Im Oosterhaven darf man (eigentlich) nicht bleiben, wohl aber im Middenhaven (A). Dort darf man an beiden Seiten festmachen, die bessere ist die linke baumbestandene, wo man sich allerdings an dem Pfahlwerk gut abfendern muß. Im Middenhaven gibt es Wasser und Treibstoff und in der Straße hinter „Twee Schouwtjes" ordentliche Duschen, WCs und sogar einen Waschsalon.
Gut ist die Versorgung im Westerhaven (B), wo die Stichting Jachthaven Medemblik Stege ausliegen hat (Dusche, WC). Um dorthin zu gelangen, muß man durch eine Brücke mit folgenden Öffnungszeiten: wo. 07.30–12.00, 13.00–18.00, 19.00–20.00 (fr. bis 21 h); sa./so./f. 07.30–12.00, 13.00–18.00, 19.00–21.00. Hafenamt und Brücke: **M 9**.
Dank des neuen Pekelharinghavens (C) müßte man jetzt immer einen Platz im früher oft hoffnungslos überfüllten Medemblik finden. Die Umgebung des neuen Hafens ist noch etwas kahl, doch dies dürfte sich mit der Zeit ändern. An der Einfahrt linke Hand Hafenmeisterbüro mit kleinem Restaurant, Zubehör und den üblichen sanitären Einrichtungen.
Am Overleeker Kanaal, den man durch die Westerhaven-Schleuse erreicht, liegen mehrere Werften (u. a. Conyplex, Jongert) mit allen Reparaturmöglichkeiten.
Stilvoll und gut kann man im Restaurant „Twee Schouwtjes" am Middenhaven essen, nicht ganz so teuer im „Wapen van Medemblik" (an der Brücke).
Binnenfahrt: → *S. 291 ff.*

Auf der Seekarte sind zwischen Medemblik und dem Fischstockgebiet Hop drei blaue Kreise, gekennzeichnet mit A, B und D: Das sind *Regattabahnen*, denn in Medemblik werden häufig Regatten ausgesegelt, darunter sogar Europa- und Weltmeisterschaften.
Hat man den Ort verlassen, so gibt es außer Wasser eigentlich wenig mehr zu sehen; das hier sehr breite IJsselmeer ist von schnurgeraden, asphaltierten Deichen eingefaßt, das ist alles.
Sollte man auf den 10 sm auf unserem Kurs nordwärts zum Abschlußdeich einen Fluchthafen brauchen, so kann der Werkhafen

Oude Zeug gute Dienste leisten. Im Grunde ist es nur ein Materiallager der Wasserbaubehörde. Der Hafen liegt knapp 1 sm NW-lich von dem weittragenden *Leuchtfeuer Zeughoek*, das man am besten zuerst ansteuert, um sich dann weiter am Deich (im tiefen Wasser) entlang nordwestwärts zu halten, so daß man direkt in das viereckige Becken einläuft. Yachten müssen an der Nord- oder Nordwestseite an den eisernen Spundwänden festmachen und dürfen nicht unbeaufsichtigt liegen bleiben. Keine Versorgung. Der Hafen – und dies ist sein größter Vorzug – läßt sich auch nachts relativ leicht anlaufen. Man hält zuerst auf das *Leuchtfeuer Zeughoek* (Iso.RW 10s) zu, von dem aus man schon in NW die Molenfeuer von Oude Zeug (F.G u. F.R) erkennen kann. Ein öder Platz, wirklich nur als Fluchthafen zu gebrauchen.

Vor **Den Oever**, einer der beiden großen Schleusen zwischen IJsselmeer und Waddenzee, liegt ein ebenso großes wie unübersichtliches Flach. Am besten orientiert man sich an dem Inset in der Karte 1810.6.
Eine sehr gute Landmarke, auch weithin sichtbar, ist der bleistiftdünne, silbrige, 200 m hohe *Funkmast*, der 1 sm SE-lich der Hafeneinfahrt am Deich steht.
Wer nicht in die Waddenzee will, braucht eigentlich auch nicht nach Den Oever, ein Fischerdorf, das gewiß als solches nicht uninteressant ist, aber doch mehr, wenn man zur Waddenzee will oder auch zu den Kanälen Noord-Hollands (→ S. 291).
Wer sich Den Oever dennoch ansehen will, läßt sein Boot am besten im südlichen Schleusenvorhafen; dort gibt es an der Westseite Steiger für Yachten. In ein paar Minuten ist man von hier zu Fuß in Den Oever, einem Fischerdorf, das mit der Eindeichung der Zuiderzee entstanden ist. Vorher lebten die Fischer auf der sturmflutsicheren Insel Wieringen. Das Dorf hat inzwischen Patina angesetzt und ist nicht ohne Charakter. Man kann gut Fisch essen, entweder an einer Bude oder im Restaurant über der Auktionshalle. Übrigens: rundum gute Versorgung fürs Boot.
An der Südseite des zum größten Teil untiefen Zuiderhavens liegt der Jachthaven Den Oever, teils am Festland, teils auf einer Insel. Ein hübscher Hafen, doch deswegen braucht man nicht nach Den Oever zu fahren.
Wenn man sich bei den Flachs *Wieringervlaak* und *Nieuwe Zeug*, beides Fischstockgebiete, sauber an die Tonnen hält, kann man ziemlich nahe an den 32,5 km langen Abschlußdeich, den *Afsluitdijk*, heranfahren, der aus der offenen Zuiderzee das abgeschlossene IJsselmeer werden ließ.
Gut 3 sm NE-lich von Den Oever sieht man oben auf dem Deich ein graugelbes Türmchen stehen, „De Vlieter", das exakt die Stelle markiert, wo der Deich am 28. Mai 1932, und zwar Punkt 13.02, geschlossen wurde.
Als das endlich geschafft war, nach jahrzehntelangem Pläneschmieden und einer neunjährigen Bauzeit, brach ein unglaublicher Jubel aus. Schiffssirenen heulten auf, im ganzen Land fingen die Glocken an zu läuten, und von Mund zu Mund ging der Ruf: „Der Deich ist dicht!" Die Fischer von der Zuiderzee allerdings setzten die Flagge auf Halbmast.

Einen Fluchthafen von ähnlichem Zuschnitt wie Oude Zeug findet man etwa in der Mitte des Deichs mit **Breezanddijk**. Eigentlich sind es zwei Häfen, einer liegt jenseits des Deichs an der Waddenzee, der andere am IJsselmeer. Dieser ist recht gut zu erkennen: einmal an den Kiesbergen, dann aber auch an vier zusammenstehenden Silos. Schon wegen der Fischnetze ist bei der Ansteuerung Vorsicht geboten, man sollte den Hafen nur mit einem Kurs zwischen 15° und 265° anlaufen. Man kann nur an den Steigern an der SW- und der NW-Seite festmachen; an den anderen Kaden ist es untief mit Steinschüttungen. Breezanddijk ist wirklich nur als Nothafen zu gebrauchen und eben als echter Fluchthafen. Am Kopf der Ostmole befindet sich ein Sektorenfeuer (Iso.RW-6s), dessen roter Sektor den Damm abdeckt. Zu einer großen Autobahntankstelle auf dem Deich nur ein paar Schritte.

Recht gut und merkwürdigerweise auch weltabgeschieden liegt man im Binnenhaven von **Kornwerderzand**, der neben Den Oever anderen großen Schleuse am Abschlußdeich. Auch dieser Komplex besteht aus gewaltigen, weißgrauen Entwässerungsschleusen, die weithin sichtbar sind, und den vom IJsselmeer her zunächst weniger auffallenden Schiffsschleusen. Im Binnenhaven sind an der Westseite Stege für Yachten angebracht. Hier kann man sehr gut liegen, hat allerdings keine Versorgung (siehe Inset Kaart 1810.6; auch für Makkum). Das Boot muß ständig bemannt sein und nachts ein Ankerlicht zeigen.
Die von Moos überzogenen Bunker stammen alle noch aus der Zeit des 2. Weltkrieges; mit ihnen wollten die Holländer den Übergang über den Abschlußdeich verteidigen, was ihnen auch gelang. In einem der Bunker ist ein kleines Museum eingerichtet, das an jene Zeit erinnert.
Bei schlechter Sicht oder gar nachts sollte man immer in den Binnenhaven von *Kornwerderzand* fahren, nicht nach

Makkum, von dem man zunächst nur eines sieht, die silbrigweiß schimmernde Werfthalle, ein wahres Monstrum, das von sehr weit schon auszumachen ist. Mit Makkum erreichen wir nun den ersten Hafen am Ostufer vom IJsselmeer und sind damit in *Friesland* angekommen.
Vor dem Städtchen liegen zwei flache, zum Teil sumpfige Inseln, das *Makkumer Waard*, und zwischen diesen beiden hindurch führt eine schnurgerade Passage, das *Makkumer Diep*, hinein in den Hafen. Die nördliche Insel, das *Makkumer Noordwaard*, ist Naturschutzgebiet, die südliche, das *Makkumer Zuidwaard*, hat einen schönen weißen, weithin leuchtenden Sandstrand, Bäume und Büsche und ist ein vielbesuchtes Erholungseiland.
Makkum ist ein etwas verschlafenes, dennoch durchaus sehenswertes friesisches Städtchen. Bekannt ist es durch seine Makkumer Majolica, eine derbere Variante des feinen Delfter Blaus. Die Manufaktur des Hoflieferanten Tichelaar kann man besichtigen, kann sogar sein Boot davor an die Kade legen. Hier werden die berühmten friesischen Kacheln und Fayencen von alters her noch mit der Hand bemalt.

Liegeplatz und Versorgung: Idyllisch liegt man im Binnenhaven (Wassertiefe 1,30 m) vor den alten Häusern, auch an seiner Fortsetzung, der Grote Zijlroede (hier die Tegelfabrik Tiche-

VI. Das IJsselmeer

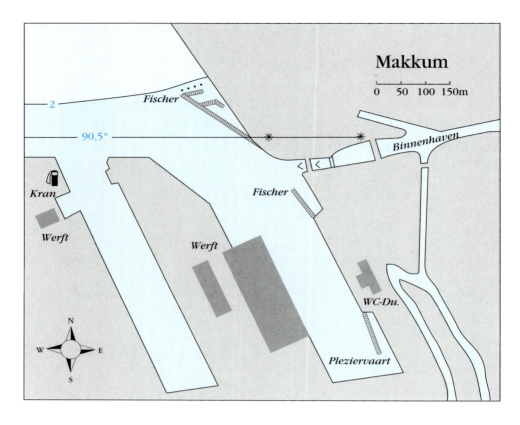

laar), aber um dorthin zu gelangen, muß man durch die alte Schleuse. Wenn einem dies zu umständlich ist, bleibt man im Fischerhafen, und zwar neben dem Fischersteg, wo Plätze für „Plezier"-Fahrzeuge ausgeschildert sind. Trotz der scheinbar alles erdrückenden Werfthalle liegt man hier gut und geborgen. Wasser am Fischerhafen. WC und Duschen bei der Fischhalle. Im Industriehaven die Jachtwerf Bloemsma (30-t-Kran, auch Wasser/Treibstoff).
Inzwischen ist am Südufer des Makkumer Dieps ein moderner, großer Yachthafen gebaut worden, die Marina Makkum. Außerdem gibt es noch ein paar kleinere Bootshäfen. Ich meine: entweder Marina oder Fischerhafen oder (wenn man binnen weiter will) der Binnenhaven.
Schleuse und Brücke mit folgenden Öffnungszeiten: wo. 08.00–10.00, 10.30–12.00, 13.00–15.30, 16.00–17.30, 18.00–20.00; so./f. 09.00–11.00, 16.00–18.00 (Mai und September) bzw. 08.00–11.00, 14.00–16.00, 18.00–20.00 (Juni, Juli, August).
Binnenfahrt: Über den Kanaal van Panhuijskan erreicht man die Workumer Trekvaart und damit die friesischen Seen.

Törnvorschlag 3: Die Ostküste
Von Makkum nach Urk

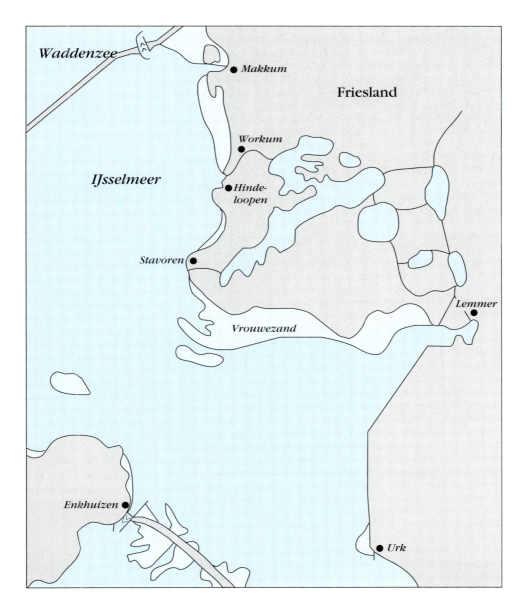

Distanzen: **Makkum – Workum** (9 sm) – **Hindeloopen** (2 sm) – **Stavoren** (6 sm) – **Lemmer** (19 sm) – **Urk** (15 sm).

Schon ein Blick auf die Karte läßt erkennen: Die Ostküste des IJsselmeers ist eine noch weitgehend natürliche Küste. Statt der schnurgeraden Deiche der Westküste hat man es hier mit einer unregelmäßig verlaufenden Küstenlinie zu tun. Zwar gibt es auch hier Deiche, doch sie folgen dem natürlichen Lauf des Ufers. Der Landgrund steigt entsprechend langsam an, so daß man hier nicht so nahe ans Ufer heranfahren kann, wie es an der Westküste möglich ist.
Der weitaus größte Teil der Uferzone steht unter Naturschutz.
Hält man sich von *Makkum* aus südwärts, so darf man deshalb keinesfalls über die rot-weißen Tonnen hinausfahren; man bedenke auch, daß dies die meiste Zeit des Jahres eine Leeküste ist: also weg und Raum gewinnen, wenn es aufbrist!
Schon bei Makkum mußte man über ein großes Flach zum Hafen, genauso ist es bei den nächsten beiden Häfen, bei *Workum* und *Hindeloopen*.
Ein hoher, spitzer und daneben ein gedrungener, stumpfer Kirchturm zeigen schon von weitem, wo

Workum liegt. Doch selbst wenn man diese beiden Türme querab hat, muß man noch ein schönes Stück weiter südwärts laufen, bis man die Ansteuerung erreicht hat.
Diese ist unverkennbar: einmal wegen eines großen Campingplatzes mit weißen Wohnwagen und dann dank des weißen, kantigen Leuchtturms, der über der Kanaleinfahrt steht.
Man sollte auf alle Fälle zuerst die gemeinsame Ansteuerungstonne von Workum und Hindeloopen anliegen, die *rot-grün-rote Leuchttonne H2 – W1* (Iso-2s). Dies sei gleich vorweg gesagt: Boote mit einem größeren Tiefgang als 2 m sollten sich von diesen beiden Häfen fernhalten, auch wenn die Wassertiefe der Fahrrinne von Workum mit 2,20 m angegeben ist, nach Baggerungen sogar mit 2,65 m. Boote, die nach Workum hinein wollen, müssen einen noch geringeren Tiefgang haben, denn die Drempeltiefe in der Schleuse beträgt 1,65 m.
Diese Fahrrinne wird an der Stb-Seite von einem gut 500 m langen, zuweilen überspülten Steindamm begrenzt. Da sie zur Versandung neigt, sollte man sich gut mittig halten und keinesfalls über die roten Baken an Bb hinauslaufen.

Wahrschau: Nachts sollte man Workum trotz der Leuchtfeuer nicht anlaufen, da die Peilung 090° der beiden Leuchtfeuer (Oc(2)-6s) das nur 0,60 m tiefe Flach streift.

Liegeplatz und Versorgung: Im Kanal Het Zool liegt linker Hand die sehr große, neue Marina It Soal mit entsprechenden sanitären Einrichtungen; der gute Eindruck wird getrübt durch den

riesigen Campingplatz daneben. In Het Zool kann man am Nordufer überall anlegen; hier befindet sich auch die Bootswerft Anne Wever. Besser aber, man fährt noch ein Stückchen weiter, bis sich der Kanal vor der alten Schleuse zu einem kleinen Kolk erweitert. Hier liegt man an Stegen recht gut, es gibt sogar WCs und Duschen. Bei Wever findet man jede Art von Versorgung (u. a. Reparaturmöglichkeiten mit Kränen bis 40 t), so daß man sie im einzelnen nicht aufzuzählen braucht. Wer nicht binnen zu den Kanälen will, braucht auch nicht durch die Schleuse zu fahren, obwohl sich östlich der Stadt noch drei recht gute Yachthäfen befinden.
Binnenfahrt: Über Workum erreicht man den Kanal Lange Vliet, der zu den Seen von Friesland führt (→ S. 251).

Das Städtchen Workum ist durchaus sehenswert, wenn auch nicht gerade aufregend. Dank seiner Lage zwischen IJsselmeer und den friesischen Seen ist es zu einem bedeutenden Wassersportzentrum geworden. Recht beeindruckend ist die große *St. Gertrudiskerk* mit ihrem stumpfen, wuchtigen Turm, auf dem wiederum ein zierliches Türmchen sitzt.
Workum war einst ein wichtiger Seehafen in Friesland, doch dies ist längst Vergangenheit. Eben hinter der Seeschleuse liegt die alte Schiffswerft von Ube Zwolsman, die (wieder) Rund- und Plattbodenschiffe nach alten Rissen baut. Direkt neben dem Hafenkolk steht eine kleine Fabrik, aus deren Schornstein dichter weißer Rauch quillt, den man von weit draußen im IJsselmeer sehen kann. Ich habe immer gerätselt, was das wohl sein möge; jetzt weiß ich es: Eine „grasdrogerij" ist es, eine Grastrocknerei; doch was ist nun das?
Am Marktplatz, gegenüber der St. Gertrudiskirche, das gute, stilvolle Restaurant „De Waegh".
Nimmt man alles in allem, so ist

Hindeloopen wohl eher zu empfehlen. Sein hoher, etwas schräg stehender Kirchturm ist weit über das IJsselmeer zu sehen: das Wahrzeichen dieses kleinen friesischen Hafens. Ähnlich wie bei Workum ist die Einfahrt etwas kritisch. Man muß unbedingt im Tonnenstrich bleiben und aufpassen, daß man an der Hafeneinfahrt, etwa beim Ausweichen, nicht zu nahe dem Bollwerk an der Südseite kommt, denn davor liegt eine Untiefe, auf der immer wieder Boote festkommen.
Wahrschau: Auch Hindeloopen sollte man als Revierfremder nachts nicht anlaufen!
Das Städtchen ist irgendwie recht putzig, aber auch nicht mehr: eine Mischung aus Dorf und Hafenstädtchen. Mit am schönsten ist es noch an der *alten Schleuse* mit dem aus gelben Backsteinen gebauten Schleusenwärterhaus. Im Ort fallen einem ein paar erstaunlich große und teilweise prächtige Häuser auf: Es handelt sich um sogenannte Kapitänshäuser, gebaut von Kapitänen, die für Amsterdamer Reeder fuhren, aber hier in Hindeloopen wohnten. Bei jedem dieser Häuser steht auch noch ein kleines Holzhaus, „Likhues" genannt, in dem die Familie des Kapitäns wohnte, wenn der auf großer Fahrt war. Von Hindeloopen aus segelten im Goldenen Jahrhundert bis zu 100 Schiffe in die Ostsee.

Durchaus sehenswert: das *Hidde-Nijland-Museum*, ein friesisches Heimatmuseum. Die buntbemalten Möbel – ein Handwerk, das man immer noch in Hindeloopen pflegt – sind wahrscheinlich skandinavischen Vorbildern nachempfunden.

Am schönsten ist es sicher am kleinen alten Hafen mit der Seeschleuse und der „Leugenbank", einer überdachten Veranda, wo zu jeder Stunde und bei jeder Jahreszeit alte Männer stehen, die Pfeife im Mund, die Hände in den Hosentaschen, und auf das Meer hinausstarren; jedes einlaufende Boot wird begutachtet, jedes Manöver kommentiert, doch verstehen kann man nichts, denn gesprochen wird friesisch. „Leugenbank", so heißt sie wohl, weil hier schon so manches Seemannsgarn gesponnen wurde.

Hindeloopen: die alte Schleuse.

Törnvorschlag 3: Die Ostküste

Im alten Hafen liegen noch ein paar, allerdings sehr bescheidene Fischkutter, aber immerhin, ganz verschwunden ist die Fischerei aus diesem Hafen noch nicht.

Liegeplatz und Versorgung: Im Alten Hafen, der früher Gemeentehaven hieß, jetzt aber den merkwürdigen Namen Hylper Haven trägt, ist so wenig Platz, daß man am besten direkt nach der

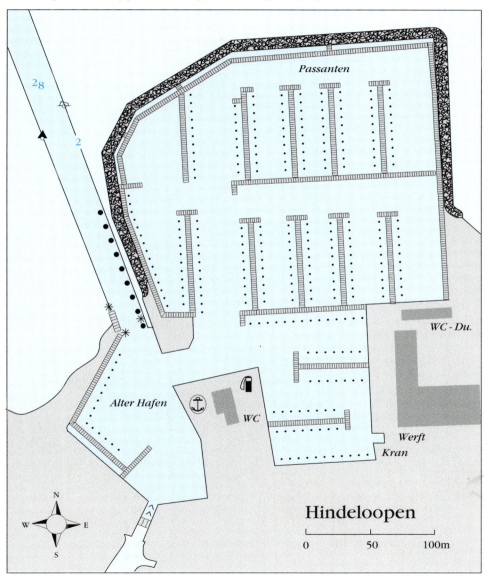

209

Einfahrt nach links abbiegt in den großen Jachthaven Hindeloopen, der zu den besten Marinas am IJsselmeer gehört: eine durch und durch perfekte Anlage, kein Servicewunsch bleibt hier offen, mit Hallenschwimmbad, Sauna und Squash-Halle. Hier liegen wohl auch die größten und teuersten Yachten am IJsselmeer, die meisten unter deutscher Flagge, so daß die Einheimischen schon etwas mißvergnügt von der „Kölner Bucht" sprechen.
Im alten Hafen legt man sich am besten an die Kade einlaufend linker Hand.
Empfehlenswert das Sommerrestaurant „De Gasteri" am Hafen.
Binnenfahrt: Die alte Schleuse kann geöffnet werden; dann käme man über den Kanal Indijk zu den friesischen Binnengewässern. Da dieser Kanal aber mehrere feste Brücken mit einer Durchfahrtshöhe von nur 2,20 m hat, dürfte diese Route für die meisten Boote nicht in Frage kommen.

Stavoren liegt ähnlich wie Enkhuizen auf einer weit vorspringenden Halbinsel. Dank dieser günstigen Lage entstand hier am tiefen Wasser ein Hafen, der im nördlichen Europa schon einen Namen hatte, als von Amsterdam, Hoorn oder Enkhuizen noch keine Rede war. Im frühen Mittelalter, in der Hochzeit des Frankenreichs, führte die wichtigste Handelsroute vom Rhein über die IJssel zur Nordsee und damit exakt vorbei an Stavoren. Die Friesen waren ja bekanntlich nicht nur kühne Seefahrer, sondern auch gewiefte Händler. Daß auf alten Karten die Nordsee als Friese Zee bezeichnet ist, wird schon seinen Grund gehabt haben.
Von diesem alten Stavoren ist heute allerdings so gut wie nichts mehr vorhanden, nur der Grundriß des Städtchens mit dem Hafen entspricht noch der alten Vorlage. Doch die Bastionen, die Türme, die Packhäuser, die ganze Herrlichkeit ist längst entschwunden, und so ist eigentlich der Ort, erwartet man, dies alles noch zu sehen, eine einzige Enttäuschung, was nicht heißen soll, daß es sich nicht lohnen würde, hierher zu kommen. Der Hafen ist immer noch sehr gut, vor allem auch leicht anzufahren, und wer vom IJsselmeer aus zu den friesischen Seen will, der benutzt sowieso am besten die Johan-Friso-Schleuse als Einfallstor (→ S. 251).
Stavoren ist erstmals 991 n. Chr. in einer Chronik erwähnt, als ein Überfall der Wikinger zu verzeichnen war; doch zu der Zeit war es schon längst eine blühende Handelsstadt, die eben einen Überfall der beutegierigen Wikinger herausforderte. Wann das alles verschwunden ist, weiß heute kein Mensch mehr, ob eine große Sturmflut die Ursache war oder ein kriegerischer Überfall, niemand vermag es mit Sicherheit zu sagen. Das meiste ist Legende, etwa, daß das zu seiner Zeit mächtige und reiche St.-Odulphus-Kloster vor Stavoren auf dem Meeresgrund liegt, verschlungen von einer Sturmflut, auch wenn die Fischer immer wieder berichten, vor einem drohenden Unheil hätten sie draußen aus dem Wasser die Kirchenglocken läuten gehört, als Warnung sozusagen. Ein Körnchen Wahrheit wird schon dran sein, genauso wie bei der „Frau van Stavoren", einer Lesebuch-Geschichte, die jedes Kind in Holland kennt.
Als Stavoren später der Hanse angehörte, genauso wie die meisten Hafenstädte an der Ostküste der Zuiderzee, da war seine große Zeit längst vorbei, da war es nur noch eine unter vielen. Und als auch die Hanse ihren Einfluß verlor und am

Törnvorschlag 3: Die Ostküste

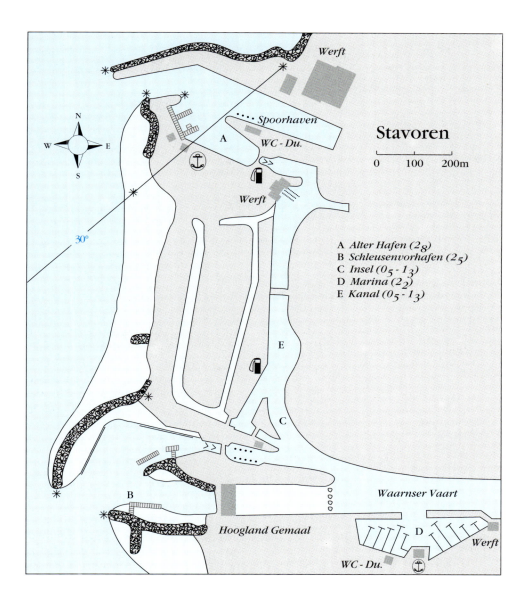

Westufer die reichen Städte Hoorn und Enkhuizen aufblühten, sank Stavoren zu einem Fischerhafen ab. Doch immerhin: Mit der Staverse Jol hatten die Fischer von Stavoren sogar einen eigenen, allerdings merkwürdig dickbäuchigen Schiffstyp entwickelt, der besonders für den Anchovis-Fang konstruiert war. Die dicke Staverse Jol war auch deshalb etwas Besonderes, weil sie nicht die typischen Seitenschwerter, sondern einen, wenn auch kurzen, Kiel hatte.

Eigentliches Wahrzeichen von Stavoren ist heute nicht die Vrouwe van Stavoren, die in Erz gegossen am Hafen steht, sondern das gelbweiße, sattelförmige *Hoogland Gemaal*, ein Pumpwerk, das man von weither sehen kann, nur nicht, wenn man das Städtchen von Norden her anläuft.

Liegeplatz und Versorgung: Bester Platz ist zweifellos der Alte Hafen (A) im Norden des Städtchens; hier gibt es auch noch eine kleine Fischerflotte. Man legt sich möglichst an die Kade hinter den Fischerstegen: ein etwas nüchterner Hafen, der aber wieder gewonnen hat, seit die alte, einst vollkommen verluderte Seeschleuse renoviert wurde. Besonders dicht wird die Atmosphäre an den Wochenenden, wenn die alten Schiffe der „Zeilvloot Stavoren" einlaufen. Ausgerechnet an diesem alten Seehafen hat man (zwischen Alten Hafen und Spoorhaven) ein Servicecenter hingestellt, das in seiner futuristischen Glasarchitektur wie die Faust aufs Auge paßt. Allerdings: Jetzt gibt es hier tadellose sanitäre Einrichtungen, neben anderem, wie einem Restaurant und dem Tourismusbüro.

Die anderen Häfen liegen alle binnen der Johan-Friso-Schleuse, obwohl man zur Not auch im Schleusenvorhafen (B), Nieuwe Voorhaven genannt, festmachen kann (unruhig). Binnen der Johan-Friso-Schleuse können Boote mit geringem Tiefgang an das Inselchen fahren (C) oder auch ein Stück in den dahinterliegenden Kanal (E) hinein.

Besser ist es dann aber schon, gleich in die große Marina Stavoren (D) zu verlegen (gute Versorgung), Reparaturen bei der Werft De Volharding (binnen der Zeesluis) oder beim Jachtservice Noord-Nederland (Spoorhaven) und in der Marina Stavoren (Travellift 20 t). Gemütlich sitzt man im Restaurant „Vrouwe van Stavoren" (am Alten Hafen); guten Fisch gibt es in der Fischhalle (ebenda) zu kaufen.

Ansteuerung: Sie ist ganz einfach, gleichgültig, ob man in den Alten Hafen (A) oder in den Schleusenvorhafen (B) fährt. Bei beiden allerdings muß man sich vor Fischstöcken in acht nehmen. Auch nachts kann man Stavoren (von weiter draußen liegenden Netzen einmal abgesehen) zur Not anlaufen, dann aber würde ich immer den Alten Hafen vorziehen, denn dort steht das stärkste Feuer von Stavoren (Iso. 4s). Die Einfahrt dieses Hafens öffnet sich nach SW, trägt Molenfeuer (F.G und F.R) und darf wegen der Fischstöcke nicht zu knapp angesteuert werden; am besten läuft man erst dann ein, wenn man das Gleichtaktfeuer genau zwischen den beiden Molenfeuern hat. Vorsicht: Eben SE-lich der Hafeneinfahrt brennt unten ein weißes Festfeuer, das zusammen mit dem Gleichtaktfeuer in Peilung 30° liegt; würde man diese Linie zu lange beibehalten, säße man bald auf dem Strand, zumindest zwischen Fischstöcken. Dieses Richtfeuer ist wichtig, wenn man von SW auf Stavoren zuläuft, weil es einen dann frei vom berüchtigten Vrouwezand hält, hat aber mit der Hafenansteuerung direkt nichts zu tun.

Neben dem grünen Molenfeuer befindet sich ein Nautofon: (2) 15s (= zweimal das Horn binnen 15s).

Ob man nach *Lemmer*, dem nächsten IJsselmeerhafen, der in einer tiefen, trichterförmigen Bucht liegt, überhaupt fahren soll, darüber gibt es jetzt keinen Streit mehr, nachdem sich das Städtchen so fein herausgemacht hat.

Eines ist sicher, bei schlechtem Wetter sollte man die *Binnenroute* nehmen. Man fährt dann durch die Johan-Friso-Schleuse und weiter wie auf Seite 254 ff. beschrieben. Dieser Binnentörn ist gewiß mehr als ein Notbehelf und auch solchen Yachten anzuraten, für die die Kanäle und Binnenseen eigentlich nicht das richtige Revier sind; doch hier sind sie's.

Außen herum kann es kritisch sein, denn man läuft immer längs der gefährlichsten Untiefe des IJsselmeers, dem *Vrouwezand*, der aus harten Sänden besteht und auf dem immer wieder Boote buchstäblich zertrümmert werden. Zwar zieht sich entlang diesem Flach eine Reihe roter Tonnen, doch wenn man sich das genauer ansieht, bemerkt man, daß die Tonnen doch bis zu 1 sm auseinanderliegen, und da kann es dann schon bei schlechter Sicht passieren, daß man eine übersieht. Nördlich der „großen" Tonnen gibt es einen zweiten Tonnenstrich (rotweiß waagerecht gestreift), der an der 2-m-Linie entlangführt; an den aber würde ich mich nur bei gutem Wetter herantrauen, bei West (Legerwall!) aber nicht. Auf jeden Fall sollte man von Stavoren aus mit Kurs SW im Tonnenstrich bis hin zur grünen Leuchttonne LC 9 (Iso. 4s) laufen und sich von da an mit Kurs E weiter von Tonne zu Tonne hangeln. Bei gutem Wetter kann man bis hin zu den rot-weißen Spieren kreuzen. Später dann sollte man das *Leuchtfeuer Friese Hoek* (Iso. 4s), das auf dem Deich des Noordoostpolders steht, ansteuern und sich dann von da aus sauber im Tonnenstrich des Fahrwassers *Lemstergeul* halten, das immer dicht am Deich entlangführt. Bei der grün-roten Leuchttonne (Q) zweigt nordwärts ein Fahrwasser ab, das zur großen Schleuse und zum Prinses Margrietkanaal führt. Es soll uns hier nicht interessieren.
Der Hafen von Lemmer ist etwas unübersichtlich: Will man in den Stadtkanal, dann muß man um die Marina Friese Hoek herumfahren, um so zur *Lemster Schleuse* zu gelangen.

Lemmer ist ein durchaus ansehnliches, wenn auch nicht allzu altes Städtchen, dennoch: Im vorigen Jahrhundert hatte es für die Provinz Friesland eine erhebliche Bedeutung, denn hier endete der große Kanal, der durch die Provinzen Friesland und Groningen zur Ems und damit nach Deutschland führte. Inzwischen fahren die Binnenschiffe nicht mehr durch die Stadt und auch nicht mehr durch die Lemster Schleuse, sondern folgen dem Prinses Margrietkanaal und laufen von da durch die gleichnamige Schleuse ins IJsselmeer hinaus.
Recht schön liegt man im Stadtkanal (A im Plan auf S. 214), *Stadswateren* genannt, vor mehr oder minder, meist minder alten Häusern und der schönen Kirche.

Liegeplatz und Versorgung: Im Industriehaven (C) findet man gleich fünf Yachthäfen: am einfachsten in die sehr große neue Marina Friese Hoek (B). Alle diese Häfen sind nicht schlecht, doch die Umgebung wird eben schon durch die Bezeichnung Industriehaven ausreichend charakterisiert. Im Außenhafen (D) gibt es den Buiten Jachthaven, der den genannten drei ähnelt. Was für diese Häfen spricht, ist die keinen Wunsch offenlassende Versorgung; doch dies kann man auch im Vorbeifahren erledigen, etwa Treibstoff bunkern.
*Lemster Schleuse (**M 11**): Öffnungszeiten wo. 08.00–20.00; so./f. 09.00–13.00, 14.00–17.30, 18.00–20.00.*

Die drei Brücken in der Stadt haben die gleichen Bedienungszeiten. Bei der *Oude Sluisbrug*, der ersten nach der Lemster Schleuse, muß man vorsichtig fahren, weil dort der Kanal sehr eng und unübersichtlich ist.

VI. Das IJsselmeer

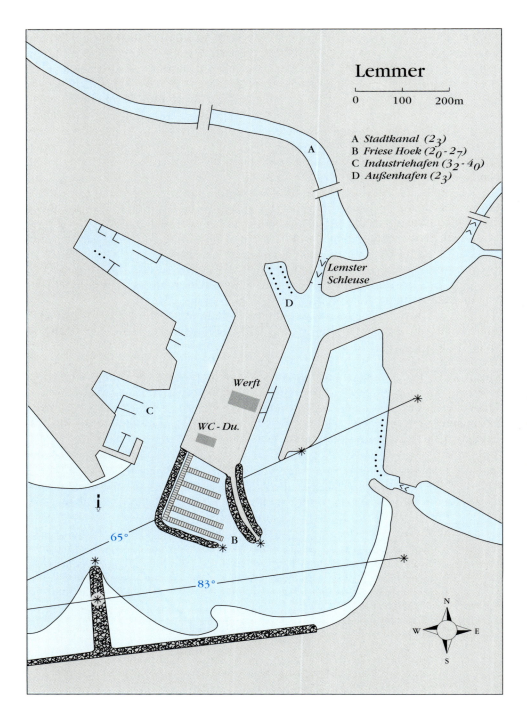

Bei Lemmer hört die natürliche, geschwungene Küste Frieslands auf. Ab jetzt hat man immer die schnurgeraden, hohen und asphaltierten Deiche des

Noordoostpolders querab; es ist jenes Land, das nach der Eindeichung der Zuiderzee im südlichen IJsselmeer als erstes eingedeicht und trockengelegt wurde. Aus dem Seeboden mit seinen Ablagerungen ist ein überaus fruchtbares Bauernland geworden, dem man, obwohl auf dem Reißbrett geplant, mit seinen schnurgeraden Pappelalleen und den adretten Bauernhöfen inzwischen einen gewissen Reiz nicht absprechen kann.
Während das Wasser überall ausreichend tief ist, muß man kurz vor

Urk wieder etwas aufpassen, weil hier ein „altes" Flach liegt, die mit Steinen übersäte Untiefe *Vormt*. Man fährt im Halbkreis um dieses Flach herum und hält sich dabei immer entlang der roten Tonnen; so kommt man von Süden her auf die Hafeneinfahrt zu.
Urk war vor der Eindeichung eine der vier Inseln der Zuiderzee: Wieringen (bei Den Oever), Marken, das noch am ehesten den Charakter einer Insel hat, eben Urk und dann auch noch Schokkereiland, das jetzt mitten im Noordoostpolder liegt, umgeben von wogenden Kornfeldern, dabei noch einen gut erhaltenen „Hafen" hat, in dem jetzt Kühe weiden. Alle waren Fischerinseln, und Urk ist es heute noch, hatte aber früher noch eine andere Bedeutung: Es war ja die Insel, die ziemlich zentral in der Zuiderzee lag, und der weiße Leuchtturm, der auf ihrer äußersten Westspitze steht und auch heute noch alle 5 s seinen weißen Blitz über das IJsselmeer wirft, war früher unentbehrlich für die Schiffahrt auf der Zuiderzee. Denn alle Schiffe, die von Amsterdam ausliefen, mußten zunächst Urk ansteuern und konnten dann erst Kurs NW auf die Waddenzee nehmen; nur so blieben sie frei vom berüchtigten Enkhuizerzand.
Ähnlich Marken (→ S. 178) lebt dieses Fischerstädtchen immer noch sein eigenes Leben, aber anders als das pittoreske Dorf auf der anderen Seite des IJsselmeers ist Urk immer noch ein lebendiger, funktionierender und auch bedeutender Fischerhafen. Selbst wenn die Kutter aus Urk zumeist gar nicht mehr nach Urk kommen, sondern ihren Fang anderswo anlanden, der dann mit Kühlwagen hierher transportiert wird – das IJsselmeer selbst würde natürlich eine solche Fangflotte nicht mehr tragen. Die grünschwarzen Kutter aus Urk mit dem Zeichen „UK" findet man auf allen Meeren Nordeuropas; sie sind bekannt dafür, daß sie hart zur Sache gehen, und manchem Fischereiaufsichtsboot sind sie mit ihren starken Motoren schon davongelaufen.
Der ganze Ort lebt auf die eine oder andere Weise von der Fischerei. Urk ist alles andere als idyllisch; die Fischhallen am Hafen sehen aus wie Fabriken, und letztlich sind sie das auch.
Urk hat heute eine der modernsten Hochseefangflotten Europas. Während die anderen Fischer an der Zuiderzee lange, wohl zu lange bei ihren besegelten Bottern blieben, rüsteten die Urker Fischer früh schon auf motorbetriebene Kut-

VI. Das IJsselmeer

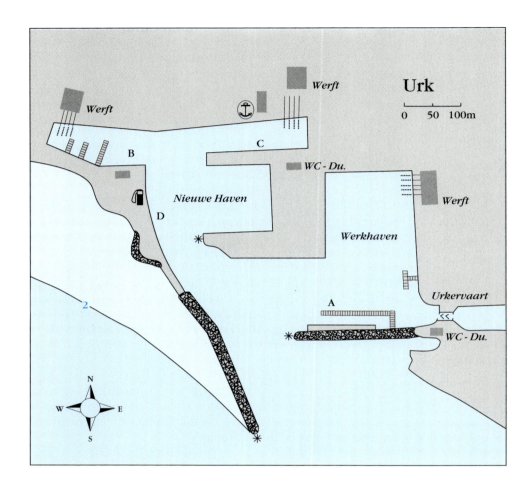

ter um. Die Romantik ging so zwar flöten, aber Urk ist im Gegensatz zu den anderen Fischerhäfen am IJsselmeer einer geblieben, der immer noch vom Fischfang lebt.

*Liegeplatz und Versorgung: Urk ist im Grunde nicht auf Yachten eingestellt. Man fährt entlang dem Hafendamm in den West- (B) oder Oosthaven (C) und sucht sich dort irgendwo einen freien Platz, nach Möglichkeit aber nicht von Donnerstag abend bis Montag früh, denn Freitag in aller Frühe kommen die Fischkutter. Wenn man im West- oder Oosthaven während der Zeit einen Platz nimmt, dann nur nach Absprache mit dem Hafenmeister (**M 12**). Häufig legen sich Boote auch längsseits an die Westmole (D), nicht das schlechteste, aber etwas unruhig. Vor der Schleuse, die zur Urkervaart führt, gibt es einen Steg (A) von der W. V. De Zuiderzee, etwas frei, aber ungestört. Mit sanitären Einrichtungen sieht es schlecht aus: Toilettenwagen beim Liegeplatz C und A. Die Versorgungsmöglichkeiten fürs Boot sind recht ordentlich, ob-*

wohl zum Beispiel die Werften auf ihren Slipanlagen immer Fischkutter haben, so daß eine Yacht nur den ganzen Betrieb durcheinanderbringen würde. Zubehör am Westhaven, neben der Jachtwerf Haakvoort.
Binnenfahrt: Via Urkervaart und Zwolse Vaart kann man den ganzen Noordoostpolder durchqueren und kommt schließlich beim schönen Kadoeler Meer (→ S. 283) wieder heraus.

Urk, dessen Gäßchen alle nach oben führen, auf die Kirche und den Friedhof zu, ist ein karger, nüchterner Ort. Obwohl es längst keine Insel mehr ist, hat man immer noch das Gefühl, dem Wind und dem Meer ausgesetzt zu sein. Ganz an der Westseite, nahe dem weißen Leuchtturm, stößt man auf ein merkwürdiges Bauwerk, die Fischerbastei, die hoch über dem Wasser emporragt: Es ist eine Art Denkmal. Längs der Mauer hängen schwarze Marmortafeln mit den Namen all der Fischer, die auf der See ihr Leben gelassen haben.

Interessant das Fischereimuseum „Hulp en Steun" an der Westhavenkade.

Nachts ist Urk mit den bekannten Einschränkungen relativ leicht zu erreichen. Man muß zunächst auf das weittragende Leuchtfeuer Fl.-5s zuhalten und danach das rote Festfeuer auf dem Westdamm suchen. Ein grünes Gleichtaktfeuer, das am Nieuwe Haven steht, deckt genau die Hafeneinfahrt ab. Zusätzlich helfen die Molenfeuer F.R und F.G. Um von der Untiefe Vormt freizubleiben, sollte man den Leuchtturm nur mit einem Kurs zwischen 315° und 90° ansteuern.

Nebelsignale: am großen Leuchtturm: (2) 30 s, auf dem Kopf des Westhavendamms (3) 30 s.

VI. Das IJsselmeer

Törnvorschlag 4: Die Randmeere
Von Urk nach Muiden

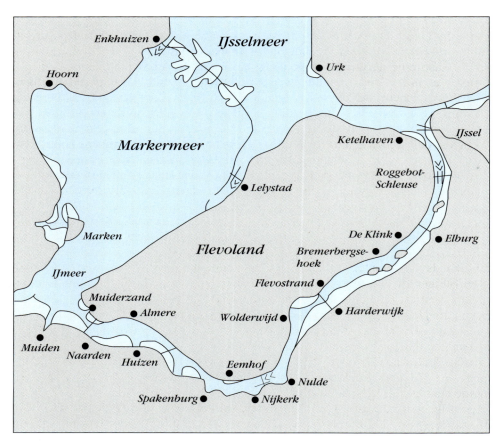

Distanzen: **Urk** – **Ketelbrug** (3 sm) – **Ketelhaven** (5 sm) – **Roggebot Schleuse** (5 sm) – **Elburg** (6 sm) – **De Klink** (3 sm) – **Bremerbergsehoek** (1,5 sm) – **Harderwijk** (7,5 sm) – **Wolderwijd** (4 sm) – **Zeewolde** (2 sm) – **Nulde** (2,5 sm) – **Nijkerk** (3 sm) – **Spakenburg** (4 sm) – **Eemmond** (4 sm) – **Huizen** (6 sm) – **Almere** (2,5 sm) – **Jachthaven Naarden** (3,5 sm) – **Muiden** (6 sm). **Urk** – **Lelystad** (10 sm).

Zwei feste Brücken setzen für Segler das Maß auf den *Randmeere*n; beide haben eine Durchfahrtshöhe von 12,50 m. Das ist ziemlich viel und müßte den meisten Booten reichen; wenn aber nicht, bleibt nichts anderes übrig, als sich von *Urk* südwestwärts zu halten, auf die gigantische *Flevocentrale* mit ihren beiden 147 m hohen Schornsteinen zu. Das ist zwar verglichen mit den Randmeeren etwas langweilig, nur schnurgerade, asphaltierte Deiche, aber dafür hat man die Weite des Markermeers zum Segeln, und das ist ja auch mal etwas.
An der *Houtrib Hoek*, etwas südwestlich der Flevocentrale und schon in der Ansteuerung nach Lelystad, liegt sehr exponiert und am tiefen Wasser die

Flevo Marina, ein enormer Yachthafen mit allen Schikanen. Der Hafen gehört zu der gleichen Gruppe wie der Jachthaven Hindeloopen und die Marina Staveren, ist also eine aufwendig ausgestattete, elegante Anlage mit Sauna, Kindergärten etc.; außerdem sehr gute Versorgungsmöglichkeiten, u. a. 50-t-Travellift. Der Hafen liegt etwas weit von Lelystad, der Hauptstadt der jungen Provinz Flevoland, weg, aber in landschaftlich durchaus reizvoller Umgebung.

Dicht vor der Schleuse und im Schatten des 140 m hohen Fernsehturms von Lelystad finden wir, ebenfalls am Ostufer, den *Houtribhaven*. Das ist ein ehemaliger Werkhafen, der für den Bau des Houtribdamms angelegt wurde. Jetzt Hafen der W. V. Lelystad. Auch hier die übliche Versorgung, aber verglichen mit der Flevo Marina eine sehr einfache Anlage.
Die großen *Houtrib-Schleusen* (**M 20**) werden jederzeit bedient. Hier ist übrigens der *Zentrale Notmeldungsdienst* für das IJsselmeer, entweder M 20 oder Tel. 03200/61111.
Südlich davon könnten Yachten sich auch an den *Oostvaarderdijk* legen, wo zwei Steiger für sie reserviert sind. Wegen der Berufsschiffe, die hier ständig vorbeikommen, liegt man allerdings nicht ruhig.
Durch die *Noordersluis*, die zu den Kanälen des „neuen" Flevolandpolders führt, wird man nur fahren wollen, wenn man etwa wegen einer Reparatur zu der Scheepkoppers Jachtwerf will.
Der Ort **Lelystad**, Hauptstadt von Flevoland, der jüngsten Provinz der Niederlande, ist auf dem Reißbrett entstanden und wenig sehenswert, doch dies ist meine ganz persönliche Ansicht.
Durch die Ausfahrt am *Oostvaardersdiep* erreicht man wieder das große, tiefe *Markermeer* (→ S. 192). Von hier aus zieht sich nach SW und schnurgerade der *Oostvaardersdijk*. Bei starken westlichen Winden nicht ungefährlich – ein Legerwall, deshalb gibt es auf der knapp 12 sm langen Strecke zwei Fluchthäfen, wo man notfalls unterschlupfen kann: den *Blocq van Kuffelar* (zu erkennen an vier großen Tanks) und schon am IJmeer den *Pampushaven*, ein Werkhafen von Rijkswaterstand, wo man zur Not bleiben kann (schlechte Liegemöglichkeiten).
Die weitaus bessere Alternative zum Markermeer ist natürlich eine gemütliche Fahrt durch die *Randmeere*.

Von *Urk* hält man zunächst auf die große *Ketelbrug* zu, eine BB, die eine freie Durchfahrtshöhe von 12,90 m hat. (Die BB wird geöffnet täglich von 08.30–12.00, 13.30–16.00 und 18.30–20.30.) **M 18**. Bei den merkwürdigen pilzförmigen Baken handelt es sich um Radarreflektoren für die Berufsschiffahrt, ebenso bei den langen Stangen an der Brückenöffnung.

Das sich nach Osten zu erstreckende *Ketelmeer* ist ein ziemlich breites, gleichmäßig tiefes Gewässer, das im Norden und Süden von Deichen eingefaßt ist. Dahinter liegen der Noordoostpolder und der neuere Flevolandpolder.

Über das *Ramsdiep* kann man das *Zwarte Meer* und damit die Kanäle von Overijssel erreichen.

Will man zu den Randmeeren, so hält man sich im Ketelmeer näher an dessen Südufer, denn dann kommt man von allein auf *Ketelmond* zu: Das ist nichts anderes als die Mündung der *IJssel* und gleichzeitig die Einfahrt zu den Randmeeren. Man hat vor sich eine Menge Tonnen, die dies alles etwas verwirrend erscheinen lassen. Am besten, man faßt zunächst die grüne *Leuchttonne WK 1* (Iso. G. 4s) und hält sich danach weiter im Tonnenstrich, bis man den

Ketelhaven mit dem *Jachthaven Ketelmeer* (A) querab hat, zu dem dicht gesetzte Tonnen sicher führen. Ein sehr guter, wenn auch nicht sonderlich großer, etwas einsam gelegener Hafen. Das Restaurant, das ganz außen am Wasser steht, heißt „Land's End", ein Name, der gut zu diesem exponiert liegenden Hafen paßt.

Für Gäste (Passanten) ist der lange Steg an der Nordmole, nach der Einfahrt rechter Hand, reserviert. Die *Versorgung* ist mit Wasser, WC und Dusche ausreichend. Treibstoff bekommt man nicht hier, sondern im Vorhafen der Ketelsluis.

Direkt westlich schließt sich ein kleiner Hafen an, der eigentliche Ketelhaven, der im Grunde nichts weiter ist als der Vorhafen der Schleuse, durch die man zu den Kanälen des Flevolandpolders gelangen könnte. Inzwischen gibt es hier Schwimmstege eines kleinen Hafens (B), der *Inter Marina Ketelhaven* (Duschen, WC, Motorreparatur, Treibstoff). Ein schöner, von hohen Pappeln gesäumter Hafen.

Sehr sehenswert ist das große, zwischen den beiden Häfen gelegene „Museum voor Scheepsarcheologie"; es enthält alle möglichen Fundstücke, vor allem Wracks, auf die man bei der Trockenlegung der Zuiderzee gestoßen ist; allein im Noordoostpolder wurden seinerzeit 165 Schiffswracks gefunden.

Mit der Einsamkeit wird es bald vorbei sein, denn hier ist ein Ferienzentrum in Planung, mit einem Yachthafen und künstlichen Inseln im Ketelmeer.

Für Boote mit sehr geringem Tiefgang (bis etwa 1,30 m) gibt es vom Jachthaven Ketelmeer aus einen Schleichweg, der immer hart an der Mole und danach am Deich entlang zum *Vossemeer* führt. Doch da diese Passage nicht betonnt ist, sollte man vorsichtshalber den „richtigen", mit Tonnen markierten Weg nehmen.

Zu den **Randmeeren** gehören genaugenommen auch noch das *Zwaarte Meer*,

Törnvorschlag 4: Die Randmeere

das *Ketelmeer*, das *Kadoeler Meer* und auch das *Vollenhovense Meer*; mit ihnen brauchen wir uns hier jedoch nicht weiter zu beschäftigen, da sie an anderer Stelle ausführlich beschrieben sind.
Hier sollen nur jene Randmeere interessieren, die zwischen dem Flevolandpolder und der alten Südküste der Zuiderzee übriggeblieben sind.
Gut 40 sm sind diese Gewässer zusammen lang, rechnet man ab *Ketelmond* bis hin zur *Hollandse Brug*, die schon im Weichbild von Amsterdam steht.
Vossemeer, Drontermeer, Veluwemeer, Wolderwijd, Nuldernauw, Nijkernauw, Eemmeer und *Goimeer*, so heißen die einzelnen Meere, die alle unmerklich ineinander übergehen.
Zumeist sind diese Gewässer sehr schmal und gleichen eher einem Fluß, besonders das Vossemeer, das stellenweise nicht breiter als 200 m ist. Die natürlichen Ufer sind unregelmäßig und zumeist von großen Schilffeldern bedeckt,

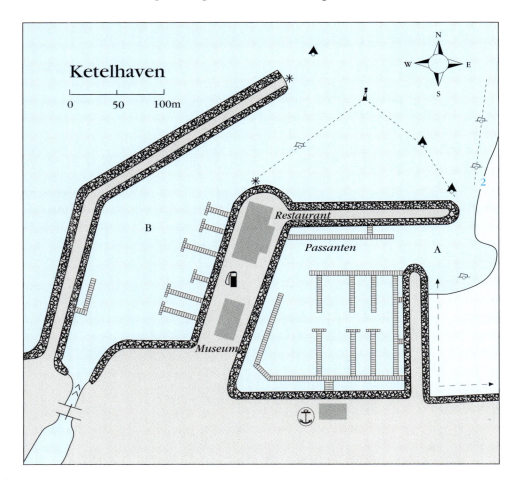

Am Drontermeer.

während die Ufer entlang dem Flevolandpolder wie mit dem Lineal gezogen erscheinen, so, wie sie eben auf dem Reißbrett der Wasserbauingenieure entstanden sind.

Fast immer führt die gut betonnte Fahrrinne dicht an den Polderufern entlang. Zumeist muß man sich auch in dieser Fahrrinne halten, nur dort, wo ein „Meer" sich etwas weitet und dabei auch noch genügend tief ist, kann man aus der Fahrrinne hinausfahren, bis hin zu den sogenannten Recreatietonnen (→ S. 20), die eine 1,30-m-Tiefenlinie markieren (mit Toleranzen zwischen 1,00 und 1,40 m).

An der alten Küste der Randmeere gibt es mehrere, zum Teil ansehnliche Hafenstädte, und an den Ufern des Flevolandpolders findet man eine ganze Menge neuer Marinas. Sieht man sich auf der Karte an, wie klein die Randmeere, jedenfalls ihre befahrbaren Teile doch sind, so scheint das fast alles ein bißchen zuviel. Man sollte sich also auf ein ziemliches Getümmel einstellen, die große Ruhe findet man hier nicht mehr.

Die IJsselmeer-Karte Nr. 1810 enthält auch die Randmeere; man kommt gut damit zurecht. Andererseits gibt es eine ANWB-Karte (E – Randmeren), die einen größeren Maßstab hat, also genauer, dafür aber auch etwas unhandlicher ist.

Mit **Vossemeer** und **Drontermeer**, sehr schmalen Revieren, hat man gleich zwei der schönsten Randmeere vor sich. Das Fahrwasser hält sich immer eng am Polder entlang, der hier schon mit hohen Pappeln eingewachsen ist, während sich nach Osten zu Schilffelder erstrecken, die sich irgendwo in der Weite des flachen Landes verlieren. Und immer begleiten einen die hohen Kirchtürme der alten Hansestadt *Kampen*, die nicht weit von hier am Ufer der IJssel liegt.

Törnvorschlag 4: Die Randmeere

Die **Roggebot-Schleuse** trennt das Vossemeer vom Drontermeer; sie wird bedient: wo. 07.00–12.30, 13.00–19.00; so./f. 10.00–12.30, 13.30–19.00 (mit BB, H 5,60 m). Im Sommer muß man sich auf lange Wartezeiten einstellen. **M 22**.
Nördlich der Schleuse am Westufer große Steiger. Man findet zwar keine Versorgung vor, kann aber hier recht gemütlich liegen. Gegenüber, am Ostufer, gibt es Liegeplätze in dem sehr kleinen *Hafen Zuiderzee Lido* (mit Restaurant), eben südlich der Schleuse, ebenfalls am Ostufer, den in einer Bucht gelegenen *Jachthaven Roggebotsluis*: sehr geschützt und guter Service (Diesel-Tankstelle).
Am besten aber sind wohl die vielen, zum Teil idyllischen Liegeplätze, die man im Drontermeer in der freien Natur findet. In der Karte sind sie alle mit einem kleinen roten Segelboot (ANWB-Karte mit rotem Poller) markiert. Man darf an diesen Plätzen jeweils längstens drei Tage bleiben.
Besonders empfehlenswert das *Inselchen Eek*, von dem aus man schon den mächtigen, stumpfen Kirchturm von

Elburg sehen kann, dem, nimmt man alles in allem, wohl schönsten alten Städtchen an den Randmeeren; nur der an sich gute Hafen mag einem wegen seiner unmittelbaren Umgebung weniger gefallen.

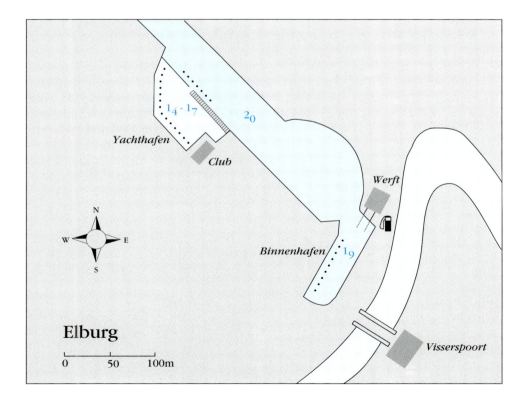

VI. Das IJsselmeer

Elburg gehörte wie die meisten Hafenstädte an der Ostseite der Zuiderzee der Hanse an. Aber ebenso wie die Hanse an Bedeutung verlor, ging es auch mit diesen Städten bergab; im Goldenen Jahrhundert war Elburg nichts weiter als ein Fischerhafen, ein wichtiger allerdings.

Das Städtchen hat seine ursprüngliche Form erstaunlich gut über die Zeitläufe retten können; mitten durch die Altstadt zieht sich eine Gracht, an beiden Seiten gesäumt von Lindenalleen. Eine etwas verschlafene Idylle mit noch vielen, schönen alten Giebelhäusern, die an kunstvoll gepflasterten Gassen stehen.

Das größte Stadttor, das *Vissespoort*, führt hinaus zum alten Hafen; es trägt auf dem Dach immer noch das Leuchttürmchen, das den Seefahrern einst den Weg heimwärts wies (jetzt ist in dem Turm ein kleines Fischereimuseum untergebracht, als letzte Erinnerung an die Fischerei, die mit der Eindeichung der Zuiderzee schlagartig ein Ende fand).

> *Liegeplatz und Versorgung:* Ein ca. 1 km langer Hafenkanal führt zum alten Hafen. Nach der Einfahrt gleich linker Hand das Jachtcenter Elburg (nicht auf dem Plan), ein kleines Becken mit Stegen und gutem Service (u. a. Travellift, 32 t). Am besten, trotz des staubigen Parkplatzes, liegt man noch im Gemeindeyachthafen an der Westseite des Hafenkanals (Wasser, WC, Dusche, Clubhaus). Im Binnenhafen, einem Becken am Ende des Kanals, wird man selten unterkommen. Die Versorgung ist in Elburg alles in allem recht gut. Wasser überall. Treibstoff bei der Scheepswerf Balk (so./f. geschlossen), hier auch Slip und Reparaturen.
>
> Die Brücke zwischen Drontermeer und Veluwemeer (H 5,60 m) hat die gleichen Bedienungszeiten wie die Roggebot-Schleuse.

Am **Veluwemeer**, das sich von der Brücke bei Elburg bis Harderwijk erstreckt, darf man sich nicht von der Breite des Gewässers täuschen lassen. Das allermeiste ist untief, und fahren kann man nur in der betonnten Rinne, zunächst jedenfalls, ab Bremerbergsehoek wird das Veluwemeer breiter und tiefer (Recreatietonnen).

Etwa 3 sm westlich der Elburger Brücke findet man am Nordufer den winzigen, doch guten Yachthafen **De Klink**, der recht hübsch an einem Wäldchen liegt. Man hat allerdings sehr wenig Platz, denn der Steg direkt vor dem Restaurant ist in Privatbesitz (WC, Dusche, Wasser).

Um einiges größer ist der Yachthafen **Bremerbergsehoek**, dessen Einfahrt sich nach Süden öffnet. Eine moderne, sehr gute Anlage mit dem üblichen Service; mehr läßt sich darüber (und auch über die meisten anderen modernen Yachthäfen an den Randmeeren) nicht sagen. Schon im Weichbild von Harderwijk der gut geschützte Yachthafen **Flevostrand**.

Sehr schön sind indes die sechs Inselchen, die alle in dem sich hier weitenden Veluwemeer liegen. Fast alle haben kleine Häfen, zumindest aber befestigte Ufer zum Anlegen. Die beiden Inseln *Piereiland* und *De Raal* gehören zur Marina Bremerbergsehoek, deshalb ist hier Liegegeld zu bezahlen. Bei Piereiland muß man sich bei der Einfahrt in den „Hafen" etwas vorsehen, da die mit 2 m angegebene Wassertiefe nicht immer gegeben ist (Versandung).

Törnvorschlag 4: Die Randmeere

Die Inseln *De Klunt* und *Krooneen*, beide schon im Weichbild von Harderwijk, dürfen zwischen dem 15. 3. und dem 25. 6. nicht betreten werden (Brutplätze).
Die *Harder-Schleuse* (mit BB, H 1,70 m) wird zu den gleichen Zeiten bedient wie die Roggebot-Schleuse (→ S. 223).
Eben nördlich der Schleuse befindet sich ein Werkhafen, der *Harderhaven*, den man als Fluchthafen anlaufen darf und der an seiner Nordseite Festmacher für Boote hat.
Genausogut kann man natürlich gleich die Schleuse passieren und in die noch geschützteren Häfen von

Harderwijk, der größten und wichtigsten Stadt in diesem Revier, fahren. Von ferne sieht diese Stadt, die von der alten Grote Kerk überragt wird, gar nicht so übel aus. Aber je näher man kommt, desto mehr erkennt man, daß aus der alten Hafenstadt längst eine moderne Industriestadt geworden ist. Zwar ist Harderwijk

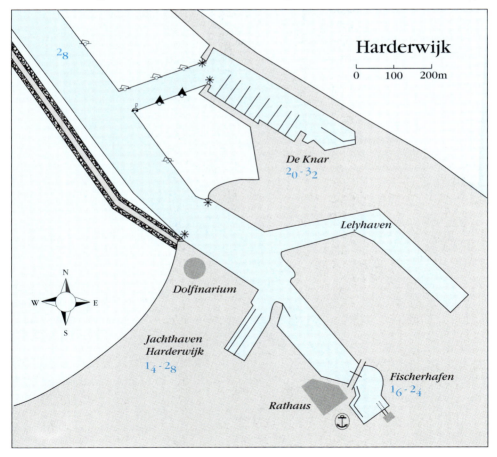

in seinem Kern immer noch eine Zuiderzeestadt mit historischer Vergangenheit, aber man merkt doch schnell, daß hier sehr viel abgerissen wurde; bis auf ein paar recht schöne Winkel unten am Hafen wirkt das alles doch etwas derangiert. Harderwijk war einst eine bedeutende Hafenstadt, Mitglied der Hanse, und trieb vor allem Handel mit den Ländern der Ostsee. Noch mehr bekannt war es allerdings als Sitz der „Gelderse Academie", einer medizinisch-naturwissenschaftlichen Hochschule, an der zeitweise der schwedische Botaniker Linné gewirkt hat; angeblich war er es, der den (heute verschwundenen) *Hortus botanicus* angelegt und darin den ersten Ginkobaum Europas gepflanzt hat. Diese Universität ist wie so manche in den Niederlanden Anfang des vorigen Jahrhunderts aufgelöst worden. Nur ein Flügel des Catharinenklosters, in dem sie untergebracht war, steht noch.

Im *Veluwse Museum*, das in einem alten Herrenhaus untergebracht ist, kann man neben schönen Einrichtungen auch Erinnerungsstücke von der Gelderse Academie besichtigen.

Sehr auffallend, besonders wenn man von Westen her auf Harderwijk zuläuft, ist die flache Kuppel des *Dolfinarium*s, eines Delphin- und Seehundaquariums, das unten am Hafen steht.

Liegeplatz und Versorgung: Man liegt in Harderwijk gut, aber nicht überall schön. Dies ist das Dilemma. Am wenigsten zu empfehlen ist der große Yachthafen De Knar, eingezwängt zwischen dem Straßendamm und dem Industriegebiet. Dies gilt erst recht für die am Veluwemeer neben dem Industriehafen „Lorentzhaven" gelegene Anlage des W. S. Harderwyk. Besser ist auf jeden Fall das dunkle, hinter hohen Pappeln gelegene Becken des Jachthavens Harderwijk; empfehlenswert ist dieser Hafen auch wegen der guten Versorgung (Wasser, WC, Dusche); leider etwas laut wegen des danebenliegenden Vergnügungsparks. An der sich anschließenden Kade machen Ausflugsdampfer fest; hier kann man nicht bleiben. Fährt man weiter in den Hafen hinein, so gelangt man zum alten Fischerhafen. Das Brücklein davor bedient man selbst. Hier sind eben vor dem roten Rathaus neue Stege gebaut worden, ebenfalls sehr ordentliche WCs und Duschen. Ein guter, wohl der beste Platz in Harderwijk.

In Harderwijk gibt es eine Unmenge von Versorgungs- und Reparaturbetrieben, die meisten im Lelyhaven. Sollte man ein besonderes Problem mit dem Boot haben, so frage man am besten den Hafenmeister um Rat.

Eigentlich wäre es das beste, die 15 sm bis zum nächsten Hafenstädtchen *Spakenburg* in einem durchzuziehen; will man es langsamer angehen lassen, dann kann man irgendwo dazwischen einen der neuen Yachthäfen anlaufen, von denen es gerade hier eine ganze Menge gibt.

Zuerst die größte Marina an den Randmeeren überhaupt, der in Sichtweite von Harderwijk gelegene **Jachthaven Wolderwijd** hinter dem Inselchen *Zegge* (Anlegemöglichkeiten nur an der NE-Seite): ein Riesending, bestehend aus vier großen Becken plus einem Vorhafen; mit großen Hallen, die von ferne wie Flugzeughangars aussehen. Auffallend auch ein hoher, schlanker Turm, der mitten in der Reißbrett-Stadt Zeewolde steht. Der am besten ausgestattete Hafen ist der

Törnvorschlag 4: Die Randmeere

Bonshaven, einlaufend gleich an Bb; der Bolhaven ist ähnlich, der Pluuthaven sehr einfach, auch etwas leer. Um es direkt zu sagen: als Heimathäfen nicht schlecht, für den Urlaub aber nicht das Wahre.

Weniger anonym der winzige, 1 sm weiter südlich ebenfalls am Westufer gelegene **Hafen Zeewolde**, neben dem ein hoher Windmotor steht, so daß man seine Lage schon von weitem ausmachen kann. Ein vergleichsweiser einfacher, bescheidener Hafen.

Genau im Knick des sehr engen Gewässers *Nuldernauw* (nauw = Enge) der Hafen

Nulde, eine kleine, elegante Anlage, die allerdings nur von Booten bis 12 m Länge und einem Tiefgang von maximal 1,60 m angelaufen werden darf. Die

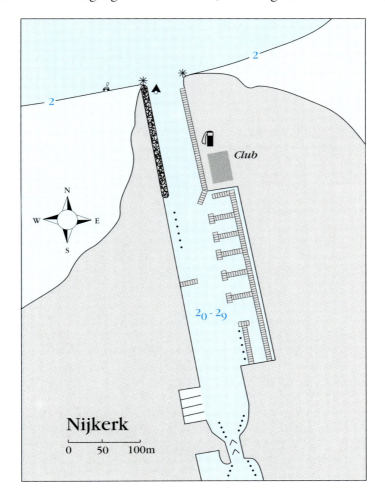

nahe Autobahn stört kaum, da dazwischen ein Park liegt. Das Restaurant des Motels, direkt am Wasser, ist sehr zu empfehlen. Man kann entweder an die Stege des Yachthafens oder an die Kade des Vluchthavens; beide befinden sich im selben Becken, bei dessen Ansteuerung Vorsicht geboten ist, denn in Fortsetzung der westlichen Mole (einlaufend an Stb) zieht sich eine Sandbank hin. Die *Versorgung* ist gut: Wasser, Treibstoff von der nahen Motel-Tankstelle, WC, Dusche, 10-t-Travellift und eben das Motel-Restaurant.

Eben westlich der *Nijkerk-Schleuse* (**M 18**), die die gleichen Bedienungszeiten wie die Roggebot-Schleuse (→ S. 223) hat, liegt am Südufer, etwas hinter einem Wald verborgen, der ländlich einfache Hafen von

Nijkerk (Plan S. 227). Bei der Ansteuerung etwas mehr nach Bb halten, besonders in der Einfahrt. Man macht am besten zunächst vor dem Clubhaus „Zuidwal" fest, wo man auch Wasser und Treibstoff bunkern kann. Ein angenehmer Hafen mit familiärer Atmosphäre. Kinderspielplatz. Der Campingplatz im Wald daneben stört überhaupt nicht. Gut liegt man auch an der Westseite des Hafens. Versorgung: Wasser, Treibstoff, Dusche, WC, Reparaturen.

Neben Elburg ist

Spakenburg der wohl interessanteste Hafen an den Randmeeren. Das ehemalige Fischerstädtchen liegt recht hübsch hinter großen Schilffeldern und parkartigen Ufern.

Zum Hafen führt eine ca. 500 m lange, betonnte Rinne, die zur Hälfte von Steindämmen gesäumt wird.

Noch zu Anfang unseres Jahrhunderts lagen in Spakenburg 180 Botter; das Städtchen gehörte damals zu den wichtigsten Fischerhäfen an der Zuiderzee. Doch das ist längst vorbei. Die Botter, die man jetzt noch im alten Hafen sieht, fahren nicht mehr zum Fischfang hinaus; sie sind längst zu *Jaghten* umgebaut. Die meisten sind auch gar nicht von hier, sondern kommen wegen der weithin berühmten Botterwerft der Gebr. Nieuboer hierher, die immer noch ihre alten Schiffshellinge in Gebrauch hat.

Das Städtchen mit seinen schmalen Backsteinhäusern wirkt schmucklos, nüchtern, ja fast abweisend. Manche Frauen tragen noch die alten Trachten, für die Spakenburg bekannt ist, mit merkwürdigen Klappen über den Schultern, die „Kraplaps" genannt werden. Der Ort wirkt sonntags wie ausgestorben; die Leute, die ein streng-religiöses Leben führen, gehen dann nur zum Kirchgang aus dem Haus.

Unmerklich ist der Übergang zu dem Dorf *Bunschoten*, das einst zu den reichsten Dörfern des Landes zählte, mit Wällen und Wassergräben, die es gegen die Leute des Herzogs von Geldern schützen sollten; denn genau an der Grenzlinie zwischen den Provinzen Geldern und Utrecht liegt dieses schöne Dorf, am ältesten Seepolder der Niederlande, dem Arkenheemse Polder.

Törnvorschlag 4: Die Randmeere

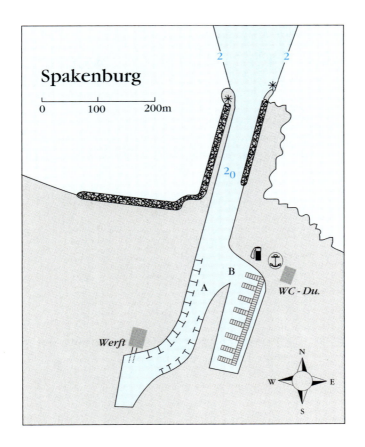

Liegeplatz und Versorgung: Man kann recht gut in der Hafeneinfahrt liegen, und zwar an der Ostseite; je weiter zur Stadt hin, desto ruhiger. Der Alte Hafen (A), der im Zentrum des Städtchens endet, ist meist dicht belegt, auch sehr eng um die alte Botterwerft. Will man in den Nieuwe Haven (B), sollte man zuerst am Passantensteiger vor der Tankstelle festmachen, um sich einen Platz vom Hafenmeister zuweisen zu lassen. Der Nieuwe Haven – Heimat der W. V. Eendracht – ist sehr eng. Versorgung: Tankstelle s. Plan (so. geschl.), daneben ein 0,5-t-Kran, WC und Duschen an der Rückseite des Hafenkontors.

Einen knappen Kilometer westlich von Spakenburg, mit eigener Zufahrt, liegt der *Jachthaven Gebr. Nieuboer*, eine durchaus adrette Anlage (mit Campingplatz) und guter Versorgung, doch nicht zu vergleichen mit den anderen Häfen von Spakenburg. Besser ist der am anderen Ufer, schräg gegenüber von Spakenburg gelegene Hafen *Eemhof*, am Wald, ebenfalls mit guter Versorgung.

Einen sehr lohnenswerten Abstecher könnte man auf dem *Flüßchen Eem* zur alten Festungsstadt *Amersfoort* machen. Mit mindestens 3,00 m müßte die Was-

sertiefe für die meisten Boote auch reichen, allerdings gibt es eine feste Brücke (H 7,70 m); die beiden anderen sind beweglich.
Zur Mündung der *Eem (Eemmond)* führt eine betonnte Rinne über ein großes Flach, die zum Land hin von zwei kurzen Steindämmen eingefaßt wird. Man muß sich hier gut mittig halten, weil es vor dem westlichen Damm sehr untief ist.
Gleich hinter der Einfahrt, rechter Hand, liegt hinter einem Wäldchen der kleine, idyllische Bootshafen *t'Raboes* (WC, Dusche, Wasser, 10-t-Travellift).
Ab hier nun schlängelt sich die Eem auf einer Länge von 18 km bis Amersfoort durch eine ungemein schöne, ruhige, sehr holländische Landschaft. Wassertiefe überall 3,00 m, doch eine feste Brücke (H 7,70 m, bei dem Dorf Baarn). Man findet unterwegs immer wieder Liegeplätze, etwa am Ladekai des Dörfchens *Eemdijk* oder nördlich der Brücke von *Eembrugge* im kleinen Yachthafen *De Kemphaan* oder auch immer wieder am grünen Ufer (siehe rote Poller).

In **Amersfoort** fährt man so weit es geht in die Stadt hinein, am besten bis hin zu dem alten *Koppelport*, das früher gleichzeitig Wasser- und Straßentor war. Die Stadt war einst die am weitesten nach Osten vorgeschobene Festung des Bistums Utrecht. Nicht nur die Befestigungsmauern sind zum großen Teil erhalten, auch viele schöne Gebäude blieben stehen, voran die Frauenkirche mit dem sehr schlanken, sehr hohen, verzierten Glockenturm, der weit übers Land schaut.
Für diesen Abstecher benötigt man die ANWB-Karte: E – Randmeren, die ein Inset mit der Strecke Eemmond–Amersfoort enthält.

Östlich, kurz vor der großen Autobrücke, der **Stichtse Brug** (Durchfahrtshöhe 12,90 m), liegt eine kleine künstliche, dicht von Buschwerk bewachsene Insel mit dem merkwürdigen Namen *De Dode Hond*, die an ihrer Südostseite entlang einem kleinen Damm Plätze zum Festmachen hat (Wassertiefe 1,40 m). Ein guter Liegeplatz, der aber nicht bei allen Windrichtungen Schutz bietet. Man darf auch im Umkreis der Insel ankern.

Huizen war einst, ähnlich Spakenburg, ein wichtiger Fischerhafen, aber davon merkt man kaum mehr etwas. Heutzutage ist es praktisch ein etwas ferner Vorort von Amsterdam, mit weitläufig in Kiefernwäldern hineingebauten Landhäusern. Der Fischerhafen ist ringsum von Gewerbebauten umgeben; der sehr große Yachthafen t'Huizerhoofd liegt hübsch in einer Sand- und Heidelandschaft (gute Versorgung). Eine Alternative zu diesem Hafen ist der „Aanloophaven", der knapp 1,5 km weiter östlich liegt, Abfahrt bei der rot-grünen Tonne GM 14–AH 1; eher ein Kanal, der weit in die Stadt hinein führt. Zuerst eine BB (beiderseits Liegeplätze), danach drei FB (H 3 m). Wem diese Durchfahrtshöhe reicht, liegt am Ende im „Havenkom" mitten im modernen Geschäftsviertel von Huizen.

Törnvorschlag 4: Die Randmeere

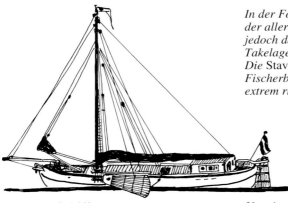

Die alten Schiffe von der Zuiderzee

Noch vor wenigen Jahren schienen sie bis auf einige wenige ganz verschwunden, die alten Schiffe von der Zuiderzee. Doch inzwischen tauchen immer mehr wieder auf, meist von ihren Eignern liebevoll restauriert, so daß ein Stück niederländische Schiffahrtsgeschichte zu neuem Leben erwacht.

Allgemein bezeichnet man sie als Plattbodenschiffe, obwohl nur ein Teil von ihnen einen exakt platten Boden hat; andere haben durchaus gerundete Formen. Man meint mit Plattbodenschiff: Sie alle haben keinen Mittelkiel, statt dessen zwei fierbare Seitenschwerter. Es sind also Boote, die für flache Gezeitengewässer gebaut wurden und die auch ohne weiteres trockenfallen können.

Die zweimastigen Klipper waren die größten Plattbodenschiffe; sie wurden hauptsächlich auf der Fluß- und Kanalfahrt als Frachtfahrer eingesetzt. Heute dienen sie vielfach als Charterschiffe.

Bei den Bottern handelte es sich um Fischerboote, für die ein hoher Bug und ein extrem niedriges Heck, über das man leichter die Netze einholen konnte, charakteristisch waren. Der Botter war das an der Zuiderzee meistverbreitete Fischerboot.

In der Form dem Botter ähnlich war der allerdings kleinere Tjotter, *der jedoch dank einer besonders großen Takelage auch besonders schnell war. Die* Staverse Jol *war ebenfalls ein Fischerboot: relativ klein, mit einer extrem runden, bauchigen Rumpfform. Das wahrscheinlich schnellste Plattbodenschiff waren die* Lemsteraaken, *die heute immer noch, allerdings nur für die „Pleziervaart", gebaut werden.*

Um ein extrem schmales, langgestrecktes Frachtschiff handelte es sich bei der Tjalk, *die in Friesland Skutske (siehe Zeichung) genannt wird. Heute findet man sie häufig zum Hausboot umgebaut.*

Daneben gab es noch Boeier, Bonzen, Pluten, Schokker, Blazers *und die* Vollenhovense Jol. *Oft sind die Unterschiede zwischen den einzelnen Typen so minimal, daß nur der Kenner sie auseinanderzuhalten vermag; manchmal auch gibt es beim gleichen Bootstyp von Hafen zu Hafen kleine Unterscheidungsmerkmale, etwa in der Ruder- oder der Bugform.*

Die verschiedenen Boote hatten früher auch verschiedene, relativ genau abgegrenzte Reviere. Im Süden herrschte der Botter vor, bei Enkhuizen der Schokker, vor Lemmer die Aaken, bei Stavoren die Staverse Jol und nördlich davon bis hinein in die Waddenzee die Blazers, die wiederum aus den Schokkers entstanden waren. Dagegen waren zwischen Elburg und Vollenhove, an der Ostküste, die Bonzen der bevorzugte Schiffstyp. Heutzutage bilden sie alle zusammen die Braune Flotte, so benannt nach ihren traditionell braunen Gaffelsegeln; sie prägen das IJsselmeer genauso wie die prächtigen alten Städte aus dem Gouden Eeuw.

Ebenso wie Huizen kann man den am Nordufer gelegenen Hafen von

Almere auslassen, einen neuen, sehr großen, doch (zur Zeit noch) wenig attraktiven, einfachen Yachthafen. Interessanter die Stadt Almere selbst, die hier am Flevolandpolder buchstäblich aus dem Boden gestampft wurde: ein Labyrinth von Häusern, Gehwegen und kreuzungsfreien Autostraßen, und dies vorwiegend im traditionellen braunen Backstein. Ein durchaus interessanter Versuch einer modernen, am Reißbrett entstandenen Stadt.

Spätestens hier sieht man recht voraus die elegant geschwungene *Hollandse Brug*, wo das *Gooimeer* und damit auch die Randmeere enden.
Kurz davor liegt am Südufer die ganz vorzügliche *Marina* **Gemeentelijke Jachthaven** (Gemeinde-Yachthafen) **Naarden** inmitten eines Parks mit Seen und nahe der alten Festungsstadt *Naarden*: eine Superanlage in jeder Hinsicht.
Am besten kann man sich hier mit der IJsselmeer-Karte Nr. 1810 orientieren, die das Inset (auf Seite 1810.4) „Omgiving Hollandse Brug" enthält, an Hand dessen man sich an der „Umgebung Hollandse Brug" gut zurechtfindet.
Bei der Anfahrt zur Marina muß man sich unbedingt im Tonnenstrich halten; denn einerseits gibt es hier durch Sandgewinnung extreme Wassertiefen, andererseits aber auch direkt daneben Flachs, auf denen das Wasser nur hüfttief steht.

Vor dem Südufer und ziemlich genau vor der Einfahrt zur Marina liegt das künstliche, hübsche Inselchen *De Schelp*, das einen sich nach SE öffnenden, Atoll-artigen „Hafen" hat.
Die *Versorgung* in der Marina ist optimal (u. a. 16-t-Travellift).

Lohnend ist ein Ausflug zu dem nahen *Naarden*, eine der am besten erhaltenen Festungen der Niederlande mit sternförmig angelegten Mauern und tiefen Wassergräben. Nur eine halbe Stunde zu Fuß ist es von der Marina aus dorthin. Die Stadt innerhalb der Mauern ist immer noch so wie vor 400 Jahren. Im einem der Tore, dem Turfpoort, ist ein Museum eingerichtet, das die Geschichte der Festung darstellt.
Nach Naarden könnte man auch mit dem Boot fahren und fände dort unterhalb der Festungsmauern sehr schöne Liegeplätze. Doch der Kanal *Naarder Trekvaart* führt von *Muiden* aus ständig neben einer vielbefahrenen Autobahn her.

Eben östlich der **Hollandse Brug** (F, H 12,70 m) liegt zum Nordufer hin ein Fluchthafen, der nach Westen durch den Straßendamm außerordentlich gut geschützt ist; im Osten zieht sich unter Wasser ein Sanddamm hin, markiert durch eine Reihe grüner Spitztonnen. An der Westseite des Hafens Duckdalben und Steiger, doch ausschließlich für die Berufsschiffahrt; dafür eben nördlich davon, auf 1,80 m Wasser, gute, ruhige Ankerplätze (Vorsicht: im Osten der Unterwasserdamm!).

Törnvorschlag 4: Die Randmeere

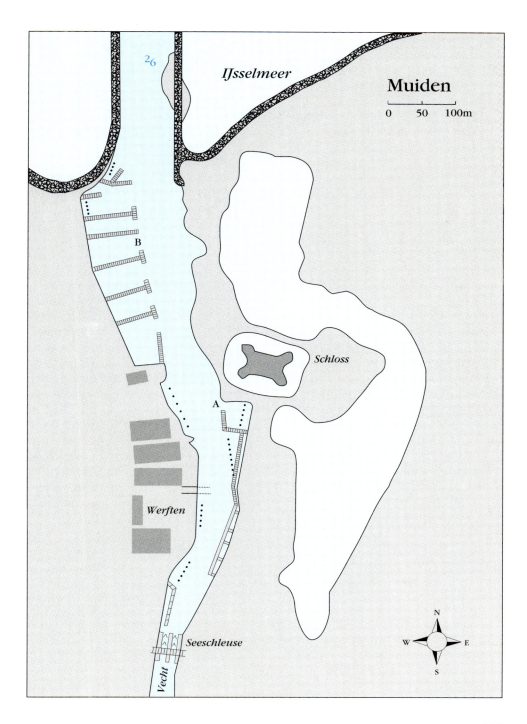

VI. Das IJsselmeer

Westlich der Brücke liegt im **IJmeer** ein gewaltiges Flach, das man nur im Tonnenstrich queren kann, in dem man sich auch unbedingt halten muß, da es außerhalb rasch untief wird.

Das **IJmeer** ist ein extrem flaches Gewässer, so daß es bei Wind gegenan ziemlich ruppig werden wird.

Etwa eine dreiviertel Meile nordwestlich der Brücke liegt der neue, große Yachthafen **Muiderzand**, der sehr viel Platz, auch eine gute Versorgung bietet. Die Ansteuerung erfolgt bei der *grün-roten Tonne IJM 7/J 2*; gut mittig halten.

Boote mit einem Tiefgang bis zu 1,20 m können auf einem Schleichweg, der auch geschützter ist, nach *Muiden* fahren. Sie verlassen die Rinne bei der *roten Leuchttonne IJM 12* und laufen im *Vaarweg IJmeer-Gooimeer* (grüne und rote Recreatietonnen) südlich an den Inselchen *Hooft* und *De Droost* vorbei. Im Schutz der beiden kann man recht gut vor Anker liegen, an der Osthuk von Hooft auch an einem kleinen Steiger festmachen.

Wem die Wassertiefe dieser Passage nicht reicht, der bleibt in der Fahrrinne bis zur *grünen Leuchttonne IJM 17*, verläßt sie hier und läuft mit Kurs WSW auf das *rot-grüne Tonnenpaar M 1 und M 2* zu, bei dem man die Ansteuerung von

Muiden erreicht. Die gut 2 m tiefe Rinne (max. erlaubter Tiefgang 1,80 m) wird an beiden Seiten von Steindämmen geschützt; der Ostdamm ist zuweilen überspült, dann muß man sich an den roten Stangen orientieren, die darauf stehen.

Auffallendstes Bauwerk ist das Schloß (s. Plan S. 233), eine vieltürmige, aus braunem Backstein gebaute Wasserburg, die über 500 Jahre alt ist: Muiden gehörte wie Naarden zu den Festungswerken entlang der holländischen Wasserlinie.

Der Hafen, der im Grunde nichts weiter als die Mündung des Flüßchens Vecht ist, hat mit seinen schmalen Giebelhäusern eine ausgesprochen angenehme Atmosphäre. Daß man sich ein wenig in die Vergangenheit zurückversetzt fühlt, dazu tragen auch die vielen traditionellen Schiffe bei, die hier im Schatten der Burg liegen. Die „Muider Botter" sind in ganz Holland ein Begriff, denn hier nahm die Bewegung ihren Anfang, die es sich zum Ziel gesetzt hat, die alten, traditionellen Schiffe zu restaurieren und als Kulturgut zu bewahren.

Liegeplatz und Versorgung: Da die Vecht zu den beliebtesten holländischen Wasserstraßen gehört, herrscht hier sommers ein unglaubliches Gedränge, zumal Muiden sehr wenig Liegeplätze hat. Am besten läge man an der Ostseite der Vecht, zwischen der alten Seeschleuse und dem Schloß; hier hat die Stichting Jachthaven Stege (A). Findet man hier einen freien Platz, so hat man großes Glück gehabt. Näher zur Schleuse kann man auch festmachen, aber nur für kurze Zeit, denn das sind im Grunde die Warteplätze für diejenigen, die durch die Schleuse wollen. Den meisten Platz hat der Jachthaven van die K.N.Z.& R.V. (Königlich Niederländische Segler- & Rudervereinigung, Liegeplätze nur für Mitglieder der KNWV) an der Einfahrt rechter Hand (B), gegenüber dem Schloß; hier findet man auch die übliche Versorgung mit WC und Dusche; an der Westseite der Vecht jede Menge Werften und Zubehörbetriebe. Treibstoff beim Liegeplatz A und B, jeweils auch Wasser.

Schleuse: s. S. 136.

VII. Die nördlichen Provinzen

Törn 1: Binnen mit stehendem Mast – *Törn 2:* Friesland –
Törn 3: Am Kopf von Overijssel – *Törn 4:* Noord-Holland

Törnvorschlag 1: Binnen mit stehendem Mast
Von Delfzijl nach Harlingen

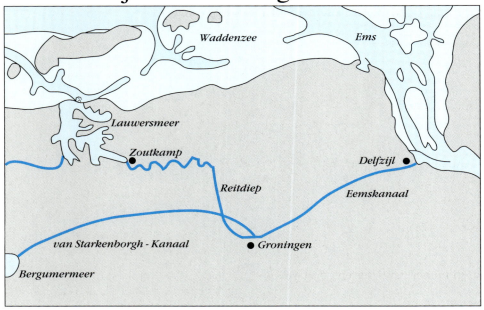

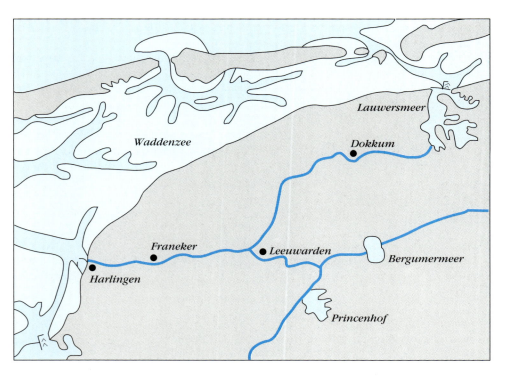

Törnvorschlag 1: Binnen mit stehendem Mast

Segler, die aus der Deutschen Bucht kommen und etwa in Borkum Zwischenstation machen, können verzweifeln, wenn es draußen tagelang aus West mit Beaufort 5 oder gar mehr weht. Die schöne Regel: „Niemals Strom gegen den Wind" ist ja auch nur Theorie, wenn man zum Beispiel das Lauwersgat nur bei Tageslicht ansteuern will, die Gezeiten aber anders liegen. Und wie sieht es dann im Hubertgat aus, wenn bei Beaufort 5 grüne Wellen heranrollen, daß es zum Gotterbarmen ist?
Dies ist das eine, das Wetter.

Das andere sind die extrem langen Schläge außen an den Westfriesischen Inseln vorbei. Von Borkum nach West-Terschelling, dem günstigsten Hafen an der Waddenzee, sind es 68 sm; von Borkum nach Lauwersoog immerhin noch 39, aber dann mit dem zweiten Schlag von Lauwersoog nach West-Terschelling wieder lange 51 sm. Dazwischen gibt es keine Möglichkeit, schnell unterzukommen: Das Borndiep, das Seegat zwischen Ameland und Terschelling, ist schwierig und nur umständlich anzusteuern.
Also, man ist eingeweht in Borkum, die Zeit verrinnt, die Stimmung an Bord wird immer gereizter und der Wetterbericht auch nicht besser.
In dieser Situation gibt es eine Lösung, die mehr als patent ist, nämlich binnen durch die Provinzen Groningen und Friesland zur Waddenzee oder, wenn man will, auch über die friesischen Seen direkt zum IJsselmeer zu schippern. Und dies mit einem Segelboot, und zwar mit stehendem Mast; und bis zu 1,80 m Tiefgang darf das Boot auch noch haben.
Wichtiger Hinweis: Außerhalb der Saison, das heißt, nach dem 1.10. und vor dem 1. 5., kann man die Strecke an Sonn- und Feiertagen nicht fahren, weil in diesen Monaten die Brücken am Reitdiep nur wochentags bedient werden.
Freilich, es wird lange dauern, auch wenn die Strecke von Delfzijl nach Harlingen mit 135 km (binnen mißt man nicht nach Seemeilen, sondern nach Kilometern) so weit gar nicht ist; aber wegen der zahllosen Brücken und der Schleusen braucht dieser Törn seine Zeit. Wer aber die innere Ruhe hat, ihn als das zu nehmen, was er ist, nicht nur als eine Ausweichroute, als eine Notlösung, sondern als eine ganz außergewöhnlich schöne und interessante Fahrt durch das grüne Land, der wird es nicht bereuen – und diesen Weg vielleicht selbst dann wieder einmal fahren, wenn es das Wetter auch „außen herum" zulassen würde.

Distanzen: **Delfzijl – Groningen** (26 km) – **Zoutkamp/Lauwersmeer** (27 km) – **Dokkum** (28 km) – **Leeuwarden** (22 km) – **Franeker** (17 km) – **Harlingen** (9,5 km) – alternativ: **Leeuwarden – Prinses Margrietkanaal/Fonejacht** (18 km).

Nautische Unterlagen: ANWB-Karte A: Groningen – Noord Friesland, und für die Alternative ab Leeuwarden die ANWB-Karte B: Friese meren. Almanak voor watertoerisme, 1 und 2.

VII. Die nördlichen Provinzen

In **Delfzijl** soll der Törn beginnen, einem zwar nicht sehr großen, doch wichtigen Hafen für die Provinzen Groningen und Friesland, der praktisch die Schleuse zwischen dem niederländischen Binnenverkehr und dem Seeverkehr auf der Ems ist. Kein romantischer Ort, doch nicht ohne Atmosphäre. Die Industrie ringsum, die wirklich nicht ohne ist, das gigantische Sodawerk etwa oder die Raffinerie, das paßt durchaus zu diesem lebendigen Hafen.
Wer UKW hat, muß *Delfzijl Radar* auf Kanal 66 mithören. Wegen allgemeiner nautischer Informationen kann man den *Havendienst Delfzijl* auf Kanal 14 anrufen (um 14 Minuten nach jeder vollen Stunde wird automatisch der Wetterbericht auf M 14 gebracht).

Anfahrt von See her: Ältere Fahrensleute werden sich erinnern, daß man früher zum Handelshafen einen direkten Zugang hatte, der praktisch im Norden des Hafens mündete; diese Einfahrt ist inzwischen zugeschüttet, wenn auch die Molen noch in die Ems hinausragen. Man muß jetzt an dem Steindamm 6 km emsaufwärts fahren und dann die gleichen 6 km im Zeehavenkanaal wieder zurück zum Hafen. Hat man also draußen auf der Ems die Masten vom Segelhafen querab,

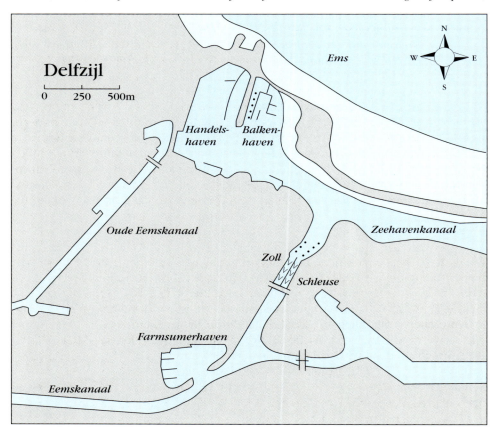

so sind noch 12 km zu fahren, bis man an seinen Stegen festmachen kann. Man darf im breiten Zeehavenkanaal nicht allein unter Segel fahren, sondern muß den Motor mitlaufen lassen (Kegel nicht vergessen!).

Liegeplätze: Die Kon. Zeil en R. V. Neptunus hat im Balkenhaven, einem großen, nach Westen zu wenig geschützten Becken, Stege ausliegen. Die freien Boxen sind mit einem grünen Schild kenntlich gemacht. Am östlichen Steg, in einem doppelstöckigen Hausboot, befindet sich das Hafenkontor; unten gibt es Wasser und Treibstoff, oben Waschgelegenheiten und WC. Wer nicht nach binnen will, zu den Kanälen, wird am besten hier bleiben. Andernfalls hat man eine recht gute, wenig bekannte Alternative: Etwa 700 m binnen der Schleuse liegt am Nordufer des Kanals der Farmsumerhaven. Er ist für Binnenschiffe gebaut worden, auch für Fischkutter, die hier ihre Ladung löschen, und er ist so nüchtern-trostlos wie ein Parkplatz, dennoch kann man hier gut und ruhig liegen. Linker Hand von dem turmartigen Hafenkontor werden immer ein paar Plätze für Boote freigehalten. In eben diesem Gebäude gibt es auch Dusche und WC, ebenso Wasser. Zur Stadt allerdings hat man doch ein ziemliches Stück zu marschieren.

Am stimmungsvollsten liegt man wohl im Oude Eemskanaal, einem heute toten Arm des Eemskanaals. Es ist der Platz, den Georges Simenon sich zum Überwintern ausgesucht hatte, nachdem er mit seiner „Ostrogoth" ganz Holland durchquert hatte; und hier, an diesem Kanal, kam ihm in langen Winternächten die Idee zu seinem Kommissar Maigret. Einer dieser Romane, „Maigret in Holland", spielt in Delfzijl und an eben diesem Kanal. Nun versteht man auch, warum es in Delfzijl ein Denkmal für Maigret gibt, es ist sozusagen seine „Geburts"-Stadt.

Versorgung: Wenn auch nicht auf Yachten eingestellt, so doch optimal. Binnen der Schleuse liegen an der Kade rechter Hand mehrere Schiffszubehörbetriebe, auch Reparatur- und Motorenwerkstätten, ebenso ein Tankboot.

Schleuse und Brücke Eemskanaal (**M 11,** Zeesluizen) werden wochentags rund um die Uhr zu jeder Zeit geöffnet, so./f. 08.30, 13.00 und 17.00 (nach binnen), 10.00, 15.00 und 18.30 (nach außen). An der Nordseite eine schmalere Schleuse nur für Sportboote; es kann aber auch sein, daß man zusammen mit großen Schiffen durch die große Schleuse muß. Auf dem Schleusengelände Zollbüro: Anders als bei der Einreise über den Rhein müssen von See kommende Boote in Holland nach wie vor einklarieren. Einfuhrnota geben lassen. Wichtig für Ausreise!
Vorsicht, wenn gespuit wird!

Der 26,5 km lange **Eemskanaal** von Delfzijl nach Groningen ist ein breites, tiefes und ziemlich stark befahrenes Gewässer; selbst kleinere Seeschiffe begegnen einem hier. Dank der hohen Pappelalleen an beiden Ufern ist er sehr geschützt.
Obwohl man immer wieder (meist etwas derangierte) Ladekais passiert, kann man nirgendwo gut anlegen, jedenfalls nicht für länger bleiben.
Die *Brücken* öffnen: mo. 04.00–24.00; di.-fr. 00.00–24.00; sa. 00.00–20.00; so./f. geschlossen. Die Drieboudsbrug (H 70), im Weichbild von Groningen, wird bedient: wo. 09.00–16.00, 18.00–20.00; s./f. geschlosen.
Von Osten kommend, sieht man von Groningen zuallererst die fünf gewaltigen Schornsteine des Kraftwerks. Der **van Starkenborgh-Kanaal,** die Fortsetzung des Eemskanaals, biegt vor der Stadt, etwa an dem Wohnboothafen, nach Nor-

VII. Die nördlichen Provinzen

den ab; er hat feste Brücken (6,70 m), so daß ein Segelboot mit höherem Mast nicht nach rechts abbiegt, sondern geradeaus auf die Stadt zufährt.

Groningen, mit seinen 160 000 Einwohnern die Hauptstadt der gleichnamigen Provinz, ist Zentrum einer der reichsten Regionen in Europa, was es weniger seiner Industrie verdankt als den großen Erdgasvorkommen; denn die ganze Provinz hockt sozusagen auf einer riesigen Gasblase.

Eine im Kern schöne alte Stadt, wenn auch nicht gerade idyllisch, mit einer großen Universität, die mit ihren vielen Studenten weit mehr das Stadtbild prägt als die Industrie ringsum. Gerade im Innenstadtbereich glaubt man einen Hauch von alternativem Leben zu spüren, so viele biodynamische Läden, alternative Buchhandlungen und obskure Studentenkneipen gibt es hier.

Auf dem Grote Markt, der von der *Martini-Kirche* überragt wird, dem Wahrzeichen Groningens, findet jeden Dienstag, Freitag und Samstag Markt statt; wenn möglich, sollte man es so einrichten, daß man dann hier ist. Der Fischmarkt ist unglaublich!

Ganz sicher wird man sich auch für das *Nordelijke Scheepvaartmuseum* in der St. Walburgstraat interessieren. Man kann sich allerdings schwer vorstellen, daß diese heute so weit im Landesinnern gelegene Stadt einst einen richtigen Seehafen hatte, mit Werften, auf denen Schiffe entstanden, die auf große Fahrt gingen. Das Reitdiep, der einstige Meeresarm, den wir bald fahren werden, war früher die natürliche Verbindung Groningens zum Meer; wie darauf allerdings große Ostindien- und Grönlandfahrer vorankamen, erscheint etwas schleierhaft. Was

für Bootsfahrer den besonderen Reiz von Groningen ausmacht: Man kann mit dem Boot mitten durch die Stadt fahren. Zwölf Brücken sind dabei zu passieren, und das Ganze kann bis zu drei Stunden dauern. Meist formieren sich mehrere Boote zu einem Konvoi, der manchmal bis zum Lauwersmeer zusammenbleibt. Die Brückenwärter haben zumeist mehrere Brücken zu bedienen, so daß sie, kaum daß sie eine Brücke geschlossen haben, zur nächsten radeln müssen, um diese zu bedienen. Für uns gehetzte Deutsche ist es erstaunlich zu beobachten, mit welcher Engelsgeduld Auto- und Radfahrer sich das ansehen: Man steigt aus, begutachtet die dahinziehenden Boote und findet so immer einen Vorwand für ein Schwätzchen.
Erfahrungsgemäß hat man die längsten Wartezeiten an der Spoor- (Eisenbahn)brug.
Von *der Stadt her* sammeln sich die Boote um 09.00, 13.00 und 17.00 an der Museumsbrücke, in die *Stadt hinein* vom Reitdiep aus um 10.00, 14.00 und 18.00 an der Plataanbrug.

Liegeplatz und Versorgung: Die Schwimmstege (mit WC und Dusche) des Groninger Motorbootclubs liegen in dem sich hier etwas weitenden Kanal vor dem Bahnhof, deshalb sehr laut. Bester Platz im Oosterhaven, weil mitten in der Stadt (WC, Duschen). Neuerdings gibt es an der Kreuzung Eemskanaal/Van-Starkenborgh-Kanaal einen kleinen Bootshafen, auch hier Duschen und WC, leider in wenig attraktiver Umgebung.
Versorgung: Diesel am Oosterhaven, auch Reparaturen und Zubehör.

Nach der schön unter Bäumen gelegenen *Schutzschleuse Dorkwerd* (Bedienung wo. 09.00–12.00, 13.00–16.00, 17.00–20.00; **M 20**) quert man den *van Starkenborgh-Kanaal*, um in das hier sehr enge, gewundene **Reitdiep** einzubiegen, einen schmalen, von hohen grünen Deichen gesäumten Meeresarm, der einen auf 31 km nach *Zoutkamp* und damit zum *Lauwersmeer* führt; bei entgegenkommenden Binnenschiffen, die hier zwar sehr selten, aber doch von Zeit zu Zeit fahren, wird es recht eng. Die drei Brücken werden alle zu folgenden Zeiten bedient: wo. 07.00–12.00, 13.00–19.00; so./f. 09.00–12.00, 13.00–16.00, 18.00–20.00 (nicht mehr ab 1.10. und nicht vor dem 1.5.).
In *Garnwerd*, nördlich der Brücke, gute Liegeplätze (mit WCs und Duschen). Ansonsten: am besten durchziehen bis Zoutkamp.
Die alte Schleuse *Electra* wird nur bei Sturm geschlossen und bedient; dann aber ist sie für Yachten ziemlich unkomfortabel, weil man an dem Balkenwerk nur schlecht festmachen kann.
Danach muß man sich in dem nun breiter werdenden, von Schilfufern gesäumten Reitdiep exakt im Tonnenstrich halten.

Zoutkamp ist ein altes Fischerdorf am Lauwersmeer, doch seitdem dies, ähnlich dem IJsselmeer, eingedeicht ist, liegt die recht große Fischfangflotte draußen im Hafen von Lauwersoog. Das Dorf, das sich hinter dem hohen Deich duckt, ist

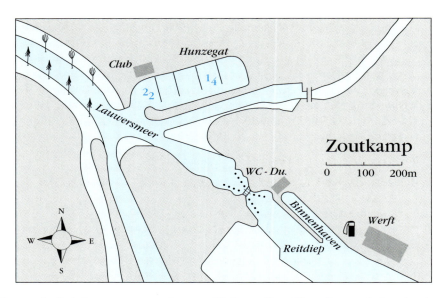

nicht sonderlich interessant, außer am Hafen selbst. Nur die mächtige (meist offenstehende) alte Seeschleuse erinnert daran, daß dies ein alter, einst direkt am Meer gelegener Hafen war.

Liegeplatz und Versorgung: Im alten Binnenhaven (Wassertiefe 2 m), wo außen am langen Holzsteg Binnenschiffe und große, alte Segler liegen, kann man sich einen Platz suchen. Falls der voll sein sollte, an der Kade, dem ehemaligen Fischerkai, vor der Werft. Dem modernen Yachthafen Hunzegat, der vor der Schleuse recht hübsch zwischen Schilf und Wiese liegt, sind diese Plätze vorzuziehen. In Hunzegat gibt es Dusche und WC, ebenso am Binnenhaven, hier auch Treibstoff, Wasser und Zubehör sowie Reparaturmöglichkeiten bei der Yachtwerft Gruno (20-t-Kran). Am Yachthafen Hunzegat eine Trailerhelling.

Brücke und Schleuse: Die Schleuse steht gewöhnlich offen; die Brücke hat eine Durchfahrtshöhe von 3,40 m (geschlossen); sie wird geöffnet: wo. 07.00–12.00, 13.00–19.00 (Oktober bis Mai bis 18.00); so./f. 09.00–11.00, 15.00–17.00 und 20.30 (geschlossen vom 1. 10. bis 1. 5.).

Das **Lauwersmeer** war einst, ähnlich dem IJsselmeer, eine gezeitendurchpulste Meeresbucht, bis sie 1969 eingedeicht wurde. Im Laufe der Jahre ist daraus eine eigenartige Wasserlandschaft entstanden, mit vielen Inseln, weiten Schilffeldern und – erfreulicherweise – einem gleichmäßig hohen Wasserstand. Dennoch ist dieses Gewässer, einst das Mündungsdelta der Flüsse Ee, Hunze und Lauwers, ziemlich flach, so daß sich ein Kielboot schon an die Betonnung halten sollte, die zum größten Teil noch aus Pricken besteht. Ganz kann die Lauwerszee eben nicht verleugnen, daß sie früher ein Wattengewässer war.

Es gibt viele sehr idyllische Anlegeplätze, auch Ankerplätze in einem der früheren Priele, und dazu noch drei moderne Yachthäfen: außer dem schon erwähnten Yachthafen *Hunzegat* den riesigen Yachthafen *Oostmahorn* mit 600 Liegeplätzen und dann neben der Schleuse *Lauwersoog* den eher ländlichen Bootshafen *Noordergat*; der beste, jedenfalls stimmungsvollste Platz ist indes der alte *Fährhafen Oostmahorn* (Wassertiefe zwischen 1,20 und 2,20 m), wo einst an dem hohen Bollwerk die von See kommenden Schiffe den ersten sicheren und geschützten Platz gefunden haben.

Das Lauwersmeer ist zum größten Teil Naturschutzgebiet!

Durch das **Dokkumer Diep** (steil ansteigender Landgrund jenseits der Pricken) gelangt man zu der Schleuse *Dokkumer Nieuwe Zijlen*, vor der am Südufer der gute, wenn auch kleine *Yachthafen Lunegat* liegt (WC und Duschen, Wasser, Treibstoff, Trailerhelling, 10-t-Kran, Reparaturen).

Man kann es sich schwer vorstellen, doch als in *Dokkum* noch die friesische Admiralität residierte, war das hier ein wichtiger Seehafen, der aber bald so sehr versandete, daß er 1725 ganz aufgegeben werden mußte.

In der Zuidergracht von Dokkum. Durch die weiße Brücke können niedrige Boote bis in die Stadsgracht fahren.

Schleuse und Brücke: wo. 07.00–08.00, 08.30–12.00, 13.00–17.00, 18.00–20.00; so./f. 09.00–12.00, 14.00–17.00, 18.00–20.00 (nur Juni, Juli, August); Mai und September: 09.00–12.00, 14.00–18.00; vom 1. 10. bis 1. 5. geschlossen.

Daß einstmals auf dem schmalen, sich durch das grüne Land dahinwindenden

Dokkumer Grootdiep große Segler, Kriegsschiffe sogar, dahinzogen, ist kaum zu glauben, so schmal und wenig tief ist dieses Flüßchen. Vielleicht war es früher anders: Heute beträgt die Wassertiefe nicht mehr als „echte" 1,80 m, und auch das nicht immer; die Angaben in der Karte sind nach meiner Erfahrung zu optimistisch. Nun soll aber der Kanal auf 2,30 m ausgebaggert werden und später auch die Dokkumer Ee.
Brücken: wo. wie Dokkumer Nieuwe Zijlen.
Nach 11 km Fahrt durch schönes, grünes Land (am Kanal immer wieder Liegeplätze) erreicht man das ehemalige Festungsstädtchen

Dokkum, das zu weit abseits liegt, als daß die Touristen in Scharen hierherfänden, obwohl es dies durchaus verdiente. Von 1596 bis 1645 hatte hier die friesische Admiralität ihren Sitz; der Hafen, heute die Stadtgracht, war voller Leben, und wie die prächtigen Häuser zeigen, war das Städtchen auch wohlhabend. Eine sehr alte Siedlung: Auf einem „Terp", einem Hügel (der heute immer noch das Stadtbild bestimmt) hoch über dem wasserreichen Land, entstand sehr früh eine christliche Siedlung, die immerhin so wichtig war, daß sie Bonifacius, dem Missionar der Deutschen, einen Besuch wert war, was für ihn aber böse endete, denn heidnische Friesen erschlugen den frommen Mann hier in Dokkum. Er wurde in der Kirche bestattet, und bald entwickelte sich Dokkum zu einem Wallfahrtsort, aus dem dann im Lauf der Jahre ein wichtiger Hafen und Handelsplatz entstand.
Das Städtchen hat noch seine hohen Wälle mit den sternförmigen Bastionen, auf denen große Windmühlen stehen, die man schon von weitem sieht. Auf einem dieser Wassergräben, der Zuidergracht, umfährt man den Ort.

Liegeplatz und Versorgung: In der Zuidergracht (A), beiderseits der Woudpoortsbrug, kann man überall festmachen (die größeren Wassertiefen an der Südseite). Boote von geringer Höhe (H 2,45 m, Tiefgang 1 m) können auch in die Stadsgracht (B) fahren, den besten Platz (Einfahrt von Westen, an der Windmühle vorbei). Nicht unbedingt schön, aber für große Kielboote das einzig Wahre ist die Kade unmittelbar westlich der Eebrug (C). Der Yachthafen der W. V. Dokkum (D) am Dokkumer Grootdiep liegt zwar sehr schön in einem Park, als „Passant" wird man dort aber kaum einen Platz finden. Die beste Versorgung bekommt man ebenfalls am Dokkumer Grootdiep, unmittelbar vor der Stadt, bei dem Watersportbedrijf Zwaag (Wasser, Treibstoff, Reparaturen, 20-t-Helling). Wasser eben östlich der Woudpoortsbrug. WC und Duschen sowohl beim Liegeplatz A als auch auf dem Campingplatz neben D. Der Brückenwärter bedient mehrere Brücken; es dauert also, bis man die paar hundert Meter Stadtdurchfahrt hin-

Törnvorschlag 1: Binnen mit stehendem Mast

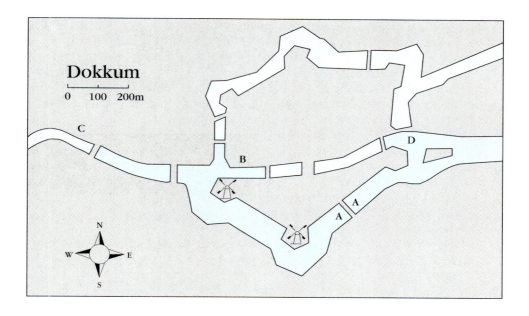

ter sich gebracht hat. Öffnungszeiten: wo. 07.00–08.00, 08.30–12.00, 13.00–16.15, 17.15–18.00, 18.30–20.00 (sa. bis 19.00); so./f. 09.00–12.00, 14.00–17.00, 18.00–20.00 (nicht Mai und September).

Die **Dokkumer Ee,** die sich 22 km lang von Dokkum nach Leeuwarden hinzieht, kann ihren Ursprung als Flüßchen nicht verhehlen: So schmal, daß manchmal überhängende Weiden das Boot streifen, windet sie sich durch die grüne friesische Landschaft.

Die Wassertiefe ist in der Karte mit 2,10 m angegeben, mit mehr als gut 1,80 m sollte man aber nicht rechnen.

Brücken: wo. 07.00–08.00, 08.30–12.00, 13.00–17.00, 18.00–20.00; so./f. 10.00–12.00, 17.00–19.00 (Juni, Juli, August) bzw. 10.00–12.00, 15.00–17.00 (Mai und September).

Das erste, was man von *Leeuwarden* zu sehen bekommt, sind hohe, breit hingelagerte Wohnhäuser. Daß man eine wunderschöne, alte Stadt vor sich hat, mag man zunächst gar nicht glauben.

Eingangs der Stadt wird das Fahrwasser sehr eng, so daß man hier besonders vorsichtig fahren muß.

Leeuwarden, die Hauptstadt der Friesen, zählt heute etwa 90 000 Einwohner. Ähnlich wie Dokkum entstand sie aus einer Terp-Siedlung, die hier an der Mündung der Ee in der Middenzee lag. Die Middenzee war im frühen Mittelalter eine ähnliche, wenn auch nicht ganz so große Meeresbucht wie die Zuiderzee; sie ist aber praktisch ganz verschwunden, nur die vielen Seen südwestlich von

Leeuwarden erinnern noch daran, daß hier einst ein großes zusammenhängendes Gewässer lag. Alles andere wurde eingedeicht und trockengelegt. Leeuwarden wurde später Sitz der friesischen Statthalter, eine Residenzstadt also, eine kleine zwar nur, doch hat dies den Ort sehr stark geprägt, wie man an den vielen prächtigen, manchmal schloßartigen Gebäuden sehen kann. Auffallendstes Bauwerk ist der schiefe Turm *Oldenhove*, eine massige, schräg stehende Backsteinkonstruktion, die als Glockenturm eines Doms gedacht war, der dann aber nie gebaut wurde.

Lohnend ist ein Besuch des *Friesischen Museums,* das in einem prächtigen Herrenhaus eingerichtet ist und das die Geschichte und kulturelle Entwicklung Frieslands zeigt (Koningsstraat 1).

Liegeplatz und Versorgung: Die Stadt hat im Osten, an der Tijne, mehrere Bootshäfen. Von der Dokkumer Ee sind sie nicht direkt zu erreichen, man müßte in weitem Bogen die ganze Stadt südlich umgehen, um zu ihnen zu gelangen. Dafür gibt es aber keinen Grund, es sei denn, man benötigte eine besondere Versorgung für das Boot, die wäre dort optimal (u. a. Zubehör,

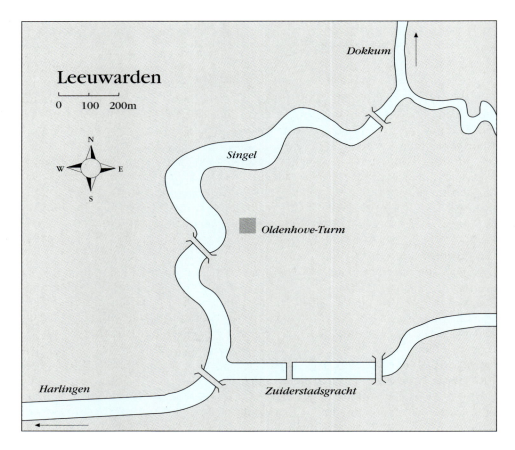

Motorenwerkstatt). Am besten bleibt man deshalb da, wo man sowieso schon ist, wenn man durch die Stadt schippert, nämlich in der Noorder- oder Westerstadsgracht, beide auch Singel genannt, und zwar an der Ostseite. (Nur an den markierten Liegeplätzen festmachen!) Diese Wassergräben waren Teil des Verteidigungsgürtels der Stadt. Da, wo sie sich an einem Park entlangziehen, könnte man unterhalb des Oldenhove-Turms sehr schön und ebenso ruhig liegen, wenn nur die an sich sehr breiten Wassergräben nicht so flach wären. Kielboote kommen nicht ans Ufer heran, es sei denn, sie könnten bei einem anderen Boot längsseits gehen. Sonst müssen sie weiterfahren bis fast zur Zuiderstadsgracht und davor an der Ostseite festmachen. Diese Liegeplätze sind aber nichts Besonderes; an der ehemals idyllischen Zuiderstadsgracht sind inzwischen mehrere futuristische, gläserne Verwaltungsgebäude entstanden. Westlich der Verlaatsbrug, dem eigentlichen Hafen der Stadt, dürfen Sportboote nicht liegen. Die Versorgung ist an all diesen ansonsten empfehlenswerten Plätzen praktisch gleich Null; lediglich ein „Toiletgebouw" (WC und Dusche) findet man bei der „Theeschenkerij Prinzentuijn", im Park nördlich vom Oldenhove-Turm.

Brücken: Die Brücken werden zu folgenden Zeiten geöffnet: wo. 06.00–07.00, 08.30–16.00, 17.30–20.00; sa. 08.30–18.30; so./f. 09.00–11.00, 18.00–20.00 (Mai und September 09.00–11.00, 16.00–18.00).

Man richte sich darauf ein, daß die Fahrt durch die Stadt einige Zeit dauern wird.
Das letzte Kanalstück in Leeuwarden, die *Harlingertrekvaart,* führt durch Gewerbe- und Industriegebiet, wo man sich an Frachtschiffen vorbeizwängen muß; hier sollte man langsam und überaus vorsichtig fahren.
Am Westausgang der Stadt könnte man sich nun auch südostwärts halten, um über **Van Harinxmakanaal, Lang, Lange Meer** und **Schalke Diep** nach 18 km bei **Fonejacht** den **Prinses Margrietkanaal** und damit das friesische Wassersportgebiet zu erreichen.
Auf diesem Törn aber fahren wir weiter mit Kurs West, auf dem **Van Harinxmakanaal,** der uns nach Harlingen und damit zur Waddenzee und zum IJsselmeer bringt. Diesen sehr breiten und tiefen Kanal nimmt man am besten als das, was er ist: eine direkte und schnelle Verbindungsstrecke (max. Geschwindigkeit 12,5 km/h). Die Landschaft ist hübsch, die Ufer sind schilfgesäumt, und immer wieder passiert man verschlafene friesische Dörfer, die zuweilen ganz erstaunlich große und prächtige Kirchen haben.
Das ehemalige Universitätsstädtchen

Franeker sollte einem einen Besuch wert sein, auch wenn die Liegeplätze sehr mäßig sind. Vom Kanal her kann man gar nicht erkennen, wie hübsch das Städtchen ist; da zeigt es einem doch nur Silos, Fabriken und Lagerhallen. Will man nur für einen kleinen Stadtbummel festmachen, so bleibt man am besten östlich oder westlich der *Stationsbrug*; östlich davon macht man am Südufer fest, westlich davon an der stadtseitigen Kade.
Der Ort mit seinen Giebelhäusern und den schmalen Grachten beherbergte bis 1811 eine Universität in seinen Mauern, die weit über die Landesgrenzen hinaus einen guten Ruf genoß. So lehrte hier zeitweise der französische Philosoph und

VII. Die nördlichen Provinzen

Naturwissenschaftler Descartes. Diese kleine Universität wurde aber 1811 wie andere in den Niederlanden auch von Napoleon geschlossen; eine ähnliche Bedeutung wie Leiden oder Utrecht hatte sie allerdings nie gehabt.

Beeindruckend ist der Marktplatz mit seinen aus gelben Klinkern gemauerten Gebäuden; dieses Hellgelb gibt dem Städtchen eine heitere, verspielte Atmosphäre.

Größte Attraktion von Franeker ist indes sein Planetarium, eine komplizierte Maschinerie, die ein einfacher Wollkämmerer namens Eisa Eisinga von 1774 bis 1781 gebaut hat. Die Mechanik funktioniert immer noch, und so kann man sehen, wie Sonnen und Planeten ihre Bahnen ziehen, jedenfalls nach den Vorstellungen der damaligen Zeit.

Erstaunlich auch, weil man das nun wirklich nicht in diesem entlegenen Winkel erwarten sollte: ein Art-Deco-Haus (Kaffee- und Teehandel), das nahe dem Planetarium steht.

Liegeplatz und Versorgung: Die Plätze für einen kurzen Aufenthalt wurden schon genannt. Boote mit geringem Tiefgang könnten auch in der Gracht liegen, die vom Kanal im spitzen Winkel stadteinwärts abzweigt. Der Bootshafen der W. V. Franeker liegt am westlichen Rand der Stadt neben einer großen Werft im ehemaligen Hafen einer Zuckerfabrik und ist als Urlaubshafen nicht zu empfehlen. Versorgung: Treibstoff 1 km östlich der Brücke bei Boot Service Hattuma. Reparaturen (50-t-Kran) bei den Werften neben dem Yachthafen.

Brückenzeiten: wo. 05.00–21.00 (sa. 20.00); so./f. 09.00–12.00, 14.00–17.00, 18.00–20.00 (Mai und September nachmittags 14.00–18.00). **M 20.**

Bis **Harlingen** sind es nur noch 9,5 km, und diese Strecke sollte man flott und ohne weiteren Aufenthalt durchziehen.

An der großen *Koningsbrug* (H 5,30 m, Öffnungszeiten: wo. 07.00–21.00 (sa. bis 20.00), so./f. 09.00–12.00, 14.00–17.00, 18.00–20.00 (Mai und September nachmittags nur 14.00–18.00) sollte man sich überlegen, was einem lieber ist: ein ungemein stimmungsvoller Liegeplatz ohne jeden „Marinakomfort" oder einer mit der Yachthafen-üblichen Versorgung.

Liegeplatz und Versorgung: Die Stadt hat zwei Yachthäfen, die beide binnen der Tsjerk-Hidde-Schleuse liegen: Um zu den Atlantic und Harlingen Jachtbouw (D) zu gelangen, biegt man gleich nach der Koningsbrug links ab in den Verbindungskanal. An dem kleinen Hafen gibt es Wasser, Treibstoff, WC, Dusche, einen 20-t-Kran, außerdem können Reparaturen ausgeführt werden. Man liegt hier allerdings in nicht sonderlich angenehmer Umgebung.

Dies ist besser bei dem kleinen Hafen der W. V. Harlingen (C), der zwischen Büschen und Gärten am Kanal linker Hand vor der großen Schleuse liegt. WC, Dusche, Wasser, aber aller Erfahrung nach selten eine freie Box; doch versuchen kann man's immer mal (max. Wassertiefe 1,60 m).

Den zweifellos besten Liegeplatz, jedenfalls was die Atmosphäre anlangt, findet man im Noorderhaven (A), einer langen Gracht, die vom Hafen aus ins Zentrum des Städtchens hineinführt. Hier, an diesem Hafen, ist Harlingen am schönsten. Leider ist diese Gracht immer ziemlich mit Schiffen aller Art vollgepackt, auch mit großen, alten Segelschiffen, die natürlich besonders gut zu den Giebelhäusern passen, aber auch viel Platz wegnehmen. Zuweilen ist es jedenfalls so eng, daß man nicht einmal sein Boot wenden kann. Am Ende, vor der malerischen

Törnvorschlag 1: Binnen mit stehendem Mast

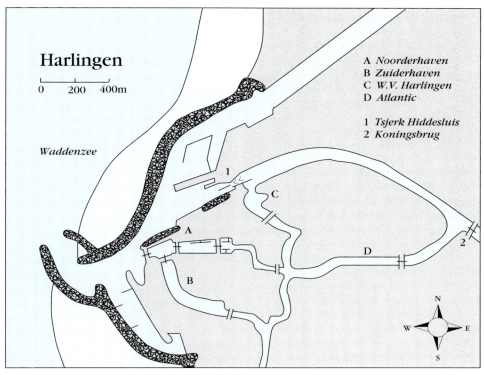

Leeuwenbrug, befinden sich Stege mit Heckbojen – der beste Platz mit ordentlicher Versorgung: Wasser und Treibstoff (so. nicht); vor der Leeuwenbrug WCs und Duschen auf einem Ponton; dazu eine sehr gute Reparaturwerkstatt und mehrere Zubehörgeschäfte, auch Segelmacher und Elektronikbetriebe gibt es. (Am Fährhafen eine gute Fischbude.) Harlingen liegt an der Waddenzee; da die Schleusen der Stadt nur bei Sturm geschlossen werden, ist überall ein Tidenhub von gut 2 m zu spüren.

Wegen des zu erwartenden Platzmangels empfiehlt es sich, erst einmal im Oude Buitenhaven festzumachen, was an sich nicht gestattet ist, aber wenn man nur mal kurz sehen will, wie es im Noorderhaven aussieht, hat niemand etwas dagegen. Findet man dort nichts, bleibt wohl nichts weiter übrig, als in den recht großen Zuiderhaven (B) zu fahren, der zwar objektiv gar nicht so übel ist, gegen den einmaligen Noorderhaven aber doch ungemein abfällt.

Hafenverwaltung **M 11.**

Harlingen ist – was man heutzutage ja nur noch selten findet – ein kompletter und dazu noch überschaubarer Hafen. Hier gibt es sowohl Seeschiffe, die meist nach England fahren, wie auch Binnenschiffe, eine ansehnliche Fischerflotte und einen Anleger für die gelb-schwarzen Fähren, die die Verbindung zu den Waddenzee-Inseln halten. Natürlich auch große Werften mit Trockendocks, dazu Lager- und Werkhallen. Kurz: Es passiert immer etwas, und es gibt immer etwas zu sehen. Die Stadt selbst ist, bis auf den unvergleichlichen Noorderhaven, nicht viel anders als viele andere Provinzstädte auch, fällt eher mit ihrer Nüchternheit etwas ab. Dennoch: Es gibt selten eine Hafenstadt in Holland, die noch so mit und vom Meer lebt.

Tsjerk-Hidde-Schleuse*: wo. 05.00–21.00 (sa. bis 20.00); so./f. 09.00–12.00, 14.00–17.00 und 18.00–20.00 (Mai und September 09.00–12.00, 14.00–18.00).

Um in den Noorderhaven zu gelangen, hat man zwei Brücken (und eine Schleuse) zu passieren: Die *Keer-Schleuse* samt Brücke steht allerdings meist offen; die Schleuse wird erst bei einem Wasserstand von NAP + 1,10 m geschlossen. Dann haben Brücke und Schleuse die gleichen Bedienungszeiten wie die unmittelbar vor dem Noorderhaven gelegene *Prins Hendriksbrug:* wo. 06.00–22.00 zu jeder vollen und halben Stunde; so./f. 07.30–22.00 zu jeder vollen und halben Stunde.

Harlingen liegt an der *Waddenzee,* also an einem Gezeitengewässer: Man hat mit einem Tidenhub von gut 2 m zu rechnen. Für die Fahrt auf die Waddenzee, etwa über das *Bontje* nach *Kornwerderzand* am *IJsselmeer* (→ S. 203), muß man sich nach den Gezeiten richten (Harlingen ist Bezugsort; die HW-Zeiten findet man im Anhang des *Almanak* Teil 2).

Wer auf der Waddenzee fahren will, benutze Werner/Jahn „Holländische Häfen aus der Luft" und Jan Werners Führer für Sportschiffer „Nordseeküste 1".

---

* Tsjerk Hidde, Kapitän und Flottenchef im Goldenen Jahrhundert, aus Harlingen gebürtig, zeichnete sich im Krieg gegen die Engländer aus, fiel 1666 in einem Seegefecht vor Vlissingen.

Törnvorschlag 2: Friesland
Von Stavoren zum Princenhof und zurück

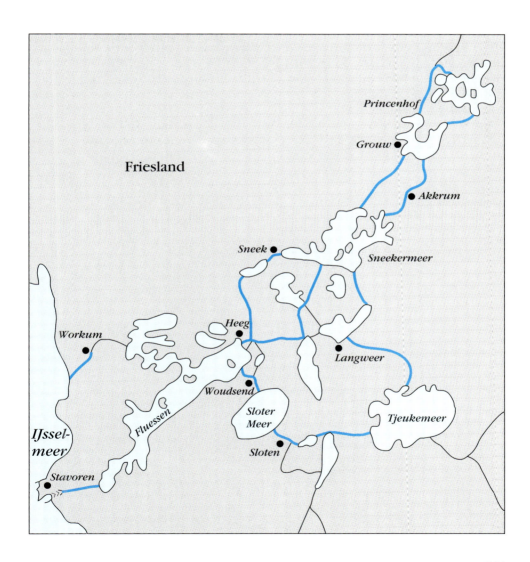

VII. Die nördlichen Provinzen

Jede niederländische Provinz ist etwas Besonderes, aber Friesland etwas ganz Besonderes – meinen jedenfalls die Friesen, und ganz unrecht haben sie wohl nicht damit. Denn diese Provinz im Nordosten des Landes führt ein Eigenleben, tat es immer schon, mit einer eigenen Kultur und einer eigenen Sprache auch, die man als Deutscher im Gegensatz zum Niederländischen nicht versteht – es sei denn, man wäre selbst Friese. Leeuwarden, die Hauptstadt beispielsweise, heißt „Ljouwert" auf friesisch, und ähnlich wie sie tragen alle friesischen Ortschaften zwei Namen auf dem Ortsschild, einen niederländischen und ihren friesischen. Friesland heißt auf friesisch „Fryslân", auf deutsch nichts weiter als „freies Land".

Daß die Friesen auch Niederländer sind, damit haben sie sich inzwischen abgefunden; sie aber als Holländer zu bezeichnen, kommt einer schweren Beleidigung gleich. Denn mit den Holländern, jenen leichtlebigen Menschen am anderen Ufer des IJsselmeers, hat man denn doch recht wenig zu schaffen.
Friesland war ursprünglich eine Sumpf- und Wasserlandschaft mit mehr Wasser als Land, mit unzähligen Inselchen, auf denen die alten Friesen ihre Höfe gebaut hatten. Um vor dem „Waterwolf" sicherer zu sein, wurden diese Inseln im Lauf der Zeit künstlich erhöht, zu „Terpen", die dann wiederum später oft zum Kern größerer Ortschaften oder Städte wurden, wie etwa in Leeuwarden oder Dokkum.
Sich abzukapseln, vor allem, sich niemals unterkriegen zu lassen, gehört in Friesland zu den festverwurzelten Traditionen. Während sich andere „Nieder"-länder etwa mit der römischen Besatzungsmacht arrangierten und durchaus Vorteil daraus zu ziehen verstanden, wehrten sich die Friesen und probten im Jahre 28 n. Chr. sogar den Aufstand gegen diesen schier übermächtigen Feind.
Als später Philipp II., der König von Spanien und Herrscher über die niederländischen Provinzen, 1555 den Treueid von seinen Untertanen forderte, da schleuderte ihm der friesische Edelmann Gemme van Burmania das stolze Wort entgegen: „Wy Friezen knibbelje allinig foar Goad!" – Wir Friesen knien vor Gott und vor sonst niemand!
Friesland ist immer noch ein Bauernland, das stolz auf seine alleinstehenden, fast königlichen Höfe ist. Industrie gibt es recht wenig, außer jener, die man die „weiße" nennt, also den Tourismus, und da ist es weit vor allem anderen der Wassertourismus. Fast kein Dorf ohne Hafen, ohne Werft oder Charterbetrieb. Sommers ziehen die weißen Motorkreuzer zu Tausenden über die Kanäle und Seen; eine Entwicklung, die in den letzten Jahren so zugenommen hat, daß die Umweltschützer inzwischen Alarm schlagen und man schon von einer Umweltbelastung durch den Wassertourismus spricht.
Das friesische Revier ist in erster Linie ein Revier für Motorkreuzer, die als Charterboote zumeist so gut ausgestattet sind, daß man auch komfortabel darauf wohnen kann. Flachgehenden Segelyachten steht ebenfalls (fast) das ganze Revier offen. Nur für sehr große Boote, die lange Schläge machen wollen, ist es

Törnvorschlag 2: Friesland

nicht ganz das richtige; aber auch sie können einmal nach Friesland hineinfahren und etwa von Stavoren aus via Fluessen nach Lemmer und damit zurück zum IJsselmeer schippern.

Friesland stellt als Revier an die seemännischen Qualitäten des Skippers keine besonderen Anforderungen. Auch Anfänger werden deshalb hier gut zurechtkommen, zumal, wenn sie ihren ersten Törn mit einem Motorkreuzer machen, einem Bootstyp, der sich ja fast wie ein Auto steuern und fahren läßt.

Dieser Törnvorschlag deckt natürlich nicht das ganze friesische Revier ab, aber wer ihn abgefahren hat, hat schon das meiste und – meiner subjektiven Meinung nach – auch schönste gesehen. Danach steht es jedem frei, eigene Routen auszutüfteln, was mit Hilfe der Karten und des *Almanak* nicht schwer sein dürfte.

Distanzen: **Stavoren** – **Warns** (3 km) – **Fluessen** (8 km) – **Heeg** (10 km) – **IJlst** (6 km) – **Sneek** (4 km) – **Sneeker Meer** (4,5 km) – **Grouw** (12 km) – **Princenhof** (8 km) – **Akkrum** (14 km) – **Terhorne** (5 km) – **Goingarijp** (5 km) – **Langweer** (8 km) – **Tjeukemeer** (8 km) – **Follega** (6 km) – **Sloten** (7 km) – **Balk** (8 km) – **Woudsend** (5 km) – **Heeger Meer** (3 km) – **Stavoren** (20 km).

Nautische Unterlagen: ANWB-Karte B: Friese meren oder „Smulders Compas Frise Meren en Kop van Overijssel" oder die VVV-Karte „Waterkart van Friesland" (praktisch, übersichtlich und wasserfest; zu beziehen über VVV Leeuwarden). Almanak voor watertoerisme, 1 und 2.

Das auffallendste und auch weithin sichtbare Bauwerk von *Stavoren* (→ S. 210) ist das gelbweiße, sattelförmige *Hoogland Gemaal,* ein riesiges Pumpwerk, das die friesischen Kanäle entwässert, wenn dort der Pegel zu hoch steigt. Dann läuft auch ein gewaltiger Strom in der Warnservaart und außen im Schleusenvorhafen.

Irgendwo in Friesland.

Die neben dem Hoogland Gemaal gelegene *Johan-Friso-Schleuse* ist ein arges Schiffahrtshindernis, jedenfalls an den Wochenenden im Sommer, wenn sich Hunderte von Booten davor drängeln, die meistens samstags hinaus zum IJsselmeer und sonntags zurück zu ihren binnen gelegenen Häfen wollen.
Öffnungszeiten (auch BB): wo. 06.00–07.00 (nur nach Anmeldung bei Telefon 058/925888) und 07.00–21.00 (sa. bis 20.00); so./f. 09.00–18.00 (Mai und September), 09.00–20.00 (Juni, Juli, August).

Mit der **Waarnservaart,** auch Johan Frisokanaal genannt, hat man ein tiefes und so breites Gewässer vor sich, daß kleinere Segelboote darauf sogar kreuzen könnten; aber da es hier doch fast immer aus West weht, wird man meist mit einem schönen raumen Wind auf dem kaum bewegten Wasser dahingleiten. Entlang diesem nur 4 km langen Kanal gibt es gleich fünf Yachthäfen. Der größte davon ist die *Marina Stavoren,* die gleich hinter der Schleuse liegt, dann kommt nur ein Stückchen weiter, doch am Nordufer, der kleine Yachthafen *Roggebroek,* vor der Warnser Brücke der in einer natürlichen Bucht gelegene *Jachthaven De Stormvogel* (bestens), dahinter dann, ebenfalls am Südufer, das kleine Becken des *Jachthavens Waterlijn,* der am „Pavilljon Greate Pier" eine direkt am Weg gelegene Tankstelle hat, schließlich am Nordufer, etwas hinter Bäumen und Büschen versteckt, der kleine Hafen *Marina Friesland,* eine ländliche Marina mit einem besonders freundlichen Hafenmeister, der einem, wenn's denn sein müßte, auch mal schnell das Boot aus dem Wasser nimmt (40-t-Portalkran). Die Versorgungsmöglichkeiten dieser Häfen sind durch die Bank recht gut.
Die Brücken in *Warns* und *Galamadammen* werden bedient: wo. 07.00–21.00 (sa. bis 20.00); so./f. 09.00–12.00, 13.00–18.00 (Mai, September), 09.00–12.00, 13.00–17.00, 18.00–20.00.
Die anschließenden Seen *Morra* und *Oorden* sind so flach, daß man sich gut im Tonnenstrich halten sollte. Erst wenn man die schnurgerade *Nieuwe Vaart* hinter sich hat, die sich durch flache, nasse Wiesen dahinzieht, kann man sich wieder etwas freier bewegen, denn

Fluessen, der große See, der sich zusammen mit dem Heeger Meer auf einer Länge von gut 10 km erstreckt, ist mit seinen durchschnittlich 1,80 m so tief, daß ein Boot mit einem Tiefgang bis etwa 1,50 m ihn ziemlich sorglos aussegeln kann. Und sollte man denn doch einmal aufbrummen, so dürfte dies bei dem weichen, modrigen Grund auch keine tragischen Folgen haben. Lediglich am Südufer liegen drei größere Flachs, je eins bei den Inselchen *Kruspollen* und *Leyepolle* und nordöstlich von dem Ort *Elahuizen,* mit Steinen auf dem Grund; letzteres ist insofern ziemlich übel, weil es mit einer einzigen Kardinaltonne, einer schwarz-gelben, unzureichend markiert ist.
Mit Untiefen muß man auch bei den vier künstlichen Inselchen rechnen, doch da liegen im allgemeinen kleine Tonnen zur Warnung aus.

Plattbodenschiffe auf Fluessen. Vor dem Wind werden die Seitenschwerter gehievt. Ideale Schiffe für flache Gewässer und zum Trockenfallen in der Waddenzee. Dennoch überaus seetüchtig und schnell.

Obwohl Fluessen und Heeger Meer zusammen doch eine riesige Wasserfläche bilden und der Wind ungehindert über die flache Landschaft dahergebraust kommt, sollte man sich wegen Wind und Welle nicht allzu viele Sorgen machen. Zwar baut sich bei hartem Wind aus SW eine kurze, häßliche Welle auf, die kleinen Booten auch durchaus gefährlich werden kann, doch solche Verhältnisse sind in den Sommermonaten selten, und außerdem: Es gibt auch immer wieder Möglichkeiten, rasch an einem geschützten Platz unterzuschlüpfen.
Vier künstliche Inselchen (holl.: Recreatie-Eilanden) gibt es auf Fluessen und am Heeger Meer:
Nieuwe Kruspollen (auch: Nije Kruspôlle) liegt am weitesten westlich, sie hat die besten Liegeplätze an ihrer Ostseite; Boote mit geringem Tiefgang können aber auch am Westufer festmachen. Nahe den beiden östlich gelegenen Trabanteninselchen wird es untief.
Die größere, ebenfalls hakenförmige Insel *Langehoekspôlle* hat an ihrer Ostseite ein richtiges, wenn auch sehr kleines Becken mit einer Wassertiefe von ca. 1,50 m. Das Eiland ist teilweise mit Bäumen und Büschen bewachsen und geradezu ideal für einen längeren Aufenthalt (keine Versorgung).
Leyepolle ist sehr klein und liegt am Rande eines der großen Flachs, nahe der betonnten Fahrrinne. Mit nur ca. 1 m ist die Wassertiefe im winzigen „Hafen"becken allerdings sehr gering.

Die östlichste der Inseln liegt schon im Heeger Meer: *Rakkenpolle*. Sie ähnelt in der Form Langehoekspôlle und ist ebenso von Osten her zugänglich. Wassertiefe im Becken ca. 1,10 m. Bei der Ansteuerung muß man etwas aufpassen, denn vor der NE-Huk erstreckt sich ein ziemlich großes Flach mit sehr wenig Wasser. An der Westseite der Insel können Boote mit einem Tiefgang bis zu 1,40 m festmachen.

Der am Südufer von Fluessen gelegene Ort *Elahuizen* hat den guten, wenn auch kleinen Hafen des Watersportcentrums Fluessen, mit einer sehr guten Versorgung (Wassertiefe im Hafen ca. 1,50 m). Nahe der Einfahrt liegt ein Stein nur knapp unter der Wasserfläche; die Stelle ist zwar mit einer schwarz-roten Tonne markiert (nicht in der Karte), aber Vorsicht ist auf jeden Fall geboten. Zum Hafen führt ein Tonnenstrich mit grün-weißen und rot-weißen Tonnen.

Von Fluessen aus kann man sehr schöne Abstecher zu anderen Gewässern machen. Einer allerdings, der nicht in diese Kategorie fällt, sei gleich vorweggenommen: die Route durch die *Zwarte Woude* zu dem Dorf *Koudum*, da dies überhaupt nichts bringt, das Dorf auch uninteressant ist.

Statt dessen lohnt sehr ein Ausflug zu dem vielgestaltigen Seengebiet nördlich von Fluessen, der auch mit stehendem Mast zu machen wäre und einem sogar eine Verbindung via Workum zum IJsselmeer eröffnet.

Von Langehoekspôlle aus fährt man nordwärts, wenn man will, zuerst zu dem hübschen Dörfchen *Gaastmeer,* wo man recht gut an der Dorfkade liegt, sofern einem die Wassertiefe von ca. 1 m reicht. Besser aber ist es, gleich durch den Kanal *Inthiema Sloot* (Vorsicht: Steine vor dem Südufer!) ins überaus schöne Revier von

Grote Gaastmeer, Zandmeer und Oudegaaster Brekken zu schippern, drei zusammenhängende, buchtenreiche Seen mit vielen Möglichkeiten, in wunderschöner Natur zu liegen. Besonders empfehlenswert das Inselchen *Sont,* wo man an einem winkelförmigen Steg – kostenlos! – festmachen kann.

Man kann indes auch zu den Häfen des Dorfs *Oudega* schippern, muß sich allerdings am Südufer etwas vorsehen, denn da liegen verrottete Baumstümpfe unter der Wasseroberfläche. Der Dorfhafen ist nichts weiter als ein Stichkanal, der vor der hübschen, efeubewachsenen Kirche endet. Während hier die Versorgung (WC, Dusche, Wasser) eher mäßig ist, findet man in dem kleinen Hafen der Werft P. Bootsma einen recht guten Service und liegt inmitten eines Erholungsgebiets mit recht hübschen Häuschen.

Wer will, kann über das *Lange Vliet* nach *Workum* am IJsselmeer fahren (→ S. 206), ein wegen der vielen Brücken jedoch ziemlich umständliches Unterfangen.

Wo Fluessen aufhört und das **Heeger Meer** anfängt, ist weder auf der Karte noch in der Wirklichkeit erkennbar, so unmerklich gehen die beiden Seen, die doch praktisch nur eine einzige große Wasserfläche bilden, ineinander über.

Törnvorschlag 2: Friesland

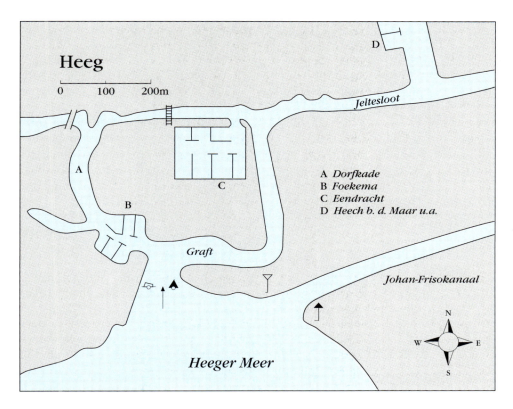

Vielleicht heißt dieses Gewässer so, weil man etwa auf der Höhe von *Leyepolle*, wo ich mir auch die Grenze vorstelle, die drei spitzen Kirchtürme von Heeg aus über dem Wald sehen kann.

Heeg, das berühmte Seglerstädtchen, besteht aus einem unglaublichen Labyrinth von Kanälen und mehr oder minder kleinen Häfen. Kommt man zum erstenmal hin, ist die Zufahrt ziemlich verwirrend, zumal sie einem durch die hohen Pappeln lange verborgen bleibt.
Wichtig: Man halte sich genau an die Tonnen, denn dicht daneben wird es rasch untief. Vor der Insel *It Eilan* teilen sich die Wege: Ostwärts geht es ab in den *Kanal Graft,* der im Bogen um den Ort herum und weiter zum *Jeltesloot* führt. Früher war die enge und gewundene Graft die einzige Passage und für Frachtschiffe so beschwerlich, daß extra für sie eine Abkürzung gegraben wurde (rote und grüne Dreiecksbaken an der Einfahrt), der *Johan Frisokanaal*.
Anstatt in die Graft und damit von Osten her in den Ort hinein kann man vor der Insel, auf der die auffallenden Reihenhäuser stehen, sich nach links wenden und auf diesem Weg nach Heeg hineinfahren. Im allgemeinen darf man in der Einfahrt mit ca. 1,70 m Wassertiefe rechnen, nach Stürmen aber muß man auf sehr

viel weniger gefaßt sein – bis sie dann wieder auf 2 m ausgebaggert ist, was aber auch nicht lange vorhält.

Durch besondere Sehenswürdigkeiten, Bauwerke etwa, besticht Heeg nicht, so wenig wie die meisten anderen friesischen Wasserdörfer. Was es so anziehend macht, das ist das quirlige Leben am Hafen, die Urlaubsatmosphäre im Sommer, die vielen bunten Segel auf dem Heeger Meer.

Interessant zu sehen ist die am Nordufer von It Eilan gelegene Jachtwerf Viermanshap von Pieter Piersma, der sich auf Holzboote spezialisiert hat, vor allem auf Tjotter und friesische „Jaghten", die er nach traditionellen Rissen aus Eiche baut.

Liegeplatz und Versorgung: Obwohl es mehr als nur einen Hafen gibt, kann es in den Urlaubswochen schwer sein, hier gut unterzukommen. Der stimmungsvollste Liegeplatz ist wohl an der Dorfkade (A), auch wenn es etwas unruhig ist und der Kanal mit ca. 1,40 m wenig Wasser hat. Sehr gut, wohl am besten, liegt man im Gemeindehafen Eendracht (C), einem viereckigen, von Pappelalleen umstandenen, sehr geschützten Becken. Wassertiefe an den Stegen ca. 2,70 m, in der Einfahrt, dagegen nur 1,80 m. Versorgung optimal.

Der kleine Yachthafen von Foekema (B) wird wohl immer voll sein; im ersten Becken liegen nur Jollen auf ca. 1 m Wasser, während im zweiten Becken auch Kielboote bis ca. 1,50 m Tiefgang unterkommen; auch hier die Versorgung optimal.

Schließlich kann man noch recht gut am Westufer der Graft festmachen, auf einer Wassertiefe von ca. 1,40 m; auch in dem Kanal nördlich von Eendracht liegt man nicht schlecht, findet allerdings an den meistens von Wohn- und Hausbooten belegten Kanalufern selten ein freies Plätzchen.

Etwas außerhalb des Ortes, aber durchweg mit guter Versorgung, mehrere kleine Bootshäfen (D) im kleinen Stichkanal nördlich des Jeltesloot.

Außer Piersma gibt es noch ein paar Werften (Kräne bis 20 t, Helling bis 10 t). Zubehör bei Foekema.

Spätestens an der Kreuzung *Heeger Vaar/Wijde Wijmers* sollte man sich klar darüber sein, ob man direkt zum Sneeker Meer fahren oder den Umweg über Sneek nehmen will. Zu diesem berühmten Seglerstädtchen ist es nicht weit; denn schon hier, an dieser Kreuzung, sieht man seinen unverwechselbaren Wasserturm. Irgendwo scheiden sich hier die Geister; die einen – wie ich – finden an Sneek nichts Besonderes, andere lassen darauf nichts kommen.

Also, der Weg nach und durch Sneek ginge so: Auf der beinahe schnurgeraden und landschaftlich nicht aufregenden *Wijde Wijmers* schippert man nordwärts. Die BB bei *Osingahuizen* und in *IJlst* öffnen zu folgenden Zeiten: wo. 09.00–12.00, 13.00–17.00, 18.00–20.00; so./f. 09.00–12.00, 14.00–17.00, 18.00–20.00 (im Mai und September 09.00–12.00 und 14.00–18.00).

Hinein nach

IJlst, ein winziges, zum Teil recht hübsches Städtchen, das einst im südwestlichen Friesland eine gewisse Bedeutung als Ladeplatz gehabt hat. Leider findet man bis auf das schöne alte Backsteinhaus „De Messingklopper" kaum mehr alte Giebelhäuser.

Liegeplatz und Versorgung: Man kann sich am Kanal, der sich durch das Städtchen zieht, überall dorthin legen, wo man einen freien Platz findet, und dies wäre gar nicht das schlechteste. Am östlichen Ortsausgang liegt, direkt neben einer Windmühle, der kleine Yachthafen Uitkijk (Wassertiefe 1,40 m); leider schaut man genau auf eine gegenüberliegende Fabrik. Wasser und Diesel kann man am Kanal bunkern. Gute Reparaturmöglichkeiten bei der Werft Bakker und bei Uitkijk (1,5-t-Kran). WC und Dusche am Campingplatz neben Uitkijk.

Die *Geeuw,* ein langgezogener, sehr schmaler See, führt einen direkt auf Sneek zu, aber auch immer an einer vielbefahrenen Autostraße entlang.
Die *Geeuwbrug* kurz vor Sneek öffnet zu folgenden Zeiten: wo. 09.00–12.00, 13.00–17.00, 18.00–20.00; so./f. 09.00–12.00, 14.00–17.00, 18.00–20.00 (Juni, Juli, August); 09.00–12.00, 14.00–18.00 (Mai und September).
Da, wo wir jetzt fahren, erstreckte sich einst von Nord nach Süd die *Middenzee,* die, wie der Name „Zee" schon verrät, ein offenes, mit dem Meer verbundenes Gewässer war. Sie ist im Laufe der Jahrhunderte trockengelegt worden. Übriggeblieben sind die Seen rings um Sneek. Aber wie groß sie einst gewesen sein muß, zeigt die Tatsache, daß Leeuwarden an eben dieser Middenzee lag und einen richtigen Seehafen hatte.

Sneek, heute eine Stadt mit 23 000 Einwohnern, war zu einem wichtigen und auch stark befestigten Handelsplatz geworden, als die Middenzee eingedeicht und endlich auch verschwunden war. Die Stadt hat heute noch eine ziemlich große Bedeutung in Friesland, nicht nur wegen des Wassersports, auch als Gewerbezentrum.
Ein Provinzstädtchen, das bis auf seine Grachten und die paar alten Giebelhäuser, die es noch gibt, eigentlich nicht sonderlich sehenswert ist (Protest der Sneek-Fans!).
Das *Wassertor* (Waterpoort), das einzige Überbleibsel der früheren Befestigungsanlagen, sieht zwar recht malerisch aus, ist aber in seiner jetzigen Form auch erst 1878 erbaut worden.
Sehenswert das *Fries Scheepvaart Museum* (Kleinzand 23) mit Modellen der Schiffe, die im Laufe der Zeiten die Küsten und Meere Frieslands befahren haben.
Durchfahrt durch Sneek: Will man zum Sneeker Meer, so gibt es zwei Routen: Route A, die üblicherweise genommen wird, führt von der Geeuw durch die Stadt zum Zomerrak. Route B nimmt anfangs den gleichen Weg, biegt dann aber ab zur Woudvaart. Während bei Route A alle Brücken beweglich sind, hat man bei Route B eine feste mit 4,50 m Durchfahrtshöhe. Öffnungszeiten der Brücken: wo. 08.00–12.00, 13.00–17.00, 18.00–20.00; so./f. 09.00–12.00, 14.00–17.00, 18.00–20.00.

VII. Die nördlichen Provinzen

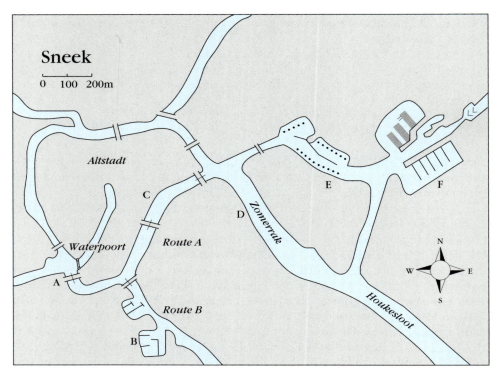

Liegeplatz und Versorgung: Kommt man vor der letzten Brückenbedienungszeit in Sneek an, so bleibt man am besten in dem breiten Hafenkolk (A) vor dem Waterpoort. Hier kann man auch Treibstoff und Wasser bunkern; etwas unruhig wegen des Straßenverkehrs. Plätze ähnlicher Art, aber ruhiger findet man überall an den Stadkaden (C), entlang der Durchfahrtsroute A und auch anfangs der Durchfahrtsroute B. An allen diesen Liegeplätzen sind Schilder angebracht mit dem Hinweis, wie lange man bleiben darf.

Will man in einen richtigen Yachthafen mit den dort üblichen Annehmlichkeiten, so gibt es zwei Möglichkeiten: An der Durchfahrtsroute B liegt ein recht guter Bootshafen (B), wo für Passanten das zweite Becken reserviert ist, während das erste Festliegern vorbehalten bleibt; an der Einfahrt eine praktisch gelegene Tankstelle.

Die großen Yachthäfen liegen aber alle im Osten der Stadt, zu erreichen über die Durchfahrtsroute A und den Burgemeester de Hoopkanaal. Alle diese Yachthäfen haben eine parkartige Umgebung und weisen eine Wassertiefe von ca. 1,60 m auf; da wäre zuerst (F) De Domp und schließlich der (E) Sneeker Jachthaven (mit dem Schwimmbad daneben). Größere Boote mit einem Tiefgang bis 2,50 m können sich in der Zomerrak an die Pampuskade (D) legen (unschöne Umgebung).

Die Versorgung ist – wie könnte es in einem solchen Wassersportzentrum anders sein – rundum gut. Es gibt mehrere Werften und Reparaturbetriebe (mit Kränen bis 60 t). Im Industriehafen arbeitet die berühmte Segelmacherei Gaastra, die das Waterpoort als Markenzeichen führt, und nahe dem Waterpoort ihr nicht minder bekannter Konkurrent Zaandstra. Entlang der Houkesloot viele Servicebetriebe. Am Kanal (Route A) Tankstelle, Zubehör und Segelmacherei.

Die meines Erachtens bessere Alternative zu der auf den vorhergehenden Seiten beschriebenen Route via Sneek besteht darin, auf dem Johan Frisokanaal zu bleiben und den kurzen Weg zum Sneeker Meer zu suchen.

Die *Jeltslootbrug* kann einen ziemlich aufhalten, denn darüber führt eine vielbefahrene Straße. Im Prinzip öffnet sie zu folgenden Zeiten: wo. 07.00–21.00 (sa. bis 20.00); so./f. 09.00–12.00 und 14.00–18.00 (Mai und September); 09.00–12.00, 13.00–17.00, 18.00–20.00 (Juni, Juli; Mai und September bis 18.00).
Der Haken dabei ist, daß sie zwar während dieser Zeiten, aber dann nicht jederzeit geöffnet wird. Vor der Brücke sind deshalb große Schilder angeschlagen, die die präzisen Öffnungszeiten angeben. Ebenfalls vor der Brücke stehen Bollwerke, an denen man zwischenzeitlich sein Boot festmachen kann, zur Not auch zur Nacht liegen darf.
Aufpassen muß man bei der Einmündung des Jeltsloots in den Prinses Margrietkanaal, weil der hier nicht sonderlich breit ist und zuzeiten stark von großen Binnenschiffen befahren wird, die, eine mächtige Bugwelle vor sich herschiebend, durch das Wasser pflügen. Nach dem BPR (→ S. 21) haben sie Vorfahrt vor „kleinen Schiffen", also auch als Segler muß man ihnen die Vorfahrt lassen! Von hier bis km 51,8 (Wartena) darf nur gesegelt werden, wenn der Motor jederzeit startklar ist. Kreuzen ist verboten, man muß sich immer hart an der Steuerbordseite halten und mindestens 6 kn Fahrt machen (Regelung gilt nicht an Sonn- und Feiertagen).
Südöstlich vom Sneeker Meer breiten sich netzförmig viele Kanäle und kleine Seen aus: ein überaus schönes Revier, und nirgendwo sonst bietet sich einem ein derart intensives Bild von unzähligen braunen und weißen Segeln, die scheinbar über die grünen Wiesen gleiten.
Wer im Hinblick auf die Wassertiefe sichergehen will, der bleibt auf dem Prinses Margrietkanaal, kann auch zu dem Wassersportzentrum *Uitwellingerga* abbiegen, wo er gute Liegeplätze und eine ganz exzellente Versorgung (bis hin zu Restaurants) vorfindet.
Über den Kanal mit dem schönen Namen *Modderige Geeuw* gelangt man in das

Sneeker Meer, das hier an dem Kreuzungspunkt (Kruiswater) von Prinses Margrietkanaal und Houkesloot (die nach Sneek führt) beginnt. Über die flachen, nassen Wiesen hinweg sieht man voraus den grauweißen Startturm auf dem Starteiland und davor eine der für Friesland typischen Dreiecksbaken, die immer an markanten, für die Schiffahrt wichtigen Punkten stehen.
Das Sneeker Meer, mit den *Goingarijpster* und *Terkaplester Poelen* – allein an diesen für uns unaussprechlichen Namen merkt man schon, daß man in Friesland ist – mißt von Südwest nach Nordost gut 6 km und von Nord nach Süd immerhin noch 5 km. Es ist also ein Revier von beträchtlichen Ausmaßen, und dennoch wirkt es, anders etwa als Fluessen oder das Tjeukemeer, überschaubar,

fast intim. Das machen die buchtenreichen Ufer aus und vor allem die vielen Inseln.

Das Sneeker Meer hat, vom Prinses Margrietkanaal einmal abgesehen, der es als betonnte Rinne quert, zwar Wassertiefen bis zu 1,95 m, aber Boote mit einem Tiefgang von mehr als 1,20 m werden schnell aufsitzen. Flachgehenden Booten indes steht das ganze Meer offen, wenn man von den paar *Untiefen* einmal absieht, von denen eine allerdings ausgesprochen tückisch ist, nämlich die im Osten *vor der Halbinsel Terhorne* gelegene *Gravinneweg*, die aus sehr harten Sänden besteht und unzulänglich betonnt ist.

Segeln oder unter Motor fahren, das ist im Grund nicht so wichtig; meiner Meinung nach taugt das Sneeker Meer sowieso mehr für Jollen und kleine Kielboote oder die klassischen holländischen Plattbodenschiffe. Was es für Fahrtenskipper so attraktiv macht, das sind die unendlich vielen guten Liegeplätze in einer wunderschönen Natur. Die Liegeplätze sind in der Karte alle durch kleine rote Poller markiert, in Wirklichkeit weiße Holzpfähle, an denen man sein Boot festmachen kann. Zuweilen sind die Ufer mit Steinen befestigt, zuweilen auch mit alten, verrotteten Pfählen, so daß man beim Anfahren besser einige Vorsicht walten läßt. Als sehr brauchbar an diesen oft glitschig-nassen Ufern hat sich ein kräftiges Brett erwiesen, das man als Gangway nutzen kann, wenn man nicht sportlich genug ist, mit einem Satz an Land zu springen.

Eigentlich sollte nicht das Waterpoort das Wahrzeichen von Sneek sein, sondern der Starttoren vom Sneeker Meer; denn die Regatten auf dem Sneeker Meer haben dieses Revier und auch die kleine Stadt weit über die Landesgrenzen hinaus bekannt gemacht, vor allem die Anfang August stattfindende „Sneek Week", dann aber auch, wenn es auch mehr ein Spectaculum für die Einheimischen ist, eine der Wettfahrten der alten Plattbodenschiffe, das „Skûtjesilen".

Neben den vielen Liegeplätzen in der freien Natur gibt es hier auch drei, allerdings sehr unterschiedliche Yachthäfen: den modernen *Pavillioen Sneekermeer*, den dörflichen von *Goingarijp* und schließlich das Hafenlabyrinth von *Terhorne* (das aber erst später, bei der Rückfahrt, beschrieben werden soll).

Liegeplatz und Versorgung: Eine in jeder Hinsicht sehr gute Anlage ist die Marina Paviljoen Sneekermeer, die nordöstlich vom Starteiland liegt und mit ihren pyramidenförmigen Dächern schon von weither auszumachen ist. Im Sommer, vor allem während der „Sneek Week", wird man kaum eine freie Box finden (Wassertiefe 1,60 m), ansonsten aber einen komfortablen, guten Hafen mit Tankstelle, Wasser, WC, Dusche sowie Schiffsbedarf und einer kleinen Reparaturwerkstatt.

Den denkbar größten Gegensatz dazu bildet das Dorf **Goingarijp** im Süden, das einen kleinen Yachthafen mit dem sonderbaren Namen Oer t' String hat. Die alte Seeschleuse außen vor dem Kanal steht immer offen, und wahrscheinlich ist dies hier, unter den tiefhängenden Weidenbäumen und vor dem alten Dorfkirchlein, der beste, sicher der stimmungsvollste Platz. Für einen kurzen Aufenthalt kann man auch vor dem weißen Terrassen-Café festmachen, auf das man genau zufährt. Mit einer tollen Versorgung darf man allerdings nicht rechnen; nur im Yachthafen gibt es WC, Wasser, Dusche.

Noch ein Tip für den, der einmal ganz geschützt und abgelegen vor Anker liegen will: Am Nordufer des Sneeker Meers, schon nahe auf Terhorne zu, fährt man durch eine schmale Rinne in die rundum fast geschlossene Bucht *Gaauwster Hoppen,* die allerdings mit 0,90 bis 1,40 m sehr geringe Wassertiefen aufweist.

So schön das Sneeker Meer auch ist, so sehr ist es im Sommer überlaufen. Dieser „Rummel" ist gewiß nicht ohne Reiz, aber wer diese großartige Natur in aller Ruhe erleben will, der sollte im September kommen, wenn die Tage schon kürzer und kühler werden und die große Urlaubswelle längst vorbei ist, denn dann kann man manches Inselchen ganz für sich allein haben.

Zum Prinses Margrietkanaal geht es weiter durch die große, zumeist offenstehende *Terhornster Schutzschleuse* (viel Verkehr, Vorsicht!), von der aus gesehen nordöstlich sehr hübsch unter Bäumen der ansehnliche *Yachthafen Terzool* liegt (Wassertiefe 1,80 m).

Der *Kanal* zieht sich nun breit und behäbig durch eine stille, unauffällige Landschaft. Nur ab und zu wird man einem Frachtschiff begegnen, obwohl er doch eine so wichtige Wasserstraße ist.

Die *Hebebrücke bei Oude Schouw* (km 63,3) hat eine Durchfahrtshöhe von 7,50 m; sie wird geöffnet: wo. 08.00–21.00 (sa. bis 20.00, im Juni, Juli, August, ebenfalls bis 20.00 im Mai und September); so./f. 09.00–12.00, 14.00–17.00, 18.00–20.00 (Juni, Juli, August) 09.00–12.00, 14.00–18.00 (Mai und September).

Der Prinses Margrietkanaal hat eine Kilometrierung (→ S. 27), die bei Groningen beginnt und in Lemmer endet; man kann an Hand der Karte und dank der Kilometertafeln am Ufer sehr leicht seine jeweilige Position feststellen.

Zu dem Ort **Irnsum** mit seinen vielen Liegeplätzen und guten Servicebetrieben kann, muß man aber nicht fahren, denn zu sehen gibt es dort nicht allzuviel. Eben vor Grouw (bei km 61,2) gibt es zwei Brücken: die Eisenbahnbrücke (H 4,85 m) und die Straßenbrücke (H 5,30 m). Wenn das nicht reicht, stelle man sich auf lange Wartezeiten (bis zu einer dreiviertel Stunde) ein, weshalb sich vor der Brücke auch Steiger zum Festmachen befinden. Eine Art Uhr an der Brücke zeigt die nächste Öffnungszeit an.

Etwas länger bleiben sollte man in dem so malerisch am *Pikmeer* gelegenen Seglerstädtchen

Grouw. Schon die Wasserfront sucht ihresgleichen mit den rot gestrichenen Bootshäusern, dem „Theehuis" mit seiner Reetdachhaube, dem Gewirr der roten Ziegeldächer und dem Turm der uralten Sint-Piters-Kirche darüber. Grouw liegt wie auf einer Insel, vor sich das Pikmeer mit dem Inselchen Groot Eiland, auf dem ein ähnlicher, wenn auch kleinerer Startturm steht wie am Sneeker Meer.

VII. Die nördlichen Provinzen

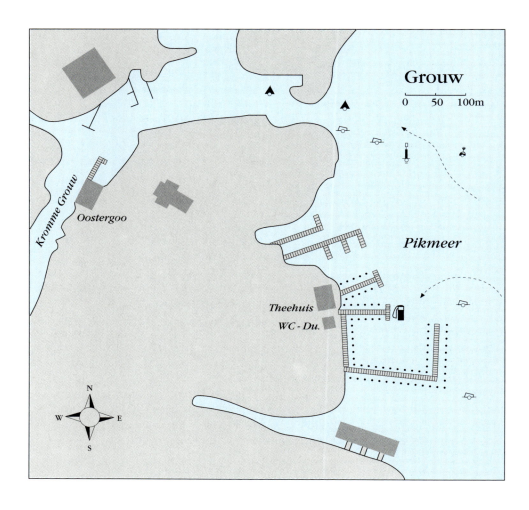

Schilf und Weiden säumen die Ufer, am Kanal steht eine alte, klobige Windmühle – das Städtchen lebt zum Wasser hin.
Die schönsten Ecken findet man rund um die Sint-Piters-Kerk, die angeblich schon 900 Jahre alt ist.
Grouw ist überaus stark auf den Tourismus hin orientiert, deshalb gibt es auch eine Menge guter bis feiner Restaurants und ebenso gute Einkaufsmöglichkeiten.
Das Pikmeer ist zwar bei weitem nicht so groß wie das Sneeker Meer, aber was Segelregatten angeht, so steht es dem wenig nach. Auch beim „Skutjesilen" findet hier traditionell ein Wettkampf statt.

Liegeplatz und Versorgung: Wäre man nicht so dem Wellenschlag der vorbeiziehenden Schiffe ausgesetzt, so läge man an den Stegen vorm „Theehuis" am besten: Die Gemeinde unterhält hier einen großen Steg (Wassertiefe 1,80 m), und das „Theehuis" hat für seine Gäste weitere zwei. Hier gibt es auch eine Tankstelle, Wasser sowieso, und neben dem Restaurant Dusche und WC. Eine nicht ganz so gute, wenn auch geschütztere Alternative dazu wären die Stege vor dem historischen Hotel „Oostergoo", das man über den Kanal Kromme Grouw erreicht. An eben diesem Kanal gibt es noch eine Menge von Yachthäfen, mit Tankstellen, Wasser, Kränen etc., die für mich aber immer im Vergleich zu den beiden vorgenannten Liegeplätzen zweite Wahl wären. Die Versorgungsmöglichkeiten braucht man im einzelnen nicht aufzuführen, denn es gibt nichts, was es hier nicht gibt. Auf ein paar Betriebe soll aber doch hingewiesen werden: einmal auf die berühmten friesischen Segelmacher Molenaar und de Vries (D'Oude Seylmakerij), die neben dem „Oostergoo"-Hotel ihre Werkstätten haben, während die nicht minder berühmten Dijkstra und Rallinge im Gewerbegebiet sitzen. Ebenfalls nahe dem „Oostergoo"-Hotel, an der Nieuwe Kade, befindet sich die Motorenwerkstatt „De Schiffart", die ausnahmslos alle Motortypen reparieren kann.

Das **Pikmeer,** einen kleinen, netten See, den wir auf der Rückfahrt wieder streifen werden, lassen wir jetzt rechts liegen und fahren an der großen Windmühle vorbei auf dem breiten und trotz des Schiffsverkehrs recht ruhigen Prinses Margrietkanaal weiter.

Zwischen km 56 und km 55 zweigt der *Folkertssloot* ab, der einen auf dem kürzesten und direktesten Weg hinein in den *Princenhof* führen könnte; für Boote mit sehr geringem Tiefgang (bis ca. 1 m) gibt es jedoch etwas viel Besseres:

Wir schippern noch ein Stückchen weiter, um dann knapp hinter km 54 in einen sehr kleinen Kanal einzubiegen, dessen Einfahrt gar nicht richtig zu erkennen ist, so schmal ist sie. Auf ihm gelangt man nun in eine der schönsten Ecken des Princenhofs, die im Gegensatz zu anderen noch – relativ! – unberührt ist. Der kleine Kanal weitet sich bald zum *Holstmeer,* und wenn man wieder nach Norden abbiegt, auf den großen Schilfsee *Saiterpetten* zu, dann findet man hier einen unglaublich schönen, ruhigen Liegeplatz.

Für große Boote ist der

Princenhof eigentlich kein Revier, weil er doch zumeist sehr geringe Wassertiefen aufweist; zumindest ein Stück aber kommen auch Kielboote mit großem Tiefgang hinein, wenn sie nämlich über den 3,50 m tiefen Kanal *Lange Sloot* zum Hotel Princenhof fahren. Sonst müßte man sich einfach einmal das Inset (Maßstab 1 : 25 000) in der ANWB-Karte B genau ansehen, um herauszufinden, wo man überall hinkäme.

Daß der Princenhof ein ebenso interessantes wie schönes Revier ist, hat sich natürlich längst herumgesprochen. So darf es einen nicht wundern, daß es in den Urlaubswochen überlaufen ist; daran ändert auch wenig, daß dieses schöne Fleckchen Erde zum allergrößten Teil zum Naturschutzgebiet erklärt wurde. Die Einschränkungen sind im übrigen auch gar nicht so groß; denn wie man an der Karte sieht, die von roten Pollerchen geradezu übersät ist, läßt man den Bootsfahrern doch viele Freiheiten, sprich Liegeplätze.

Der Princenhof trägt auch noch den Namen *Oude Venen,* was treffender ist, denn nichts weiter als ein „altes Moor" ist er. Diese eigenartig-schöne Landschaft entstand durch den Abbau von Torf, der im waldarmen Holland über Jahrhunderte der einzig verfügbare Brennstoff war. Hier am Oude Venen wurde der Torfabbau von Bauern betrieben, und er war nicht so durchorganisiert wie anderswo, was ein Glück war, denn so konnte diese wilde, ungeordnete Wasserlandschaft entstehen, der das Regelmäßige anderer, systematisch abgebauter Torfmoore fehlt. Ein Zentrum einer fast schon industriell organisierten Torfgewinnung war das nahegelegene *Heerenveen,* wo kapitalkräftige Gesellschaften, „Compagniën" genannt, ihren Sitz hatten, die die Torfgewinnung, vor allem aber den Absatz straff gemanagt hatten. In Heerenveen, einer ansonsten nicht sonderlich interessanten Stadt, bei uns mehr bekannt durch internationale Eisschnellaufwettbewerbe, steht ein schloßartiges, prächtiges Barockhaus, nach seinem Erbauer „Crack State" benannt, an dem man sehen kann, welches Geld diese Compagniën früher verdient haben.

Heerenveen erreicht man von *Akkrum* (→ S. 268) leicht über den Kanal *Het Deel,* aber genau besehen lohnt dieser Abstecher nicht, es sei denn, man wollte zur *Turfroute* (→ S. 287), jenen Kanälen, die eigens von den Compagniën angelegt wurden, um den Torf aus den Provinzen Drenthe und Overijssel abtransportieren zu können.

Vor dem *Hotel Princenhof* mit seiner großen Terrasse könnte man für kurze Zeit festmachen, etwa um in dem gemütlichen Restaurant nach Holländerart gut und

Am Princenhof.

reichlich zu essen. Auch Wasser und Treibstoff kann man beim Hotel bunkern; und jene Motorbootfahrer, die sich einmal auf einem Segelboot versuchen wollen, können hier schöne, aus Holz gebaute Dreimann-Jollen mieten.

Etwas ostwärts vom Hotel Princenhof, an der *Eernewoudster Wijde,* liegt das alte Moor- und Fischerdorf *Eernewoude,* dessen aus Schilf geflochtene Matten überall in den Niederlanden bekannt und geschätzt sind. Was aber heute das Geld in das malerische Dorf bringt, das ist der Wassertourismus. Eernewoude hat sich vor einigen Jahren einen Yachthafen zugelegt, von solchen Ausmaßen, daß man nur staunen kann.

Einen Besuch wert ist das „Kokelhus", ein ehemaliges Reetflechterhaus, das so eingerichtet ist wie in alter Zeit; auch gibt es hier merkwürdige Schnitzereien zu sehen, Szenen aus der Bibel, die ein einfacher Mann namens Jan Wijnas in den weichen Torf geschnitten hat.

Liegeplatz und Versorgung: Direkt vor dem Hotel Princenhof kann man nur für kurze Zeit festmachen, zumal hier auch die Ausflugsdampfer anlegen. Etwas östlich vom Hotel gibt es die Steiger der VVV Eernewoude (größere Boote am besten am Kopf der Stege), aber besser liegt man in dem geschützten, altmodischen Passantenhaven von Eernewoude. Wer den üblichen Marinakomfort sucht, der sollte noch ein Stückchen weiter ostwärts und in den Jachthafen Eernewoude fahren (Dusche, WC, Wasser, Treibstoff, Reparaturen bei der Werft Houkstra, 20-t-Portalkran).

Abstecher nach Norden. Wer Lust hat, nach *Leeuwarden,* der Hauptstadt der Friesen, zu fahren (→ Törn „Binnen mit stehendem Mast: Von Delfzijl nach Harlingen"), der kann das von hier aus sehr gut tun: zunächst zu dem nicht sonderlich interessanten *Wartena,* einem Ort, der sich durch einen großen, gut ausgerüsteten Yachthafen auszeichnet, und dann weiter über den *Van Harinxmakanaal* nach *Leeuwarden* (18 km, Wassertiefe 2,15 m, zwei BB, eine FB 6,95 m). Wenn die Durchfahrtshöhe der einen festen Brücke nicht reichen sollte, kommt man trotzdem nach Leeuwarden, wenn auch auf teilweise anderem Weg: Man müßte zunächst auf dem *Prinses Margrietkanaal* bleiben bis *Fonejacht,* wo das *Schalke Diep* abzweigt, das ebenfalls zum Van Harinxmakanaal und damit nach Leeuwarden führt (22 km, Wassertiefe 3,50 m, fünf BB). Doch es sei nicht verschwiegen: Dieser Törn ist ziemlich öde und langweilig. Wer Anschluß zu dem obengenannten Törn sucht, der kann diesen Weg nehmen, sonst kann man es nicht empfehlen.

Unser Friesland-Törn soll einen anderen Verlauf nehmen:
Vom Princenhof aus halten wir uns zur *Krommen Ee* hin (Wassertiefe bestenfalls 1,50 m), einem ziemlich breiten, sich flußähnlich dahinwindenden Gewässer, wo man immer wieder schöne Liegeplätze finden kann.

Ebenfalls massenhaft Liegeplätze haben die beiden langgezogenen Seen *Sijtebuurster Ee* und *Wijde Ee,* zwei (außerhalb der Urlaubswochen) ruhige, weltabgelegene Gewässer.

An der Wijde Ee sieht man dann im Nordwesten wieder die leuchtend roten Ziegeldächer von Grouw: Es ist eben alles so nahe und dicht beieinander, daß man sich bald wie zu Hause fühlt.
Wir fahren hinein in die schöne *Zijlroede,* die uns nach **Akkrum** bringt, ein kleines friesisches Städtchen, das nicht unansehnlich, aber auch wenig aufregend ist. Früher konnte man mitten durch den Ort fahren, und das war noch das Beste, aber seit die beiden Brücken am Stadtkanal nicht mehr geöffnet werden, umfährt man Akkrum; und das ist auch nicht weiter schlimm. An der *Jachtwerf Oost* kann man praktisch Treibstoff und Wasser bunkern (auch Zubehör und Reparaturmöglichkeiten); in dem großen Bootshafen *Tusken de Marren,* der am Westausgang des Städtchens neben einem großen Campingplatz liegt, gibt es den üblichen Marinaservice.
Brücken: Vier BB und eine ebenso bewegliche Eisenbahnbrücke sind zu passieren. Wegen der Eisenbahnbrücke, die grob gerechnet in der Stunde zweimal für je sechs Minuten öffnet, dauert es im allgemeinen etwas länger. Die Straßenbrücken öffnen zu folgenden Zeiten: wo. 09.00–12.00, 13.00–17.00, 18.00–20.00; so./f. 09.00–12.00, 14.00–18.00 (Mai, September), 09.00–12.00, 14.00–17.00, 18.00–20.00 (Juni, Juli, August).

Von Akkrum aus eröffnet sich einem über die ostwärts abzweigende *Boorne* der Zugang zur *Turfroute* (→ S. 287).
Nach ziemlich genau 2 km erreicht man über die schnurgerade *Meinesloot* wieder das Revier des *Sneeker Meers,* und zwar seinen wohl schönsten Teil, die *Terkaplester Poelen* mit dem *Terhornster Diep:* ein Revier voller Inseln und mit vielen Buchten, wo man fast überall festmachen darf, vorausgesetzt, man kommt überhaupt hin, denn die Wassertiefe ist mit knapp 1 m außerhalb des Tonnenstrichs (1,70 m) doch sehr gering. Die Bezeichnung „Poelen", auf deutsch: Pfütze, Pfuhl oder Lache, ist so falsch nicht.

Terhorne, dieses hübsche Dörfchen auf der großen bewaldeten Insel zwischen den Terkaplester Poelen und dem Sneeker Meer, erscheint vom Wasser her etwas verwirrend mit seinen Inselchen, Kanälen, den Bootsschuppen und den vielen Stegen. Wo soll man da hin?

Liegeplatz und Versorgung: Wie gesagt, alles etwas verwirrend. Am schönsten finde ich es im Süden des Dorfs, am Terhornster Diep, wo unter hohen, dunklen Bäumen Stege zu finden sind, wenn man es nicht überhaupt vorzieht, am Westufer der großen Insel in freier Natur zu bleiben. Vielleicht findet man noch einen Platz an den Stegen der Jachtwerf Rijpkema (Treibstoff, Duschen/WC, Zubehör, 10-t-Kran); durch die gleiche Bucht erreicht man den etwas engen Dorfhafen von Sjerp de Vries (WC, Duschen).
Fährt man durch den Kanal Nieuwe Zandsloot nordwestwärts Richtung Prinses Margrietkanaal, so findet man den in die grüne Wiese hineingegrabenen kleinen Yachthafen t'Okswiel mit seinen Bootshäusern (mehr etwas für Festlieger). An dem mitten durchs Dorf führenden Zandsloot kann man sich östlich der alten eisernen Hebebrücke an die Dorfkade legen (die

Törnvorschlag 2: Friesland

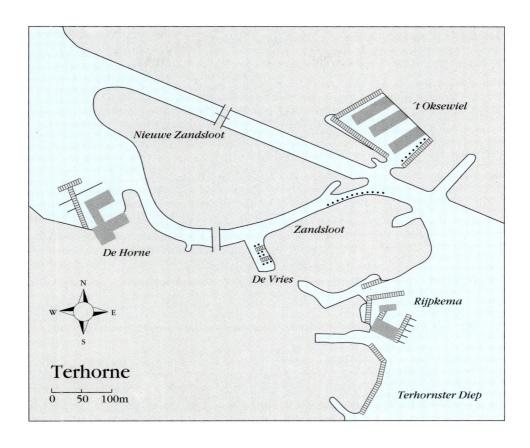

Brücke wird nicht mehr bedient), sehr eng, aber gemütlich, mitten im Dorf, vor zwei guten Terrassen-Restaurants.

Im Norden, vor Terhorne, an dem buchtförmigen Terhornster Meer, liegen der private Bootshafen De Horne (Wassertiefe 1 m) und dazu Steiger der örtlichen VVV. De Horne ist mit seinen großen Bootshäusern unverwechselbar; der kleine Hafen hat Dusche und WC, eine Tankstelle, Reparaturen werden ausgeführt (3-t-Kran, 20-t-Helling). Etwas achtgeben muß man, daß man beim Anfahren nicht zu weit westlich und damit auf das große Flach gerät. Im Dorf ein großer Supermarkt, wo man sich gut mit Lebensmitteln versorgen kann.

Die Brücke über den Nieuwe Zandsloot wird zu folgenden Zeiten bedient: wo. 07.00–08.00, 8.30–12.00, 13.00–17.30, 19.00–20.00 (sa. bis 19.00); so./f. 09.00–12.00, 14.00–17.00, 18.00–20.00 (Juni, Juli, August); 09.00–12.00, 14.00–18.00 (Mai, September).

Um zum Sneeker Meer zu gelangen, muß man die BB an der *Heerenzijl* passieren, die zu folgenden Zeiten öffnet: wo. 09.00–12.00, 13.00–17.00, 18.00–20.00; so./f. 09.00–12.00, 14.00–17.00, 18.00–20.00 (Juni, Juli, August), 09.00–12.00, 14.00–18.00 (Mai, September).

VII. Die nördlichen Provinzen

Die Einfahrt in den *Noorder Oudeweg,* der durch eine reizvolle Landschaft zu den *Langweerder Wielen* führt, ist nicht schwer zu finden, wenn man sich in den *Goingarijpster Poelen* nur immer südwärts hält, bis man der roten Dreiecksbake ansichtig wird, die die Einfahrt in den Kanal markiert.
Zwei Brücken, die dicht hintereinander liegen, sind zu passieren; die östliche ist beweglich, die große Autobahnbrücke nicht, hat aber eine Durchfahrtshöhe von 12 m. Öffnungszeiten der BB (H 3,35 m): wo. 09.00–12.00, 13.00–17.00, 18.00–20.00; so./f. 09.00–12.00, 14.00–17.00, 18.00–20.00 (Juni, Juli, August), 09.00–12.00, 14.00–18.00 (Mai/September).

Mit den **Langweerder Wielen** liegt vor uns ein außerordentlich schönes, im Vergleich zum Sneeker Meer aber viel intimeres Gewässer; ist es doch auch sehr viel kleiner. Was hier fehlt, sind die vielen freien Liegeplätze, wie man sie vom Sneeker Meer her kennt. Wer gerne in der freien Natur liegt, fernab von jedem Hafentrubel, der müßte schon in das Seen- und Kanallabyrinth fahren, das sich zwischen dem Prinses Margrietkanaal und dem Sneeker Meer erstreckt, wo allerdings die Wassertiefen nicht sehr groß sind, auch wenn es in der Karte manchmal etwas anders aussieht: Das *Jentje Meer* kann ein Boot mit einem Tiefgang von 1 m schon nicht mehr befahren, den *Langstaarte Poel* aber schon; die Kanäle *De Dolte, Hollegracht* und *Naauwe Geeuw* sind für Motorboote allerdings gesperrt.
Durch die schmalen, langgestreckten Langweerder Wielen führen zwei betonnte Passagen, wo man mit einer Wassertiefe von 1,75 m rechnen darf; außerhalb des Tonnenstrichs beträgt sie gut 1 m. Aufpassen muß man etwas bei der großflächigen Untiefe, die sich zwischen dem alten Hafen von *Langweer* und dem Yachthafen *Leyenspolder* erstreckt.
Nicht der hohe spitze Kirchturm von Langweer, auch nicht die alte Windmühle setzen die Akzente; es ist das unförmig große Silo von *Joure,* das nicht nur hier, sondern Kilometer im Umkreis die Landschaft beherrscht.

Langweer ist ein malerisches Wasserdorf mit einem recht guten, zwar einfachen, vor allem aber überaus geschützten Hafen. Rund um die Kirche stehen noch schöne alte Häuser; der kleine Ort liegt wie in einem Park.

Liegeplatz und Versorgung: Der Dorfhafen (A) hat durch allerlei Modernisierungen etwas an Charakter verloren. Dafür gibt es jetzt den neuen Yachthafen (B). Bei der Ansteuerung sollte man sich unbedingt an den Tonnen orientieren! Hinter dem Yachthafen ein Bungalow-Park, der noch etwas nüchtern wirkt. Ansonsten liegt man in dem Becken recht gut. WC und Duschen siehe Plan. Reparaturen bei der Werft Anke de Vries. Hier auch eine Straßentankstelle.
Wer aber eine wirklich gute Versorgung sucht, der sollte in den westlich vom alten Hafen gelegenen Yachthafen Leyenspolder verlegen; wegen des schon erwähnten großen Flachs empfiehlt es sich, auf dem Weg dorthin den Tonnenstrich zu fahren, auch wenn es etwas umständlich erscheint. Der kleine Hafen (Wassertiefe ca. 1,50 m) liegt ruhig und abgeschlossen hinter Bäumen, hat mehrere Bootshäuser und eben eine gute Versorgung: Wasser, WC, Dusche, 8-t-

Törnvorschlag 2: Friesland

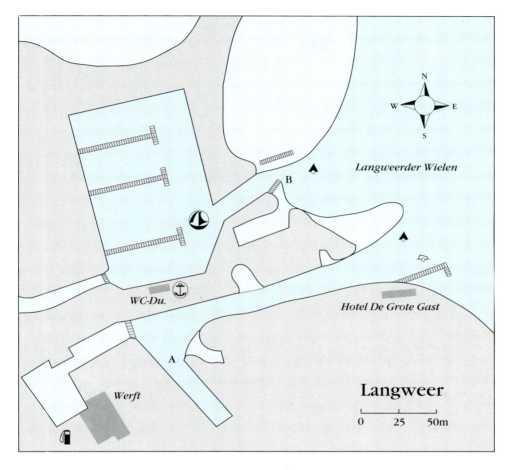

Kran, Helling, Reparaturen (auch Motor); ein rundum guter Service, der während der Saison auch am Wochenende geboten wird.

Wer es eilig hat, der kann von den Langweerder Wielen über Janesloot (Vorsicht: Wassertiefe nur 1,50 m!) und *Jeltesloot* nach nur 7 km wieder *Heeg* (→ S. 257) erreichen.

Dieser Törn aber soll noch einen Abstecher zum großen *Tjeukemeer* bringen. Wir verlassen die Langweerder Wielen auf dem Kanal *Scharster Rijn,* wo gleich nach der Einfahrt rechter Hand ein großer Bungalowpark mit vielen Sommerhäusern liegt, die auf eigenen Inselchen stehen. Vor diesem Kanal-Labyrinth befindet sich der ansehnliche *Yachthafen Woudfennen* mit einem recht großen, viereckigen Becken, in das man aber gar nicht zu fahren braucht, denn die Kanalufer sind befestigt und gut zum Anlegen geeignet. Vor der Bootshalle (mit

Hafenmeisterbüro) liegt am Kanal eine Tankstelle (auch Wasser). Zu dem Bungalowpark gehören ein Supermarkt, eine Disco und ein Kinderspielplatz. (Auch Reparaturen und 10-t-Kran.)
Das Dorf *Scharsterbrug,* dessen großes Silo ähnlich imposant in der Landschaft steht wie das von Joure, passieren wir ohne weiteren Aufenthalt. Die Öffnungszeiten der *Brücke:* wo. 09.00–12.00, 13.00–17.00, 18.00–20.00; so./f. 09.00–12.00, 14.00–17.00, 18.00–20.00 (Juni, Juli, August), 09.00–12.00, 14.00–18.00 (Mai/September).
Die Autobahnbrücke, einen knappen Kilometer weiter, hat mit 3,50 m eine Durchfahrtshöhe, die Motorbooten allemal reichen müßte; wenn nicht: Der bewegliche Teil wird zu den gleichen Zeiten bedient wie die BB in Scharsterbrug.

Das riesige

Tjeukemeer wirkt mit seinen fernen, flachen Ufern einsam, machmal geradezu bedrückend. Nirgendwo findet das Auge einen festen Punkt, höchstens an dem hohen Schornstein am Südufer, westlich von Echtenerbrug. Meistens wird das Tjeukemeer sowieso nur als Passage zu den Seen und Kanälen von Overijssel befahren (→ S. 276).
Im Westen schneidet die neue Autobahn brutal ein Stück vom See ab. Häfen gibt es keine, sieht man einmal von dem ländlichen *Vierhus* (Wassertiefe ca. 1 m) am Ostufer ab. Das große Becken des Bootshafens von *St. Nicolaasga* (Wassertiefe ca. 1,20 m) liegt verloren zwischen flachen Wiesen, ist auch nur umständlich zu erreichen.
Die einzigen Liegeplätze, die einigermaßen brauchbar sind, findet man an dem Inselchen *Lutke Krus,* an der Mündung des Scharster Rijns.
Wegen der Untiefen, die teils betonnt, teils aber auch nicht betonnt sind, tut man am besten daran, dieses „Meer" im Tonnenstrich zu queren. Einheimische, die jeden Sand und jeden Stein kennen, mögen dies anders halten, für Revierfremde ist etwas Vorsicht sicher nicht falsch.
Unter der festen *Follegaslootbrug* (H 12,40 m) hindurch, die sich so elegant über das Wasser schwingt, erreicht man den gleichnamigen Kanal, der sich schnurgerade und ohne viel Aufhebens westwärts zieht.
Die *Brücke* in dem Dörfchen *Follega* öffnet zu den gleichen Zeiten wie die Scharsterbrug (s. o.).
Von dem langgezogenen, schmalen *Grote Brekken* aus könnte man sich statt westwärts auch südwärts halten, womit man dann nach 7 km Fahrt auf dem *Prinses Margrietkanaal* zu dem großen IJsselmeerhafen *Lemmer* (→ S. 213) käme.
Halten wir aber unseren Kurs bei, dann führt uns die *Kromme Ee* (Wassertiefe 1,70 m) zu dem gemütlichen Festungsstädtchen

Törnvorschlag 2: Friesland

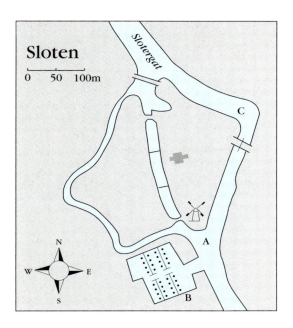

Sloten, von dem man zunächst allerdings nichts weiter sieht als einen massigen, grauen Kubus, aus dem weißer Dampf entweicht: Das ist die große Meierei, die das Städtchen zu erdrücken scheint.

Das Städtchen zieht sich längs einer Gracht hin, an der zu beiden Seiten alte, zumeist aus gelben Lehmziegeln erbaute Giebelhäuser stehen. Von einer ehemaligen Festung sieht man recht wenig, außer ein paar baumbestandenen Erdwällen.

Kommt man von Süden, so läuft man genau auf das alte Zolltor zu, wie merkwürdigerweise die steinerne Bogenbrücke heißt, die über die Stadsgracht führt. Davor steht oben auf einem Wall eine alte Windmühle, und hier macht man am besten fest, sollte man das Glück haben, einen freien Platz zu finden, was nach allen Erfahrungen im Sommer jedoch eher unwahrscheinlich ist.

Liegeplatz und Versorgung: Am schönsten liegt man zweifellos unterhalb des Zolltors (A), nicht übel aber auch in dem schmalen Stichkanal, der links davon abzweigt und wo man es sehr ruhig und gemütlich unter den hohen Bäumen hat. Man kann natürlich auch in den allerdings ziemlich kleinen Yachthafen Lemsterpoort (B) fahren (Wassertiefe 1,60 m), der sich südlich vom Zolltor befindet und von Pappel- und Erlenalleen eingefaßt ist. Hier gibt es die Versorgung, die man an den anderen Plätzen von Sloten nicht immer findet: WC, Dusche, Wasser (Wasser allerdings auch an den anderen Plätzen), Treibstoff, dazu Reparaturmöglichkeiten mit einem 15-t-Kran. Für einen nur kurzen Aufenthalt eignet sich gut die Kade (C) eben nördlich der Brücke (WC, Waschgelegenheit).

Brückenzeiten: wo. 09.00–12.00, 13.00–17.00, 18.00–20.00; so./f. 09.00–12.00, 14.00–17.00, 18.00–20.00 (Juni, Juli, August), 09.00–12.00, 14.00–18.00 (Mai, September).

Das **Sloter Meer** erinnert in vielem an das Tjeukemeer: eine ähnlich groß erscheinende Wasserfläche, flache, ferne Ufer, an die man wegen der geringen Wassertiefen nicht herankommt – nur: Es ist etwa halb so groß wie das Tjeukemeer.

In den betonnten Fahrrinnen kann man mit 1,70 m Wassertiefe rechnen, außerhalb davon nur mehr mit 1 m. An die Ufer, vor denen das Wasser zumeist sehr seicht ist, sollte man nicht näher als 200 m heranfahren.

Balk am Westufer kann man auslassen, ein Kanaldorf, das sich beiderseits der Lutse, eines schmalen Kanals, hinzieht.

Liegeplatz und Versorgung: Gleich an der Mündung des Kanals liegt der gleichnamige („Lutsmond") Yachthafen, dahinter ein architektonisch reizvoller Bungalowpark. Man kann indes recht gut auch an den grünen Ufern des Kanals festmachen, bis hin zum Rathaus. Im Yachthafen Dusche, WC. Reparaturmöglichkeiten bei der Jachtwerf Meijer, die die auch bei uns bekannten Friendship-Segelyachten baut; dann bei der Werft Wijnstra (10-t-Kran); die Firma Jachtverhuur Beekema hat eine 20-t-Helling und bietet Treibstoff und Wasser an (Wassertiefe nur 1,1 m!).

Das auf halbem Weg zwischen Sloter Meer und Heeger Meer gelegene Wasserdorf

Woudsend zeichnet sich zwar nicht durch besondere Sehenswürdigkeiten aus, lohnt dessenungeachtet aber einen Aufenthalt, einmal wegen seiner stimmungs-

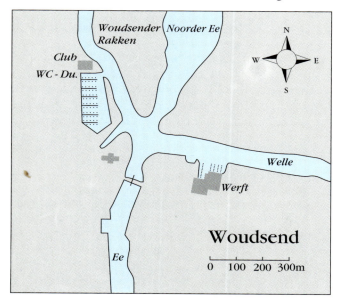

vollen Liegeplätze, zum anderen wegen seiner nicht minder guten Versorgungsmöglichkeiten.

Liegeplatz und Versorgung: Wer Atmosphäre zu schätzen weiß, liegt am besten an der Dorfkade zwischen der alten Windmühle und dem Kirchlein, beiderseits der Hebebrücke, immer an der Westseite. Recht ordentlich sind auch die Liegeplätze im neuen Yachthafen De Rakken, eben nördlich von Woudsend am gleichnamigen Kanal. An dem nach Osten führenden Kanal Welle liegen gleich zwei gut ausgestattete Yachthäfen: De Welle (WC, Treibstoff, Wasser, Reparaturen, 10-t-Kran) und Koalite Yachts (WC, Dusche, Wasser, Reparaturen, 35-t-Travellift, Zubehör).

Brückenzeiten: wo. 09.00–12.00, 13.00–17.00, 18.00–20.00; so./f. 09.00–12.00, 14.00–17.00, 18.00–20.00 (Juni, Juli, August), 09.00–12.00, 14.00–18.00 (Mai, September).

Auf dem Kanal *Woudsender Rakken*, der sich einem Fluß gleich durch die Wiesen windet, halte man sich gut in der Mitte (Wassertiefe hier 1,80 m), bis man das *Heeger Meer* erreicht, wo sich der Kreis wieder schließt und auch dieser Törn enden soll.

Törnvorschlag 3: Am Kopf von Overijssel
Vom Tjeukemeer nach Giethoorn

Nimmt man's genau, so umfaßt dieser Törn nur den Nordwesten der Provinz Overijssel, damit aber wohl auch den schönsten Teil. Ein anderer Teil von Overijssel, mit der Hauptstadt Zwolle (die man auf diesem Törn ganz leicht erreichen kann), ist im Törn „Die Gelderse IJssel" (→ S. 58) beschrieben.

Dieser Törn führt durch eine Landschaft, die auch den Namen „Het Kop van Overijssel" trägt; wenn man einen Blick auf die Landkarte wirft, weiß man gleich, weshalb: Diese nordwestliche Ecke sitzt wie ein Kopf auf dem übrigen Overijssel.

Es ist das Revier der moorbraunen Kanäle und vor allem der Wijden, der großen Seen mit ihren Schilffeldern, doch auch der Wälder, die es hier im Gegensatz zu Friesland gibt, und zwar nicht zu knapp.

Die Wijden, die charakteristischen Gewässer dieses Landstrichs, entstanden durch den Abbau von Torf, dem Gewerbe, von dem die Menschen hier über Jahrhunderte leben mußten. Es war ein ärmliches Leben, fernab von der Pracht und dem Wohlstand der anderen niederländischen Provinzen.

Doch nicht einmal das gab das Land lange her. Bald hatten sich die Torflager erschöpft, so daß viele Menschen wegziehen und sich anderswo eine Arbeit suchen mußten. Nur eine Handvoll *Rietsnijder* (Schilf-/Reetschneider) hauste am Ende noch in diesem nun ganz abgeschiedenen, toten Winkel.

Das hat sich erst in den letzten Jahrzehnten unseres Jahrhunderts geändert, als Städter die Ruhe und Schönheit des „Kopfes von Overijssel" entdeckten. Aus den Torfabbau-Gruben waren inzwischen durch Wind und Regen wunderschöne, weite Seen geworden; und es konnte nicht ausbleiben, daß die stillen Moorkanäle, auf denen einst nur Torfschuten dahinglitten, bald von Tausenden weißer Motorboote bevölkert wurden.

Es ist also zuallererst ein Revier für Motorboote; gäbe es die eine (!) Brücke bei Muggenbeet nicht, so könnten es auch solche Segelboote befahren, die den Mast nicht legen können, vor allem auf den weitflächigen Wijden.

Für diesen Törn zum „Kopf von Overijssel" sollte man sich etwas Zeit nehmen. Nicht, weil hier aufregende Sehenswürdigkeiten auf einen warten würden; die gibt es hier kaum. Doch die Stille und Verträumtheit dieser Moor- und Wasserlandschaft werden uns zur Ruhe zwingen.

Ganz zum Schluß gibt es noch etwas Besonderes: die *Torfroute*. Sie führt durch eine besonders stille und entlegene Landschaft, ist aber nur etwas für kleinere Boote. Wer sie fahren will und kann, kommt wieder mitten in Friesland heraus.

Distanzen: **Echtenerbrug** – **Ossenzijl** (13 km) – **Muggenbeet** (10 km) – **Blokzijl** (4 km) – **Vollenhove** (6 km) – **Zwartsluis** (14 km) – **Beulakerwijde** (7 km) – **Giethoorn** (5 km) – **Steenwijk** (8 km).

Nautische Unterlagen: ANWB-Karte C: Noordwest-Overijssel oder „Smulders Compas Friese Meren en Kop van Overijssel"; oder „Waterkaart van Friesland" (deckt Kop van Overijssel bis einschließlich Beulakerwijde ab). Almanak voor watertoerisme, 1 und 2.

Wer von *Friesland* nach *Overijssel* will, wird zumeist über das *Tjeukemeer* kommen. Die betonnte Passage führt genau auf den Kanal *Pier-Christiaanssloot* und damit auf den Ort

Echtenerbrug zu, der an sich belanglos wäre, gäbe es hier nicht ausgezeichnete Versorgungsmöglichkeiten.
Nördlich der Brücke befindet sich mit der Jachthaven en Jachtwerf De Merenpoort eine rundum gute Anlage (Wasser, Dusche, WC, Treibstoff, Zubehör, Reparaturen, 15-t-Kran). Außen vor dem kleinen Becken kann man am befestigten Kanalufer längsseits gehen, aber ebenso südlich der Brücke an der Dorfkade.

Brückenzeiten: wo. 08.00–12.00, 13.00–17.00, 18.00–20.00; so./f. 09.00–12.00, 13.00–17.30, 18.00–20.00.

Die Kanäle *Pier-Christiaanssloot* und *Jonkers of Helomavaart* ziehen sich schnurgerade durch eine flache, wenig aufregende Landschaft. Wir sind eben noch in Friesland: mal ein behäbiger Bauernhof mit dem hier typischen, pyramidenförmigen Dach, mal eine alte Windmühle und immer endlos scheinende, saftige Wiesen, auf denen das prächtige schwarz-weiße friesische Milchvieh weidet.
Man muß diese Kanäle als das nehmen, was sie sind: relativ schnelle Passagen (Höchstgeschwindigkeit 9 km/h) zu dem 13 km entfernten *Ossenzijl*, wo erst die typische Kanal- und Moorlandschaft von Overijssel anfängt.
Die beiden *Brücken* auf den beiden Kanälen öffnen: wo. 08.00–12.00, 13.00–17.00, 18.00–20.00; so./f. 09.00–12.00, 13.00–17.00, 18.00–20.00 (Juni, Juli, August), 09.00–12.00, 13.00–18.00 (Mai und September).

Die alte *Drieweg-Sluis* (Dreiweg-Schleuse, weil sich hier drei Kanäle treffen), die so malerisch zwischen Pappelalleen liegt, war vor wenigen Jahren noch in Betrieb. Damals mußte der Schleusenmeister allein mit seiner Schultern Kraft die schweren Schleusentore auf- und zudrücken. Inzwischen gibt es die moderne *Linthorst-Homan-Schleuse*, die das schneller erledigt, was wohl auch so sein muß, denn sonst wären die 26 000 Boote, die hier jährlich geschleust werden wollen, nicht mehr zu bewältigen. Die Schleuse wird zu den gleichen Zeiten bedient wie die beiden Brücken auf den Kanälen vorher. Meistens dauert es sehr lange.
Irgendwo zwischen Drieweg-Sluis und Ossenzijl passieren wir, ohne es zu merken, die Grenze zwischen den Provinzen Friesland und Overijssel.

Ossenzijl, ein kleines, an sich unbedeutendes Dorf, im ganzen Echtenerbrug sehr ähnlich, liegt schon in Overijssel. Was aber wichtiger ist: Hier fängt nun die einmalig schöne Landschaft der *Weerribben* an, und das sollte Grund genug sein, hier etwas länger zu verweilen.

Liegeplatz und Versorgung: Für einen nur kurzen Aufenthalt sollte man an der Dorfkade südlich der Brücke festmachen. Will man länger bleiben, so findet man in dem kleinen Hafen De Kluft (in der Karte: „Passantenhaven") einen überaus schönen, ruhigen Liegeplatz (WC, Dusche, Wasser). Gute Versorgungsmöglichkeiten fürs Boot gibt es nördlich der Brücke bei zwei Yachtwerften (Reparaturen, 14-t-Kran, 25-t-Travellift, Zubehör, Treibstoff: In Blokzijl und Vollenhove gibt es keine Tankstelle am Wasser!).
Die Brücke öffnet zu folgenden Zeiten: wo. 08.00–12.00, 13.00–19.00; so./f. 09.00–12.00, 13.00–19.00.

Die **Weerribben** haben ihren Namen von den langgezogenen *Ribben*, schmalen Inselchen, auf denen ursprünglich der Torf zum Trocknen gestapelt wurde. Denn nichts anderes war diese heute einmalige Landschaft früher: ein großes Torfabbaugebiet. Die Gräben wiederum, die beim Torfstechen entstanden waren, füllten sich bald mit Wasser und wurden so zu Kanälen, auf denen die Schuten die trockenen Torfziegel abtransportierten.
Natürlich wird hier längst kein Torf mehr gestochen, und so ist dieses riesige Abbaugebiet wieder zugewachsen, bedeckt von Erlenwäldchen und dem alles überwuchernden Schilf, dem Produkt, mit dem heute wieder gutes Geld verdient wird. Entlang der Kalenbergergracht sieht man riesige Stapelplätze, wo das geschnittene und gebündelte Reet zum Abtransport bereitliegt.
Nahe De Kluft steht das kleine, doch recht informative Museum *De Weerribben*, das man sich unbedingt ansehen sollte, ebenso wie das dazugehörende alte Torfstecherhaus, das anschaulich zeigt, wie hart und primitiv das Leben der Menschen damals wirklich war. Solche kleinen Häuser findet man noch überall zwischen den Mooren und Kanälen, von Städtern, die sie als Wochenenddomizil nutzen, schöner hergerichtet, als sie wohl ursprünglich waren.
In die Weerribben kann man nicht mit dem eigenen Boot hineinfahren, man kann sie aber erwandern (Karte beim Museum) oder auch mit dem Fahrrad durchqueren. Am besten ist es allerdings, man nimmt ein Ruderboot, das es ebenso wie Fahrräder in Ossenzijl zu leihen gibt.
Wetering ist der Oberbegriff für die Kanäle Ossenzijler Sloot, Kalenberger- und Heuvengracht und den Kanaal Wetering selbst, der etwa beim Giethoornse Meer endet. Es gibt hier drei bewegliche und eine feste Brücke (H 5,50 m).
Öffnungszeiten der Brücken: wie Ossenzijl (s. o.).
Die Geschwindigkeit auf diesen Kanälen ist auf 6 km/h begrenzt, der maximale Tiefgang des Bootes auf 1,40 m.

Die **Kalenbergergracht** wird als einer der schönsten Kanäle der Niederlande gerühmt, und zweifellos ist etwas daran. Der sehr schmale Kanal schlängelt sich durch die Moorlandschaft der Weerribben; an seinen Ufern stehen wunderschöne kleine Häuser, eines malerischer als das andere.
Nur mit Liegeplätzen sieht es nicht so gut aus. Lediglich an der nördlichen Einfahrt gibt es ein paar (weiße Festmacherpfähle); sonst muß man ohne Aufenthalt

VII. Die nördlichen Provinzen

Auf dem Kanaal Wetering. Der Segler hat bei Muggenbeet den Mast gesetzt und schippert jetzt Richtung Kalenbergergracht. Bis hin zum Tjeukemeer kann ihn nun nichts mehr aufhalten.

durch das Kanaldorf hindurchfahren, bis hin zur stillen, von hohen Bäumen gesäumten *Heuvengracht*, wo man wieder einige, und zwar sehr gute Liegeplätze findet. Dort könnte man es auch länger aushalten, vielleicht auch, sollte man ein Dingi mitführen, einmal in den verwunschenen Schilfsee *Grote Gat* hineinrudern.
An der festen Steinbrücke (H 5,50 m) bei

Muggenbeet müßten Segelboote jetzt den Mast legen, und dafür gibt es auch eigens *Tuigsteiger,* Kaden vor und hinter der Brücke, wo man zum Mastlegen festmachen kann.
Eine Vorschrift ist zu beachten: Man darf an einem Platz jeweils nur für 24 Stunden bleiben (Häfen natürlich ausgenommen); damit soll offensichtlich vermieden werden, daß manche die schönsten Plätze für Tage blockieren.
Obwohl die Holländer es mit Vorschriften im allgemeinen nicht so genaunehmen wie wir, haben sie hier ganz offensichtlich die Notbremse gezogen; denn dieses überaus attraktive Wasserrevier am „Kopf von Overijssel" ist im Sommer so überlaufen, daß irgend etwas geschehen mußte, sollte die Natur nicht dauernden Schaden erleiden.
Die *Beulakerwijde*, den größten und schönsten See weit und breit, lassen wir zunächst buchstäblich links liegen und überqueren das winzige *Giethoornse Meer*, um zu dem ehemaligen Zuiderzeehafen

Blokzijl zu laufen. Seit Jahrzehnten liegt nun dieses idyllische Hafenstädtchen tief im Binnenland und fernab der offenen See, aber bis zur Eindeichung der Zuiderzee und der Trockenlegung des Noordoostpolders war Blokzijl noch ein richtiger Seehafen. Einst hatte es sogar eine ansehnliche Walfangflotte, die so groß gewesen sein soll, daß sie zur Winterszeit den ganzen Hafenkolk füllte. Besonders wichtig aber war Blokzijl als Ausfuhrhafen für die Provinzen Overijssel und Drenthe, deren Produkte, vor allem Holz, Torf und Reet, hier von den Binnenschuten auf die größeren Frachtschiffe umgeladen wurden; und diese segelten damit hinüber zu den reicheren Provinzen und Städten des Landes.

Das Städtchen ist um seinen dreieckigen Hafen herumgebaut, der hier das absolute Zentrum ist. Die alte Schleuse zu den Kanälen von Overijssel wurde schon 1550 erbaut (noch vor dem Aufstand gegen die Spanier!) und ist noch immer in Betrieb, im Gegensatz zu der mächtigen Seeschleuse, die jetzt natürlich keine Funktion mehr hat und immer offensteht.

Blokzijl gehörte einst, wie fast alle Hafenstädte am Ostufer der Zuiderzee, der Hanse an; die schönen alten Häuser aber, die rings um den Hafenkolk stehen und ein wenig an Amsterdamer Vorbilder erinnern, auch wenn sie sehr viel bescheidener und kleiner sind, stammen fast alle aus späteren Zeiten, zumeist aus dem Goldenen Jahrhundert.

Blokzijl.

VII. Die nördlichen Provinzen

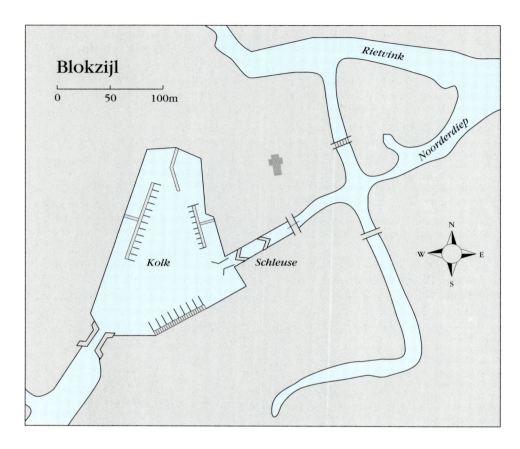

Liegeplatz und Versorgung: Bester Liegeplatz ist der Stadthafen, der Hafenkolk, wo es Schwimmstege gibt (s. Plan), die jedoch oft besetzt sind, so daß man sich an die unbequem hohen Kaden legen muß. An der Rietvink, einem Stichkanal, der vom Noorderdiep abzweigt, unterhält der VVV Schwimmstege (WC und Dusche) – das wäre auch eine Möglichkeit, aber eine, die gegenüber dem Hafenkolk erheblich abfällt. Die Versorgung ist ordentlich, wenn auch nicht überragend: WC und Dusche bei dem schon erwähnten Kanal Rietvink, außerdem beim VVV in der Kerkstraat. Reparaturen bei Kielstraas Watersport (6-t-Kran) und Jachtwerf Blokzijl (12-t-Kran). Eine Wassertankstelle gibt es in Blokzijl nicht mehr.

Neben ein paar recht guten Restaurants sei auf das urgemütliche, altholländische Café „Sluiszicht" hingewiesen (an der alten Schleuse).

Schleuse (max. Tiefgang 1,60 m) und Brücke werden geöffnet: wo. 08.00–12.00, 13.00–19.00; so./f. 09.00–12.00, 13.00–19.00.

Da sich hier der gesamte Wasserverkehr hindurchzwängt, muß man in den Urlaubswochen mit sehr langen Wartezeiten (bis zu zwei Stunden) rechnen.

Die 6 km hin nach Vollenhove führen an einer so hohen Schilfwand entlang, daß man vom *Noordoostpolder* kaum etwas sieht.

Bis 1942 breitete sich hier noch die Zuiderzee aus; die Sturmfluten, von denen die Ostküste immer wieder heimgesucht wurde, waren übrigens – mehr noch als die Landgewinnung – der ausschlaggebende Grund für die Eindeichung. An dem geraden Westufer und dem sehr flachen, unregelmäßigen Ostufer des *Vollenhovense Meers* sieht man auch recht schön die alte und die neue Uferlinie. Da es außerhalb der Fahrrinne sehr rasch untief wird, tut man gut daran, sich exakt in der Betonnung zu halten.
An der Straßenbrücke, vor der die berühmte Yachtwerft Huismans liegt, taucht plötzlich und unvermittelt die große Kirche von

Vollenhove auf, die etwas erhöht über dem sich hier weitenden Kanal steht. Eine so große Kirche in einem so kleinen Ort erscheint einem sicher etwas sonderbar, wenn man nicht weiß, daß dieses Städtchen eine Zeitlang Sommerresidenz der Bischöfe von Utrecht war: Sie ließen diese mächtige spätgotische Hallenkirche bauen, von der Größe her fast ein Dom, und hatten hier auch ein Schloß, die *Toutenburgh*; inzwischen ist es eine von Efeu umrankte romantische Ruine (eine noch ältere Bischofsburg stand einst auf der Insel im Passantenhaven).
Anders als Blokzijl war Vollenhove nie eine Handels- oder Hafenstadt von Bedeutung; der kleine Hafen, jetzt als *Passantenhaven* in Gebrauch, war früher nur ein Fischerhafen, allerdings ein wichtiger; die hiesigen Fischer hatten sogar mit ihrer *Vollenhovense Bol* einen eigenen Schiffstyp entwickelt, der am Ostufer der Zuiderzee sehr verbreitet war.
Statt prächtiger Patrizierhäuser gab es früher hier kleine Adelsburgen, von denen eine, die *Oldruithenburgh*, noch existiert; wie es auch noch ein paar andere Gebäude aus der Zeit der Utrechter Bischöfe gibt, etwa die *Lateinschule* oder das *Rathaus*.

Liegeplatz und Versorgung: Der Hafen ist vollkommen umgebaut worden (s. Plan S. 284) und bietet jetzt jede Menge hervorragende Liegeplätze. Nur in dem ehemaligen Passantenhafen darf man nicht mehr. Am Hebebrückchen hängt ein Schild mit der Aufschrift „Geen Passanten!" An den Stegen des Yachthafens Wasser und Strom, alle sanitären Einrichtungen am Hafenkontor. Ein sehr guter, geschützter Hafen. Treibstoff bekommt man nur von einer Straßentankstelle, die sonntags allerdings nicht geöffnet hat. Ob die Nobel-Werft Huismans (18-t-Kran) für einfache Sterbliche Reparaturen ausführt, weiß ich nicht. Gut und in stilvoller Umgebung essen kann man im Restaurant „Seidel", vor der Kirche.
Die Brücke (H 2,80 m) wird zu folgenden Zeiten geöffnet: wo. 07.00–12.30, 13.00–18.00; sa. 08.00–12.00, 13.00–19.00; so./f. 09.00–12.00, 13.00–19.00.

Am *Kadoeler Meer* fährt man durch eine stille, anmutige Landschaft. Nach Westen zu, zum IJsselmeer hin, erstreckt sich das *Zwarte Meer*, ein in der Tat schwarz-düster wirkendes Gewässer mit endlos scheinenden Schilffeldern.
Dort, wo das Kadoeler Meer, das eigentlich nichts weiter als ein sehr breiter Kanal ist, einen Knick macht, führt vom Westufer aus die *Zwolse Vaart* in den

VII. Die nördlichen Provinzen

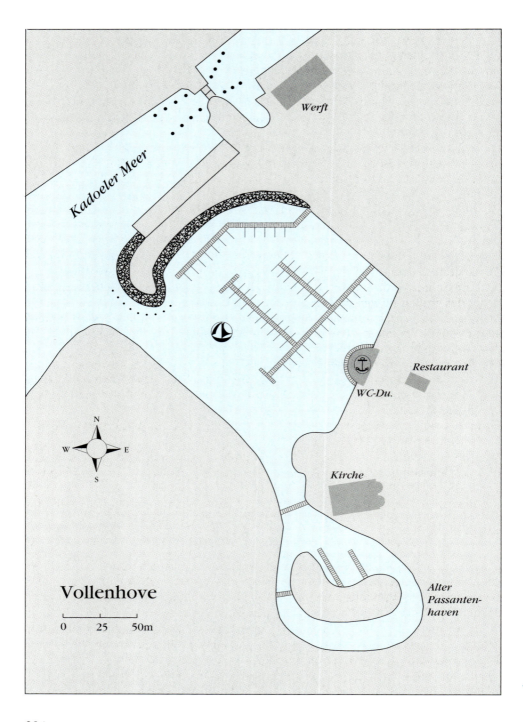

Noordoostpolder; vor der Schleuse und am Rande des großen *Voorster Bos* (Wald) kann man gut und gemütlich liegen.

Einen ähnlich stillen Liegeplatz findet man südöstlich der geschützten Insel *Vogeleiland*, und zwar dort, wo vom Südufer des *Zwolse Diep* das *Scheepvaartgat* abzweigt: in einem kleinen Stichkanal, der vor einem Pumpwerk endet (Wassertiefe laut Karte 1,20 m, in Wirklichkeit nicht viel mehr als 1 m): sehr, sehr gut!

Auf dem *Zwolse Diep*, so benannt nach der nahen Hauptstadt der Provinz Overijssel, *Zwolle* (→ S. 62), passieren wir *Genemuiden*, einen Ort, der zwei recht ordentliche Häfen mit entsprechender Versorgung hat, sonst aber ohne Interesse ist.

Wahrschau: Die kleine Fähre taucht etwas unvermittelt aus den Büschen am Südufer auf!

Das beste, was man über das Städtchen **Zwartsluis** sagen kann: Es hat sechs Bootshäfen und einen entsprechenden, also sehr guten Service anzubieten. Es liegt am Schnittpunkt mehrerer Kanäle und gilt als Einfallstor zum Wassersportrevier der großen *Wijden* im Norden.

Dorthin kann man entweder durch das breite und tiefe *Meppelerdiep* fahren, oder durch die intimere *Arembergergracht*, die etwas westlich von Zwartsluis in das *Zwarte Water* mündet.

Die fast zugewachsene **Arembergergracht** würde ich immer vorziehen, wenn mir die Durchfahrtshöhe (mind. 3,50 m) der festen Brücke und die Wassertiefe von 1,40 m reichen würden. Die *Aremberger Schleuse* wird bedient: täglich 09.00–12.00, 13.00–19.00.

Wem das alles zu wenig ist, der fährt eben durch das **Meppelerdiep** und die *Beukersgracht* zu den Wijden:

Man muß zunächst durch die *Meppelerdiep-Schleuse* (mit BB), die (nicht die Brücke) allerdings zumeist offensteht: wo. 06.30–12.00, 12.30–20.00; so./f. 07.30–08.30, 19.00–20.00.

Die *Beuker-Schutzschleuse* (mit BB) an der Abzweigung vom Meppelerdiep öffnet wo. 07.00–12.00, 13.00–20.00; so./f. 09.00–12.00, 13.00–19.00.

Die Brücke an der *Blauwen Hand* hat die gleichen Bedienungszeiten.

Die **Beulakerwijde**, dieser bei weitem mächtigste See im „Kopf von Overijssel", hat im Grunde gar nicht die geringen Wassertiefen, wie immer wieder gesagt wird. Das Problem liegt anderswo: Die Untiefen sind nicht betonnt, und da der Grund zumeist aus hartem Sand besteht, tut Auflaufen natürlich sehr weh. Boote mit mehr als 1 m Tiefgang sind deshalb gut beraten, wenn sie sich in den betonnten Rinnen halten; für die anderen ist dieser große, durch den Abbau von Torf entstandene See ein schlechthin ideales Revier. Im Westen, jenseits der Inselkette, gibt es sehr gute Anlegeplätze, ebenso wie in der *Walengracht*, und natürlich kann man auch ankern.

VII. Die nördlichen Provinzen

An der Beulakerwijde.

Die Beulakerwijde gilt als hervorragendes Fischgewässer, vor allem Rotaugen, Hechtbarsche und Aale soll es hier geben. So sieht man überall die Holländer ihrer zweitliebsten Beschäftigung (nach dem Bootsfahren) nachgehen, dem Angeln.

Auf drei Häfen sei hier hingewiesen: direkt an der Blauwen Hand der Jachthaven De Beulake mit guter Versorgung; dann auf den Hafen des Hotels „Meerzicht" (am Ostufer), weil man da gut essen kann; und schließlich auf die Ronduite, besser: die Arembergergracht, eben vor der Brücke (Bedienungszeiten wie Aremberger Schleuse (s. o.).

Die nahe **Belterwijde** ähnelt in vielem ihrer größeren Schwester, nur daß sie eben ein ganzes Stück kleiner ist und noch geringere Wassertiefen aufweist. An dem Kreuzungspunkt Blauwe Hand sollte man nun nordwärts fahren, in den Kanal hinein, der nach *Giethoorn* und weiter nach *Steenwijk* führt. Man kann an seinen Ufern überall gut liegen, wenn auch wegen der nahen Straße nicht ruhig. Versorgung gut, da hier auch mehrere Yachthäfen.

In *die* Touristen-Attraktion dieses Reviers, das Kanal- und Inseldorf

Giethoorn kommt man mit dem eigenen Boot nicht, was allerdings nichts schadet, denn man kann sich an dem Kanal, der zur flachen *Boven Wijde* führt, einen eisernen Prahm mit Außenborder mieten und auf diese Art wie all die anderen Touristen durch das Dorf tuckern.

Die Fremdenverkehrswerber nennen Giethoorn „Hollands Venedig", und das ist doch ein bißchen arg übertrieben. Dieses merkwürdig-schöne Dorf braucht solche Vergleiche gar nicht, und wenn schon, dann erinnert es noch am ehesten an ein Spreewalddorf.

Giethorn war einst eine Moorkolonie, wie die meisten Orte in dieser Gegend, jahrhundertelang von der übrigen Welt isoliert, so daß hier Lebensgemeinschaften mit eigenen Regeln entstanden sind. Heute ist von Weltabgeschiedenheit nichts mehr zu merken, dafür sorgen schon die Touristen, die in hellen Scharen herkommen.

Der Kanal zum 8 km entfernten ehemaligen Festungsstädtchen **Steenwijk** hat zwei BB und eine feste Brücke (H 6,50 m). Die BB haben die gleichen Bedienungszeiten wie die Beuker-Schutzschleuse (s. S. 285).

Man hat drei Möglichkeiten, zur **Wetering** und dem Gebiet der **Weerribben** zurückzufahren:

– durch die **Tissengracht** (1 FB 2,30 m, Wassertiefe 0,80 m), die am Giethoornse Meer herauskommt,
– durch das **Steenwijkerdiep** (3 BB, Wassertiefe 1,60 m), die bei Muggenbeet in die Wetering mündet und wo man überall am Ufer ruhige Liegeplätze findet, und
– durch den **Kanaal Steenwijk – Ossenzijl** (4 BB, Wassertiefe 1,80 m), der, wie der Name schon sagt, bei Ossenzijl endet und lange am Nordrand der Weerribben vorbeiführt.

Die beiden letzten möchte ich empfehlen, wobei man so oder so über Steenwijk fahren muß: Es sind stille, dunkle, von hohen Pappeln gesäumte Kanäle.

Beide Kanäle haben die gleichen *Brückenbedienungszeiten*: täglich 09.00–12.00, 13.00–19.00.

Was bei den Weerribben nicht möglich ist, das geht bei der zwischen Giethoorn und der Beulakerwijde gelegenen *Dwarsgracht*, nämlich mit dem eigenen Boot hineinzufahren, allerdings nur mit einem von sehr geringem Tiefgang (Wassertiefe knapp 1 m).

Hier, wo an der Wetering der Kreis sich schließt, könnte auch dieser Törn enden. Es gibt aber noch eine Variante, wenn auch eine etwas ausgefallene, die

TURFROUTE

Über diesen Törn können die Meinungen weit auseinandergehen: Langweilig finden ihn die einen, stimmungsvoll-einsam andere. Lange wurde er unterderhand als Geheimtip gehandelt. Dann kamen erste Hinweise in Wassersportzeitschriften, und inzwischen ist es eine vielbefahrene Route geworden. Also objektiv gesehen: Einsam wird man sich auf der Turfroute nicht fühlen.

Dies sei gleich vorweg gesagt, zwei Maße setzen die Grenzen: Das Boot darf max. 3,35 m hoch sein und nicht mehr als 1,10 m Tiefgang haben, jedenfalls wenn man alles „machen" will; wenn nicht, kommt auch ein 1,50 m tiefes Boot gut voran, freilich: An der Höhenbegrenzung ändert sich nichts.

VII. Die nördlichen Provinzen

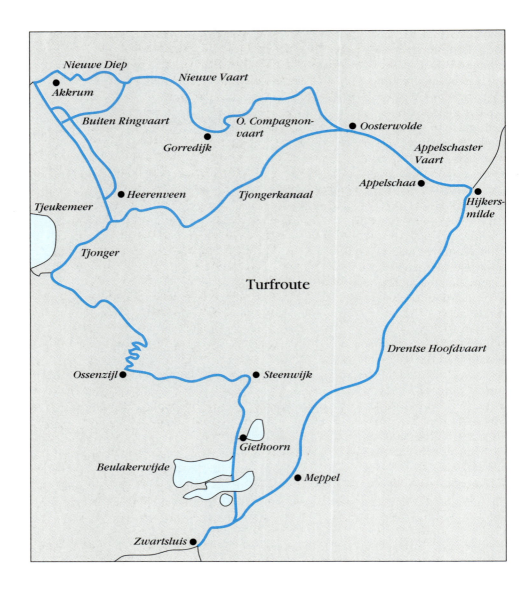

Die Turfroute besteht aus mehreren Kanälen, die etwas abseits liegen und auf verschlungenen Pfaden von den Provinzen Overijssel und Drenthe nach Friesland führen. Wie der Name schon sagt, wurde auf diesen Kanälen früher hauptsächlich Torf transportiert; und organisiert wurde dies alles von den sogenannten Compagniën; einer der Kanäle, die *Compagnonvaart*, heißt deshalb noch immer so.

Landschaftlich ist die Turfroute über weite Strecken sehr reizvoll, keine Frage. Man kommt durch eine entlegene, einsame Landschaft mit schweren, rostbraunen Böden, fährt durch große Eichenwälder, auch durch sandige Heiden, alles relativ ungewohnt im nassen Holland, und passiert einige recht ansehnliche Ortschaften. Es ist ein Törn ohne besondere Höhepunkte, der seinen Reiz mehr aus der gleichmäßigen, stillen Landschaft bezieht.

Daß man auf der Turfroute überhaupt fahren kann, ist einigen Einheimischen zu danken, die diese vergessenen und teils verwahrlosten Kanäle wiederentdeckten und sich für ihre Restaurierung als Kulturdenkmal eingesetzt haben; wie man sieht, mit Erfolg. Dieser Verein nennt sich in Anlehnung an die alten Compagnië-Herren *De Nije Kompanjons*.

Die ANWB-Karten (B und C) decken nicht die ganze Turfroute ab. Besser die „Waterkart van Friesland", die ein Inset mit der Turfroute enthält, allerdings zu ungenau. Am besten die Karte „Langs de Turfroute", herausgegeben von De Nije Kompanjons, zu bekommen beim VVV Gorredijk. Zunächst aber reicht auch die Übersichtskarte auf der vorigen Seite. Verfahren kann man sich auf einem Kanal ja nicht.

Die ursprüngliche und eigentliche Turfroute umfaßt nur die Kanäle von Hijkersmilde nach Akkrum und Heerenveen, dem früheren Zentrum des Torfhandels, mit Abstrichen auch den Tjongerkanaal. Später hat man – nicht ohne Berechtigung – die uns schon bekannten Kanäle von Overijssel und auch die Drentse Hoofdvaart dazugenommen.

Wer dem bisherigen Törnvorschlag gefolgt ist, der fuhr am Ende von *Steenwijk* nach *Ossenzijl* (s. o.). Bleibt er logischerweise auf dieser Strecke, so wird er die von der Herfahrt her schon bekannte *Jonkers of Helomavaart* nehmen, doch statt auf dem Pier Christiaansloot zum Tjeukemeer zu fahren, nordostwärts in das Flüßchen **Tjonger** einbiegen. Bis zur *Engelenvaart* (Kanal nach Heerenveen) gut 2 m Wassertiefe, keine Brücken oder Schleusen. Danach auf dem

Tjongerkanaal, der zur Opsterlandse Compagnonvaart führt, weiter. Landschaftlich überaus reizvoll. Ruhig. Vogelreservate, besonders nach der ersten Schleuse. Zulässiger Tiefgang bis zu dieser Schleuse 1,50 m, Höchstgeschwindigkeit 9 km/h; danach nur noch 1,10 m und 6 km/h. Drei Schleusen, zwei BBs und sechs feste Brücken (H 3,25 m). Bedienungszeiten: 10.00–12.00, 13.00–17.00 (so./f. geschlossen): gut 20 km (vom Pier Christiaansloot bis O. Compagnonvaart). Neben den vielen schönen, freien Liegeplätzen bei Oldebeerkop (zwischen den Schleusen 1 und 2) kleiner Passantenhafen (WC und Duschen).

Bei *Oosterwolde* erreicht man mit der **Opsterlandse Compagnonvaart** die eigentliche Turfroute. Ostwärts geht es auf der *Appelschaster Vaart* zur Drentse Hoofdvaart, westwärts über *Compagnonvaart, Nieuwe Vaart, Niewes Diep* und *Boorne* nach *Akkrum*, wo man das Revier der friesischen Seen und Kanäle erreicht.

VII. Die nördlichen Provinzen

Fangen wir mit dem westwärtigen Teil an: Von der Mündung Tjongerkanaal bis Akkrum 28 km. 26 BBs, vier feste Brücken (H 3,35 m), vier Schleusen. Bedienungszeiten: 10.00–12.00, 13.00–17.00; so./f. geschlossen! Von Akkrum bis Gorredijk zulässiger Tiefgang 1,50 m, Höchstgeschwindigkeit 9 km/h, sonst: 1,10 m, 6 km/h.

Gorredijk kann man als den Hauptort der Turfroute bezeichnen, im 17. Jahrhundert gegründet am Schnittpunkt des Kanals mit einer wichtigen Landstraße. Typisches, langgezogenes Veendorf. Handelszentrum. Gewisser Wohlstand. Mit Wällen und Schanzen befestigt. Museum „Opsterlân". Anlegen mitten im Dorf an der Kade.
Bei *Terwispel* schöne Heidegebiete. Mit *Oldeboorn*, schon nahe Akkrum, erreicht man ein typisches Kanaldorf, mit einer Kirche aus dem 18. Jahrhundert. Interessant das Naturgebiet „De Deelen".
Brücke bei *Nes* (kurz vor Akkrum): 09.00–12.00, 13.00–17.00, 18.00–20.00 so./f.: 09.00–12.00, 14.00–17.00, 18.00–20.00 (Juni, Juli, August), 09.00–12.00, 14.00–18.00 (Mai und September).
Akkrum (→ S. 268).
Will man von Tjongerkanaal aus ostwärts, so fährt man auf der
Appelschaster Vaart, wo man nach 14 km die *Drentse Hoofdvaart* (s. u.) erreicht und wo man dann am besten wieder umkehrt. Zulässiger Tiefgang 1,10 m, Höchstgeschwindigkeit 6 km/h, fünf Schleusen, acht BBs, eine Hochspannungsleitung (17 m). Bedienungszeiten: 09.00–12.00, 13.00–17.00, 18.00–20.00 (sa. bis 19.00); so./f. geschlossen!

Oosterwolde: in der Nähe ausgedehntes Heide- und Hochmoorgebiet. *Appelschaa*: am Rande eines großen Waldes, an der Grenze zwischen Friesland und Drentse. Bei *Hijkersmilde* Mündung der *Witte Wijk* (östlicher Teil der Appelschaster Vaart) in die

Drentse Hoofdvaart, einen Kanal, der von Meppel nach Assen, der Hauptstadt der Provinz Drenthe, führt. Zur Turfroute gehört nur das Stück Meppel bis Hijkersmilde; gleich 32 km, mit fünf Schleusen, 16 BBs, einer drehbaren Eisenbahnbrücke und zwei festen Brücken (H 5,40 m). Zulässiger Tiefgang 1,55 m, Höchstgeschwindigkeit 6 km/h. Bedienungszeiten: 08.00–12.00, 13.00–17.00; so./f. geschlossen. Unter Umständen Wartezeiten bis zu einer Stunde!
Ein an sich stiller, schöner Kanal, an dem aber auch ununterbrochen eine vielbefahrene Autostraße entlangführt. Von Ruhe deshalb meistens keine Rede.
Ich rate ab, die Drentse Hoofdvaart zu nehmen; es sei denn, man wollte von *Zwartsluis* und über *Meppel* zur Turfroute fahren.

Törnvorschlag 4: Noord-Holland
Von Haarlem nach Den Helder

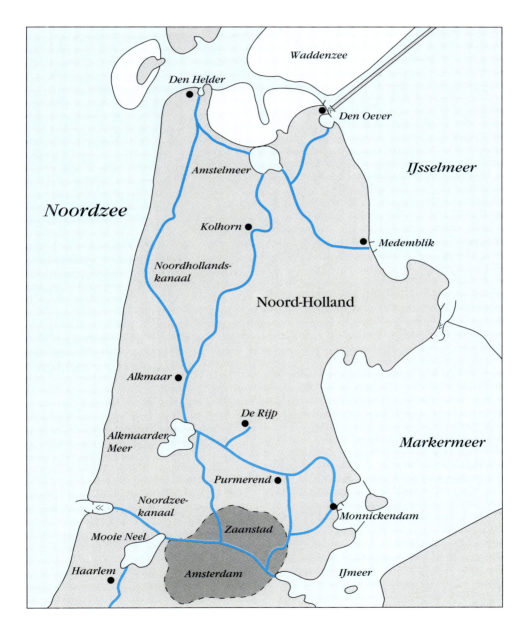

Sieht man einmal von der dichtbesiedelten Zone um Amsterdam, von Haarlem und dem künstlichen Stadtgebilde Zaanstad ab, so ist dieses flache, dem Wasser abgerungene Land ein eher stiller, abgelegener Winkel, jedenfalls noch nicht vom Wassertourismus so überschwemmt wie etwa Friesland.

Im Westen dieser Provinz zieht sich von Nord nach Süd eine lange Kette von Sanddünen hin, die eine Höhe bis zu 30 m erreichen und dennoch das Land dahinter nur unzulänglich vor der Nordsee schützen konnten; denn das Wasser umging diese natürliche Barriere einfach und bedrohte das Land sowohl von Norden als auch von der alten Zuiderzee her.

Die ersten Bemühungen zielten deshalb auch nicht darauf, neues Land zu gewinnen; zuallererst ging es darum, das vorhandene zu schützen. Den ersten und für die Möglichkeiten der damaligen Zeit ganz erstaunlichen Versuch gab es im 13. Jahrhundert mit dem westfriesischen Seedeich, den ein Graf Floris von Alkmar aus nach Schagen und von da ostwärts über Kolhorn und Aartswoud nach Medemblik bauen ließ, wo am Ufer der Zuiderzee, als Endpunkt sozusagen, eine Burg des Grafen lag. Doch südlich von diesem Deich erstreckten sich weiterhin große, weitflächige Seen, von den Holländern Meere genannt, die wegen ihres Fischreichtums damals auch eine erhebliche wirtschaftliche Bedeutung hatten.

Trockenlegung und Landgewinnung konnten erst beginnen, als man über das notwendige Kapital, vor allem aber auch über die technischen Möglichkeiten verfügte. Geld war im Goldenen Jahrhundert mehr als genug vorhanden: Amsterdamer Kaufleute, im Ostindienhandel schwerreich geworden, suchten nach Anlagemöglichkeiten für ihr Kapital, wie man das heutzutage wohl nennen würde; und in dem Wasserbauer Jan Adriaanszoon, später „Leeghwater" genannt, fand sich der Mann, der dieses gewaltige Werk in die Tat umsetzen konnte, und zwar mit Hilfe von Windmühlen, mit denen das Land buchstäblich „trockengemahlen" wurde: Leeghwater legte als ersten den Beemster Polder trocken, mit 26 Windmühlen. Das war 1612. 1634 folgte der riesige Schermer Polder mit seinen 54 Windmühlen. Ein gigantisches Werk, das in der ganzen Welt als „Hollands Glorie" bewundert wurde. Und so ging es weiter, bis fast alle „Meere" in Land verwandelt waren. Doch wenn man sich die Karte ansieht, dann erkennt man, nicht nur an den blau gedruckten Seen und Kanälen, noch mehr an dem Netzwerk der unzähligen, rosa gedruckten (absolut untief) Kanälchen und Entwässerungsgräben, daß Noord-Nederland immer noch nasse Füße hat. Was wundert es, wenn man bedenkt, daß diese Polder alle gut vier Meter unter dem Wasserspiegel des IJsselmeers und der Nordsee liegen?

Distanzen: **Haarlem** – **Spaarndam** (5 km) – **Amsterdam/Sixhaven** (19 km) – **Purmerend** (16 km) – **De Rijp** (11 km) – **Alkmaarder Meer** (7 km) – **Alkmaar** (11 km) – **Broek op Langedijk** (8 km) – **Verlaat** (9 km) – **De Rijd** (1,5 km) – **Kolhorn** (16 km) – **Amstelmeer** (11 km) – **De Kooy** (9 km) – **Den Helder** (5 km).

Nautische Unterlagen: ANWB-Karten G: Amsterdam – Alkmaar, F: Alkmaar – Den Helder. Almanak voor watertoerisme, 1 und 2.

Der Törn soll in **Haarlem** beginnen, der Hauptstadt (200 000 Einwohner) dieser Provinz, einer der prächtigsten Städte der Niederlande, wenn sie auch heutzutage etwas verschlafen wirkt, jedenfalls in ihrem alten Kern, der westlich des Flüßchens Spaarne liegt. Östlich dieses Flüßchens zieht sich eine konturlose Industrie- und Wohnlandschaft bis hin nach Amsterdam, so daß man gar keine deutliche Trennung zwischen diesen beiden Städten mehr erkennen kann.

Im Kern gruppiert sich alles um den *Groten Markt*, an dem auch die schönsten Bauwerke der Stadt stehen: die prächtige *Vleeshalle*, prosaisch: das Zunfthaus der Fleischergilde, dann das *Rathaus*, einst Schloß der Grafen von Holland, bis diese ihren Regierungssitz nach s' Gravenhage verlegten, und schließlich als Höhepunkt die Grote oder *St. Bavo Kerk*, eine spätgotische Kreuzbasilika mit einer weltberühmten Orgel, auf der Händel, Mozart und Schubert musiziert haben sollen.

Um den Markt als Zentrum laufen kreuz und quer Gäßchen und Grachten, so daß man sich in diesem Gewirr ganz leicht verirren kann.

Wer Haarlem besucht, darf das *Frans-Hals-Museum* nicht auslassen, wo Gemälde dieses größten Sohns der Stadt gezeigt werden (Groot Heiligland 62).

Boerderij in Noord-Holland. Die Amsterdamer Kaufleute, die mit ihren Gewinnen aus dem Ostindienhandel die Trockenlegung der großen Polder finanziert hatten, ließen sich bei der Gelegenheit gleich solche prächtigen Bauernhöfe (Boerderij) als Landsitze bauen.

VII. Die nördlichen Provinzen

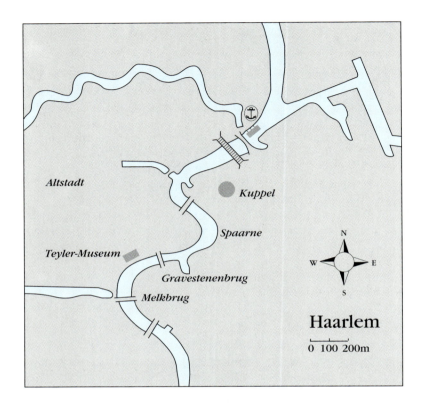

Nicht auslassen darf man das *Teyler-Museum* (an der Spaarne): Hier gibt es Zeichnungen von Rembrandt und Leonardo da Vinci zu sehen, ebenso wie Fossilien und alte physikalische Instrumente. Es ist das älteste Museum der Niederlande, gestiftet im 18. Jahrhundert von dem steinreichen Tuchhändler Pieter Teyler van Hulst. Daneben die *Waage*, gebaut 1598, wo die auf der Spaarne herangeschafften Waren gewogen wurden.

Wer sich dafür interessiert: auf dem großen Markt jeden Donnerstag von Mai bis September eine Kunst- und Antiquitätenmesse.

Und noch etwas: Nur ein Katzensprung ist es von Haarlem aus zu dem eleganten Nordseebad Zandvoort.

Wer Haarlem gründlich kennenlernen will, sollte sich beim Verkehrsverein (Stationsplein 1) einen Stadtplan mit den wichtigsten Sehenswürdigkeiten besorgen.

Liegeplatz und Versorgung: Läßt man einmal die weiter außerhalb zum Teil recht schön gelegenen und guten Yachthäfen außer Betracht, so findet man in der Stadt selbst keinen besonders rühmenswerten Liegeplatz; am besten ist es noch auf der Spaarne, und zwar am Ostufer von der weißen Gravestenenbrug (vor schönen alten Häusern, gegenüber dem Teyler-Museum) bis hin zur Melkbrug. Wer hier in der Stadt festmacht, findet natürlich keine Versorgung, dafür aber ist man in wenigen Minuten in der Altstadt. Versorgen sollte man sich außerhalb der Stadt: südlich der Stadt im Haven Kanaal, eben südlich der Schouwbroekebrug, oder im Norden der Stadt, bei einem der schön gelegenen Yachthäfen an der Noorder Buiten Spaarne (Spaarndam).

*Brücken: Alle Brücken über die Spaarne sind beweglich. Man kann also auch mit stehendem Mast durch Haarlem fahren. Für die Durchfahrt ist Hafengeld zu bezahlen, im Hafenkontor (**M 18**, hier kann man auch Trinkwasser bunkern, Anlegesteg) bzw. beim Brückenwächter an der Prinsenbrug (= die nördlichste Stadtbrücke, am Westufer gegenüber dem Hafenkontor).*

Öffnungszeiten der Brücken: wo. 09.00–16.00 und 18.00–21.00; sa. 09.00–18.00 (Juni, Juli, August), 09.00–17.00 (Mai/September); so./f. südwärts von der Waarderbrug um 17.45 und 19.00, nordwärts von der Schouwbroekerbrug um 17.00 und 19.00.

Über die breiter werdende Noorder Buiten Spaarne erreicht man das Städtchen Spaarndam; an der Noorder Buiten Spaarne, ebenso wie an dem kleinen See Mooie Neel mehrere schön gelegene Yachthäfen.

*Schleuse Spaarndam (BB) **M 18**: w. 06.00–22.00 (sa. bis 20.00); so./f. 07.30–10.00 und 17.00–21.00.*

Der Zijkanaal C, der zum Noordzeekanaal führt, hat zwei BB, die südliche Brücke (Autobahn, Durchfahrtshöhe 6,80 m) öffnet: wo. 05.45–07.00, 12.00–13.00, 20.00–21.00; sa. 07.00–08.00, 12.00–13.00, 16.45–17.15; so./f. 08.00–09.00, 17.30–17.40, 20.40–20.50.

Man sieht schon, vor dieser wichtigen, vielbefahrenen Autostraße muß man unter Umständen lange warten.

Schneller geht es bei der nördlichen, schon dicht am Noordzeekanaal gelegenen Brücke: wo. 05.00–23.00 (sa. bis 21.00); so./f. 07.00–10.30, 17.00–21.30.

Am **Zijkanaal** mehrere Steiger in landschaftlich reizvoller Umgebung.

Auf dem **Noordzeekanaal,** der den Hafen von Amsterdam mit dem Meer verbindet, sollte man sich wegen des recht starken Schiffsverkehrs so weit wie möglich rechts halten; Kreuzen ist verboten, der Motor eines segelnden Bootes muß jederzeit startklar sein, und er muß das Boot auf mindestens 6 km/h bringen. Bei schlechter Sicht und nachts muß man einen Radarreflektor fahren. Im Hafen Vorsicht bei den schnell querenden Fähren! Es ist nicht leicht, sich hier zu orientieren; zu viele Hafenbecken, Kanäle etc. zweigen ab, als daß man immer voll im Bilde wäre. Es gibt aber eine sehr auffallende Landmarke: das Shell-Hochhaus, das mit seinen braun verspiegelten Fenstern unverwechselbar am Norduferer des Hafens steht. Dicht östlich davon mündet der Noordhollandskanaal, und dicht daneben wiederum liegt der *Sixhaven* am Norduferer des IJ. Dieser Bootshafen, dessen Einfahrt sich nach Osten öffnet, ist wohl, nimmt man alles in allem, neben dem Oosterdok der beste Liegeplatz in Amsterdam (mehr über Amsterdam und seine Häfen → S. 163), vor allem, weil man hier relativ ruhig und sicher liegt und mit der kostenlosen Fähre schnell am Bahnhof (Centraalstation) und damit nahe dem Zentrum ist. *Versorgung* ausreichend, mit Wasser, WC, Dusche, Treibstoff an der Willem-I-Schleuse.

Die *Willem-I-Schleuse* **(M 20),** benannt nach einem holländischen König des 19. Jahrhunderts, der sich um Schiffahrt und Handel sehr verdient gemacht hat, öffnet: wo. 05.00–22.00; sa. 09.00–19.00; so./f. 09.00–13.00 und 14.00–20.00. Diese Schleuse ist die Pforte zum

Noordhollandskanaal, der über *Purmerend* (16 km) und *Alkmaar* (39 km) nach *Den Helder* (79 km) führt und damit die Provinz Noord-Holland von Süd nach Nord in ganzer Länge durchquert. Maximale Fahrgeschwindigkeit 9 km/h.
Dieser tiefe Kanal, der eine Verbindung vom Amsterdamer Hafen zur offenen See herstellt, ist ein interessantes Stück holländische Seefahrtsgeschichte. Als die Gewässer vor Amsterdam, besonders an der Sandplatte Pampus, nahezu unpassierbar geworden waren, drohte dem Welthafen Amsterdam das Aus, nachdem es vorher schon schwer genug gewesen war, mit den tiefgehenden Kauffahrteischiffen durch die flache Zuiderzee zu fahren. Mit dem Noordhollandskanaal, der 1824 fertiggestellt war, sollte alles besser werden, doch dieses Unternehmen wollte nicht so recht glücken. Der Weg war doch arg weit und überaus umständlich, und die großen Segelschiffe mußten die 79 km von Den Helder nach Amsterdam meistens von Pferden gezogen werden, statt daß sie flott hätten dahinsegeln können. Es war gewiß auch ein komisches Bild, wenn diese stolzen Klipper, die vorher die sieben Meere gefurcht hatten, nun wie lahme Enten an stinkenden Misthaufen und glotzenden Kühen vorbeigeschleppt wurden. Doch immerhin: In seinen besten Zeiten fuhren auf dem Kanal jährlich an die 4000 Kauffahrteischiffe und 24 000(!) Binnenschiffe.
Ein halbes Jahrhundert hatte der Noordhollandskanaal seinen Dienst versehen, mehr recht als schlecht, doch dann war es vorbei: 1876 wurde der Noordzeekanaal fertiggestellt, der eine viel bequemere, vor allem aber kürzere Passage von Amsterdam zum Meer schuf. Der Noordhollandskanaal sah nun keine großen Segler mehr, allenfalls Binnenschiffe und in unserer Zeit zunehmend *Plezier-vaartuigen* – doch dafür war er nun wirklich nicht gebaut worden.
Bis auf zwei feste Brücken (bei Purmerend, Durchfahrtshöhe 6,85 m, und im Weichhild von Amsterdam, H 7,05 m) sind alle Brücken beweglich. Zum Teil handelt es sich noch um sehenswerte Pontonbrücken aus der Frühzeit der Industrialisierung.
Doch trotz der festen Brücken ließe sich der Kanal auch mit festem Mast ansteuern; man müßte diese Brücken nur umgehen, indem man durch das Stadt- und Industriegebiet von Zaanstad schippert. Es ist nicht zu empfehlen; dennoch soll diese Route kurz geschildert werden:

Zaanstad ist ein aus mehreren Dörfern und Städten zusammengewachsenes, recht unorganisches Gebiet mit viel Industrie und ziemlich häßlichen Hochhaussiedlungen im Norden des IJ: genau besehen ein ausufernder Vorort von Amsterdam. Hervorgegangen ist dieses Gebilde aus Zaandam, jenem Städtchen, das einst mit seinen Werften und Sägemühlen in der ganzen Welt gleichbedeutend mit dem Begriff Holland war. Uns ist es vor allem aus Lortzings Oper „Zar und Zimmermann" bekannt, die hier spielt und auf einer wirklichen Geschichte fußt. Zar Peter der Große hat hier in der Tat im Jahre 1697 gelebt, und als „Baas Pieter" lernte er das Schiffbauerhandwerk, zuerst beim Schiffsschmied Gerrit Kist und danach auf einer Werft der Ostindischen Compagnie. In dem Ortsteil Krimp steht die Holzhütte, in der er gehaust hat; jetzt ist ein Steinhaus darübergebaut und ein kleines Museum daraus geworden, das man besichtigen kann.

Mehr als 100 Windmühlen sollen sich hier einst gedreht haben, die wenigsten, um das Land trockenzuhalten, die meisten, um den Antrieb für die Sägemühlen zu liefern, auf denen das Holz für die zahllosen Werften dieser Gegend geschnitten wurde. An den Häusern aus jener Zeit – die schönsten stehen an der *Zaanse Schans* – sieht man, daß hier Schiffbauer am Werke gewesen waren, die mit Holz umzugehen wußten und es in die feinsten Formen zu schneiden verstanden.

Da dieses wasserreiche Gebiet inzwischen völlig verbaut und voller Hektik ist, läßt man es besser links liegen und nimmt den *Noordhollandskanaal*.

Bei *Het Schouw*, 6 km hinter der Willem-I-Schleuse, biegt ostwärts die *Trekvaart* ab, die über das malerische Dörfchen *Broek in Waterland* zum IJsselmeerhafen *Monnickendam* (→ S. 181) führt. Bei *Waterland*, das nicht ohne Grund so heißt, sieht man, wie dieses Land früher überall ausgesehen haben muß: buchstäblich im Wasser ertrinkend.

Das Städtchen **Purmerend** kann man, ohne daß man viel versäumt, ohne Aufenthalt passieren. Anlegen könnte man südlich der Schleuse an einer Kade.

Sehr viel lohnender ist ein Abstecher nach

Polderlandschaft in Noord-Holland.

De Rijp, einem der schönsten Dörfer Hollands, mit sehr sehenswerten alten Gebäuden am Marktplatz, der wieder einmal an einem dunklen Kanal liegt. Es als Dorf zu bezeichnen, ist eigentlich nicht richtig, besser wäre: ein Städtchen. De Rijp kam in alter Zeit durch die Heringsfischerei und den Walfang (!) zu Wohlstand. Es ist der Geburtsort von Leeghwater. Im Museum *Houden Huis* wird gezeigt, wie die Trockenlegung Noord-Hollands einst vonstatten ging.
Um nach De Rijp zu gelangen, muß man bei dem Ort *Spijkerboer* den Noordhollandskanaal verlassen und in die *Beemster Ringvaart* einbiegen: 2 km bis De Rijp, FB H 2,49 m. Einen guten Liegeplatz findet man im Zuiderhaven eben links vor der Stadt (Wassertiefe 2 m) oder in dem kleinen Hafen De Meermolen (Wassertiefe 1,75 m) am Westufer der Beemster Ringvaart (Versorgung hier recht ordentlich: Duschen, WC, Treibstoff).
Wer auf der Beemster Ringvaart noch ein Stückchen weiterfährt, bis hin zu dem Dorf *Schermerhorn,* der kann etwas östlich davon drei Windmühlen sehen, die noch von Leeghwater gebaut worden sind. Seit mehr als 300 Jahren drehen sie sich unverdrossen im Wind und pumpen über drei Stufen das Wasser aus dem tiefen Land hoch.
Sehr gut ausgestattete, zum Teil auch ziemlich große Yachthäfen gibt es am

Alkmaarder Meer, einem großen, buchtenreichen See mit flachen, fern wirkenden Schilfufern: ein Naherholungsgebiet, mit sechs Häfen in *Akersloot* und drei in *Uitgeest* – das zeigt schon, was hier los ist. Sehr gute Versorgungsmöglichkeiten findet man überall.
Der Noordhollandskanaal läuft ein Stückchen parallel zum Alkmaarder Meer, nur durch einen Steindamm davon getrennt. Das „Meer" ist zu erreichen im Osten durch den *Kogerpolder Kanaal* und bei *Akersloot* durch das *Gat van de Meer.*
Durch die *Markervaart* käme man über Zaanstad wieder zurück zum Noordzeekanaal.

Nach **Alkmaar** fahren die meisten Touristen zuerst wegen des weltberühmten Käsemarktes. Damit tut man der schönen, alten Stadt allerdings unrecht, die doch einiges mehr zu bieten hat, so wie sie immer noch ziemlich unberührt hinter ihrem Festungsgürtel mit den Gräben und Wällen liegt. Am auffallendsten ist die *St. Laurenskerk*, die 1470 entstanden ist. Am bekanntesten aber ist die *Stadtwaage*, die ursprünglich eine Kapelle war, inzwischen aber auf unzähligen Fotos verewigt wurde, eben als malerischer Hintergrund für den *Käsemarkt*. Dieser Markt findet von Ende April bis Ende September jeden Freitagvormittag statt und lockt stets Tausende von Zuschauern an – kaum ein Prospekt über Holland ohne ein Foto der weißgekleideten Männer von der Käseträgerzunft, wie sie auf merkwürdigen Tragbahren die goldgelben Kugeln zur Waage schleppen.
Alkmaar hat sich im niederländischen Freiheitskrieg großen Ruhm erworben, als es 1573 als erste Stadt der Niederlande einer Belagerung der Spanier zu trotzen

Törnvorschlag 4: Noord-Holland

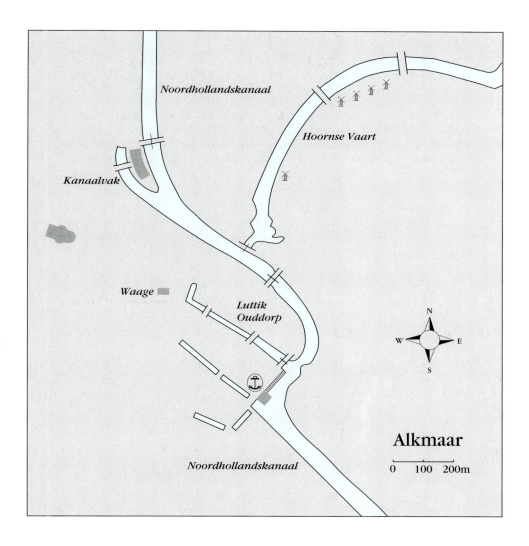

vermochte; doch da soll auch der nicht enden wollende Herbstregen mitgeholfen haben, der die Belagerer so sehr nervte, bis sie endlich abzogen.

Liegeplatz und Versorgung: Die Stadt hat wohl das schönste Hafenkontor in den Niederlanden, den am Noordhollandskanaal gelegenen Akzisenturm (ehemalige Steuereintreiberei). Auf diesen Turm mit dem Glockengiebel fährt man genau zu und macht zunächst davor fest bzw. an dem sich anschließenden Steg vor der Bierkade. In den Monaten Juli und August darf man hier aber nicht länger bleiben; dann fährt man besser in die hier abbiegende Gracht Luttik Ouddorp (s. Plan, stimmungsvoll; das Brücklein wird wo. von 10.00 bis 16.00, sa. von 10.30 bis 12.00 geöffnet; so./f. aber nicht, dann sitzt man hier fest). Im Hafenturm einfache WC- und

*Duschanlagen, Wasser kann man vor dem Turm aufnehmen. Der zweite mögliche Liegeplatz ist dazu eigentlich keine Alternative, der Vollständigkeit halber sei er aber genannt: Man fährt auf dem Kanal weiter, bis er einen Knick nach Norden macht; voraus hat man das Bürohochhaus „Noord Nederland Noord", davor zweigt links ein kleiner Stichkanal (Kanaalvak) ab, mit einer hölzernen Bogenbrücke: Hier könnte, sollte man aber wegen des Verkehrs besser nicht liegen, obwohl neue Boxen gebaut sind und es WCs und Duschen gibt (das moderne Gelände auf der Halbinsel ist die Polizeistation). Man muß sich unbedingt anmelden: entweder am Meldesteiger rechts oder schon vorher via Funk **(M 20)** bei der Tesselse Brug. Treibstoff kann man an der Hoornse Vaart bunkern, da, wo die großen Windmühlen auf den Deichen stehen, aber auch zwischen Tesselsebrug und Spoorbrug. Reparaturen bei mehreren Werften (im Hafenkontor fragen).*

Tip: Die Nordsee mit ihren Dünen und dem weiten Sandstrand ist hier sehr nahe, und gerade bei dem Badeort Bergen findet man die allerschönsten Strände und ein großes Waldgebiet dazu. Warum nicht das Boot mal liegenlassen und mit dem Fahrrad (auszuleihen an der Bahnstation) hinfahren?
Es darf nicht verschwiegen werden: Die 40 km auf dem Noordhollandskanaal von Alkmaar bis Den Helder sind ein ziemlich langes und vor allem langweiliges Stück, unruhig dazu, denn eine vielbefahrene Autostraße läuft die ganze Strecke direkt neben dem Kanal her. Interessant sind eigentlich nur die altmodischen Pontonbrücken aus dem vorigen Jahrhundert und der immer nahe Nordseestrand.
Deshalb ist es für kleinere, also niedrige Boote viel besser, eine Fahrt in die stille Polderlandschaft Noord-Hollands hinein zu machen, mit ihren dunklen Kanälen, den Schilfufern, den weiten Wiesen, mit den großen Windmühlen und den von hohen Pappelalleen umhegten Obstgärten.
Es ginge so:

Über den *Kraspolderkanaal* zum *Omvak-Kolhorn-Kanaal*, auch Kanaal Alkmaar-Kolhorn, 18 FB, Mindesthöhe 3,52 m, zwei Eisenbahnbrücken, die mit TV-Kameras überwacht und ferngesteuert (**M 20**) werden, zu dem Dörfchen **Broek op Langedijk,** wo man in dem kleinen Dorfhafen gut liegen, auch Wasser und Treibstoff bunkern kann (auch Toiletgebouw mit WCs und Duschen). Jenseits der Schleuse ein merkwürdiger, riesiger See, der wegen seiner vielen Inselchen das „Reich der 1000 Inseln" genannt wird.
Von Broek aus dann weiter nach **Verlaat,** wo man in der Bucht **De Rijd,** vor dem Dorf Nieuwe Niedorp, ganz überraschend auf einen ziemlich großen, in einem Park gelegenen Yachthafen (nettes Terrassenrestaurant am Wasser, Schwimmbad nahe, großer Supermarkt) stößt. Weiter auf dem Kanal nach **Kolhorn.** Es liegt hinter einem hohen Deich, merkwürdig so weit im Binnenland, und doch wieder nicht, wenn man erfährt, daß Kolhorn einst direkt an der Zuiderzee (→ S. 171) lag und einen richtigen Seehafen hatte; doch jetzt erstreckt sich davor kilometerweit und bretteben der Wieringermeerpolder, das erste nach der Abdeichung gewonnene Land. Wenn man an der hohen Steinkade

festmacht, dann liegt man da, wo früher große Schiffe ihre Ladung löschten (Wasser und Treibstoff am Hafen).
Von hier könnte man auf dem *Waardkanaal* (drei BBs, Bedienung: wo. 09.00–13.00, 13.30–17.30; (Mai und September 18.00); so./f. geschlossen) zum Amstelmeer hochschippern oder auch über die von Bäumen beschattete *Westfriese Vaart* über *Middenmeer* (Liegeplätze) und die *Slootvaart*, die bei der

Windmühlen
*An die 10000 Windmühlen soll es einmal in den Niederlanden gegeben haben; 1000 vielleicht sind davon übriggeblieben, sorgfältig gepflegt und beschützt von der Vereinigung „De Hollandsche Molen", einer der unzähligen Bürgerinitiativen, die es in den Niederlanden gibt. Zwei der größten Mühlen wurden zu Museen umgebaut: „De Valk" (Zeichnung) in Leiden und eine Mühle in Koog aan de Zaan.
Was es im Laufe der Jahrhunderte alles an Mühlentypen gab, das kann man sich in Arnhem im dortigen Mühlenmuseum ansehen.
Ursprünglich dienten die Windmühlen wie auch bei uns allein zum Mahlen von Getreide. In den Niederlanden bekamen sie bald eine andere Bedeutung: Sie wurden unentbehrlich, um das Land zu entwässern.
Manchmal baute man in Stufen gleich drei Windmühlen hintereinander, weil eine allein das Wasser nicht höher als 1,50 m pumpen konnte, die Polder, etwa in Noord-Holland, aber vier bis fünf Meter unter der Meeresoberfläche lagen. Später dienten die Windmühlen auch als vielfach verwendbare Antriebsmaschinen: Sie bewegten Sägewerke, Ölpressen, Papiermühlen, sie mahlten Kakao, Pfeffer, Kalk und Kreide. Sie waren eben, bis die Dampfmaschine kam, die universelle Antriebsmaschine im windreichen Holland und eine umweltfreundliche Technologie noch dazu. Allein im Gebiet der Zaan, zwischen Alkmaar und Amsterdam, wo es wegen der Schiffswerften auch besonders viele Sägewerke gab, sollen sich 700 Windmühlen gedreht haben.
Heute gibt es die meisten Windmühlen noch in Noord- und Zuid-Holland (zusammen etwa 340), in Friesland (128) und in Noord-Brabant (114). Einige wenige findet man in den Provinzen Drenthe und Utrecht.
Ihre vollkommenste Form erreichten die Windmühlen – wie konnte es anders sein? – im 17. Jahrhundert, als sie mit drehbaren Hauben versehen wurden, so daß sie unabhängig von der Richtung des Windes in Betrieb bleiben konnten, wenn dieser nur wehte.*

Haukes-Schleuse ebenfalls ins Amstelmeer mündet (zwei BBs, zwei Schleusen; *Schagerbrug:* wo. 09.00–13.00, 13.30–17.30; so./f. 09.00–11.00, 16.00–18.00 [1.6.–16.9.]. *Slootsluis* mit BB: wo. 09.00–13.00, 13.30–17.30; sa. 15.00–17.00; so./f. 09.00–10.00, 16.00–17.00; September bis einschließlich Mai geschlossen). *Haukes-Schleuse:* wo. 09.00–10.00, 16.00–17.00; so./f. 09.00–10.00, 16.00–17.00 (Juni, Juli, August, bis 16. September; übrige Zeit geschlossen).

Das

Amstelmeer, heute ein großer See, war einst eine Bucht der Waddenzee, bis die Insel Wieringen im Zuge des Zuiderzee-Projekts (→ S. 172) zum Festland wurde. Von der Waddenzee ist sie nur durch einen Straßendamm getrennt, so daß man hier immer noch das Meer spürt.

Am Ostufer findet man zwei Häfen, den recht großen *Haukeshaven,* einen früheren Werkhafen, der längst zu einem – wenn auch etwas ländlich – einfachen Yachthafen geworden ist. Hübsches Clubhaus direkt am Wasser (WC, Duschen, Wasser, Treibstoff). Viel Platz. Der eben nördlich gelegene kleine *Particuliere Jachthaven* (auch *Oude Haven*) hingegen sehr eng. Eine Mittelmole trennt zwei Becken: In das südliche, vor dem alten Lagerhaus, sollten große Boote fahren (wenn überhaupt). Ein sehr einfacher Hafen (WC, Duschen, Wasser). Wenn man sich etwas umsieht, fällt auf, daß das Land dahinter ansteigt: die alte, vor Sturmfluten sichere Insel Wieringen.

Hier stellt sich nun die Frage, ob man zum IJsselmeer will oder gleich weiter nach Den Helder.
Um zum **IJsselmeer** zu kommen, muß man zuerst durch die **Haukes-Schleuse** (Bedienungszeiten s. o.); danach weiter auf der **Slootvaart** (ebenso) und dann via **Den Oeverse Vaart** (sechs FB, 3,95 m) nach **Den Oever**, dem Fischerdorf zwischen IJsselmeer und Waddenzee. Die beiden Kanäle führen mitten durch den Wieringermeerpolder, der als letzter Polder Noord-Hollands erst in unserem Jahrhundert trockengelegt wurde.
Im **Robbennoord Bos** findet man ausnehmend ruhige Liegeplätze am Kanal und mitten in einem großen Wald.
Die **Stonteler Schleuse** (wo. 09.00–10.00, 16.00–17.00; so./f. geschlossen) entläßt einen in den **Zuiderhaven** von **Den Oever** (→ S. 202). Man ist nun am **IJsselmeer,** könnte aber auch durch die große Schleuse in die **Waddenzee** hinausfahren.

Das Schöne am Bootsfahren in Holland ist ja, daß man immer wieder neue Törns austüfteln kann, daß es unendlich viele Variationen gibt; so könnte man vom *Amstelmeer* statt nach *Den Oever* auch nach **Medemblik** (→ S. 200), dem schönen Hafenstädtchen am IJsselmeer fahren. Früher ging das sogar mit stehendem Mast; seit aber die *Hoornsebrug* zur festen Brücke (H 5,64 m) wurde, ist das nicht mehr zu machen; dennoch bleibt es eine interessante Variante (Amstelmeer – Medemblik 20 km über **Slootvaart** und **Westfriese Vaart,** acht BB, eine FB, vier Schleusen).

Um aber Noord-Holland wirklich in seiner ganzen Länge zu durchqueren, soll jetzt die Fahrt vom *Amstelmeer* weitergehen nach Den Helder; zunächst durch den schnurgeraden und etwas langweiligen *Balgzandkanaal* (Balgzandbrug BB, **M 20,** H 3,90 m, Bedienung sa./so./f. wie Kooi-Schleuse [s. u.], wochentags 07.00–19.00), der hinter dem Deich ganz nahe an der Waddenzee entlangführt, bis man den Noordhollandskanaal durch die *Kooi-Schleuse* erreicht (wo. 06.00–22.00, sa. 09.00–18.00, so/f. 09.00–19.00 – Mai und September bis 18.00).

Den Helder. Wer nicht in die Waddenzee will, braucht auch nicht in den großen Hafen, in den man durch die alte Koopvaarders-Schleuse **(M 22)** käme (jederzeit). Vielmehr bleibt man dann in dem sich in der Stadt totlaufenden Kanal (A im Plan auf S. 304), wo am NE-Ufer gleich vier kleine Yachthäfen liegen. Vielleicht macht man bei der Marine Watersportvereniging fest, wo man im Hausboot „De Albatros" immer willkommen ist (Dusche, WC, Wasser). Angesichts dessen, was sonst die Stadt zu bieten hat, ist dieser Kanal mit seinen baumbestandenen Ufern nicht das schlechteste. Sehr gute Versorgung in den beiden Yachthäfen im ehemaligen Industriehaven (C).
Will man zur Waddenzee, muß man durch die Koopvaarders-Schleuse, die praktischerweise Seile zum Festhalten an ihren Wänden hat. Man vergesse nicht, daß man danach in ein Gezeitengewässer mit Tidenhub (Spring 1,75 m, Nipp 1,55 m) kommt! Man fährt an den Fischerbooten vorbei, passiert die *Vice-Adm. Moormanbrug* (BB 2,70 m: mo. 00.00–07.15, 08.10–08.30, 09.10–12.00, 12.15–12.45, 13.00–16.05, 16.20–16.35, 17.15–24.00; di.–do. wie mo., aber 08.10–12.00; fr. wie mo., aber 08.10–12.00, 12.15–12.45, 13.00–15.30, 16.15–24.00; so./f. 00.00–24.00; **M 18**) und läuft in den großen *Marinehaven* ein, wo die grauen Stahlkolosse der Kriegsmarine liegen. Dicht vor der Hafenausfahrt, unterhalb des großen Radarturms, befinden sich in einem kleinen Becken an der Westseite die Schwimmstege (B) des Kon. Marine Jachtclubs, wo man sich in dem braunen, zweistöckigen Clubhaus (WC, Dusche, Treibstoff, Wasser, kleine Reparaturwerkstatt) meldet. Problem dieses Platzes: sehr weit vom Stadtzentrum, dafür allerdings nahe beim Marinemuseum, was den Nachteil der Stadtferne mehr als ausgleicht. Im ehemaligen Industriehaven sind – wie schon erwähnt – zwei Bootshäfen gebaut worden: der kleinere „De Onrust" und die große Den Helder Marina (C). Sehr gute Versorgung. Man muß durch die Burg. Vissersbrug (gleiche Bedienungszeiten wie Vice-Adm. Moormanbrug, s. o.).
Den Helder, mit seinen 60 000 Einwohnern eine recht große Stadt, kann einem nicht sonderlich gefallen. Es ist *der* Marinehafen der Niederlande, auch die

VII. Die nördlichen Provinzen

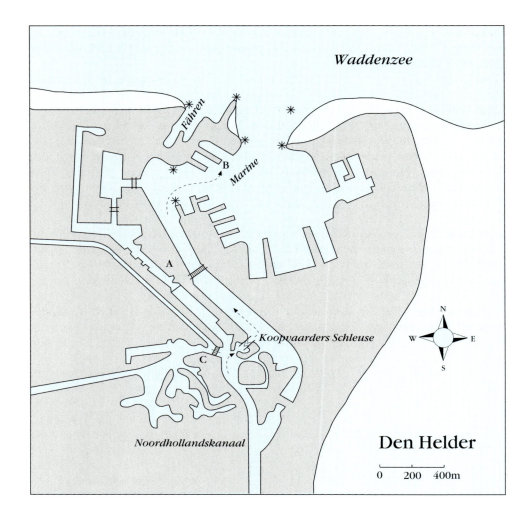

Rijkswerf liegt hier. Seit dem 17. Jahrhundert ist die Stadt Flottenbasis, wegen ihrer exponierten, strategisch günstigen Lage: Von Napoleon, der ja die Niederlande einverleibt hatte, wurde sie später für den Krieg gegen die Engländer ausgebaut und stark befestigt.

Die Stadt ist um den Hafen herum voller düsterer, monumentaler Gebäude aus dem vorigen Jahrhundert, als die Niederlande noch ein großes Kolonialreich ihr eigen nannten, das es zu schützen galt und das andererseits auch erst den Unterhalt einer so großen Flotte ermöglichte. Heute wirkt das alles zu groß, und wie überall drücken auch hier die Militärlasten. Das *Marinemuseum* (nicht weit westlich vom Fährhafen) zeigt die Geschichte der Flotte und auch des Überseehandels mit den Kolonien; man sollte einen Besuch dieses hochinteressanten Museums nicht versäumen.

Sehenswert auch das *Nederlands Instituut voor Onderzoek der Zee* (Fauna und Flora des Meeres).

Über den modernen Teil der Stadt braucht man kein Wort zu verlieren; über das, was unsere zeitgenössischen Architekten angerichtet haben, deckt man auch hier besser den Mantel des Schweigens.

Doch einen Pluspunkt gibt es noch: die Möglichkeit zum Baden am schönen Strand von *Huisduin* mit seinem alten Leuchtturm.

Wahrschau: Wenn sich die großen Kriegsschiffe in Bewegung setzen, wird der Marinehaven gesperrt, am Marine-Radar-Turm werden dann folgende Signale gezeigt:

Südwärts: Rot über Rot: Durchfahrt verboten. Von der Moormanbrug zur See: gleiches Signal: Durchfahrt verboten. Beim Anlaufen des Hafens Kanal 12 mithören! Auf diesem Kanal auch 5 Minuten nach jeder vollen Stunde Schiffahrtsberichte. Informationen über die Waddenzee auf Kanal 14 (auf Anfrage).

Die niederländische Waddenzee mit ihren Inseln ist in dem Führer für Sportschiffer „Nordseeküste – Cuxhaven bis Den Helder" beschrieben.

Register

A
Aalsmeer 161
Abschlußdeich (Afsluitdijk) 202
Akersloot 298
Akkrum **268**, 289
Alem 77
Alkmaar 296, **298**
Alkmaarder Meer 298
Almanak 20
Almere 232
Amer 86
Amerongen 54
Amersfoort 229, **230**
Ammerzoden 78
Amstelmeer 302
Amsterdam 163 ff.
Amsterdam-Rijnkanaal **55**, 141
Andelse Maas 43
Andijk 199
ANWB 20
Appelschaster Vaart 289
Arembergergracht 285
Arkel 57
Arnhem **52**
Asseltse Plassen 70
Avelingerdiep 44

B
Balgzandkanaal 303
Balk 274
Batenburg 76
Beemster Ringvaart 298
Belterwijde 286
Beneden Merwede 44
Beneden Rivieren 37
Benedensas 102
Bergen op Zoom 131
Bergsche Diep 131

Bergsediep-Schleuse 131
Bergse Maas 49
Betonnung 20
Betuwe 52
Beuker Schutzschleuse 285
Beulakerwijde 285
Beusichem 55
Biesbos 47
Binnenvaartpolitiereglement (BPR) **21**
Blauwe Borden (Flagge) **22,** 59
Blauwe Hand 286
Blocq van Kuffelar 219
Blokzijl 281
Bolbaken 59
Bollenstreek 158
Bontje 250
Boorne 289
Born 69
Boven Merwede 44
Brabantse Vaarwater 133
Brassemermeer 160
Breezanddijk 202
Bremerbergsehoek 224
Breukelen 139
Brielle 84
Broekerhaven 193
Broek in Waterland 297
Broek op Langedijk 300
Brouwersdam 106
Brouwershaven 107
Brücken 22
Bruinisse 105
Bunschoten 228
Buren 57
Burghsluis 119

C
Capelle a. d. IJssel 147
Chartern 23
Colijnsplaat 120
Culemborg 55
Cuijk 72

D
De Batavier 76
De Bijland 41
De Dode Hond 230
De Droost 234
De Galathee 104
De Gouden Ham 76
De Klink 224
De Klunt 225
Delft 153
Delftse Schie 151, **153**
Delftse Vliet 154
Delfzijl 238
Delta-Plan 24, **83**
Delvshaven 150
Den Bommel 94
De Nes (Vecht) 137
De Nes (IJsselmeer) 178
Den Haag (s'Gravenhage) 154
Den Helder 291, **303**
Den Oever **202**
Den Oeverse Vaart 302
Den Osse 109
De Put 98
De Raal 224
De Rijd 300
De Rijp 298
De Schelp 232
De Val 116
Deventer 61
Dintelsas 102
Doesburg **60**
Dokkum 244
Dokkumer Diep 243
Dokkumer Ee 245
Dokkumer Grootdiep 244
Dokkumer Nieuwe Zijlen 243
Donge 79
Doorslag-Kanaal 144
Doorslag-Schleuse 144
Dordrecht **45**
Dorkwerd-Schutzschleuse 241
Drecht 138

Drentse Hoofdvaart 290
Driel 52
Drimmelen 79
Drontermeer 222
Durgerdam 176
Dwarsgracht 287

E
Echtenerbrug 278
Edam 184
Eek 223
Eelsloo 69
Eem 229
Eembrugge 230
Eemmond 230
Eemskanaal 239
Eernewoude 267
Eernewoudster Wijde 267
Elahuizen 256
Elburg 223
Electra 241
Enkhuizen 193
Enkhuizerzand 192

F
Farmsumer Hafen 239
Flevocentrale 219
Flevoland 192
Flevo Marina 219
Flevostrand 224
Fluessen 254
Fluit 12
Fluytship 12
Folkertsloot 265
Follega 272
Follegaslootbrug 272
Fonejacht 247
Franeker 247
Friese Hoek 213
Friesland 252
Fryslân 252
Funk 25

G

Gaastmeer 256
Gaauwster Hoppen 263
Galamadammen 254
Garnwerd 241
Gat van de Meer 298
Gat van Seveningen 64
Geertruidenberg 79
Geeuw 259
Geldermalsen 57
Gelderse IJssel 52, 58 ff.
Genemuiden 285
Geschwindigkeitsbegrenzung 25
Getijtafels 27
Gezeiten 26
Geul van Bommenede 108
Geul van Roggenplaat 119
Gierpont 51
Giethoorn 286
Giethoornse Meer 287
Goereese-Schleuse 96
Goes 128
Goingarijp 262
Goingarijpster Poelen 261, 270
Gorinchem **43,** 56
Gorredijk 290
Gouda 145
Gouwekanaal 146
Gouwzee 179
Graft 257
Grave 75
Gravinneweg 262
Grebbeberg 53
Grevelingen 106 ff.
Grevelingendam 106
Grevelingenmeer 106 ff.
Grevelingen-Schleuse 105
Grindgaten **67,** 69
Groningen 240
Grote Brekken 272
Grote Gaastmeer 256
Grote Rivieren 36 ff.
Grouw 263

H

Haaften 42
Haarlem 158, **293**
Haarlemmermeer 158
Haastrecht 144
Hagestein 56
Hals 111
Hammen 119
Harder-Schleuse 225
Harderwijk 225
Haringvliet 93
Haringvlietbrug 93
Haringvlietdamm 96
Harlingen 248
Harlinger Trekvaart 247
Hasselt 63
Hattem 61
Haukeshaven 302
Haukes-Schleuse 302
Hedel 77
Heeg 257
Heeger Meer 256
Heeger Vaar 258
Heerenveen 266
Heerenzijl 269
Heesselt 42
Hellevoetsluis 96
Henkelum 57
Herkingen 111
Herten 70
s'-Hertogenbosch 77
Het Deel 266
Het Schouw 297
Het IJ 176
Heusden 78
Heuvengracht 280
Heijen 72
Hillegom 158
Hilversum 137
Hindeloopen 207
Hitsertse Kade 99
Hitsertse of Vuile Gat 94
Hollands Diep 86

Hollandse Brug 232
Hollandse IJssel 143
Hollegracht 270
Holstmeer 265
Hooft 234
Hooge Veluwe 52
Hoogland Gemaal 253
Hoorn 187
Hoornse Vaart 300
Hop 186 (Hoorn)
Hop 198 (Medemblik)
Houtrib Hoek 219
Houtrib-Schleusen 192, **219**
Huizen 230
Hijkersmilde 290

I
Inthiema Sloot 256
Irnsum 263

J
Janesloot 271
Jeltesloot 271
Jelteslootbrug 261
Jentje Meer 270
Johan-Friso-Schleuse 254
Johan-Frisokanaal 254, 257
Jonkers of Helomavaart 278
Joure 270
Julianakanaal 69

K
Kaagerplassen 158
Kadoeler Meer 217, 283
Kalenbergergracht 279
Kampen 63
Kamperland 123
Kanaal door Walcheren 126
Kanaal door Zuid-Beveland 129
Kanaal Steenwijk-Ossenzijl 287
Kanäle 27
Karten 27
Kats 121

Kattendiep 64
Katwijk aan Zee 156
Kedichem 57
Keeten 115
Kerkdriel 77
Ketelbrug 220
Keteldiep 64
Ketelhaven 220
Ketelmeer 220
Ketelmond 220
Keukenhof 158
Kilometrierung 27
Klundert 88
Kogerpolder Kanaal 298
Kolhorn 300
Koningsbrug 248
Kooi-Schleuse 303
Kooizand 198
Kop van Overijssel 277
Korne 57
Kornwerderzand **203**, 250
Korte Vlietkanaal 156
Kortgene 122
Kostverloren Vaart 168
Koudum 256
Kraayenbergse Plassen 73
Krabbenkreek 114
Krabbersgat Schleuse 193
Krammer 102
Krammer-Schleuse 105
Kraspolderkanaal 300
Kribben 27, 38
Kribbetje varen 27
Krimpen a. d. IJssel 147
Kromme Ee 272
Kromme Grouw 264
Krooneen 225

L
Lang 247
Langehoekspôlle 255
Lange Meer 247
Lange Vliet 207, 256

Register

Langstaartse Poel 270
Langweer 270
Langweerder Wielen 270
Lateraal-Kanal 69
Lauwersmeer 242
Leerdam 57
Leeuwarden **245,** 267
Leiden 156
Leidschendam 156
Lek 55
Lelystad 219
Lemmer 213
Lemstergeul 213
Leukerheide 71
Leyepolle 255
Limburgse Maas 65 ff.
Limmel 69
Linge 57
Linne 69
Linthorst-Homan-Schleuse 278
Lisse 158
Lithse Ham 77
Lobith/Tolkamer 41
Loenen 138
Loosdrechtse Plassen 138
Lutke Krus 272

M
Maarssen 139
Maas 74 ff.
Maasbommel 76
Maasbracht **69**
Maastricht **67**
Makkum 203
Makkumer Diep 203
Makkumer Waard 203
Mallegat-Schleuse 145
Marken 178
Markermeer 192
Mastgat 115
Medemblik **200**, 302
Meerkerk 57
Meinesloot 268

Meppel 290
Meppelerdiep 285
Merwede 43
Merwedekanaal 43, **56**
Middelbaare Rivierstand 37
Middelburg 127
Middelharnis 95
Middenmeer 301
Middenzee 259
Modderige Geeuw 261
Moerdijk 86
Moerdijk-Brücken 86
Monnickendam **181**, 297
Montfoort 144
Mooie Neel 295
Mooker Plassen 72
Morra 254
Muggenbeet 280
Muiden 136, **234**
Muiderzand 234
Mijndense-Schleuse 138

N
Naarden 232
Naauwe Geeuw 270
NAP 28
Neder Rijn 50 ff.
Neeltje Jans 120
Nieuwe Diep 167
Nieuwegein 56
Nieuwe Kruspolle 255
Nieuwe Maas 143 ff.
Nieuwe Meer 162
Nieuwe Merwede 49
Nieuwendijk 98
Nieuwe Vaart 289
Nieuwe Zeug 202
Nigtevecht 137
Noordergat 243
Noorder Oudeweg 270
Noord-Holland 291 ff.
Noordhollandskanaal 296 ff.
Noordoostpolder 215

Noordschans 88
Noordzeekanaal 295
Normaal Rivierstand 37
Nulde 227
Nuldernauw 227
Numandsdorp 92
Nijkerk 228
Nijmegen 41

O
Öffnungszeiten 28
Oesterdam 131
Ohé en Lak 69
Oliegeul 119
Omvak-Kolhorn-Kanaal 300
Ooltgensplaat 102
Oorden 254
Oosterdijk 198
Oosterschelde 112 ff.
Oosterscheldedam 118
Oosterwolde 290
Oostmahorn 243
Oostvaardersdiep 219
Oostvaardersdijk 219
Oostwatering 125
Opsterlandse Compagnonvaart 289
Oranjeplaat 123
Oranje-Schleuse 176
Ossenzijl 278
Otter-Schleuse 49
Ouddorp 109
Oudega 256
Oudegaaster Brekken 256
Oude Maas 45
Oude Schouw 263
Oude Tonge 104
Oudewater 144
Oude Wetering 160
Oude Zeug 201
Oud-Zuilen 139
Overschie 151
Overijssel 276 ff.

P
Pannerdenskanaal **51**, 59
Papiere 28
Peilschaals 37
Philipsdam 105
Piereiland 224
Pier-Christiaanssloot 278
Pikmeer 263, **265**
Plassen 28
Port Zélande 109
Princenhof 265
Prinses Margrietkanaal 247, **261**
Purmerend 297
Purmer Ringvaart 183
Pijlerdam 83

R
Rakkenpolle 256
Ramsdiep 220
Randmeere 218 ff.
Ravenstein 76
Recreatie 28
Recreatie-Tonnen 20
Reitdiep 241
Reuver 71
Rhein 40
Rheinschiffahrtpolizeiverordnung
  (RheinSchPVO) 28, 38
Rhenen 53
Ringvaart van de
  Haarlemmermeerpolder 158
Roermond 70
Roggebot-Schleuse 223
Roggenplaat 119
Roompot Marina 120
Roompot-Schleuse 119
Rosendaalse Vliet 102
Rotterdam 148
Rijn-Schie-Kanaal 156
Rijnvaartpolitiereglement 28, 38

S
Saiterpetten 265
Sassenheim 158
Sassenplaat 86
Sas van Goes 128
s'Gravenhage (Den Haag)
s'Hertogenbosch (s. **H**)
Signalpistole 29
Sixhaven **167,** 295
Skûtjesilen 262
Sleeuwijk 43
Sleepje geven 30
Slootvaart 301, 302
Sloten 273
Sloter Meer 274
Sneek 259
Sneeker Meer 261
Sont 256
Spaarndam 295
Spakenburg 228
Spiering-Schleuse 49
Spuien 30
Spijkerboer 298
Sijtebuurster Ee 267

Sch
Schar van Yerseke 131
Schalke Diep 247
Schallsignale 28
Schardam 186
Scharendijke 109
Scharsterbrug 272
Scharster Rijn 271
Scheepvaartgat 285
Scheingezeiten 94
Schelde-Rijnverbinding 102, 133
Schellingwoude 176
Schellingwouderbrug 176
Schelphoek 119
Schermerhorn 298
Scheveningen 156
Scheveningen Radio 31
Schiphol 161

Schipperskerk 69
Schleusen 29
Schnelle Motorboote 29
Schoonhoven 56

St
Stad aan't Haringvliet 95
St. Andries 42, 77
St. Annaland 114
Starteiland 261
Stavenisse 115
Stavoren 210
Steenwijk 287
Steenwijkerdiep 287
Stellendam 96
Stevensweert 69
Stichtse Brug 230
St. Nicolaasga 272
Stonteler Schleuse 302
Stormvloetkeering 83
St. Philipsland 114
Strom **30**
Strijensas 88
Sturmwarnungen 30

T
Terhorne 268
Terhornster Diep 268
Terhornster Schutzschleuse 263
Terkaplester Poelen 268
Tholen 132
Tholensche Gat 133
Thorn 69
Tiel 42
Tiengemeten 94
Tienhovenskanaal 139
Tissengracht 287
Tjeukemeer **272,** 278
Tjonger 289
Tjongerkanaal 289
Tolkamer (s. Lobith)
Trekvaart 297
Tsjerk-Hidde-Schleuse 250

Turfroute 287 ff.
Twente Kanaal 59

U
Uitdam 177
Uitgeest 298
Uitwellingerga 261
UKW 26
Urk **215**
Urker Vaart 217
Utrecht 139

V
Vaarste Rijn 141
Van Harinxmakanaal 247
van Starkenborgh-Kanaal 239
Vecht 135 ff.
Veere 124
Veerse Meer 122
Veluwemeer 224
Ven, Leuchtturm 198
Venlo 71
Verlaat 300
Versicherung 30
Vianen 57
Vierhus 272
Vlissingen 127
Vogeleiland 285
Volendam 183
Volkerak 101 ff.
Volkerak-Schleuse 101
Vollenhove 283
Vollenhovense Meer 283
Voorburg 156
Voormt 215
Voorschoten 156
Vossemeer 222
Vreeland 137
Vreeswijk 56
Vrouwezand 198, **213**

W
Waal 39

Waardkanaal 301
Waarnservaart 254
Waddenzee 250
Wageningen 53
Wanssum 71
Wantij 48
Warmond 158
Warns 254
Wartena 267
Wasserstand 37
Weerribben 279
Weesp 137
Wemeldinge 129
Westeinderplassen 160
Westfriese Vaart 301
Wetering 279
Wetterberichte 31
Wieringer Vlak 202
Willem-I-Schleuse 295
Willemstad 90
Witte Tonnen Vlie 113, 133
Wolderwijd 226
Wolphaartsdijk 123
Workum **206**, 256
Woudrichem 43
Woudsend 274
Woudsender Rakken 275
Wijde Ee 267
Wijdenes 192
Wijde Wijmers 258
Wijk bij Duurstede 54

Y
Yerseke 130

IJ
IJlst 258
IJmeer 234
IJssel (Gelderse IJssel)
IJsselkop 52, 59
IJsselmeer 170 ff.
IJsselmeerzomerpeil (IJZP) 173
IJsselstein 144

313

Z

Zaanstad 296
Zaltbommel 42
Zandkreek 122
Zandkreek-Schleuse 122
Zandmeer 256
Zederikkanaal (s. Merwedekanaal)
Zeehavenkanaal 238
Zeeland 81 ff.
Zeelandbrug 115
Zeewolde 227
Zeughoek 201
Zierikzee 116
Zoll 31
Zomerrak 259
Zoommeer 102
Zoutkamp 241
Zuiderzee 172
Zutphen 61
Zwarte Meer 220, 283
Zwarte Woude 256
Zwartsluis 63, **285**
Zwolle 62
Zwolle-IJsselkanaal 62
Zwolse Diep 285
Zwolse Vaart 217
Zijkanaal 295
Zijl 158
Zijlroede 268
Zijpe 113

Bücher für die Küstenfahrt

Das ist Küstensegeln
Ratschläge und Hilfen von J. D. SLEIGHTHOLME für die Praxis, die das grundlegende Führerscheinwissen sinnvoll ergänzen und erweitern.
160 Seiten mit 283 farbigen Fotos und Zeichnungen

Knoten, Fancywork und Spleiße
Wichtige Gebrauchsknoten, die gebräuchlichsten Spleiße und eine Menge schöner Zierknoten, von FLORIS HIN/THEO KAMPA UND JAAP HILLE. 160 Seiten mit 193 Farbfotos

Praktische Seemannschaft in Bildern
Unterschiedlichste Situationen aus der Praxis in überschaubaren Zeichnungen dargestellt und erläutert von ROBBERT DAS und HARALD SCHWARZLOSE. 272 Seiten mit 403 Zeichnungen

Medizin an Bord
Ein ärztlicher Ratgeber für den Notfall von Dr. med. KLAUS BANDTLOW, der weit über die Erste Hilfe hinausgeht und auf keiner Yacht fehlen sollte. 144 Seiten mit 47 Zeichnungen

Yachtnavigation
Vom Zirkel bis zum GPS
Das Standardwerk der Yachtnavigation von BOBBY SCHENK. Leicht verständlich, berücksichtigt es alle denkbaren technischen Hilfsmittel. 328 Seiten mit 365 Abbildungen, 38 Tafeln und 1 Übungskarte, Großformat

Richtig ankern
Alles, was es über Anker und die Praxis des Ankerns zu wissen gibt, aufgezeichnet von JOACHIM SCHULT. 264 Seiten mit 222 Zeichnungen

Yacht-Bordbuch
Nützliche Informationen im Taschenformat, fürs Cockpit zusammengestellt von HANS DONAT.
256 Seiten mit 220 Abbildungen

Kollisionsverhütungsregeln
Die „Regeln zur Verhütung von Zusammenstößen auf See" als Nachfolger der Seestraßenordnung, für Wassersportler analysiert und kommentiert von AXEL BARK. 88 Seiten mit 100 meist farbigen Abbildungen

Das Wetter von morgen
Eine Anleitung von DIETER KARNETZKI, alle Hilfsmittel der Wettervorhersage richtig zu deuten, mit meteorologischer Revierkunde für Nordsee, Ostsee und Mittelmeer. 180 Seiten mit 201 meist farbigen Abbildungen

Bootsmanöver richtig und sicher gefahren
Anleitungen und Hilfen von DICK EVERITT und RODGER WITT für alle Möglichkeiten, sein Boot unter Segel und Motor im Hafen den Gegebenheiten entsprechend zu bewegen. 114 Seiten mit 95 farbigen Zeichnungen und 19 Farbfotos

Notfälle an Bord – was tun?
Ein Ratgeber von JOACHIM SCHULT für richtige Vorsorge gegen ernsthafte Schäden und zweckmäßige Abhilfe bei eingetretenen Notsituationen. 480 Seiten mit 405 Abbildungen

Segeln auf See
Theorie und Praxis des Fahrtensegelns
Das übersichtliche, bebilderte Nachschlagewerk von WILFRIED ERDMANN (Hrsg.) für den Fahrtensegler der 90er Jahre mit Fachbeiträgen bekannter Segelautoren. 344 Seiten mit 420 meist farbigen Abbildungen, Großformat

Schwerwettersegeln
Von K. ADLARD COLES. Im Ernstfall richtig handeln: Dramatische Erlebnisberichte, Analysen der Mannschaftstaktik und die Erfahrungen großer Segler helfen, Stürme zu meistern. In der Nordsee wie im Mittelmeer, in Küstennähe wie auf hoher See. Mit umfangreichem Fachteil. 448 Seiten mit 198 Abbildungen und Karten

Seglers Windfibel
Alles, was der Segler über seine Antriebsenergie, den Wind, wissen sollte, von ALAN WATTS.
96 Seiten mit 185 Zeichnungen

Signaltafeln für die Berufs- und Sportschiffahrt
Alle Tag- und Nachtsignale, alle Lichter und Schallzeichen aller Verordnungen übersichtlich auf Tafeln zusammengestellt. 11 farbige Tafeln DIN A 5 in cellophanierter Ausführung, in Klarsichthülle

 Delius Klasing Verlag

Bücher für die Freiwache

Victor Slocum
Joshua Slocum
Sein Leben – seine Reisen – seine Abenteuer
Die Geschichte eines geheimnisumwitterten
Segelidols, Abenteurers, Pioniers der Meere,
erzählt von seinem Sohn Victor, der Joshua
Slocum kennt wie kein anderer. Unterhaltsam,
mit vielen seglerischen Details und bisher unveröffentlichten Fotos.
336 Seiten mit 53 Abbildungen, gebunden

Wilfried Erdmann
Ostsee-Blicke
Ein Segelsommer mit „Kathena 7"
Der Weltumsegler entdeckt das reizvolle Revier
vom Bottnischen Meerbusen bis nach Dänemark,
von den Åland-Inseln bis in die Schären.
Unterhaltung und viele Tips für Ostseesegler.
272 Seiten, 43 Farb- und 42 S/W-Fotos,
12 Karten und Zeichnungen

Clark Stede
Rund Amerika
Die erste Umseglung des amerikanischen
Kontinents
Nordwestpassage, Kap Hoorn, Antarktis,
Brasilien, Karibik: Eines der letzten großen
Segelabenteuer, verknüpft mit Erlebnissen in
fremden Ländern und Kulturen.
264 Seiten mit 36 Farb- und 53 S/W-Fotos,
12 Karten

Rollo Gebhard
Gewässer ohne Grenzen
Unterwegs zwischen Elbe und Oder
Nach drei Weltreisen erzählt hier der bekannte
Autor von einem langen Törn auf den malerischen Gewässern der neuen Bundesländer.
224 Seiten mit 125 Farbfotos, 5 Zeichnungen,
13 farbigen Karten und 34 Stadt- und
Streckenskizzen

Bobby Schenk
Transatlantik in die Sonne
Ocean ohne Compass & Co.
Atlantiküberquerung ohne jede technische
Navigationshilfe. Ein großes Abenteuer, spannend und informativ erzählt von Deutschlands
bekanntestem Navigator.
384 Seiten mit 49 Farbfotos, 28 Abbildungen und
1 Karte

Bobby Schenk
80 000 Meilen und Kap Hoorn
Ein Seglerleben
Von seinen großen Reisen um die Welt und rund
Kap Hoorn berichtet der beliebte Autor und gewährt zugleich einen Einblick in die bunte Szene
der Yachties.
400 Seiten mit 50 Farbfotos und 2 Karten

Paul Pollack
Segelschein mit Eselsohren
Hauptsache heiter – Abenteuer eines
Charterskippers
Heitere Erzählungen eines Mittelmeertörns aus
der Sicht eines Charterskippers.
208 Seiten mit 27 Zeichnungen

Joachim Schult
Erstleistungen deutscher Segler
1890–1950
Eine Chronik der großen Ereignisse und ein
spannender Einblick in die persönliche
Geschichte der frühen Atlantiksegler.
344 Seiten, 75 Abbildungen und 24 Karten

Burghard Pieske
Expedition Wiking Saga
Im offenen Boot über den Nordatlantik
Ohne Kompaß und Karte segeln Burghard
Pieske und seine Begleiter auf der klassischen
Wikinger-Route. Ein spannendes Buch voll lebendiger Geschichte.
264 Seiten mit 47 Farbfotos, 27 Zeichnungen und
1 Routenkarte

Susanne Zeller
Fahr weiter bis zum Horizont
Drei und vier sind die Zeller-Kinder, als die
Familie zur Weltumseglung aufbricht. Auf fünf
Weltmeeren führen Eltern und Kinder ein
freies und natürliches Leben.
272 Seiten mit 37 Farbfotos, 5 Schiffsrissen,
6 Zeichnungen und 1 Routenkarte

Viele andere Bücher beschäftigen sich
neben diesen noch mit dem Segeln und
auch mit dem Motorbootfahren. Verlangen Sie
unser ausführliches Verzeichnis über Ihre
Buchhandlung oder direkt vom Verlag
(33516 Bielefeld, Postfach 10 16 71).

 Delius Klasing Verlag